Ski de randonnée
Haute-Savoie
Mont Blanc

Du même auteur

Aux Éditions Olizane

Ski de randonnée, Ouest-Suisse (142 itinéraires de ski-alpinisme), guide Artou, 1986.
Ski de randonnée, Valais Central (118 itinéraires de ski-alpinisme, dont la Haute Route), guide Artou, 1989.
En préparation :
Ski de randonnée, Haut-Valais (plus de 100 itinéraires de ski-alpinisme).

Chez d'autres éditeurs

Guide du massif des Ecrins, 4ᵉ édition, 4 tomes, Arthaud, 1976-1978.
Cent sommets (guide-album), Arthaud, 1975, épuisé.
Grandes Courses (guide-album), Arthaud, 1980, épuisé.
Ski sauvage (107 itinéraires de ski-alpinisme en Haute-Savoie), Arthaud, 1983, épuisé.
Guide Vallot de la chaîne du Mont-Blanc, sélection de voies, 2 tomes, Arthaud, 1987.

Ouvrage collectif

Grands raids à ski autour de la Méditerranée, Michel Parmentier, Acla, 1984.

Collaborateur des revues mensuelles Alpi Rando et Montagnes Magazine.

Couverture. Les Aiguilles Rouges et le Mont Blanc, depuis le sommet nord des Aiguilles Crochues (course 131).

Dos de couverture. François Labande à l'entraînement dans le Chablais.

François LABANDE

SKI DE RANDONNÉE HAUTE-SAVOIE MONT BLANC

170 itinéraires de ski-alpinisme

Un Guide ARTOU

Éditions Olizane

La Tour Ronde, descente du couloir Gervasutti (course 153).

ISBN 2-88086-079-2

© Copyright 1990 par les Éditions Olizane SA, Genève.

Toute reproduction, même partielle, de cet ouvrage pour un usage autre que strictement privé, par tous moyens y compris la photocopie, est soumise à l'autorisation préalable de l'éditeur, afin de préserver les droits de l'auteur sur son travail.

Cartes et croquis par Marie Labande, Agnès Labande et François Labande, photolithographie par BDP-Scan, Saint-Étienne et Art Repro, Genève, films des textes et cartes par Livre Total, Lausanne, mise en pages par François Labande, impression par l'Imprimerie Benteli (Berne).

Préface

Le ski de randonnée m'a pris en otage, alors que j'étais largement entré dans ce qu'il convient d'appeler l'âge mûr. Les hasards de la vie m'avaient contraint à ralentir une activité d'alpiniste engagé sur la voie des grandes courses de haute montagne. Peut-être les faces nord prestigieuses et autres directes américaines allaient-elles désormais m'échapper, faute de ne pouvoir leur consacrer le temps et le style de vie nécessaires. Mais je ne pouvais me résoudre à quitter le terrain d'aventure qui avait, plus de vingt années durant, conditionné mon existence. La pratique du ski de randonnée, que j'avais jusqu'alors et bien à tort négligée, m'apparut comme la porte du salut. Par une coïncidence fortuite, je devais renaître à la vie alpine l'année de tous les exploits du ski de montagne, en 1977. Les cascadeurs du ski extrême veillaient sur mon second berceau.

Ce fut l'occasion de découvrir de nouvelles sensations, simplement entrevues dans l'alpinisme. Sensations esthétiques provoquées par les jeux de la neige dans des vallons vierges de traces, qu'ailleurs les pistes ont nivelés, normalisés. Sensations sportives, au déclenchement d'un virage sur neige dure, à la conduite d'une godille en poudreuse. Sensations intérieures, les plus personnelles, que l'on éprouve aussi bien dans l'angoisse de traverser une pente avalancheuse ou de sauter une rimaye, dans la montée d'adrénaline au départ d'un couloir, dans les battements de cœur face au lever du soleil sur une arête cornichée parsemée d'épicéas.

Au fil des années, la technique s'affirmant, l'ambition s'est fait jour de me frotter aux grands couloirs, à ces pentes impressionnantes dans lesquelles on sait qu'il n'est plus permis de faute. L'exercice est parfois qualifié de symptôme de maladie mentale, les grands maîtres n'ont-ils pas été soupçonnés de relever de la psychanalyse? Et voilà que la quarantaine venue je m'y lançais en toute rationnalité, à la recherche de mon équilibre. Certes, je connais mes limites et je n'entretiendrai jamais le fol espoir de descendre un jour ces pentes qui font la une des chroniques spécialisées. Cependant le ski de couloir m'a permis de découvrir une dimension cachée de l'existence. Si une morale doit conduire l'individu dans sa démarche, n'est-ce pas celle qui lui permet d'atteindre son plein épanouissement?

Tant qu'il me sera donné de réaliser mes rêves, je saisirai la chance. Tant que mes jambes me permettront d'assurer une reprise de carres sans craindre d'enchaîner le virage suivant, je sillonnerai les couloirs aussi bien que les vallons débonnaires, seul ou accompagné par mes amis les plus chers, skis sur le sac ou à peaux de phoque, ensorcelé par la neige. Je chausserai, le cœur parfois serré, au sommet d'un nouveau toboggan de neige dure ou d'un tapis de poudre blanche, ma drogue. Je redescendrai serein dans la vallée, muni d'un capital de bonheur enrichi d'un nouvel apport que nul au monde ne saurait me reprendre.

Tant que la montagne restera pure, je chercherai l'aventure au cœur des paysages d'hiver. J'ai eu la chance de la découvrir dès mon plus jeune âge et sous sa forme la plus dépouillée, grâce à des parents qui ont vite compris la magie qu'elle exerçait sur mon âme d'enfant. J'aimerais la transmettre aussi belle à mes enfants.

Dans les Alpes, plus qu'ailleurs, l'espace s'est rétréci. Il n'en a que davantage de prix. En se rétrécissant, il attire une densité supérieure d'amateurs d'espace et perd ainsi, petit à petit, sa valeur intrinsèque. Un certain nombre d'alpinistes, skieurs, randonneurs, préfèrent se tourner vers des régions lointaines, à la recherche d'un paradis qu'ils estiment perdu. Le problème de l'espace est déplacé, reporté; il n'est ni réglé ni évacué.

A l'automne de 1987, un événement de taille se déroule à Biella, petite cité du Piémont : "les alpinistes du monde entier prennent la défense de la haute montagne". C'est la seconde alternative, basée sur le refus de l'inéluctable, alternative difficile, semée d'embûches, impliquant une réflexion sur le long terme, mettant en jeu une dimension philosophique dans les rapports entre l'homme et la montagne. Cette conception fait l'originalité, la force du mouvement international Mountain Wilderness. Elle est la clé de mon engagement personnel dans les activités de ce mouvement.

Nous empruntons la montagne à nos enfants, dirai-je pour adapter à mon milieu la phrase célèbre du commandant Cousteau. Quelle montagne pour le skieur-alpiniste de l'an 2000? Pour ma part, je la souhaite aussi dépouillée que possible, l'état actuel des sites me paraît déjà bien en retrait du cadre qui m'a permis de m'épanouir. Je souhaite simplement que le montagnard n'ait jamais à pleurer devant sa peau de chagrin.

François Labande

Remerciements

De nombreux amis m'ont accompagné depuis plus de quinze ans sur les pentes enneigées de la Haute-Savoie. L'occasion m'avait déjà été donnée de les remercier à l'occasion de la publication de Ski Sauvage, *le premier ouvrage que j'ai consacré à la description de cette région. J'éprouve, en écrivant ces quelques mots, une pensée toute particulière pour mes deux amis aujourd'hui disparus, Hervé Parat et Robert Gallay, avec qui j'ai vécu des instants chaleureux que je ne suis pas près d'oublier.*

Merci à mes plus fidèles compagnons, de la première heure et des années les plus récentes, à ceux qui ont participé à mon exploration des massifs hauts-savoyards, Humbert Curbillon, Marc Gindre, Nicole Jourdain, Jacques Maubé, Marianne Moreau, Yves Riallant et Crisol Serrate. Que les autres, compagnons peut-être plus occasionnels mais que j'apprécie tout autant, ne m'en veuillent pas de les avoir omis dans cette énumération.

Merci à Matthias Huber et à toute l'équipe des Éditions Olizane, qui font avancer cette collection sur le ski de randonnée, à Roger Chappelu qui a traité avec un soin méticuleux les illustrations en couleurs.

Une pensée plus personnelle pour mes deux filles, Agnès et Marie, qui ont dessiné avec patience et minutie les croquis cartographiques.

Je ne voudrais pas oublier dans ces lignes la plus grande inspiratrice de ce livre, la montagne elle-même, la montagne pure et vivante. Elle ne semble pas se douter, drapée dans son manteau blanc, de toutes les joies qu'elle a su me procurer.

Avertissement

Ce guide a l'ambition de réaliser une description complète des courses à ski réalisables en Haute-Savoie. J'avais déjà publié, en 1983 aux éditions Arthaud, un ouvrage dans le même style, *Ski Sauvage*. Par rapport à ce dernier, *Ski de Randonnée, Haute-Savoie - Mont Blanc* n'est pas une simple remise à jour, mais un guide nouveau, qui certes reprend la plupart des courses précédemment décrites, mais en double presque le nombre. La grande différence avec *Ski Sauvage*, et la nouveauté essentielle, réside dans une nomenclature complète de la chaîne du Mont-Blanc. Plus de trente itinéraires décrits selon le schéma de base, et une revue détaillée de tous les itinéraires de ski extrême.

Le but du livre est de décrire 170 itinéraires de randonnée à ski, de l'initiation au ski extrême, avec précision et concision. En marge de ces courses choisies, j'ai tenté de dresser l'inventaire de tous les itinéraires pratiqués à ski dans la région, ce qui n'a été fait jusqu'à présent dans aucun guide sur le même sujet.

Parmi ces courses, un certain nombre sont peu fréquentées, voire même inédites. Ce sont, à n'en pas douter, les belles classiques de demain, car le spécialiste du ski de montagne désire aujourd'hui s'écarter des itinéraires surchargés, de même qu'il ne souhaite plus se cantonner dans des pentes douces parfois monotones.

Choix des courses

Les limites géographiques sont strictement celles du département de la Haute-Savoie. Pour les sommets situés sur les chaînes frontières, on trouvera en annexe quelques descriptions débordant sur les autres versants. Ce livre est partagé en trois zones : les Préalpes au sud de l'Arve (Bauges, Bornes, Aravis), les massifs calcaires au nord de l'Arve (Môle, Chablais, Dents Blanches, Hautes Alpes calcaires, Fiz), et la région du Mont Blanc (Aiguilles Rouges, chaînon Joly-Bonhomme, chaîne du Mont-Blanc proprement dite, limitée au versant français).

Le lecteur doit savoir que j'ai personnellement parcouru les 170 itinéraires décrits selon la formule de base.

En dehors de ce premier critère, essentiel à mes yeux, les itinéraires ont été choisis en fonction de plusieurs impératifs, que voici.

La répartition géographique est équilibrée entre les différents massifs, et entre les vallées d'accès.

Il en va de même de la répartition dans l'échelle des difficultés, ce qu'atteste le classement établi en fin de volume. Toutefois, je me suis volontairement limité au niveau TD, à une exception près.

Tous les sommets principaux ont été retenus, au détriment de pointes secondaires. Lorsque ces sommets présentent un intérêt particulier, plusieurs pages leur sont consacrées. Une incursion dans les espaces aménagés sera proposée, sous forme de quelques exemples de hors-piste en station, lorsque les descentes ainsi praticables sont suffisamment originales par rapport au domaine skiable de ces stations.

Présentation

Chaque course est normalement décrite sur une double page (parfois une seule), accompagnée d'un croquis schématique avec tracé de l'itinéraire.

La fiche technique permet au lecteur de situer rapidement la course dans l'espace, le temps et l'échelle des difficultés. Elle comporte les rubriques habituelles : accès routier, accès mécanique, retour et navette s'il y a lieu, refuge éventuel, cartes à utiliser, périodes, altitudes, dénivellations, orientations, horaires, estimation complète des difficultés, matériel nécessaire, pente maximum.

Vient ensuite la description de l'itinéraire, souvent différent à la montée et à la descente. Il est parfois plus agréable de traverser un sommet, que de le parcourir en aller-retour; chacun sera évidemment libre de l'adapter à ses goûts personnels. Dans quelques cas, la même course de base pourra engendrer deux options, une voie normale (souvent utilisée à la montée), et une descente plus difficile. En règle générale, la description suppose que l'on chausse au sommet même, ou au plus haut point skiable; les exceptions seront signalées dans le texte.

Le croquis schématique doit permettre au skieur de transcrire l'itinéraire sur la carte IGN au 1/25 000. Dans la majeure partie des cas, les croquis sont établis au 1/50 000. Certains pourront être dessinés à une échelle plus petite, qui sera dès lors précisée. Parfois, pour des raisons de place, des itinéraires voisins pourront être regroupés sur le même croquis.

Inventaire

Une large place a été réservée à l'inventaire. En annexe des 170 courses choisies, j'ai tenté de dresser l'inventaire de toutes les descentes réalisées à ce jour en Haute-Savoie, et plus particulièrement dans la chaîne du Mont-Blanc. Cet inventaire peut s'avérer incomplet, certaines descentes difficiles étant restées discrètes – ce qui honore leurs auteurs. Il s'agit :

– de descentes que j'ai moi-même effectuées, mais non sélectionnées parmi les 170 courses de base; elles sont nombreuses;

– de descentes effectuées par des amis, ou évoquées dans des conversations avec des spécialistes, qui m'ont transmis des renseignements de première main;

– de descentes découvertes par moi-même sur le terrain (présence de traces);

– de descentes recensées dans la presse et dans des manuels. Dans cette catégorie figurent les descentes de ski extrême, que l'on reconnaîtra immédiatement à la pente indiquée et au fait que les références de la première sont signalées.

Ces diverses descentes figurent dans le texte sous les rubriques "variantes", "autres itinéraires", "autres sommets", etc... Parfois, certaines d'entre elles seront mentionnées au conditionnel, les renseignements les concernant restant trop imprécis. On utilisera donc ces renseignements avec toutes les réserves d'usage.

Raids

On trouvera, après la liste des 170 courses choisies, pp. 25-28, un essai de propositions de raids en Haute-Savoie. Le département n'étant pas très propice aux raids, les combinaisons suggérées sont loin d'être classiques. Le cas particulier de la chaîne du Mont-Blanc est traité dans le corps du guide (p. 313).

Cartes et bibliographie

La base de toute documentation pour une course à ski est la carte au 1/ 25 000 (série bleue) de l'Institut Géographique National (IGN), et pour les régions frontalières la carte nationale de la Suisse (CNS) au 1/ 25 000. C'est elle que mentionne la fiche technique. Il faudra se méfier des tracés portés en surcharge sur la carte IGN, ceux-ci comportant parfois des erreurs.

Les cotes et la nomenclature sont celles de l'édition récente de la carte IGN. Certains sommets dont les véritables appellations sont en contradiction avec les noms portés sur la carte, ont été conservés sous cette appellation originale. Cela sera signalé dans le texte.

Les feuilles IGN utilisées sont les suivantes :

3429 est (St-Jeoire-les Voirons)
3430 ouest (Annecy-Thorens-Glières)
3430 est (Bonneville-La Clusaz)
3431 ouest (Annecy)
3431 est (Ugine-col des Aravis)
3432 ouest (St-Pierre-d'Albigny)
3528 ouest (Thonon-les-Bains)
3528 est (Abondance-Châtel)

3529 ouest (Taninges)
3529 est (Samoëns-Morzine)
3530 ouest (Cluses-Sallanches)
3530 est (Passy-Désert de Platé)
3531 ouest (Megève-val d'Arly)
3531 est (St-Gervais-les-Bains)
3630 ouest (Chamonix-Mont-Blanc)

Les bons documents au 1/ 50 000, parfois utiles pour obtenir une vision d'ensemble, sont rares. IGN ne commercialise plus de cartes à cette échelle, et les cartes Didier-Richard sont médiocres, compliquées de tracés en surcharge pour le moins fantaisistes. Seules sont intéressantes les feuilles de la carte nationale de la Suisse au 1/ 50 000 débordant par-delà la frontière (feuilles Chablais, St-Maurice, Martigny, Courmayeur). A noter la qualité exceptionnelle de tous les documents cartographiques édités en Suisse.

Pour les routes d'accès, on utilisera les cartes Michelin n° 70, 74 ou 89.

Pour compléter les descriptions, en particulier au-delà des frontières, on consultera :

Ski de randonnée, Ouest Suisse (François Labande, Olizane, 1986) : versant suisse du Chablais et des Hautes Alpes calcaires, description complète.

Ski de randonnée, Valais central (François Labande, Olizane, 1989) : versant suisse de la chaîne du Mont-Blanc, description complète.

Les Alpes du nord à skis (Anselme Baud, Denoël, 1983) : extension de la région au Beaufortain, à la Suisse et à l'Italie, sélection d'itinéraires.

Mont Blanc, les Grandes Traces (L. Bersezio et P. Tirone, Glénat, 1984) : massif du Mont-Blanc sur les trois versants, sélection d'itinéraires.

Mont Blanc, Chablais, Aravis, Beaufortain (Philippe et Mireille Baltardive, Didier-Richard, 1984).

Ouvrages spécialisés pour la technique et les avalanches :

Hors-pistes, ski de poudreuse (Michel Trotin, Glénat, 1985) :ouvrage technique.

Ski de montagne (Philippe Traynard, Arthaud, 1974) : ouvrage collectif sur la technique du ski de randonnée.

Guide pratique sur les avalanches (Bruno Salm, CAS, 1983).

Neige et Sécurité (Club alpin français, 1988).

Difficultés

Pour le classement des courses par difficultés, le système de cotations que j'ai introduit en 1980, calqué sur l'échelle alpine en six degrés (voire plus), est maintenant adopté par bon nombre d'auteurs et tend à se généraliser.

La cotation d'ensemble utilise les abréviations de l'échelle alpine, avec une correspondance entre les trois premiers degrés et les appréciations anciennes (échelle Blachère) : MS ou SM = F (facile); BS = PD (peu difficile); TBS = AD (assez difficile). Les degrés suivants, D (difficile), TD (très difficile), ED (extrêmement difficile), sont adaptés au ski de pente raide et au ski extrême. Les nuances "inférieur" (–) et "supérieur" (+) seront fréquemment utilisées.

La cotation d'ensemble tient compte essentiellement des difficultés techniques de la descente à ski, résultant de l'inclinaison, de l'exposition et de la continuité de la pente; elle tient compte également, à des degrés moindres, de la longueur de la course, des difficultés de montée, des dangers inhérents à la haute montagne (crevasses, séracs, …) et de l'engagement dans certaines régions sauvages.

La cotation ponctuelle, de S1 à S7, établie par bonne neige, est un élément parmi d'autres de l'évaluation des difficultés. Elle est basée sur les définitions suivantes :

S1 = routes.
S2 = vallonnements (pentes douces).
S3 = pentes larges jusqu'à 35° environ.
S4 = jusqu'à 45° si l'exposition n'est pas trop forte, 35°/40° pour certains passages étroits.

S5 = à partir de 45° et jusqu'à 55° dans les couloirs peu exposés, 40°/50° si l'exposition est importante.
S6 = dès 50° par forte exposition, sinon à partir de 55°.
S7 = plus de 60°, ou sauts de barres.

Le classement des courses en fonction des difficultés d'ensemble est donné en fin de livre (pp. 329-331). Pour les degrés supérieurs, il faut savoir que TD+ correspond au couloir Whymper à l'Aiguille Verte, ED– au couloir Gervasutti au Mont Blanc du Tacul, ED au couloir Couturier à l'Aiguille Verte. Quant à ED+ et ABO, laissons les "grands" en découdre.

L'un des principaux paramètres dans l'évaluation des difficultés est l'exposition, qui ne doit pas être confondu avec l'orientation. Un passage "exposé" présente des risques importants en cas de chute, et doit être négocié en toute sécurité.

La pente indiquée dans la fiche technique est une pente maximum, sur un passage ou sur un secteur de l'itinéraire.

Dans quelques cas où un passage d'escalade se présente, il a été fait mention de la cotation ponctuelle utilisée en escalade (II, III, …).

Refuges

La plupart des refuges mentionnés sont situés dans la chaîne du Mont-Blanc; ils sont en général gardés durant la saison de ski. Les refuges non gardés sont équipés en couvertures, mais dépourvus de matériel de cuisine et de gaz. La liste des refuges utilisables et cités dans les descriptions, est donnée en fin de livre (p. 326).

Période et horaire

La période indiquée est celle durant laquelle la course est réalisable. Elle n'est pas restreinte aux mois les plus favorables. Les conditions doivent déterminer le choix de l'époque. On tiendra toujours compte pour cela de l'orientation.

L'horaire est "global", pour la totalité du parcours, montée et descente. Il est basé sur une progression moyenne de 300 m/h de dénivellation à la montée. Bien entendu, les conditions de neige de la montagne et les capacités physiques ou techniques du skieur pourront modifier sensiblement cet horaire indicatif.

Matériel

Il est précisé, dans la fiche technique, s'il convient d'emporter piolet, crampons, corde, baudrier (accompagné d'un matériel dit "de glacier", comportant cordelette pour prusiks et broches à glace). Les couteaux à neige et les appareils individuels de recherche des victimes d'avalanches (Barryvox, etc…) sont supposés faire partie du matériel emporté, quelles que soient la course et les conditions. Ne pas oublier l'altimètre, la boussole, et la pelle à neige.

Dangers

L'avalanche est le premier danger qui guette le skieur de randonnée. La place manque ici pour développer ce sujet. Voir ci-dessus les références bibliographiques. Il sera important de connaître les prévisions du temps et l'état du manteau neigeux (voir les numéros de téléphone dans les renseignements en fin de volume).

Rappelons la prudence à observer dans les jours qui suivent une chute de neige, prudence proportionnelle à l'épaisseur de la chute en question, surtout si le vent a soufflé en altitude. Cette prudence peut conduire à l'abstinence. Tant que la température ne s'est pas radoucie après une période de chutes de neige et de froid, les risques de plaques à vent subsistent. L'utilisation d'un ARVA permet parfois de sauver une personne ensevelie sous une avalanche, mais le meilleur moyen de ne pas en être victime est encore... de ne pas se laisser piéger!

Autre danger, le dévissage. Dès que la pente est gelée, dès qu'elle dépasse les trente-cinq degrés, ce risque existe. Les conséquences peuvent être fatales, et il est nécessaire de prendre conscience de ce risque. Contrairement à une idée répandue, on n'arrête pas facilement une glissade sur neige dure. Dans un groupe où le nombre à tendance à sécuriser, chacun doit se rappeler qu'il skie en solo!

Crevasses et séracs dans les zones glaciaires, corniches, barres rocheuses et trous sur les plateaux de lapiaz, doivent aussi justifier la prudence. Il reste à se méfier des dangers les plus subjectifs, tels que l'épuisement ou la peur panique, conséquences de la présomption.

En cas d'accident, prévenir la gendarmerie la plus proche, et dans le massif du Mont-Blanc le P.G.H.M. (tél. 50.53.16.89). En cas de recherche, levez les deux bras en l'air en forme de V pour demander du secours (à l'inverse, les bras en opposition, un levé, l'autre baissé, montrent que l'on n'a pas besoin de secours).

Le secours en montagne devrait intervenir de manière exceptionnelle, et les alpinistes comme les skieurs se sentir autonomes et responsables de leurs actes, plutôt qu'assistés. Ce qui conduit à donner de l'importance à la préparation physique, technique et psychologique aux sports de montagne, mais n'exclut pas de prendre ses précautions en souscrivant une assurance, par exemple par l'intermédiaire d'une adhésion au CAF (Club alpin français).

Relevé photographique

Toutes les photographies sont de l'auteur.
Certains tirages en noir et blanc proviennent de documents en couleurs.

Les croquis ont été réalisés par Marie Labande et Agnès Labande
d'après des esquisses de l'auteur.

Le ski extrême

Pratique inavouée à ses débuts, passé dans les mœurs à partir des années 1970, médiatisé depuis une décennie, le ski extrême est toujours resté une activité marginale, affaire d'un petit nombre de spécialistes. Et pour cause! Les risques encourus sont réels, la faute ne pardonne pas. Comparant un jour cette discipline à l'escalade solitaire, je me suis attiré une réponse en forme de boutade de la part de Daniel Chauchefoin : «oui, mais moi, je suis dans le bon sens…».

La chaîne du Mont-Blanc a été le terrain de jeu idéal pour les amateurs de descentes à la limite des possibilités du ski. Sans vouloir minimiser les ressources des autres massifs, force est de reconnaître que celui-ci concentre un ensemble unique de couloirs et de pentes très raides, dont tous les spécialistes affirment le caractère exceptionnel. Il semble impossible de résumer en quelques pages l'histoire du ski extrême dans la chaîne du Mont-Blanc, d'en citer tous les protagonistes. Mais il est utile d'en tirer quelques faits marquants pour cerner son évolution.

Les chroniqueurs ont tendance à oublier le rôle d'Armand Charlet dans l'histoire du ski de pente raide. C'est pourtant lui qui le premier s'attaque à la difficulté pure, utilisant des skis de 1,50 m, tantôt avec Camille Devouassoux, tantôt avec André Roch, son compagnon dans la première descente du glacier d'Envers du Plan en 1926, en chaussant au-dessus du col supérieur du Plan.

Une décennie passe. C'est alors qu'André Tournier, autre guide chamoniard, se lance dans la descente de l'Aiguille d'Argentière par les pentes à 45 degrés du glacier du Milieu. Nous sommes en 1939. Que ceux qui aujourd'hui se régalent dans cette descente classique essaient d'imaginer la valeur de l'exploit, dans le contexte technique et psychologique de l'époque.

La guerre a certainement freiné l'évolution du ski extrême. En l'espace d'une génération, les descentes réalisées par Émile Allais, Étienne Livacic et Louis Agnel en 1940, par Lachenal et Lenoir au col des Droites en 1946, par Lionel Terray et son ami Bill Dunaway dans la face nord du Mont Blanc en 1953, restent des exceptions qui témoignent cependant de l'attrait permanent des pentes raides.

Sylvain Saudan sonne le réveil et marque de sa personnalité le véritable départ du ski extrême : couloir Spencer (1967), couloirs Whymper et Gervasutti (1968), face nord de Bionnassay (1969), voie normale des Grandes Jorasses (1971). Saudan s'entraîne et se prépare spécifiquement, son but étant de réaliser des premières en ski extrême, et d'en tirer parti (un livre, des films et des conférences).

Les émules sont rares, comme le Tyrolien Heini Holzer. Ils arrivent plus nombreux après 1970, dans la vallée de Chamonix. Après la pente des Courtes, Serge Cachat-Rosset réussit le "gros coup" en descendant le couloir Couturier, aidé de l'hélicoptère qui commence à pointer son nez. Il devance ainsi frauduleusement la "cordée" rivale, Anselme Baud et Patrick Vallençant, qui ne vont pas tarder à s'affirmer sur la scène au plus haut niveau.

Vient alors la grande année, 1977. Une année folle! Tous les couloirs ou presque sont en conditions. Tous s'en mêlent, les "anciens" déjà cités, auxquels il faut ajouter Jacky Bessat mais aussi quelques jeunes loups, Laurent Giacomini, Yves Détry, et ces deux noms dont l'influence sur l'exploration à ski de la chaîne sera déterminante, Daniel Chauchefoin et Jean-Marc Boivin.

Le 17 mai de cette année-là, Yves Détry et Daniel Chauchefoin quittent la plateforme de l'Aiguille du Midi pour s'engager dans la face nord, rattrapés in extremis par Anselme Baud; ils glissent le long des toboggans qui bordent l'éperon Seigneur, sous l'œil incrédule des touristes transportés par la benne. Descente historique, répétée une dizaine de fois avant l'été.

On retrouve Daniel Chauchefoin à la face nord des Courtes, le 3 juillet de la même année. Monté par la grande pente nord-est, il s'engage dans la voie des Suisses, enchaîne dans "les Autrichiens" et franchit en biais une pente frisant les 65 degrés, sachant qu'il se "récupérerait" dans du 55 degrés. A la rimaye, il restera une heure à reprendre ses esprits, sans lever les yeux vers ses traces. Nul n'a encore osé répéter ce qui reste la plus belle réalisation de la décennie.

Dès 1977, Jean-Marc Boivin s'attaque aux pentes fortes. Il va marquer l'époque moderne, donnant la préférence au groupe de l'Aiguille Verte. Il descend toutes les faces du célèbre sommet, dont la Charpoua, et le Nant Blanc comme apothéose de sa carrière. Le Nant Blanc, sans photographe et sans témoin, simplement par envie d'y aller le jour où il avait jugé les conditions favorables depuis le balcon de son chalet, dans la plaine des Praz.

Principaux protagonistes "étrangers", Stefano De Benedetti et Dominique Neuenschwander visent les grands itinéraires du Mont Blanc par le versant valdôtain. Le guide genevois marque un refus catégorique de l'utilisation de l'hélicoptère, qu'il juge "hors-la-loi". Le 11 juin 1986, De Benedetti serpente entre les rochers de l'arête de l'Innominata au Mont Blanc, "grattonnant" dans les passages les plus scabreux. Une nouvelle génération d'itinéraires à ski était née.

Les années récentes ont vu l'apparition du surf avec Bruno Gouvy, prématurément disparu à l'Aiguille Verte, et l'éclosion de Pierre Tardivel, formé à l'école Chauchefoin; son chef-d'œuvre, la voie Bonatti-Zapelli au Grand Pilier d'Angle, une voie qui était encore voici peu le but suprême d'une carrière d'alpiniste.

Où s'arrêteront-ils? Que restera-t-il après la face nord du Triolet qui a su jusqu'à présent décourager les meilleurs? Devra-t-on se contenter, dans le massif, de premières en surf, en monoski, une main dans le dos? Le ski extrême deviendra-t-il le jouet de la compétition ou d'autres formes de perversion? Sera-t-il banalisé? L'idéal ne serait-il pas simplement qu'il conserve son parfum de rêve et d'aventure intérieure, en dehors de tout artifice?

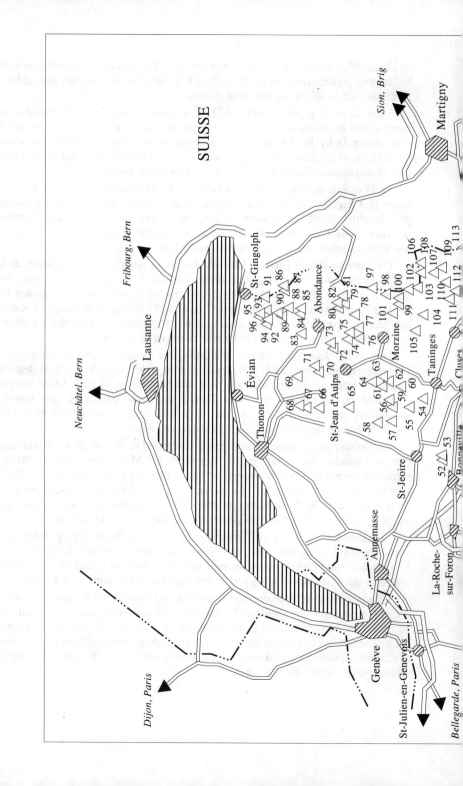

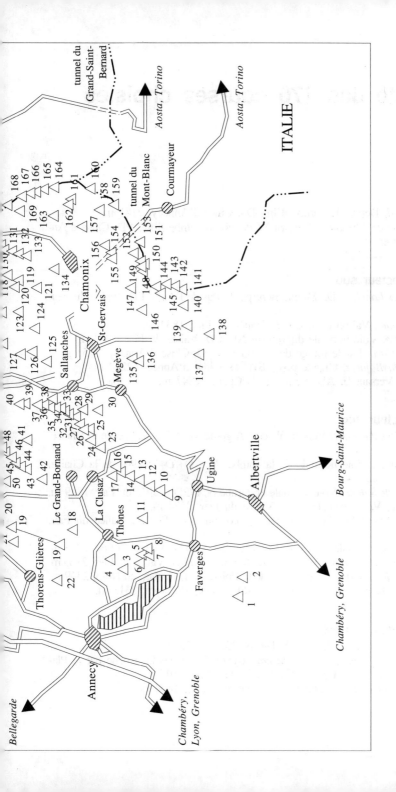

Liste des 170 courses choisies

Bauges

1. Mont Trélod. Depuis la combe d'Ire. D–. Cluse d'Annecy. 2181 m.
2. Les Dessous de l'Arcalod. Versant W depuis la combe d'Ire. PD. Cluse d'Annecy. 2050 m env.

Bornes, secteur sud

3. Les Grandes Lanches. De Montremont par le Pas de l'Aulp. PD. Vallée du Fier. 1850 m.
4. Dent du Cruet. Vallon du Cruet. F. Vallée du Fier. 1834 m.
5. La Tournette. Voie normale du versant NE. PD. Vallée du Fier. 2351 m.
6. Épaule du Varo. Par le refuge de la Tournette. D. Cluse d'Annecy. 2151 m.
7. Pointe de la Bajulaz. Grande pente SW. D. Cluse d'Annecy. 2254 m.
8. L'Aiguille. Versant E. AD. Vallée de la Chaise. 1847 m.

Aravis, secteur sud

9. Les Aiguilles du Mont. Versant W de l'Aiguille W. AD+. Vallée de la Chaise. 2160 m env.
10. Mont Charvin. Voie normale de la combe W. AD+/D–. Vallée de la Chaise. 2410 m.
11. Montagne de Sulens. Voie normale et combe N. F/PD. Vallée du Fier. 1839 m.
12. La Goenne. Voie normale. PD+. Vallée du Fier. 2174 m.
13. Pointe de Mandallaz. Voie normale et couloir NW. PD/D–. Vallée du Fier. 2277 m.
14. L'Étale. Voie normale et couloir Chauchefoin. AD/D+. Vallée du Fier. 2483 m.
15. Pointes de la Blonnière. Versant W de la Pointe N. PD. Vallée du Fier. 2369 m.
16. Pointes de la Blonnière. Couloir N de la Pointe N. D. Vallée du Nom. 2369 m.
17. Pointe de Merdassier. Versant NW. AD–. Vallée du Nom. 2313 m.

Bornes, secteur ouest

18. Mont Lachat. Couloir E. AD. Vallée du Nom. 2022 m.
19. Pointe de la Québlette-Roche Parnal. Traversée Thônes-La Roche par le Plateau des Glières. AD. Vallée du Fier/vallée du Foron. 1915 m.
20. Pointe de Sur Cou. Versant E. F. Vallée du Borne. 1808 m.

21. Montagne de Sous-Dine. Voie normale de Mont-Piton. F. Vallée du Foron. 2004 m.

22. Tête du Parmelan. Voie normale d'Aviernoz. F. Vallée de la Fillière. 1832 m.

Aravis, secteur central

23. Aiguille de Borderan-Porte des Aravis. Combes de Borderan et du Fernuy. AD. Vallée du Nom. 2492 m.

24. La Roualle. Combe de Bella Cha. PD. Vallée du Nom. 2589 m.

25. Tête Pelouse. Traversée du Trou de la Mouche; combe du Grand Crêt. AD/PD. Vallée du Borne. 2537 m.

26. Tête de Paccaly. Versant NW et combe de Paccaly. AD. Vallée du Borne. 2467 m.

27. Tardevant. Versant S et combe de Tardevant. PD+. Vallée du Borne. 2501 m.

28. Passage de la Grande Forclaz. Traversée des Aravis. PD. Vallée de l'Arve/ vallée du Borne. 2311 m.

29. La Miaz. Grand tour de la Miaz. AD. Vallée de la Sallanche. 2336 m.

30. Croisse Baulet. Versant E du col de l'Avenaz. PD–. Vallée de la Sallanche. 2236 m.

31. Mont Charvet. Voie normale et combe de la Petite Miaz. Vallée du Borne. PD+. 2538 m.

32. Mont Charvet. Face W. D. Vallée du Borne. 2538 m.

33. Pointe de Chombas. Par les Prés aux Chèvres. AD. Vallée du Borne. 2468 m.

34. Combe des Verts. Par le refuge Gramusset. PD/PD+. Vallée du Borne. 2595 m.

35. Pointe Percée. Voie normale depuis les Annes. TD. Vallée du Borne. 2750 m.

Aravis, secteur nord

36. Pointe de la Carmélite. Versant NW en circuit. AD. Vallée du Reposoir. 2477 m.

37. Pointe de Bella Cha. Triangle du Reposoir. AD+. Vallée du Reposoir. 2500 m.

38. Les Quatre Têtes. Voie normale et face N. PD/D. Vallée de l'Arve. 2364 m.

39. Pointe d'Areu. Traversée de Romme à Sallanches. AD–. Vallée de l'Arve. 2478 m.

40. Pointe d'Areu. Versant NW et couloir de Brion. PD/AD+. Vallée du Reposoir. 2478 m.

41. Croix d'Almet. Face W, traversée à la Tête d'Auferrand. D–. Vallée du Reposoir/vallée du Borne. 2223 m.

Bornes, secteur nord

42. Aiguille Verte. Du Chinaillon, retour par le Roc des Tours. PD–. Vallée du Borne. 2045 m.

43. Col du Rasoir. Tour du Pic de Jallouvre. AD. Vallée du Borne. 2260 m env.

44. Pointe Blanche. Versant S. D. Vallée du Borne. 2438 m.

45. *Pointe de Balafrasse*. Versant NW en circuit. D. Vallée du Bronze. 2296 m.
46. *Pointe du Midi*. Traversée par la Grande Cave. AD+. Vallée du Reposoir. 2364 m.
47. *Grand Bargy*. Par le versant N du col d'Encrenaz. D. Vallée du Bronze. 2301 m.
48. *Grand Bargy*. Versant SE. AD. Vallée du Reposoir. 2301 m.
49. *Petit Bargy*. Voie normale du Reposoir. PD. Vallée du Reposoir. 2098 m.
50. *Rochers de Leschaux*. Voie normale de Brizon. F. Vallée du Bronze. 1936 m.
51. *Pointe d'Andey*. Versant SE depuis Brizon. F. Vallée du Bronze. 1877 m.

Le Môle

52. *Le Môle*. En traversée depuis Bovère. PD–. Vallée de l'Arve. 1863 m.
53. *Le Môle*. Face E. AD. Vallée du Giffre. 1863 m.

Chablais, secteur ouest

54. *Pointe de Marcelly*. Versant NE. AD. Vallée du Foron. 1999 m.
55. *Pointe du Haut Fleury*. Taversée du Praz de Lys. F/PD+. Vallée du Foron. 1981 m.
56. *Pointe de Chavasse*. Versant N. PD. Vallée du Brevon. 2012 m.
57. *Haute Pointe*. Tour de la Haute Pointe depuis Sommant. AD. Vallée du Giffre. 1958 m.
58. *Arête des Follys*. Traversée des Follys sur les Rebelas. F. Vallée du Risse. 1768 m.
59. *Pointe de Chalune*. Face SE depuis le Foron. PD+. Vallée du Foron. 2114 m.
60. *Pointe d'Uble*. Versant S. PD. Vallée du Foron. 1963 m.
61. *Roc d'Enfer*. Face S. D. Vallée du Foron. 2243 m.
62. *Pointe du Replan*. Face SE. AD–. Vallée du Foron. 2115 m env.
63. *Pointe Rati*. Tour du Roc d'Enfer. AD. Vallée de la Dranse. 1923 m.
64. *Roc d'Enfer (sommet N)*. Face N et arête N. TD. Vallée de la Dranse. 2225 m.
65. *Pointe de la Gay*. Traversée du Cerny à l'Ermont. F. Vallée du Brevon. 1801 m.
66. *Pointe d'Ireuse*. Versant SE en traversée. PD. Vallée de la Dranse. 1890 m.
67. *Mont Billiat*. De la Baume par les pentes S. AD. Vallée de la Dranse. 1894 m.
68. *Mont Billiat*. Versant NW, couloir de Mévonne. D. Vallée de la Dranse. 1894 m.

Chablais, secteur central

69. *Mont Ouzon*. Voie normale depuis le Corbier. PD–. Vallée de la Dranse. 1880 m.
70. *Croix de l'Écuelle*. Voie normale par le vallon de l'Abbaye. F. Vallée de la Dranse. 1815 m.
71. *Croix de l'Écuelle*. Face NE. AD. Vallée d'Abondance. 1815 m.
72. *Pic de la Corne*. Voie normale du versant SW. PD. Vallée de la Dranse. 2084 m.
73. *Pic de la Corne*. Couloir NW. TD–. Vallée de la Dranse. 2084 m.

74. *Roc de Tavaneuse.* Voie normale, et traversée sur Ardens. PD/AD. Vallée d'Abondance. 2156 m.
75. *Roc de Tavaneuse.* Versant SW en circuit. PD. Vallée de la Dranse. 2156 m.
76. *Pointe de Nantaux.* Tour en hélice. AD. Vallée de la Dranse. 2170 m.
77. *Pointe d'Entre Deux Pertuis.* Versant S depuis le lac de Montriond. PD. Vallée de la Dranse. 2176 m.
78. *Pointe de la Chavache.* Versant N de la Fenêtre d'Ardens. D. Vallée d'Abondance. 2089 m.
79. *Mont de Grange.* Voie normale du versant SW. AD. Vallée d'Abondance. 2432 m.
80. *Mont de Grange.* Versant NW et couloir de Pertuis. AD/D+. Vallée d'Abondance. 2432 m.
81. *Mont de Grange.* Face E. D. Vallée d'Abondance. 2432 m.
82. *Pointe des Mattes.* Taversée sur la Ville du Nant. AD. Vallée d'Abondance. 2010 m.

Chablais, secteur nord

83. *Pointe d'Autigny.* Grand arc de Cercle. PD. Vallée d'Abondance. 1808 m.
84. *Mont Chauffé.* Voie normale par le Ferraillon. D. Vallée d'Abondance. 2093 m.
85. *Mont Chauffé.* Couloir de Chevenne. D. Vallée d'Abondance. 2093 m.
86. *Cornettes de Bise.* Tour intégral. AD. Vallée d'Abondance. 2432 m.
87. *Cornettes de Bise.* Couloir du Saix Roquin. D. Vallon de Bise. 2432 m.
88. *Pointe de Lachau.* Traversée Bise-Ubine. AD–. Vallon de Bise. 1962 m.
89. *Pointe de Bénévent.* Voie normale par Fontaine. PD. Vallon de Bise. 2069 m.
90. *Pointe des Fires.* Traversée Darbon-Bise. PD. Vallon de Bise. 1956 m.
91. *Tête de Charousse.* Descente du Ravin des Nez. D. Vallée de la Morge. 2091 m.
92. *Roc du Château d'Oche.* Voie normale. AD. Vallée de l'Ugine. 2197 m.
93. *Roc de Rianda.* Tour de la Dent d'Oche. AD. Vallée de l'Ugine. 1951 m.
94. *Dent d'Oche.* Voie normale par le Pierrier. D. Vallée de l'Ugine. 2221 m.
95. *Pointe de Borée.* Face SE. AD. Vallée de la Morge. 1974 m.
96. *Pointe de Borée.* Versant W en circuit. AD–. Vallée de l'Ugine. 1974 m.

Chablais, secteur est

97. *Pointe de Chésery.* Hors-piste à Châtel. F/AD. Vallée d'Abondance. 2251 m.
98. *Pointe de Vorlaz.* Versant N. AD. Vallée de la Dranse. 2346 m.
99. *Les Hauts Forts.* Voie normale, arête W. AD. Vallée de la Dranse. 2466 m.
100. *Les Hauts Forts.* Couloirs du versant N. AD/TD–. Vallée de la Dranse. 2466 m.
101. *Pointe de Ressachaux.* Versant W. AD. Vallée de la Dranse. 2173 m.
102. *La Berte.* Versant W. F. Vallée de la Dranse. 1992 m.
103. *Tête de Bossetan.* Voie normale et grand couloir. PD/D. Vallée de la Dranse. 2406 m.

104. *Pointe de la Golèse*. Arêtes de la Chailla. F. Vallée de la Dranse. 1835 m.
105. *Pointe d'Angolon*. Face N, et hors-piste à Chamossière. AD+. Vallée de la Dranse. 2090 m.

Massif des Dents Blanches

106. *Dents Blanches*. Voie normale par la combe de Bossetan. AD. Vallée du Giffre. 2709 m.
107-108. *Pointe Rousse des Chambres-Dent de Barme*. De Samoëns à Samoëns, en deux jours, avec bivouac à la Vogealle. D. Vallée du Giffre. 2660 m/2756 m.
109. *Pointe de Bellegarde*. Combe de Salvadon. AD. Vallée du Giffre. 2514 m.
110. *Les Avoudrues*. Voie normale par le glacier du Folly. PD+. Vallée du Giffre. 2625 m.
111. *Pointe Rousse de Criou*. Versant SW. PD. Vallée du Giffre. 2577 m.
112. *Pointe de Ressassat*. Versant SW par Verreu. PD. Vallée du Giffre. 2220 m.

Hautes Alpes calcaires et sommets voisins isolés

113. *Le Cheval Blanc*. Val de Tré les Eaux. AD–. Vallée de l'Eau Noire. 2831 m.
114. *Pointe de la Terrasse*. Descente en face N. AD+. Vallée de l'Eau Noire. 2734 m.
115. *Mont Buet*. Versant SE, voie normale et directe. PD/AD. Vallée de l'Eau Noire. 3096 m.
116. *Mont Buet*. De Sixt, par les Beaux Prés. D. Vallée du Giffre. 3096 m.
117. *Frêtes du Grenier*. Versant NW. D. Vallée du Giffre. 2456 m.
118. *Frêtes de Villy*. De Sixt, par les Fonds et le Bas du Col. PD. Vallée du Giffre. 2494 m.
119. *Tête de Moëde*. D'Assy par le col d'Anterne. PD. Vallée de l'Arve. 2459 m.
120. *Col d'Anterne*. Traversée de Chamonix à Sixt. AD. Vallée de l'Arve/vallée du Giffre. 2257 m.
121. *Pointe Noire de Pormenaz*. Descente du couloir de la Chorde. AD+. Vallée de l'Arve. 2323 m.

Chaîne des Fiz

122. *Pointe de Salles*. Par le vallon de Salles. AD. Vallée du Giffre. 2497 m.
123. *Pointe d'Anterne (sommet N)*. Depuis Flaine par le Désert de Platé. PD. Vallée de l'Arve/vallée du Giffre. 2741 m.
124. *Passage du Dérochoir*. Versant S. D. Vallée de l'Arve. 2230 m env.
125. *Aiguille de Varan*. Couloir du Vellard. D. Vallée de l'Arve. 2544 m.
126. *Tête du Colonney*. Descente de la combe de Monthieu. AD–. Vallée de l'Arve. 2692 m.
127. *Aup de Véran*. Couloir NW. D–. Vallée de l'Arve. 2437 m.
128. *Les Grandes Platières-Les Grands Vans*. Descentes hors-piste à partir de Flaine. F/AD. Vallée de l'Arve/vallée du Giffre. 2480 m.

Chaîne des Aiguilles Rouges

129. Col de Beugeant. Traversée des Aiguilles Rouges. AD. Vallée de l'Eau Noire. 2807 m.

130. Col du Belvédère. Descente du glacier de Bérard. D–. Vallée de l'Arve/vallée de l'Eau Noire. 2780 m.

131. Aiguilles Crochues (pointe N). Voie normale par le lac Blanc. F. Vallée de l'Arve. 2837 m.

132. Col des Aiguilles Crochues. En traversée sur le col de Bérard. PD+. Vallée de l'Arve/vallée de l'Eau Noire. 2701 m.

133. Aiguille de la Glière. En traversée de la Flégère. AD. Vallée de l'Arve. 2852 m.

134. Le Brévent. Descente par Carlaveyron; traversée des Aiguillettes sur le Coupeau. PD. Vallée de l'Arve. 2525 m.

Chaînon Joly-Bonhomme

135. Mont Joly. Versant W. AD. Vallée de l'Arly. 2525 m.

136. Tête de la Combaz. Voie normale des Contamines. PD. Val Montjoie. 2445 m.

137. Col des Chasseurs. En traversée depuis Roselette. D–. Val Montjoie. 2525 m.

138. Tête nord des Fours. En traversée depuis N.-D. de la Gorge. AD. Val Montjoie. 2756 m.

139. Monts Jovet. Voie normale. F. Val Montjoie. 2468 m.

Chaîne du Mont-Blanc

140. Pain de Sucre du Mont Tondu. Voie normale et versant W. AD/D–. Bassin de Tré la Tête/val Montjoie. 3169 m.

141. Aiguille des Glaciers. Par le versant N du col des Glaciers. AD. Bassin de Tré la Tête. 3816 m.

142. Aiguille de la Lex Blanche. Versant NW. TD. Bassin de Tré la Tête. 3697 m.

143. Aiguilles de Tré la Tête. Versant NW de l'Aiguille N. D. Bassin de Tré la Tête. 3892 m.

144. Dômes de Miage. Voie normale du versant S. PD. Bassin de Tré la Tête. 3633 m.

145. Dômes de Miage. Descente du glacier d'Armancette. AD. Bassin de Tré la Tête/val Montjoie. 3670 m.

146. Col de Tricot. En traversée. PD. Val Montjoie. 2120 m.

147. Tête Rousse. Versant W. AD. Val Montjoie. 3180 m.

148. Dôme du Goûter. Arête N. D. Vallée de l'Arve. 4304 m.

149. Mont Blanc. Voie normale par les Grands Mulets. AD. Vallée de l'Arve. 4807 m.

150. Mont Blanc. "Face N" et Corridor. D. Vallée de l'Arve. 4807 m.

151. Mont Blanc. Traversée des "trois Monts Blancs". D/D+. Vallée de l'Arve. 4807 m.

152. *Mont Blanc du Tacul*. Voie normale. AD. Vallée Blanche. 4248 m.
153. *La Tour Ronde*. Couloir Gervasutti. TD–. Vallée Blanche. 3792 m.
154. *Aiguille du Midi*. Vallée Blanche et glacier de Toule. PD. Vallée Blanche. 3795 m.
155. *Aiguille du Midi*. Couloir des Cosmiques et glacier Rond. D+/TD–. Vallée de l'Arve. 3795 m.
156. *Aiguille du Plan*. Glacier d'Envers du Plan. D/AD. Vallée Blanche. 3673 m.
157. *Col de la Bûche*. En traversée. D. Vallée de l'Arve. 2785 m.
158. *Aiguille du Tacul*. Voie normale et arête NW. AD/D+. Vallée Blanche. 3444 m.
159. *Rimaye du Mont Mallet*. Par le glacier du Mont Mallet. PD+. Bassin de la Mer de Glace. 3800 m env.
160. *Pointe Isabella*. Voie normale par le glacier des Courtes. AD/D. Bassin de la Mer de Glace. 3761 m.
161. *Les Courtes*. Grande pente NE. TD. Bassin d'Argentière. 3856 m.
162. *Col des Droites*. Versant S. D. Bassin de la Mer de Glace. 3733 m.
163. *Col des Grands Montets*. Pas de Chèvres et couloir Rectiligne. AD/D. Vallée de l'Arve. 3233 m.
164. *Col d'Argentière*. Versant W. PD. Bassin d'Argentière. 3552 m.
165. *Col du Tour Noir*. Versant W. F. Bassin d'Argentière. 3535 m.
166. *Aiguille d'Argentière*. Voie normale par le glacier du Milieu. D. Bassin d'Argentière. 3900 m.
167. *Aiguille d'Argentière*. Voie Whymper (versants W et N). TD. Bassin d'Argentière. 3900 m.
168. *Col du Chardonnet*. Circuit classique des "trois cols". PD+. Bassin d'Argentière/vallée de l'Arve. 3323 m.
169. *Col du Passon*. Traversée des arêtes du Passon. AD. Vallée de l'Arve. 3028 m.
170. *Aiguille du Tour*. Couloir de la Table. D+. Vallée de l'Arve. 3542 m.

Abréviations

N	nord	Aig.	aiguille
E	est	ref.	refuge
S	sud	IGN	Institut géographique national
W	ouest	CNS	carte nationale de la Suisse
km	kilomètres	CAF	Club alpin français
m	mètres	CAS	Club alpin suisse
h	heures	CH	Suisse
min	minutes	N	route nationale
P.	point coté	D	route départementale

Raids en Haute-Savoie

Contrairement à d'autres régions des Alpes, la Haute-Savoie se prête mal aux raids classiques de plusieurs jours. La raison essentielle en est le manque de refuges aux points stratégiques, et de gîtes d'étape dans les villages. Le seul massif équipé, celui du Mont-Blanc, n'offre qu'un itinéraire de difficulté technique moyenne, mais il est peu homogène et par là-même rarement parcouru. La traversée intégrale de la chaîne, plus logique, est d'un tout autre niveau. Le cas particulier des raids dans le massif du Mont-Blanc sera traité à part : voir page 313.

En moyenne montagne, les conditions d'hébergement amèneront à choisir entre deux solutions. L'une consiste à coucher en hôtel (parfois en gîte), à condition de trouver de la place et d'y mettre le prix. L'autre manière, plus conforme à l'esprit du raid mais plus rude, est le raid intégral avec bivouacs sous tente. On trouvera parfois un refuge, éventuellement gardé, mais dans la presque totalité des cas, la présence d'un refuge sera ponctuelle et ne résoudra donc pas le problème .

Il sera précisé, pour chaque raid proposé, le nombre de nuits en refuges (gardés ou non) et les bivouacs obligatoires. Dans l'ensemble, les étapes de ces raids ne dépassent pas 6 à 7 heures. Dans le cas contraire, cela sera indiqué.

Volontairement, la description des raids est succinte, la plupart des trajets étant déjà bien précisés par les descriptions d'itinéraires auxquelles il est renvoyé. Le lecteur saura de lui-même interpréter le texte si le sens de parcours est inversé; les jonctions non décrites seront aisément identifiables sur la carte.

Dans le Chablais, il est bien difficile d'éviter les domaines aménagés. Certains raids font appel à l'utilisation d'installations (globalement dénommées "télés" ci-dessous), et on se renseignera à l'avance sur la possibilité de prendre des remontées à l'unité. Les numéros de téléphone des régies sont donnés en fin de livre.

I. Montmin-Orange (de la cluse d'Annecy au pays Rochois)

Belle traversée, réalisable à skis de fond si l'on évite les sommets principaux de la seconde étape. De bons fondeurs peuvent l'envisager dans la journée.
Époque conseillée : janvier-février. Difficulté d'ensemble : PD/AD. Durée : 2 ou 3 jours. Un bivouac conseillé.

1er jour. Montmin – col de l'Aulp (début course 6) – col des Nantets (jonction) – les Grandes Lanches (course 3) – vallon du Cruet (jonction) – pont de Morette (descente course 4) – hameau du Crêt (route). Bivouac conseillé (ou nuit à Thônes).
2e jour. Le Crêt – Orange : intégralité de la course 19, avec possibilité de s'arrêter au milieu au gîte de la Mandrolière (gardé). 9 à 10 h d'une traite.

II. Thônes-les Contamines

Très belle combinaison de plusieurs aspects du ski en Haute-savoie : plateaux accessibles aux fondeurs, ski hors-piste de qualité, randonnée en terrain sauvage. Époque conseillée : mars-avril. Difficulté d'ensemble : AD. Durée : 4 jours.

1er jour. Thônes – Carrouge (route) – Mont Lachat (annexe course 18) – V.V.F. de Forgeassoud (descente course 18) – Saint-Jean-de-Sixt (route).

2e jour. Saint-Jean-de-Sixt – la Clusaz (route) – Aiguille des Calvaires (télés) – Porte des Aravis (course 23) – le Fernuy (descente course 23 et jonction piste) – combe de la Balme (télés) – la Roualle (course 24) – combe de Bella Cha, les Confins (descente course 24 et jonction).

3e jour. Les Confins – Passage de la Grande Forclaz (course 28, sens inverse) – col 2212 m de la Miaz (jonction) – vallon de Cœur et Cordon (descente course 29).

4e jour. Cordon – Croisse Baulet (course 30) – Jaillet et Megève (annexe course 30) – Mont Joly (montée course 135) – Tête de la Combaz (jonction par les arêtes) – les Contamines (descente course 136).

III. Aviernoz-Sallanches

Magnifique itinéraire traversant des contrées sauvages malgré le passage obligatoire, mais court, par le Chinaillon.
Époque conseillée : février-mars. Difficulté d'ensemble : AD. Durée : 3 jours. Nuits en refuges (un gardé et un non gardé).

1er jour. Aviernoz – Tête du Parmelan (course 22) – jonction avec le Plateau des Glières (annexe course 22) – gîte de la Mandrolière (gardé).

2e jour. Gîte de la Mandrolière – Pointe de la Québlette (course 19, sens inverse) – Entremont (annexe course 19) – lac de Lessy (annexe course 43) – col du Rasoir (course 43) – le Chinaillon (course 43) – Tête des Annes (télés) – Refuge Gramusset (approche course 35). Étape très longue, 10 à 11 h. Pour la couper, bivouaquer au lac de Lessy ou coucher à Entremont.

3e jour. Refuge Gramusset – Pointe de la Carmélite (annexe course 36) – Combe Marto (descente course 36) – col de la Forclaz (jonction avec l'itinéraire de la Pointe d'Areu par la Tête du Château) – chalets de Doran, Burzier ou Sallanches (descente course 39).

IV. Tour du Chablais

Raid hivernal, plutôt facile, donnant une excellente vision d'ensemble du Chablais. Époque conseillée : janvier-février. Difficulté d'ensemble : PD. Durée : 6 jours. Un refuge (gardé sur demande), un bivouac conseillé.

1er jour. Bernex – Portes d'Oche (course 93) – col N de Floray (jonction par le lac de Darbon) – refuge de Bise, gardé sur demande, tél. 50.73.11.73 (annexe course 90).

2e jour. Refuge de Bise – Pas de la Bosse, col d'Ubine, Ubine (course 88, avec la Pointe de Lachau en option) – col de la Plagne du Mont (jonction) – Pointe d'Autigny (annexe course 83) – hameau de Cercle (montée ou descente course 83) – Abondance (route).

3e jour. Abondance – Prétairié (route) – Roc de Tavaneuse (montée course 74) – Essert-la-Pierre (descente course 75) – Saint-Jean-d'Aulps (route).

4e jour. Saint-Jean-d'Aulps – la Grande Terche, Passage de Graydon (télés) – col de Foron (course 63) – Pointe de Chalune (course 59) – les Munes, Boutigny (variante descente course 59) – le Praz de Lys (télé).

5e jour. Le Praz de Lys – Sommant (télés) – Haute Pointe, voie normale (annexe course 57) – la Chèvrerie (id.) – le Cerny (route) – Pointe de la Gay en traversée, l'Ermont (course 65). Bivouac conseillé, ou nuit à Bellevaux. Étape de 7 à 8 h.

6e jour. L'Ermont – col de Seytrouset (jonction) – Pointe d'Ireuse en traversée (course 66) – la Baume, Pont de Gys (route; cars au Pont de Gys).

V. Traversée du Chablais du nord au sud

Raid classique amélioré par la traversée des trois grands sommets du Chablais par leurs voies les moins difficiles.

Époque conseillée : février-mars. Difficultés d'ensemble : AD. Durée : 4 jours. Un refuge (non gardé).

1er jour. Novel – Pas de Lovenex, Cornettes de Bise (annexe course 86) – la Chapelle-d'Abondance (descente course 86).

2e jour. La Chapelle-d'Abondance – Richebourg (route, puis télés) – Mont de Grange en traversée (courses 80 et 79, celle-ci par la voie de montée) – Lenlevay, chalets de Lens, col de Bassachaux (jonction) – les Lindarets (jonction piste) – Avoriaz (télé).

3e jour. Avoriaz – Arare (télés) – les Hauts Forts (montée course 100) – le Crêt (descente course 99) – l'Érigné (route) – Tête de Bossetan (course 103) – refuge Tornay, non gardé (annexe course 103).

4e jour. Refuge Tornay – les Dents Blanches (course 106) – Samoëns (id.).

VI. Traversée du Chablais du sud au nord

C'est le circuit des combes et couloirs nord, réservant des descentes splendides et difficiles, à réaliser dans de bonnes conditions, si possible avec de la poudreuse bien stabilisée.

Époque conseillée : mars-avril. Difficulté d'ensemble : D/D+. Durée : 5 jours. Un bivouac conseillé et un refuge gardé sur demande (Bise).

1er jour. Morzine – gare du téléphérique de Nyon (route) – crête de Chamossière (télés) – Pointe d'Angolon, descente face N (course 105) – l'Érigné – le Crêt (route). Bivouac conseillé, sinon nuit à Morzine. Étape courte.

2ᵉ jour. Le Crêt – les Hauts Forts (course 99) – couloir du Nant d'Ankerne (course 100) – Avoriaz – les Lindarets (télé ou 135 m de montée, puis piste) – Pointe de Vorlaz en traversée (course 98) – crête des Rochassons (télé ou 400 m de montée) – Pointe de Chésery, descente face N (course 97) – Plaine Dranse, Pré la Joux (pistes). Chalet-hôtel sur place, ou nuit à Châtel. Étape longue, 10 à 12 h si l'on n'utilise pas les télésièges.

3ᵉ jour. Pré la Joux, Très les Pierres (route) – Mont de Grange (course 81) – la Chapelle-d'Abondance (descente course 80, voie normale ou couloir de Pertuis).

4ᵉ jour. La Chapelle-d'Abondance – Cornettes de Bise (course 86, sens inverse, variante) – refuge de Bise par le couloir du Saix Roquin (course 87).

5ᵉ jour. Refuge de Bise – col de Bise (annexe course 90) – combe des Journées, col de Trépertuis, Bernex (seconde partie course 93).

VII. Le long du G.R.5, traversée de la Haute-Savoie

Long périple intéressant, qui flirte longuement avec les domaines mécanisés, mais réserve une étape très sauvage entre Sixt et Chamonix.
Époque conseillée : février-début avril. Difficulté d'ensemble : PD. Durée : 8 jours.
Un refuge gardé (sur demande en plein hiver), un bivouac obligatoire.

1ᵉʳ jour. Novel – col de Bise (annexe course 91) – refuge de Bise, gardé sur demande en saison.

2ᵉ jour. Refuge de Bise – Pas de la Bosse – la Chapelle-d'Abondance (course 86, sens inverse) – Châtel (route). Étape courte, mais on a la possibilité de relier la Chapelle à Châtel, en utilisant la liaison par Torgon et Super-Châtel (Portes du Soleil).

3ᵉ jour. Châtel – Pré la Joux (route) – crête des Rochassons, les Lindarets, Avoriaz, col du Fornet (complexe mécanisé des Portes du Soleil) – l'Érigné par les Mines d'Or (annexe course 100). Bivouac conseillé, sinon nuit à Morzine.

4ᵉ jour. L'Érigné – Tête de Bossetan (course 103) – refuge Tornay (annexe course 103) – Samoëns (course 106) – Sixt (route). Gîtes à Samoëns et Sixt.

5ᵉ jour. Sixt – chalets des Fonds – Bas du Col d'Anterne (course 118) – col d'Anterne (jonction) – chalets de Moëde (course 120, sens inverse). Bivouac obligatoire.

6ᵉ jour. Chalets de Moëde – pont d'Arlevé, le Brévent (course 120 avec option par le pont d'Arlevé, en sens inverse) – Aiguillette du Brévent, le Coupeau (course 134, avec ou sans le passage par Carlaveyron) – les Houches (route). Gîte à Taconnaz.

7ᵉ jour. Les Houches – Bellevue (télé) – chalet de l'Are (annexe course 147) – col de Tricot, chalets de Miage (course 146) – chalets du Truc, les Contamines (tour du Mont-Blanc pédestre). Gîte CAF aux Contamines.

8ᵉ jour. Les Contamines – Tête du Lac de Roselette (télés) – col de la Fenêtre, refuge de la Balme (raccourci course 137) – col du Bonhomme (course 138) – les Chapieux (descente versant Savoie) – Bourg-Saint-Maurice (route).

Légende des croquis

itinéraire à ski

itinéraire sur route

montée à l'aide d'une
installation mécanique

montée à l'aide
d'un train

point de départ

variante du point
de départ

point d'arrivée
(si différent)

sommet principal
de l'itinéraire

col principal
de l'itinéraire

point séparant une
descente d'une montée

sommet sur l'itinéraire

→ sens de parcours
de l'itinéraire

44 numéro de l'itinéraire

a option ou itinéraire
de hors-piste

chalet isolé

hameau

direction

autoroute

route

ligne de crêtes

frontière sur
ligne de crêtes

frontière hors
ligne de crêtes

remontée mécanique

chemin de fer

cours d'eau principal

cours d'eau

lac

ville

village

refuge utilisé
ou utilisable

refuge non utilisé
pour l'itinéraire

△ sommet

|| col

1. MONT TRÉLOD

depuis la combe d'Ire

2181 m   cluse d'Annecy

Fiche technique

Accès routier : Doussard, Chevaline et route forestière de la combe d'Ire (voir course 2).

Cartes : 3431 ouest pour le départ, 3432 ouest (Annecy et Saint-Pierre d'Albigny).

Période : janvier-mars. Il est préférable de faire le Trélod par enneigement conséquent, pour que la partie inférieure soit aisément skiable.

Altitude départ : 760 m (éventuellement 550 m à 1090 m).

Altitude sommet : 2181 m.

Dénivellation : 1420 m normalement.

Orientation principale : itinéraire tournant; depuis le sommet, la descente est WNW, puis N et enfin E.

Horaire global : 6 h 30 à 7 h 30 depuis le parking 760 m.

Difficultés : D–. Course complète, dans laquelle les difficultés principales se situent en deux points : les pentes sommitales, raides, étroites et exposées, en S4 soutenu sur 200 m; le verrou du ruisseau de la Somme entre 1450 m et 1500 m, en S4 exposé, mais qui peut être rapidement déneigé, ce qui simplifie grandement le passage. D'autre part, l'itinéraire n'est pas évident en dehors de la partie médiane, et la section inférieure en forêt peut poser des problèmes par enneigement médiocre : on abordera donc le Trélod lorsque la neige est suffisamment abondante à partir de 1000 m, ce qui permettra également de respecter les jeunes pousses dans la forêt domaniale de la combe d'Ire.

Matériel : piolet, crampons pour la partie terminale.

Pente : 35° de moyenne sur les 300 m supérieurs, avec des passages raides (45°).

Itinéraire

* *Montée* : suivre la route de la combe d'Ire jusqu'à une épingle à cheveu sur un pont, là où elle revient définitivement rive droite de l'Ire. S'élever dans la forêt rive droite du ruisseau de la Somme, en s'écartant largement de la rive, puis en revenant progressivement vers le ruisseau à la base des escarpements rocheux du Trélod. Franchir une barre de rochers et de pentes d'herbe à gauche de la cascade, en oblique de gauche à droite (parfois déneigé, passage délicat). Au-dessus, rejoindre le fond du vallon et monter jusqu'à l'arête faîtière que l'on atteint juste au S du Passage du Chardonnet (1795 m). Suivre les arêtes vers le P. 1937 m, que l'on évite par une traversée presque horizontale dans son flanc E. Gagner ainsi le col (1900 m env.) entre le P. 1937 m et le Trélod. De là monter directement vers le Trélod par une arête arrondie en partie déneigée et très soufflée. D'une épaule 100 m sous le sommet, traverser obliquement à droite et s'élever, en partie à pied, vers le Trélod en utilisant de petits couloirs qui serviront pour la descente; on aboutit sur l'arête au S du sommet.

* *Descente* : même itinéraire en gros. Dans le haut, après 100 m dans les petits couloirs, rester dans de larges pentes W puis prendre un couloir étroit qui débouche à hauteur du col 1900 m env. Depuis ce col, descendre le couloir peu incliné de son versant N sur 100 m, le quitter rive gauche et traverser sous quelques rochers pour trouver de belles pentes larges ramenant dans le versant E du Passage du Chardonnet. Surtout, ne pas descendre le couloir du col trop bas, celui-ci débouchant sur des barres rocheuses.

Autres itinéraires

* Mont Trélod par le couloir N (P. Tardivel, 13 février 1984); itinéraire de ski extrême.
* Dent des Portes (1932 m), aisément accessible depuis le Passage du Chardonnet.
* Montagne du Charbon, ou Pointe de Banc Plat (1907 m) : un long chemin forestier, débutant près du parking de la route forestière, mène au plateau sommital.

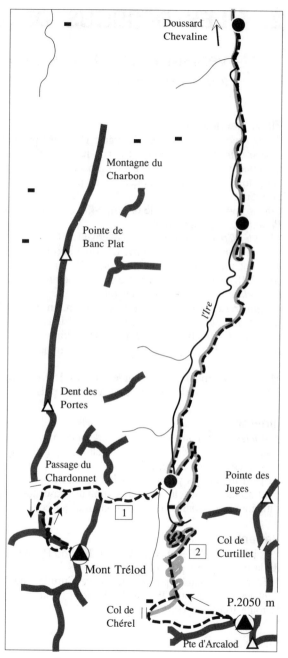

2. LES DESSOUS DE L'ARCALOD

versant ouest depuis la combe d'Ire

2050 m env.   cluse d'Annecy

Fiche technique

Accès routier : Annecy ou Faverges; Doussard par N 508. Prendre la route de la combe d'Ire par Chevaline ou par le hameau d'Arnand. Cette route forestière est très enneigée. Au cœur de l'hiver, on peut avoir du mal à la suivre jusqu'au parking obligatoire, 760 m env. Au-delà de ce parking, elle est interdite. 3 à 6 km depuis la N 508.

Cartes : 3431 ouest pour le départ, 3432 ouest (Annecy et Saint-Pierre d'Albigny).

Période : décembre-avril.

Altitude départ : 760 m (éventuellement 550 m à 1090 m).

Altitude sommet : 2050 m env. L'épaule nommée "Les Dessous de l'Arcalod" est un point situé juste au pied des parois W du sommet N de la Pointe d'Arcalod et coté 2207 m. Elle n'est ni cotée ni nommée sur IGN.

Dénivellation : 1300 m en général.

Longueur sur route forestière : 3 à 10 km, en général 7 km (aller).

Orientation principale : W (section supérieure).

Horaire global : 6 h 30 en partant du parking 760 m.

Difficultés : PD. Passages de S4 sous le sommet, puis S3 soutenu jusqu'au col de Chérel.

Matériel : crampons parfois utiles sur les 150 m sommitaux.

Pente : 34° sur 100 m en haut, avec départ plus raide sur 30 m.

Itinéraire

* *Montée* : suivre la route forestière de la combe d'Ire, en coupant les lacets à la fin, jusqu'au col de Chérel (1495 m). S'élever à gauche en direction SE puis E, par une longue croupe qui se rétrécit vers 1800 m. Gagner alors directement le P. 2050 m, au pied même des parois de la Pointe d'Arcalod.

* *Descente* : sous le ressaut sommital, descendre une combe située au N de l'itinéraire de montée; on rejoint celui-ci au col de Chérel.

Variantes

* Pointe cotée 1979 m, voisine et au NW du P. 2050 m décrit ci-dessus. Le départ de la descente est plus facile.

* Traversée possible, par les chalets de Curtillet, sur le col de Curtillet (1871 m), dont les belles pentes W, raides et parfois avalancheuses, mènent directement sur la route forestière (P. 1367 m).

Croquis page 31.

Autres approches de l'Arcalod

* Depuis la Savoie, à partir de Précherel (accessible par Saint-Pierre d'Albigny et Jarsy), on atteint rapidement le col de Chérel et l'itinéraire décrit; on peut même couper au plus court, sans passer au col.
* Versant Savoie toujours, accès à Carlet depuis Saint-Pierre d'Albigny par École. Suivre la route forestière de la vallée du Chéran puis du Nant d'Orgeval, gagner les alpages et les chalets d'Orgeval; de là à la base E de l'Arcalod.
* Depuis Seythenex, par l'Aulp de Seythenex, on rejoint le col d'Orgeval.
* L'Arcalod a été descendu à ski depuis le sommet par la face E : 400 m à 40° et 45°; 1ère descente, D. Chauchefoin, 14 mars 1984.

Sommets voisins de l'Arcalod

* Pointe de la Sambuy (2198 m), voie normale, au départ des installations mécaniques de Seythenex (télésiège de la Sambuy, 1820 m à l'arrivée) : aller-retour par le versant NE, à pied à la fin.
* Pointe de la Sambuy, versant NW, depuis la base du point culminant : une longue combe étroite et assez raide amène sur la route d'alpage de l'Aulp de Seythenex; quelques barres rocheuses.
* Petite Sambuy (2107 m), versant NW direct : itinéraire de ski extrême, 300 m à 45° avec deux sauts de barres de 5 à 10 m exposés (D. Chauchefoin, 7 avril 1979).
* Pointe de Chaurionde (2173 m), versant E; accès par la route forestière de Tamié.

Les Bauges

«La puissante citadelle des Bauges, massif calcaire des Préalpes, dresse ses escarpements sans défaut entre les cluses d'Annecy et de Chambéry» (guide Michelin). Diable! Explorons... A l'ouest, le massif intéresse surtout les fondeurs. Sur la rive orientale de l'Aillon, le Grand Colombier, la Dent d'Arclusaz et le Pécloz constituent des objectifs intéressants. Ils présentent des difficultés parfois fortes comme au Pécloz, dont la face ouest est redressée à quarante-cinq degrés sur plus de cinq cents mètres. Il sera facile de se rabattre sur des pointements secondaires comme le Mont d'Armenaz.

École, sur le Chéran, est le centre touristique principal des Bauges. Il dessert, outre les sommets déjà cités, la Pointe de Chaurionde et l'Arcalod (2217 m) par le cirque d'Orgeval; le point culminant des Bauges reste inaccessible à celui qui n'a jamais goûté aux joies du ski extrême. D'École, un vallon mène au col de Chérel et aux flancs ouest de l'Arcalod, où l'on retrouve l'itinéraire venant de Haute-Savoie par la combe d'Ire. Sur ce territoire haut-savoyard précisément, le seul décrit dans ce livre en raison des critères de choix, une fois écartés la Sambuy – équipée – ou le Charbon, au relief trop haché, il reste l'une des perles du ski de randonnée préalpin, le Trélod. Nulle description ne lui rendra hommage autant qu'une visite.

3. LES GRANDES LANCHES

de Montremont par le Pas de l'Aulp

1850 m   vallée du Fier

Fiche technique

Accès routier : Thônes. Prendre dans le centre la route qui traverse le Fier et, par Tronchine, gagner Montremont. Traverser le village et aller jusqu'à l'arrivée de la piste de bobsleigh. 6 km.
Carte : 3431 ouest (Annecy).
Période : décembre-mars.
Altitude départ : 824 m.
Altitude sommets : 1795 m (Lanfonnet); 1850 m (les Grandes Lanches).
Dénivellation totale : 1320 m.
Orientation principale : SE.
Horaire global : 6 h.
Difficultés : PD. Descente de Lanfonnet en S3; le Pas de l'Aulp est en S4 exposé sur 50 m.

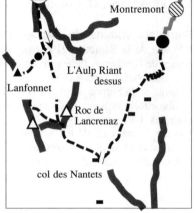

Matériel : corde éventuellement pour le Pas de l'Aulp, si les conditions sont très défavorables (passage mal enneigé et verglacé).
Pente : 34° sur 200 m à la descente de Lanfonnet.

Itinéraire

* *Montée* : s'écarter de la piste de bob et suivre le chemin (lacets en forêt) qui mène au chalet du Mont puis au col des Nantets. Du col, suivre la croupe montant en direction NW vers le col de Lancrenaz; contourner à gauche le Roc Lancrenaz par une vire étroite et un couloir : c'est le Pas de l'Aulp. Du plateau supérieur, monter directement à gauche, le long d'une arête, vers le sommet de Lanfonnet, peu individualisé. Redescendre en direction NE, laisser à gauche le col des Frêtes, puis s'élever au N vers les Grandes Lanches, sans trop tirer à droite.
* *Descente* : même itinéraire, sans toutefois repasser par Lanfonnet, mais en traversant le plateau de l'Aulp Riant dessus.

Traversées

* On peut gagner la base des Dents de Lanfon par les pentes E du P. 1645 m.
* Traversée sur le vallon du Cruet, depuis les Grandes Lanches. F. Voir course 4.
* Traversée possible, mais sans grand intérêt, sur le col de l'Aulp et Montmin, à partir du col des Nantets.

4. DENT DU CRUET

vallon du Cruet

1834 m   vallée du Fier

Fiche technique

Accès routier : Thônes. Gagner le pont de Morette, à 3 km de Thônes sur la route d'Annecy. Passer rive gauche, au départ du chemin forestier des chalets du Cruet.
Carte : 3431 ouest (Annecy).
Période : décembre-mars.
Altitude départ : 584 m.
Altitude sommet : 1834 m.
Dénivellation : 1250 m. Partie inférieure (300 m) souvent déneigée.
Orientation principale : NE (sauf le plateau sommital).
Horaire global : 6 h.
Difficultés : F. Passage de 100 m en S3 dans la partie supérieure. On sera souvent olbigé de déchausser dans le chemin forestier sous les chalets du Cruet.
Pente : 32° sur 50 m vers 1700 m.

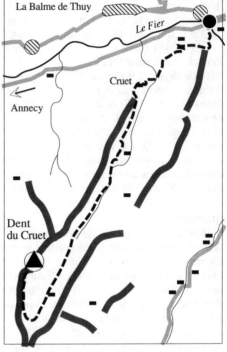

Itinéraire

* *Montée* : longer le Fier un instant, et prendre le chemin forestier des chalets du Cruet. Des chalets, suivre continuellement la rive gauche du Nant du Cruet, parfois en recherchant le chemin pour traverser des zones boisées, jusqu'au chalet de Chavonnay-Gallet (1590 m). Poursuivre dans l'axe du vallon jusqu'à ce qu'un large couloir sur la droite permette d'accéder aux pentes supérieures. Tourner franchement au N en descendant quelque peu, et remonter directement au sommet.
* *Descente* : même itinéraire. Ne pas descendre trop tôt vers le fond du vallon.

Variante et traversée

* Passage direct au-dessus du chalet de Chavonnay-Gallet (S4).
* Gagner le sommet des Grandes Lanches. De là, descente sur Montremont par le Pas de l'Aulp et le col des Nantets; voir course 3. Navette de 9 km.

5. LA TOURNETTE

voie normale du versant nord-est

2351 m   vallée du Fier

Fiche technique

Accès routier : Thônes. Suivre la route de Serraval/ Faverges, jusqu'au-delà du hameau des Clefs. A 3,5 km de Thônes, prendre à droite une petite route (panneau "la Tournette"), que l'on suit jusqu'au bout. 5 à 6 km de Thônes selon l'enneigement.

Cartes : 3431 ouest et 3431 est (Annecy et Ugine-col des Aravis).

Période : décembre-mai.

Altitude départ : 920 m à 1070 m selon l'enneigement.

Altitude sommet : 2351 m (dépôt des skis vers 2320 m).

Dénivellation : 1250 m à 1400 m à ski, et 30 m à pied.

Orientation principale : NE.

Horaire global : 5 h 30 à 6 h.

Difficultés : PD. Passage de 150 m en S3/S4 dans la combe supérieure, puis S3. Risques d'avalanches dans la partie inférieure. Le sommet s'atteint à pied : difficultés alpines par gros enneigement.

Pente : 35° sur 120 m dans la combe supérieure.

Itinéraire

* *Montée* : suivre une route dont on coupe les lacets, puis le chemin qui prolonge la route, généralement à travers une immense coulée d'avalanches. Gagner ainsi les pentes médianes à proximité du refuge du Rosairy. Remonter ces pentes en laissant à droite les Rochers des Tours, et gagner loin sur la gauche la base d'un large couloir que l'on gravit jusqu'au plateau supérieur. Traverser ce plateau à droite vers le pied de la Tournette. Dépôt des skis. Gagner le sommet à pied par un petit couloir et des échelles métalliques.

* *Descente* : même itinéraire au début; dans la partie médiane, descendre plus directement jusqu'au P. 1777 m, puis traverser à gauche au-dessus des rochers du Bouton, pour rejoindre l'itinéraire de montée.

Autres itinéraires du même versant

* Prendre le long du sentier d'été de ce versant, dans la partie supérieure, sous les Rochers des Tours. Plus raide et plus étroit que la voie normale.

* Descente au S des rochers du Bouton (on quitte la voie normale vers 1750 m), par une combe encombrée de végétation, sur les Grangettes et le Cropt. Navette, 4 km.

* Descente sur Montaubert, par le col des Vorets (entre la Pointe de la Bajulaz et l'Aiguille), et par le versant S de ce col. 10 km de navette.

* Descente en versant W (ski extrême); voir annexe course 6.

* Montagne de Cotagne (1917 m), sur l'arête NE de la Tournette; deux itinéraires

difficiles : face E, 500 m à 40°/45° (D. Chauchefoin, 14 février 1977) et couloirs du versant SE, 400 m à 40°/45°, exposé (D. Chauchefoin, 29 février 1984).
* Rocher de Belchamp (1859 m), plus au N, par le couloir E : 600 m, 45°/50° (R. Lécluse, 13 avril 1986).

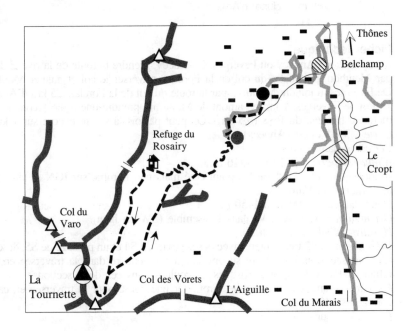

Bornes, secteur sud

Entre la vallée du Fier, la route du col du Marais et la cluse d'Annecy, la partie méridionale du massif des Bornes est dominée par la fière silhouette de la Tournette. Si elle n'existait pas, il faudrait l'inventer. Un beau dimanche de printemps, des colonnes de skieurs investissent les pentes de sa voie normale, un morceau d'anthologie du ski de randonnée. Sur le versant du lac, un relief tourmenté laisse la place à quelques pentes raides, du Varo à la Bajulaz, qui font le plaisir des spécialistes du "40 degrés". Ceux qui poussent le bouchon de la pente un peu plus loin ont réussi à y dénicher quelques descentes exceptionnelles. Plus près d'Annecy, les vallons creusés autour des Dents de Lanfon et de la Dent du Cruet ménagent des itinéraires beaucoup plus faciles, demandant un enneigement hivernal conséquent, qui ne manquent pas de caractère. Aucun équipement touristique ne vient encore abîmer cette partie du massif, ce qui contribue à son charme.

6. ÉPAULE DU VARO

par le refuge de la Tournette

2151 m   cluse d'Annecy

Fiche technique

Accès routier : Annecy ou Faverges. D'Annecy, prendre la route de la rive E du lac par Menthon, puis celle du col de la Forclaz, traverser le col et gagner Montmin. De Faverges, rejoindre Montmin par la route du col de la Forclaz. 25 km d'Annecy, 15 km de Faverges. 1 km en amont de Montmin, prendre une route secondaire qui mène au hameau du Bois (0,5 km). On peut parfois la suivre encore sur 1 km.

Carte : 3431 ouest (Annecy).

Période : janvier-avril.

Altitude départ : 1072 m à 1216 m.

Altitude sommet : 2151 m. Ce point coté mais non nommé sur IGN se situe juste au S du col du Varo.

Dénivellation : 1000 m à 1150 m.

Orientation principale : W dans l'ensemble (SW en haut).

Horaire global : 5 h à 5 h 30.

Difficultés : D. S3 très soutenu avec des sections en S4 et un passage de S5; descente très exposée dans les 300 m supérieurs, et plus encore dans la traversée entre le refuge et Pierre Châtelard. Risques de coulées dans ces deux sections.

Matériel : crampons; piolet utile. Emporter une corde pour la traversée en cas de conditions défavorables.

Pente : 40° sur 100 m.

Itinéraire

* *Montée* : suivre la route, puis la rive droite du torrent de Montmin. Laisser à gauche le col de l'Aulp, et gagner assez haut la croupe arrondie qui domine le col. Remonter cette croupe jusqu'aux rochers de Pierre Châtelard. S'élever sous ces rochers à droite par une vire, traverser un ravin (très exposé), poursuivre horizontalement au-dessus de barres rocheuses, et gagner la cuvette du refuge de la Tournette. Sortir de cette cuvette par un passage entre deux barres, qui donne accès aux pentes supérieures. Les remonter en oblique à gauche jusqu'à l'Épaule du Varo.

* *Descente* : même itinéraire.

Autres itinéraires

* Par bonnes conditions, il est possible de poursuivre jusqu'au sommet de la Tournette, en suivant le chemin d'été : couloir étroit à presque 50°, passage à pied (chaînes), et arrivée par le N à la base du bloc sommital où l'on retrouve la voie normale. Descente très délicate dans le haut, nécessitant un rappel; TD. 1ère descente par D. Chauchefoin, enchaînant avec le versant N du col du Varo.

* Descente par le versant W du col du Varo, en suivant approximativement l'itinéraire d'été; on rejoint la traversée au N du refuge de la Tournette. Descente bien plus difficile que par la voie décrite plus haut, neige stable indispensable.
* Versant N du col du Varo. Ces pentes du versant de Montremont ont été descendues à deux reprises au moins. 1ère descente : D. Chauchefoin, 25 mars 1977. Descente très raide et très exposée, itinéraire zigzagant, ED. 450 m à 50°/55°; la difficulté vient surtout de l'exposition. Accès par la piste de bob; il est indispensable de reconnaître l'itinéraire à la montée.
* Le Mamelon Vert (1986 m). Très belles pentes N dominant directement le refuge de la Tournette, assez raides sur 100 m. Ce petit sommet peut être enchaîné à la descente de l'Épaule du Varo.

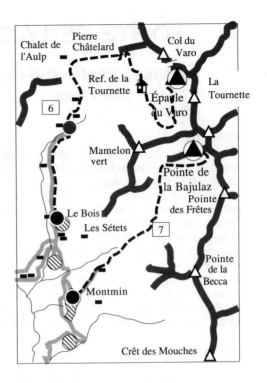

La cluse d'Annecy

L'Ire, l'Eau Morte et le Nant de Montmin, alimentés par les eaux des Bauges et de la Tournette, se rejoignent pour se déverser dans le plus beau lac des Alpes françaises, qui occupe la cluse d'Annecy et marque profondément le paysage. Curieusement ignoré par les artistes et les intellectuels jusqu'à la fin du siècle dernier, le lac d'Annecy est devenu l'un des principaux joyaux touristiques et culturels de la Haute-Savoie. Menthon se souvient de la naissance de Saint Bernard, qui devait s'illustrer dans les Alpes Pennines en bâtissant deux célèbres hospices destinés à accueillir les voyageurs, dès le XIe siècle. Talloires se glorifie d'abriter l'une des plus prestigieuses tables de France, l'auberge du père Bise. Plus terre-à-terre, si l'on ose dire, le col de la Forclaz héberge une école de parapente et d'aile delta de renommée internationale. La combe d'Ire abrite, quant à elle, une faune particulièrement riche, mais la création de la réserve cynégétique a été trop tardive pour empêcher la disparition de l'ours, dont le dernier spécimen a été éliminé en 1893.

7. POINTE DE LA BAJULAZ

grande pente sud-ouest

2254 m   cluse d'Annecy

Fiche technique

Accès routier : Annecy ou Faverges, puis Montmin (voir course 6). En fin de saison, on peut suivre le chemin du chalet des Sétets jusqu'au pont 1154 m (0,8 km).
Carte : 3431 ouest (Annecy).
Période : janvier-avril.
Altitude départ : 1050 m à 1154 m.
Altitude sommet : 2254 m.
Dénivellation : 1100 m à 1200 m.
Orientation principale : SW puis W dans la grande pente.
Horaire global : 4 h 30 à 5 h 30.
Difficultés : D. Toute la face est en S4, avec une courte section en S4/S5 dans la partie supérieure. Descente très exposée.
Matériel : crampons.
Pente : 38° de moyenne sur 550 m, avec 100 m à presque 45° en haut.

Itinéraire

* *Montée* : suivre la route des Sétets, mais rester rive gauche du torrent et prendre un chemin qui s'élève en oblique vers une haute et large barrière rocheuse. La franchir sur la gauche, par un goulet dans l'axe du torrent. S'élever à droite au-dessus des barres, sans traverser trop loin, et monter directement en longeant les rochers de la face S de la Bajulaz. Un couloir étroit mène aux pentes supérieures; en tirant à gauche, gagner la crête sommitale et le point culminant, encore à gauche.
* *Descente* : même itinéraire.

Variantes et sommets voisins

* Vers 1700 m, traverser au-dessus de barres vers le SE (très exposé), rejoindre l'ancien chalet de Lars (1722 m), et monter par la combe moins raide qui domine.
* Des abords de la Pointe de la Bajulaz, il est possible de gagner le sommet S de la Tournette (2340 m), skiable par bonnes conditions. En revanche, de ce côté, le point culminant de la Tournette est d'accès très malaisé en hiver ou au printemps.
* Pointe des Frêtes (2019 m), depuis la combe de Lars; sommet de remplacement éventuel. La Pointe des Frêtes s'atteint aussi depuis Montaubert, par le versant E (large détour au N des Praz Dzeures).
* Crêt des Mouches (2033 m), depuis Montmin, par le ravin du ruisseau de Perrière et le versant N (2 tracés possibles); belles pentes raides et soutenues (500 m à 40°).

Croquis page 39.

8. L'AIGUILLE

versant est

1847 m   vallée de la Chaise

Fiche technique

Accès routier : Thônes ou Saint-Ferréol, puis la route du col du Marais reliant ces deux localités. 1,5 km sous le col du Marais, versant S, prendre à l'W une petite route conduisant à Montaubert. Elle peut être fermée au hameau de l'Ermite, mais elle est en général déneigée. La suivre jusqu'à une bifurcation, une route de terre part à droite et mène à la ferme de la Molloire. 2,5 km de l'embranchement.

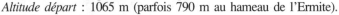

Carte : 3431 est (Ugine-col des Aravis).
Période : janvier-mars. Les pentes inférieures sont rapidement déneigées.
Altitude départ : 1065 m (parfois 790 m au hameau de l'Ermite).
Altitude sommet : 1847 m.
Dénivellation : 780 m en général.
Orientation principale : E.
Horaire global : 3 h 30 à 4 h.
Difficultés : AD. Course courte, mais les pentes supérieures sont raides (S4) et exposées. Cette partie sommitale nécessite des conditions de neige parfaites : la couche repose sur des dalles de calcaire lisses, où l'on peut craindre des plaques à vent en période froide, et des plaques de neige coulante au moindre redoux.
Matériel : crampons.
Pente : 37,5° de moyenne sur 300 m en haut.

Itinéraire

* *Montée* : gagner au-dessus de la ferme de la Molloire l'arrivée d'un vieux téléski, et prendre à cet endroit un large chemin qui s'élève obliquement à droite en forêt. Après avoir traversé une coulée d'avalanches, il débouche dans des prés sous le chalet des Trois Vargnes. Remonter ces prés puis sur la gauche des pentes parfois rabotées par une avalanche, le long des derniers arbres. Revenir à droite au-dessus de la forêt et s'élever alors directement vers le sommet de l'Aiguille où est érigée une croix. On peut avoir intérêt, à la fin, à rejoindre l'arête limitant la face E de l'Aiguille à gauche.
* *Descente* : même itinéraire.

9. LES AIGUILLES DU MONT

versant ouest de l'Aiguille ouest

2160 m env.   vallée de la Chaise

Fiche technique

Accès routier : le Bouchet et la Savatte, éventuellement plus haut (voir course 10, Mont Charvin).
Carte : 3431 est (Ugine-col des Aravis).
Période : janvier-avril.
Altitude départ : 1144 m à 1310 m selon l'enneigement.
Altitude sommet : 2160 m env. Curieusement, le point culminant des Aiguilles du Mont n'est pas coté sur IGN. Il est situé à l'extrémité W de ce groupe.
Dénivellation : 850 m à 1015 m (dont 50 m à pied en haut).
Orientation principale : W (tendance WNW en haut).
Horaire global : 4 à 5 h.
Difficultés : AD+. Toute la pente supérieure est en S4, assez exposée. Risques de plaques à vent dans cette partie.
Matériel : piolet, crampons.
Pente : 38° de moyenne sur 300 m dans la partie supérieure.
1ère descente : D. Chauchefoin, 7 mars 1976.

Itinéraire

* *Montée* : de la fin de la route goudronnée montant au-dessus de la Savatte, là où part l'itinéraire du Mont Charvin, suivre à l'horizontale la route qui poursuit vers le S en forêt, jusqu'à la sortie de la forêt. Monter directement à travers prés jusqu'à une ferme isolée (le Mont-dessus, 1408 m). Poursuivre droit au-dessus, passer une section raide le long d'un petit bois, et atteindre la rive gauche d'une combe descendant du col 2042 m sur l'arête SW des Aiguilles du Mont. Traverser la base de cette combe, en remonter la rive droite, puis en sortir et traverser à gauche vers 1800 m. Se porter ainsi à la base de la facette supérieure WNW du point culminant, en forme de triangle. La remonter intégralement, jusqu'à 50 m du sommet. La fin, étroite et souvent déneigée, se fait généralement à pied le long de l'arêteWNW.
* *Descente* : même itinéraire.

Variantes

* Lorsque l'enneigement le permet, après les 300 m sommitaux dans la face NW, poursuivre à peu près dans la même direction par des pentes raides entre des rochers, et revenir à gauche vers le Mont-dessus. D.
* On peut aussi rejoindre le col 2042 m le long de l'arête SW, puis descendre le versant W de ce col pour revenir dans la combe de montée vers 1800 m. Pentes moins régulières, avec des murs et des replats.

Sommet E des Aiguilles du Mont

* C'est le P. 2133 m. Il est possible d'utiliser un itinéraire raide dans les pentes W, pratiquement depuis le sommet, mais ces pentes sont parfois déneigées. En revanche, depuis une épaule à l'WNW du sommet (2090 m env.), les pentes de la croupe WNW sont fort belles et mieux enneigées (un peu plus de 35° de moyenne sur 350 m).

* Couloir des Sorcières en face E : 500 m à 40°/45° puis 50°/55°, très étroit avec deux passages à 60°; D. Chauchefoin et P. Tardivel, 8 février 1986.

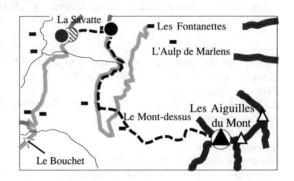

Aravis, secteur sud

Remarquable par son alignement de crêtes presque parfait, la chaîne des Aravis est coupée en deux par une large trouée qui porte le même nom. Le col des Aravis est le seul passage ouvert à la circulation entre les deux versants de la chaîne. Dans la partie méridionale, le relief est d'une étonnante simplicité. La ligne de crêtes, grossièrement orientée nord-sud, délimite un versant ouest creusé de combes plus ou moins larges, séparées par de puissants contreforts, et une façade orientale tourmentée, tombant en à-pics sur les plateaux d'alpage des Hauts d'Ugine. Ses deux extrémités sont rehaussées par les seigneurs des lieux, l'Étale et le Mont Charvin, dont la réputation dans le domaine du ski-alpinisme n'est plus à faire. La bonne ordonnance des crêtes n'a pas empêché les combes du versant ouest de s'adonner à une certaine fantaisie, ménageant ainsi des voies d'accès de difficultés graduées aux principaux sommets. Ainsi l'Étale d'une part, le Charvin et ses satellites au sud, sont-ils plutôt difficiles, tandis que les voies normales de la Mandallaz et de la Blonnière offrent des champs de neige larges et modérément inclinés; la Goenne et la Pointe de Merdassier assurent un intermédiaire satisfaisant. Quant au ski de couloir, il est roi de la Mandallaz à la Blonnière, et surtout à l'Étale où Daniel Chauchefoin a laissé la marque de sa classe.

10. MONT CHARVIN

voie normale de la combe ouest

2410 m   vallée de la Chaise

Fiche technique

Accès routier : Thônes, Faverges ou Ugine. De Thônes ou de Faverges, gagner Serraval sur la D 12 reliant ces deux villes. De là suivre la D 162 du Bouchet et de la Savatte. 6,5 km de Serraval. D'Ugine, on rejoint cette route non loin du Bouchet, par Marlens et le col de l'Épine. Tard en saison, on peut monter au-dessus de la Savatte par une route non goudronnée qui mène à l'orée de la forêt (2 km).

Carte : 3431 est (Ugine-col des Aravis).

Période : janvier-avril.

Altitude départ : 1144 m à 1310 m selon l'enneigement.

Altitude sommet : 2410 m.

Dénivellation : 1100 m à 1265 m.

Orientation principale : W.

Horaire global : 4 h 30 à 5 h 30.

Difficultés : AD+ ou D– selon le passage. Les difficultés sont concentrées dans la partie supérieure, en S4 ou S5 selon le passage utilisé. Le reste est en S3/S4, puis S3. Risques d'avalanches et de plaques à vent dans toute la combe.

Matériel : crampons.

Pente : 150 m à 41° en haut, dont 50 m à plus de 45° si l'on prend directement.

Itinéraire

* *Montée* : de la Savatte, monter directement en coupant la route 130 m au-dessus, puis tirer à gauche d'abord en forêt; gagner les chalets des Fontanettes et s'élever droit au-dessus pour atteindre le plateau de l'Aulp de Marlens (chalets; nommés le Haut de Marlens sur IGN). Monter dans la large combe du Mont Charvin, rive droite. Vers 1850 m, laisser à gauche la combe secondaire du col des Portettes, et tirer à droite. Remonter la combe principale jusqu'à une rupture de pente 150 m sous le sommet. Par une montée oblique à gauche, déboucher sur l'arête faîtière à une épaule. Par l'arête gagner le sommet.

* *Descente* : après quelques virages le long de l'arête, descendre directement dans la face W jusqu'à la cassure 150 m sous le sommet; ou bien suivre la voie de montée. Ensuite, même itinéraire qu'à la montée. Par fort enneigement, il est possible de descendre depuis la Savatte jusqu'au pont sur la Chaise (919 m), près du Bouchet.

Autres descentes du Mont Charvin

* Le versant WSW, qui domine le Cul d'Ugine, peut se descendre soit directement, soit en empruntant le flanc S de l'arête W. Plus soutenu que la voie normale, 450 m à 40° avec des passages à plus de 45°; D/D+ (D. Chauchefoin, 2 février 1977).

* Versant NE de l'arête NW, à partir du point où débouche la voie normale. Descente sur le lac du Mont Charvin, raide et exposée; 200 m à 47°/48°, TD–. Retour sur le versant du Bouchet par le col des Portettes, ou sur Manigod (voir course 12). 1ère descente probable : P. Combaz, avant 1980. Autre descente en "face N" par E. Carquillat, hiver 1982 (50°/55°, rappel).

Cols voisins du Mont Charvin
* Col de la Tulle (1930 m env., non nommé ni coté sur IGN, situé juste au SE de la Tulle). Seul le versant SW est praticable. Classique, F.
* Col des Portettes (2072 m, non nommé, au NW du Mont Charvin), PD. Il permet de traverser sur le lac du Mont Charvin et de rejoindre la Goenne (voir course 12).
* Col du Cul d'Ugine (2053 m, non nommé, au SW du Mont Charvin), par le versant W, AD à cause des 100 m supérieurs.

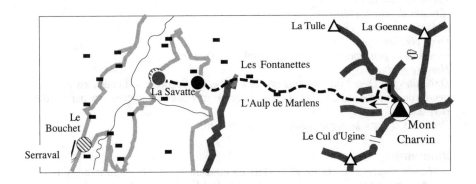

La vallée de la Chaise

Patiemment, la Chaise a creusé son lit, autour des contreforts du Mont Charvin, avant de tourner le dos à la cluse d'Annecy pour aller se jeter dans l'Arly. Sa partie médiane est caractérisée par des gorges qu'emprunte la route du col du Marais. Le village du Bouchet, dans la vallée supérieure, belvédère unique sur le Charvin, a su conserver le cadre séculaire et l'activité traditionnelle du pays savoyard. Sans doute a-t-il été tenté par les sirènes, quelques pylônes abandonnés témoignent d'un souci d'aménagement qui a fait long feu. L'évolution de la vallée, sur ce plan précis, est rassurante. Certes, la vie quotidienne des paysans du Bouchet doit être rude; les jeunes générations, isolées, ne se bousculent guère pour assurer la relève et préfèrent fuir une montagne contraignante pour goûter aux plaisirs collectifs de la cité. N'existerait-il pas, comme dans les vallées tyroliennes ressemblant à la vallée de la Chaise, une "troisième voie" compatible avec le respect des lieux?

11. MONTAGNE DE SULENS

voie normale et combe nord

1839 m   vallée du Fier

Fiche technique

Accès routier : Manigod (voir course 13). Sous l'église de Manigod, prendre la route de Comburce et après 1,2 km descendre à droite par la route de Praz Riand, qui traverse le Fier et remonte vers le col de Plan Bois; la suivre jusqu'à son terminus du Plan des Berthas. 4 km de Manigod.
Carte : 3431 est (Ugine-col des Aravis).
Période : janvier-mars.
Altitude départ : 1118 m.
Altitude sommet : 1839 m.
Dénivellation : 720 m.
Orientation principale : N dans la combe de descente.
Horaire global : 3 h.
Difficultés : PD si l'on descend par la combe N. Sections soutenues en S3, au-dessus du chalet de la Greffaz et dans la combe médiane. En aller-retour par la voie normale, F.
Pente : 35° dans la partie supérieure, sur 100 m.

Itinéraire

* *Montée* : gagner le col de Plan Bois en coupant les lacets de la route; du col, prendre une route d'alpage qui monte vers le SE en forêt. Passer à des chalets (1452 m) et poursuivre en traversant au SE vers les chalets de Sulens (1630 m, non nommés sur IGN); dans la même direction, gagner un col sur l'arête faîtière, que l'on suit à gauche jusqu'au sommet.
* *Descente par la combe N* : descendre presque directement au NW sur le chalet de la Greffaz, puis tourner à droite pour trouver l'origine de la combe N. Par celle-ci déboucher sur les champs de neige inférieurs.

Autres itinéraires de Sulens

* A la montée, depuis la sortie de la forêt, monter directement au sommet; valable également comme variante de descente de la voie normale.
* Par très bonnes conditions, on peut descendre l'un des couloirs du versant E, sur le Plan du Tour (très raide au départ, D). Retour par Bois Noir et le Torchon.
* Aller-retour depuis le Mont, au-dessus de Serraval. Monter par Mont Derrière et par une route forestière, puis en direction ESE le long du Bois de Mont Derrière. Rejoindre ainsi l'arête SE de la Montagne de Sulens et la suivre jusqu'au sommet. Intéressant, PD. Des variantes sont possibles, par exemple en partant depuis le col du Marais.

Autre course

* Petite course pour débutants en partant du Plan des Berthas ou de Praz Riand : gagner à l'E le Torchon et l'Arbarète (1404 m). De là à Orsière (1750 m) ou à la Riondaz (1746 m). F, beaux belvédères sur l'Étale, la Pointe de Mandallaz et le Mont Charvin.

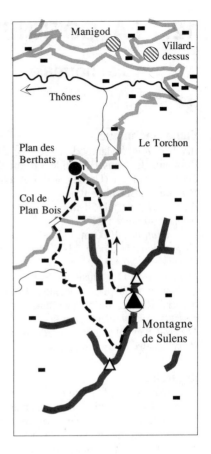

La vallée du Fier

Second cours d'eau de la Haute-Savoie par la longueur, après l'Arve, le Fier est connu des touristes par ses gorges, en aval d'Annecy. La rivière traverse le massif des Bornes, qu'elle coupe en deux régions distinctes, au nord et au sud de Thônes, petite ville carrefour cernée de montagnes. La haute vallée du Fier est sous influence directe des Aravis et du Mont Charvin, au pied duquel la rivière prend sa source. Ce pays de contrastes a bien résisté sur son adret à l'extension du complexe touristique de la Clusaz, limitée à l'aménagement du col de la Croix Fry. Sur l'ubac, la route du col de Plan Bois, en hiver, accueille la clientèle marginale des bobeurs-routiers. En amont de Manigod, de Comburce à l'Arblay, les vieux chalets éparpillés sur des pentes bien ensoleillées se croient obligés de poser pour les cartes postales à la moindre chute de neige. Richesse inestimable de la haute vallée du Fier.

12. LA GOENNE

voie normale

2174 m   vallée du Fier

Fiche technique

Accès routier : Manigod et route de l'Arblay (voir course 13); poursuivre jusqu'à l'oratoire de "sous l'Aiguille". 5 km de Manigod.
Carte : 3431 est (Ugine-col des Aravis).
Période : décembre-avril.
Altitude départ : 1158 m.
Altitude sommet : 2174 m.
Dénivellation : 1000 m à ski et 15 m à pied.
Orientation principale : NW dans l'ensemble, mais SW en haut.
Horaire global : 5 h.
Difficultés : PD+. Plusieurs sections en S4, dont une étroite; l'itinéraire n'est pas évident dans la partie médiane. L'accès au sommet se fait à pied par quelques rochers. Risques de plaques dans toute la partie médiane, mais localisés dans des ressauts relativement courts.
Matériel : éventuellement corde pour les 15 m sommitaux.
Pente : deux courtes sections à 35°.

Itinéraire

* *Montée* : suivre la route des chalets de l'Aup de Fier jusqu'à la sortie de la forêt. Monter dans des prés pour couper un grand lacet de la route, reprendre la route à gauche jusqu'à ce qu'elle rejoigne le torrent (sources du Fier, panneau indiquant le lac du Mont Charvin). Ne pas le traverser mais s'élever sur sa rive gauche jusqu'au défilé du torrent. Remonter ce défilé au début, et tourner immédiatement à gauche derrière le premier éperon. Remonter une pente raide et étroite, en sortir à gauche et traverser obliquement pour déboucher dans des pentes plus douces. Reprendre une montée oblique vers la droite, coupée par de courts ressauts, et gagner la crête qui domine le lac du Mont Charvin (2030 m env.). Traverser des pentes S au-dessus du lac, pour rejoindre le versant SW de la Goenne, que l'on remonte par la gauche au début, puis directement. On arrive sur une crête dominée à gauche par le bloc sommital. Celui-ci se gravit à pied, flanc N au début puis par des rochers faciles.
* *Descente* : même itinéraire.

Croquis page 51.

L'arête terminale du Mont Charvin (course 10). →

Aravis, secteur sud

Variantes

* A la montée, remonter plus loin le défilé du torrent (moins agréable).

* A la descente, après 100 m dans la pente sommitale, tourner à droite vers une selle neigeuse, d'où l'on découvre une pente WNW raide, qui ramène directement sur l'itinéraire de montée vers 1900 m. S4 soutenu, risques de plaques.

* Autre itinéraire dans le versant NW, qui ne débouche pas sur la crête sommitale à ski : depuis les pentes plus douces vers 1850 m, aller à gauche et remonter des pentes assez raides, qui se couchent légèrement lorsque l'on arrive dans le versant N de la Goenne. Les remonter jusqu'à l'arête faîtière NE. Pour gagner la crête sommitale, il faut monter à pied sur 50 m, dans le flanc droit de l'arête NE.

* Accès par le col des Portettes, depuis le Bouchet et la Savatte : annexe course 10.

Aravis, secteur sud

13. POINTE DE MANDALLAZ

voie normale et couloir nord-ouest

2277 m   vallée du Fier

Fiche technique

Accès routier : Manigod. Ce village s'atteint soit depuis Thônes par les routes D 12 de Serraval et D 16 (6 km), soit depuis la Clusaz par le col de la Croix Fry (15 km). Dans Manigod, sous l'église, prendre la route de Comburce; peu avant ce hameau, le laisser à gauche pour continuer dans le fond de la vallée jusqu'à l'Arblay. 5 km de Manigod.
Carte : 3431 est (Ugine-col des Aravis).
Période : décembre-avril.
Altitude départ : 1135 m env.
Altitude sommet : 2277 m.
Dénivellation : 1140 m.
Orientation principale : W pour la voie normale, NW pour le couloir.
Horaire global : 5 à 6 h.
Difficultés : PD par la voie normale, sans difficultés sinon le parcours des arêtes, court mais aérien avec une corniche. D– par le couloir NW; les trois couloirs qui ont leur origine entre l'antécime SW et le point culminant sont raides mais courts (S4/S5); le troisième, décrit ici, est le plus skiable. Risques de plaques dans la grande pente à la base des couloirs NW.
Matériel : piolet parfois utile sur les arêtes.
Pente : 41° sur 200 m en haut, dans le couloir NW.

Itinéraire

* *Montée* : suivre la route rive droite, puis rive gauche du Fier. Vers 1550 m, bifurquer à gauche et traverser aux chalets de l'Aulp de Fier d'en Bas. Continuer à traverser obliquement en contournant l'éperon NW de la Tête de l'Aulp, passer au lac du Champ Tardif, puis s'élever directement à la Pointe de Mandallaz en se tenant plus ou moins près de son arête SW. Gagner par les arêtes le point culminant en traversant plusieurs brèches.
* *Descente par le couloir NW* : de la dernière brèche avant le point culminant, descendre le couloir NW (c'est le troisième que l'on rencontre). De son pied, traverser à droite et descendre obliquement vers le chalet de Tardevant. Rester rive droite du torrent en se tenant en bordure de la forêt, puis passer rive gauche et rejoindre la route non loin de l'Arblay.

Autres descentes

* Si l'on descend par la voie normale utilisée à la montée (PD), il est possible de couper, en-dessous du Champ Tardif, entre cet itinéraire et l'Aiguille de Manigod.
* En versant NW, descendre par l'un des deux premiers couloirs, plus étroits et plus raides que le troisième (D).
* Descente par la pente NW au-delà du point culminant, plus facile mais plus sujette aux plaques à vent; AD.
* Descente directe par la face W de l'antécime SW, raide et exposée (400 m à 40°/45°). 1ère descente : D. Chauchefoin, 17 décembre 1977.
* Descente par la face SE (versant Savoie) : pentes raides et mal exposées, bien choisir son époque; TD. Arrivée au col de l'Arpettaz ou retour par le col des Aravis (long de toute façon). 1ère descente : D. Chauchefoin, 8 avril 1979.

Sommets voisins

* Tête de l'Aulp (2129 m), en bordure de la voie normale de la Pointe de Mandallaz; accessible de tous côtés mais par des pentes raides (face W , arête NW, face NE).
* La Rouelle (2082 m) par le N, simple variante de la Tête de l'Aulp.
* La Goenne : voir course 12.

14. L'ÉTALE

voie normale et couloir Chauchefoin

2483 m   vallée du Fier

Fiche technique

Accès routier : Manigod (voir course 13). Dans Manigod, sous l'église, prendre la route de Comburce, par Joux, et la suivre jusqu'à son terminus. 4,5 km de Manigod.
Carte : 3431 est (Ugine-col des Aravis).
Période : décembre-avril.
Altitude départ : 1191 m (ou 1160 m selon l'enneigement).
Altitude sommet : 2483 m.
Dénivellation totale : 1350 m.
Orientation principale : W.
Horaire global : 6 h à 6 h 30.
Difficultés : AD par la voie normale en chaussant au col sous le sommet, avec un passage de S4 dans la barre de la Rouelle. D+ par le couloir Chauchefoin, qui est en S4 soutenu avec au début une section en S5; pente sommitale en S5. Le couloir, parfois étroit, canalise les coulées; 20 à 30 m très raides en montée, pour gagner l'origine du couloir. L'ensemble du versant W demande de bonnes conditions et est exposé aux avalanches par temps doux ou après une chute de neige.
Matériel : piolet, crampons.
Pente : 50 m à 48° sous le sommet, 45° dans la partie haute du couloir Chauchefoin; celui-ci a une inclinaison moyenne de 39° sur 530 m.
1ère descente : Daniel Chauchefoin, 24 janvier 1977.

Itinéraire

* *Montée* : traverser le Nant de la Blonnière, monter aux chalets de la Turte et de la Syrme, puis gagner le pied des barres de la Rouelle. Pour accéder au-dessus à la combe de Foiroux, deux passages sont possibles :
a) S'élever de 100 m dans le grand couloir W de l'Étale et en sortir à droite par un couloir secondaire menant à la combe de Foiroux.
b) Plus à droite, un passage donne accès à la rive gauche de la combe.
Remonter la combe de Foiroux rive droite, et gagner à gauche un col au NE de l'Étale, puis directement, à pied, le sommet.
* *Descente classique* : par l'itinéraire de montée, en laissant les skis au col. A la descente, le passage de la Rouelle semble plus facile rive gauche.
* *Descente par le couloir* : du sommet, revenir au col à ski. Descendre la rive droite de la combe de Foiroux en serrant les rochers qui la dominent. Vers 2200 m, gagner une brèche à droite par un passage raide (rochers) et accéder au couloir W (couloir Chauchefoin). Le descendre intégralement, on retrouve dans le bas l'itinéraire de montée.

Autres itinéraires de l'Étale

* Accès à la combe de Foiroux par les chalets de Tardevant (voir course 13, partie inférieure de la descente), puis par une pente S sous le P. 2032 m. On retrouve ensuite la voie normale. Cet itinéraire détourné est néanmoins le plus facile de l'Étale; AD si l'on dépose les skis au col sous le sommet.

* Couloir N : 45° sur 200 m, avec passages à 50° et plus, dont un passage présentant souvent des rochers et pouvant nécessiter un rappel; ayant son origine au col au NE du sommet, il débouche dans la combe de la Blonnière. TD. 1ère descente : D. Chauchefoin, 29 juin 1978.

* Face NW des arêtes : très exposée, débouche dans la combe de la Blonnière; accès par les arêtes à l'W de l'Étale, TD+ (600 m à 50°/55°). 1ère descente : D. Chauchefoin, P. Tardivel, 12 avril 1980.

* Face S du sommet S (2450 m env.), qui domine le lac de Tardevant.

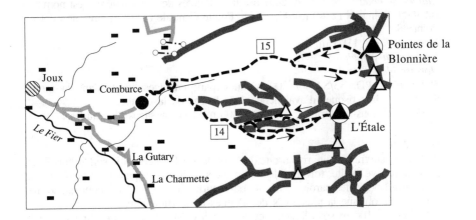

Daniel Chauchefoin

Discret au point de se faire voler des premières – le temps de rectifier – parce qu'il n'avait pas jugé bon de les officialiser, Daniel skie pour son plaisir. Plus de cent descentes de ski extrême dans les Alpes françaises, plupart des premières, qui peut prétendre à un palmarès équivalent? Et quelles descentes! Voici presque vingt ans que Daniel Chauchefoin flirte avec les 60 degrés, ce qui ne l'empêche pas d'apprécier des pentes plus accessibles au commun des mortels. En dehors de ses "faits d'armes" dans la chaîne du Mont-Blanc, son mérite aura été de populariser le ski de pentes raides, par des topos et des conseils, mais aussi d'entraîner avec lui un élève, Pierre Tardivel, dont le maître pourrait être fier. A un détail près : Chauchefoin n'a jamais envisagé de monter dans un hélicoptère.

15. POINTES DE LA BLONNIÈRE

versant ouest de la Pointe nord

2369 m   vallée du Fier

Fiche technique

Accès routier : Manigod (voir course 13). Dans Manigod, sous l'église, prendre la route de Comburce, par Joux, et la suivre jusqu'à son terminus. 4,5 km de Manigod.
Carte : 3431 est (Ugine-col des Aravis).
Période : décembre-avril.
Altitude départ : 1191 m (ou 1160 m selon l'enneigement).
Altitude sommet : 2369 m. Aucune des trois Pointes de la Blonnière n'est nommée sur IGN. Pointe N (2369 m) décrite ici, Pointe Centrale (2370 m env., non cotée), Pointe S (2362 m).
Dénivellation : 1180 m.
Orientation principale : W.
Horaire global : 5 h.
Difficultés : PD. S3/S4 sur 200 m au départ; passages étroits dans la moitié inférieure. Gros risques d'avalanches dans le bas de la combe.
Pente : 32° sous le sommet, sur 200 à 300 m, avec passages plus raides.

Itinéraire

* *Montée* : suivre la route rive droite du Nant de la Blonnière. A la sortie de la forêt, poursuivre rive droite, traverser le torrent vers 1650 m, et gagner un petit plateau (1800 m). Longer les parois de l'Étale puis tourner à gauche (NE), pour gagner par une montée oblique la plus au N des Pointes de la Blonnière.
* *Descente* : 100 m sous le sommet, tourner à droite et descendre directement la partie supérieure de la combe de la Blonnière. On retrouve la voie de montée vers 1700 m.

Variantes et autres itinéraires

* Descente par l'itinéraire de montée.
* La Pointe S est plus facile.
* Col 2237 m à l'E de l'Étale (facile dans le haut).
* Branche N de la combe de la Blonnière (bifurcation vers 1650 m), aboutissant au P. 2356 m; PD si l'on se contente du col 2166 m, AD en partant du sommet.
* Couloir N de la Pointe N de la Blonnière (voir course 16). Navette routière de 18 km par le col de la Croix Fry et Manigod.
* Voie des écharpes en versant NE : 550 m à 45°/50° (et passage à 55°), exposé.
1ère descente : D. Chauchefoin, 15 avril 1984.

Croquis page 53.

16. POINTES DE LA BLONNIÈRE

couloir nord de la Pointe nord

2369 m   vallée du Nom

Fiche technique

Accès routier : la Clusaz. Col des Aravis, à 6 km de la Clusaz. La route du col peut être fermée à cause de la neige, dans la première épingle à cheveu.
Carte : 3431 est (Ugine-col des Aravis).
Période : décembre-mai.
Altitude départ : 1486 m (ou 1298 m).
Altitude sommet : 2369 m.
Dénivellation : 900 m.
Orientation principale : N.
Horaire global : 4 h.
Difficultés : D. Le couloir proprement dit est soutenu en S4 sur 350 m. Les principales difficultés se situent entre le sommet du couloir et le sommet N des Pointes de la Blonnière, avec une courte section raide et exposée (S4/S5). Risques de coulées dans le couloir N.
Matériel : piolet, crampons pour la sécurité.
Pente : 41° sur 350 m dans le couloir N.

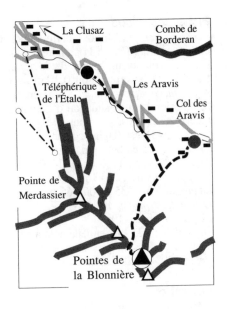

Itinéraire

* *Montée* : du col des Aravis, partir en légère oblique à droite dans les pentes appelées "Envers des Aravis".– On rejoint facilement ces pentes depuis la route du col, en suivant la rive gauche du Nom.– S'élever juste à gauche (rive droite) du thalweg principal, jusqu'à un vague plateau vers 1800 m. De là, obliquer légèrement à droite en passant au pied du ressaut rocheux surplombant formant la rive droite du couloir N de la Blonnière. S'engager à droite dans le couloir et le remonter jusqu'au col dont il est issu. Ne pas chercher à aller à gauche dans des pentes qui débouchent mal au sommet, mais suivre l'arête à gauche du col, en franchissant à pied un passage étroit, encaissé et raide, ou bien en redescendant légèrement versant SW pour prendre des pentes plus larges mais raides et pas toujours en bonnes conditions. Terminer par le versant S de l'arête NW.
* *Descente* : même itinéraire. Sous le sommet, utiliser le versant S de l'arête NW, et remonter une quinzaine de mètres vers le col marquant l'origine du couloir N.

17. POINTE DE MERDASSIER

versant nord-ouest

2313 m   vallée du Nom

Fiche technique

Accès routier : la Clusaz. Suivre au début la route du col des Aravis, puis celle du col de la Croix Fry, et là prendre à gauche la route du col de Merdassier. On peut s'arrêter soit avant le col de la Croix Fry, dans la grande épingle à cheveu franchissant le torrent, soit 0,7 km avant le col de Merdassier.

Accès mécanique éventuel : voir en annexe. Cependant, l'intérêt de la Pointe de Merdassier étant sa situation d'îlot entre deux zones de remontées mécaniques, ce type d'accès n'est pas conseillé.

Carte : 3431 est (Ugine-col des Aravis).

Période : décembre-avril.

Altitude départ : 1380 m ou 1450 m.

Altitude sommet : 2313 m.

Dénivellation : 935 m ou 865 m.

Orientation principale : WNW.

Horaire global : 4 h.

Difficultés : AD–, essentiellement à cause des 150 m sommitaux en S4; le reste est soutenu en S3. Risques de plaques en certains points de l'itinéraire.

Pente : 39° sur 125 m en haut.

Itinéraire

* *Montée* : de l'un ou l'autre des points de départ, rejoindre le large plateau situé sous le versant NW de la Pointe de Merdassier, à mi-chemin entre le téléski du Laquais au N (domaine dit de l'Étale) et les téléskis du col de Merdassier au S. S'engager dans une combe dominée à gauche par un éperon rocheux la séparant du domaine skiable de l'Étale. Remonter cette combe, dont on sort à gauche près d'un pylône de CATEX. Après un court replat, gagner directement le sommet en revenant légèrement à droite sous un nouveau pylône peu élégant érigé sur la crête.

* *Descente* : même itinéraire.

Autres itinéraires

* Accès mécanique du col de Merdassier : du sommet des remontées (1800 m env.), s'élever en oblique à gauche pour passer au-dessus d'un éperon rocheux, et rejoindre en traversée l'itinéraire normal.

* Accès mécanique par le téléphérique de l'Étale : de l'arrivée du téléphérique, descendre en oblique au SW en passant à la base de l'éperon rocheux bordant la combe de Merdassier, pour rejoindre celle-ci vers 1700 m.

* Face S. Cette face est un peu moins raide que le versant NW, mais coupée de

barres que l'on franchit par des goulets étroits. Accès par la combe de la Blonnière.
* A partir du téléphérique de l'Étale, en montant de 50 m, on découvre un magnifique couloir encaissé, orienté au N.

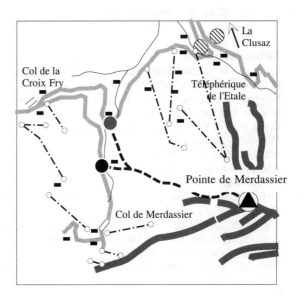

La vallée du Nom

Affluent du Fier qu'il rejoint à Thônes, le Nom n'a jamais réussi à s'en faire un. En revanche, lorsqu'il est question de la Clusaz, tout un chacun sait situer cette vallée issue du cœur des Aravis. Idéalement placée dans un site bien enneigé, la station de ski s'est développée dans l'après-guerre autour du village traditionnel, des "lits touristiques" ont été bâtis avec plus ou moins de bonheur architectural, noyant petit à petit le centre historique dont témoigne le clocher à bulbe. L'extension de la Clusaz gagnait ensuite quelques sites périphériques, la route du col des Aravis et la Croix Fry au sud, le Fernuy et les Confins à l'est. Le domaine skiable desservi par les remontées mécaniques est disséminé sur plusieurs secteurs, tous reliés entre eux par le bas, ce qui caractérise une station-village par opposition aux ensembles artificiels dits de la troisième génération. Le ski hors-piste est une spécialité de la Clusaz, principalement dans les secteurs de l'Aiguille et de la Balme; cependant, en raison de la structure et de l'inclinaison des pentes, il sera prudent de ne le pratiquer que par des conditions sûres, et en se fiant aux conseils des autochtones.

18. MONT LACHAT

couloir est

2022 m   vallée du Nom

Fiche technique

Accès routier : Saint-Jean-de-Sixt. A 0,8 km sur la route de Thônes, prendre au N (à droite en descendant) une route menant vers un téléski puis vers le V.V.F. de Forgeassoud. Laisser à droite le village de vacances et poursuivre presque jusqu'au bout de la route. 2 km de Saint-Jean-de-Sixt.
Carte : 3430 est (Bonneville-La Clusaz).
Période : janvier-mars.
Altitude départ : 1000 m.
Altitude sommet : 2022 m.
Dénivellation : 1020 m.
Orientation principale : E (pentes sommitales en particulier).
Horaire global : 4 h 30.
Difficultés : AD. Difficultés concentrées dans le couloir supérieur de 120 m en S4, avec départ en S5. Le reste de la descente n'est pas difficile. La montée par l'arête rive droite du couloir est délicate.
Matériel : piolet, crampons parfois utiles pour la section sommitale.
Pente : 38° sur 120 m en haut, avec départ frisant les 45°.

Itinéraire

* *Montée* : traverser un champ vers l'W; on trouve un large chemin qui monte en forêt et mène aux chalets des Frassettes. Gagner au-dessus le chalet de la Mare et de là les pentes supérieures, en allant d'abord à gauche, puis largement sur la droite, et de nouveau à gauche. Se diriger vers une large combe bien visible sur la droite du sommet (au faîte duquel on distingue une croix). En sortir vers 1850 m, pour gagner à gauche une arête qui mène à l'arête faîtière non loin du sommet.
* *Descente* : descendre directement le couloir dont la rive droite est délimitée par l'arête suivie à la montée.

Variantes et autres itinéraires

* Descente par l'arête rive droite du couloir (itinéraire de montée).
* On peut partir des Villards-sur-Thônes (hameau de Carrouge).
* Descente plus facile par le versant S, puis en obliquant vers l'E pour rejoindre l'itinéraire décrit ici dans sa partie peu inclinée. PD.
* Depuis l'altitude 1600 m env., on peut choisir d'autres sommets secondaires : le Suet (1863 m, plutôt facile), ou le P. 1906 m situé entre le Mont Lachat et le Suet (raide en haut).

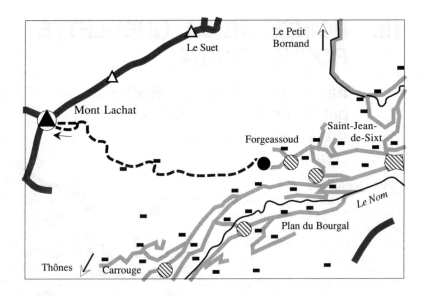

Le Petit Bornand
Le Suet
Mont Lachat
Forgeassoud
Saint-Jean-de-Sixt
Le Nom
Plan du Bourgal
Thônes
Carrouge

Bornes, secteur ouest. Le Plateau des Glières

Vaste région délimitée par les vallées du Fier, du Nom, du Borne, et la N 203 Annecy-Bonneville, la bordure ouest du massif des Bornes ne comporte aucun sommet prestigieux et n'a guère attiré le ski alpin : trois téléskis en tout, d'une centaine de mètres de dénivelée. C'est ici le royaume du ski de fond, symbolisé par le Plateau des Glières. Les rares itinéraires de ski de randonnée sont faciles, à l'exception des courts couloirs du Mont Lachat et de la Roche Parnal. Des plateaux, fortement enneigés puisqu'ils reçoivent de plein fouet les perturbations océaniques et restent protégés du fœhn, sont répartis au sud (Parmelan) et au nord (Sous-Dine) de la vallée de la Fillière, rivière qui prend sa source au Plateau des Glières.

Avant de devenir un paradis des fondeurs, le Plateau des Glières fut un enfer en 1944, lorsqu'un groupe de résistants organisés en camp retranché dut faire front au harcèlement des forces de Vichy qui précédait l'assaut des troupes allemandes. Il s'en suivit une véritable "boucherie", sur le terrain puis au cours de la répression dans les villages environnants. Aujourd'hui, le Plateau des Glières doit se défendre, bien seul, contre un assaut plus pacifique pour les hommes, dramatique pour la nature, celui des véhicules motorisés tout-terrain : 4x4 et trials l'été, scooters des neiges l'hiver. Ce phénomène paraît néanmoins provoquer une réaction des pouvoirs publics et des montagnards, qui s'efforcent de maintenir le Plateau en dehors de l'hystérie des "loisirs verts"; en auront-ils les moyens réels?

19. POINTE DE LA QUÉBLETTE ROCHE PARNAL

traversée Thônes-La Roche par le Plateau des Glières

1915 m   vallée du Fier / vallée du Foron

Échelle 1/100 000

Fiche technique

Accès routier (départ) : Thônes. A 2 km vers Annecy, prendre la route de Thuy. Sortant de Thuy, prendre à droite la route forestière de la Buffaz, par le Sapey, jusqu'au Crêt. 6 km de Thônes.

Accès routier (arrivée) : la Roche-sur-Foron ou Thorens-Glières. A mi-chemin entre ces deux localités, prendre à l'E la route d'Orange. Dans ce village, suivre la route forestière de la Balme jusqu'au Chesnet (source captée, parking). 11,5 km de la Roche.

Navette : d'Orange au hameau du Crêt, 37 km par Thorens-Glières, Nâves Parmelan et Thuy.

Refuge éventuel : gîte de la Mandrolière, 1430 m, privé, 50 places, sur les pistes de ski de fond du plateau des Glières; tél. 50.22.45.61.

Carte : 3430 est (Bonneville-La Clusaz).

Période : décembre-mars.

Altitude départ : 980 m.

Altitude des sommets : 1915 m (Québlette), 1913 m (les Frêtes), 1896 m (Roche Parnal).

Altitude fin de descente : 1172 m.

Dénivellations totales : 1850 m de montées, 1650 m de descentes, en trois fois. Développement horizontal de 20 km.

60

Orientations principales des descentes : N (Québlette), NW (Frêtes), E (Parnal) et W pour le col du Freu.
Horaire global : 9 à 10 h.
Difficultés : AD. Course très longue, mais sans difficultés techniques particulières. Passages de S3 sous le col de l'Ovine, de S3/S4 à la descente des Frêtes, à la descente de Roche Parnal et au départ du col du Freu. Risques de plaques sous le col du Freu. Une particularité : 4 km le long d'une piste de ski de fond.
Pente : 34°/35° sur 200 m à la descente des Frêtes.

Itinéraire

* Du départ au Plateau des Glières : suivre la route jusqu'à la Cloie, traverser vers les Suets, puis rejoindre au mieux le col de la Buffaz. Gagner le chalet de l'Ovine en se tenant flanc droit de la crête, puis monter directement à la Pointe de la Québlette (à pied à la fin). Du sommet, suivre l'arête et son flanc droit jusqu'au col de l'Ovine. Descendre versant NW (un lacet) et rejoindre les abords du col des Glières. De là à la Mandrolière et à Houtan le long de la piste de ski de fond.
* Du Plateau des Glières à l'arrivée : monter au point culminant de la Montagne des Frêtes par une pente boisée soutenue, le Crépon de Montoulivert, en restant en bordure des falaises qui la bordent au N. Descendre directement le versant NW des Frêtes jusqu'au P. 1558 m. Traverser le plateau de la Fontaine Froide vers le NW, et gravir directement le versant SE de la Roche Parnal. Du sommet, descendre par un couloir parfois étroit orienté à l'E, pour rejoindre le col du Freu (1694 m). Traverser de là au col S de Sur Cou (non nommé sur IGN, 1582 m, cote des anciennes cartes). Rejoindre les chalets de la Balme et par la route forestière descendre au P. 1172 m près d'Orange.

Traversée Thônes-La Roche par les cols

* Cette variante importante consiste à ne pas gravir les sommets. Du Crêt à Orange par le col de l'Ovine, le Plateau des Glières, le Creux des Sarrazins, le col de la Spée, le col du Freu et le col S de Sur Cou. Plus facile et plus classique, 1275 m de dénivellation en montée, 1075 m en descente, PD. Cette traversée peut se réaliser avec des skis de fond, les rares passages raides étant assez courts.
* Du col des Glières, il est possible d'éviter la Montagne des Frêtes en rejoignant le plateau de Champ Laitier par un large détour à l'W. Remonter alors Champ Laitier vers le NE jusqu'au col du Freu.

Sommets pris isolément

* Pointe de la Québlette : descente sur le Crêt, vers le S depuis le chalet de l'Ovine.
* Pointe de la Québlette : descente facile versant E, sur Entremont.
* Du Plateau des Glières, monter à la Montagne des Auges (1822 m); classique.
* Du col des Glières, gagner au plus court la crête de la Montagne des Frêtes et suivre cette crête douce jusqu'au sommet; à faire avec des skis de fond.
* Roche Parnal, faite isolément depuis Orange en passant par le col du Freu. Descente par la face SE ou par le couloir E; 4 h aller-retour.
* Pointe de Sur Cou (1808 m), depuis Orange par le col de Sur Cou.

20. POINTE DE SUR COU

versant est

1808 m   vallée du Borne

Fiche technique

Accès routier : Saint-Pierre-en-Faucigny, ou le Petit Bornand. Sur la route D 12 reliant ces deux localités (route de Bonneville à la Clusaz), prendre, en aval du hameau de Lavey, une petite route qui descend au Borne, le franchit et remonte au hameau isolé de Beffay. La route monte encore jusqu'aux derniers chalets isolés au-dessus de Beffay, elle est déneigée en hiver jusqu'à l'entrée dans la forêt. 10 km depuis Saint-Pierre-en-Faucigny.

Carte : 3430 est (Bonneville-La Clusaz).

Période : janvier-mars. Cette belle course ne peut être valablement entreprise qu'en plein hiver, lorsque la neige descend suffisamment bas.

Altitude départ : 800 m.

Altitude sommet : 1808 m.

Dénivellation : 1010 m.

Orientation principale : E.

Horaire global : 3 h 30.

Difficultés : F. La descente comporte une section soutenue en S3. Cette course est assez sûre; en cas de conditions très incertaines, la descente peut se faire sans risques par l'itinéraire de montée.

Pente : 30° dans la pente dominant les chalets de la Combe.

Itinéraire

* *Montée* : de l'extrémité de la route dégagée en hiver, suivre la route d'alpage qui passe par les Sambuis, puis franchit le torrent des Sambuis, s'élève aux chalets des Noyers, puis traverse la forêt en partant en ascendance à droite. Elle débouche sur le plat de Lachat (petits étangs). Retraverser le torrent et monter au plus haut chalet isolé sur l'autre rive. De là, une arête arrondie mène près du col de Sur Cou, que l'on rejoint en traversant à droite. Monter directement à la Pointe de Sur Cou, en faisant un grand lacet à gauche pour éviter une partie un peu redressée.

* *Descente* : suivre l'arête NE jusqu'à une épaule, 1731 m. Tourner à droite et descendre plein E par une large croupe jusqu'à des chalets isolés, puis en tirant légèrement à gauche descendre aux chalets de la Combe (1346 m). Continuer à descendre en oblique, à gauche des chalets les plus bas, pour trouver un sentier étroit et raide (sur lequel on est souvent obligé de déchausser pour 50 m), qui ramène à la route utilisée à la montée.

Autres itinéraires

* Descente par l'itinéraire de montée, plus facile mais d'intérêt moindre, à utiliser par mauvaises conditions de neige.
* Descente directe en face E jusqu'aux chalets des Mouilles, d'où l'on rejoint la Combe en traversant à gauche. Bonnes conditions nécessaires.
* Descente par l'arête NE, au-delà de l'épaule 1731 m, jusqu'au col 1556 m (une pente raide), d'où l'on rejoint facilement les chalets de la Combe.
* Descente sur Orange, en revenant au col de Sur Cou et en retrouvant la fin de l'itinéraire venant du col du Freu et décrit dans la traversée Thônes-La Roche (voir course 19).

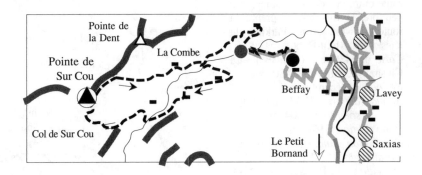

La vallée du Borne

De la Pointe Percée à Bonneville, le Borne traverse deux régions d'aspects bien différents. En aval, ce sont des gorges interrompues par les prairies d'Entremont et du Petit-Bornand, deux villages qui maintiennent tant bien que mal des activités agricoles traditionnelles, tout en assurant un accueil touristique estival dans un environnement de qualité. En amont d'une cluse où le Borne prend un virage serré, la vallée se confond avec le village du Grand-Bornand et ses dépendances. La vocation multiple du Grand-Bornand est intéressante à plus d'un titre. A une activité pastorale ancestrale s'est superposé le développement d'une station de ski de dimension moyenne, étalée sur les flancs du Mont Lachat de Châtillon, et dont une annexe a été érigée dans la vallée affluente du Chinaillon. Certes, le Grand-Bornand a eu du mal à se résoudre à l'abandon du projet d'extension de la station dans la combe des Verts, et le Chinaillon a le très mauvais goût d'organiser un rassemblement annuel de scooters des neiges sur le plateau sauvage de Samance. L'été venu, les Bornandins oublient les vertiges occasionnés par l'industrie de la neige et se consacrent à la fabrication du reblochon, seule ressource apparemment inépuisable de la haute vallée du Borne. Et c'est bon, le reblochon!

21. MONTAGNE DE SOUS-DINE

voie normale de Mont-Piton

2004 m   vallée du Foron

Fiche technique

Accès routier : La Roche-sur-Foron ou Thorens-Glières. Sur la route entre ces deux localités, et à peu près à mi-chemin, prenre la route de Mont-Piton. Parking du téléski de Mont-Piton.
Carte : 3430 est (Bonneville-La Clusaz), débord sur 3430 ouest.
Période : décembre-mars.
Altitude départ : 1037 m.
Altitude sommet : 2004 m.
Dénivellation : 970 m.
Orientation principale : W en haut.
Horaire global : 4 h 30.
Difficultés : F. Passages de S2/S3. La descente du col de l'Enclave par le chemin forestier peut présenter quelques difficultés. Course réalisable par toutes conditions, mais corniches au sommet.
Matériel : skis de fond possibles.
Pente : 30° sur 100 m en recherchant la pente.

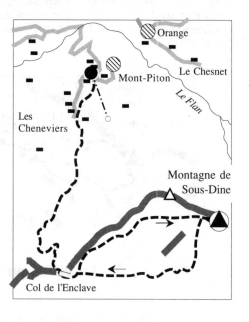

Itinéraire

* *Montée* : partir à droite du téléski, passer au-dessus du hameau des Cheneviers, et suivre la route forestière du col de l'Enclave, sans s'en écarter. Du col, monter à gauche, à peu de distance de l'arête limitant au N le plateau de la Montagne de Sous-Dine. Passer ainsi au P. 1754 m, puis rallier le sommet 2004 m.
* *Descente* : pour regagner le col de l'Enclave, descendre d'abord vers le SE, en passant entre le P. 1902 m et le P. 1840 m, puis obliquement vers l'E jusqu'au col.

Traversées

* Du col de l'Enclave, poursuivre sur Champ Laitier et rejoindre le col du Freu : voir course 19. C'est ce que l'on appelle le "tour de Sous-Dine".
* Descente raide du col de l'Enclave sur Usillon (vallée de la Fillière).

Arrivée au Trou de la Mouche (Aravis, course 25)

Col de l'Enclave (Bornes, course 21)

22. TÊTE DU PARMELAN

voie normale d'Aviernoz

1832 m   vallée de la Fillière

Fiche technique

Accès routier : Thorens-Glières puis Aviernoz par la D 5. Tourner derrière l'église, suivre la route forestière de l'Anglettaz, jusqu'à l'orée de la forêt. 7 km de Thorens-Glières, 18,5 km d'Annecy.
Carte : 3430 ouest (Annecy-Thorens-Gl.).
Période : janvier-mars.
Altitude départ : 940 m.
Altitude sommet : 1832 m.
Dénivellation : 900 m.
Orientation principale : NW, variable.
Horaire global : 4 h.
Difficultés : F. Passages de S2, et un de S3 au-dessus des Chappeys. Attention aux trous sur le lapiaz sommital.
Matériel : skis de fond possibles.
Pente : 30° sur 100 m.

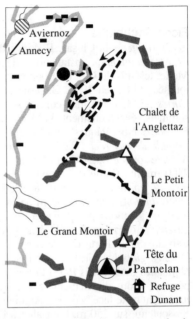

Itinéraire

* *Montée* : suivre la route forestière. Au-dessus du P. 1028 m, un raccourci fait gagner du temps. Après le dernier grand lacet au SW, quitter la route et traverser horizontalement au chalet des Chappeys. De là au col du Petit Montoir tout proche. Traverser le plateau du Parmelan, en direction du refuge Dunant, et gagner le sommet.
* *Descente* : même itinéraire; dans le bas, suivre la route forestière.

Variantes et traversées

* Par la route forestière jusqu'au bout et le chalet de l'Anglettaz, encore plus facile.
* De la Tête du Parmelan, traverser au P. 1856 m, puis faire le tour du plateau par le Plan de l'Aigle au NE, et revenir par le chalet de l'Anglettaz; skis de fond.
* Au SE, par un passage raide entre des rochers, rejoindre la vallée du Pertuis et le chalet du Pertuis. Traverser vers l'E (montée de 130 m puis descente), et par un passage raide de 50 m dans une barre rocheuse, le Freu d'Ablon (déchausser), rejoindre la partie supérieure de la gorge d'Ablon. Descendre cette gorge vers le NE par le chalet d'Ablon; un chemin forestier mène ensuite au plateau des Glières.

23. AIGUILLE DE BORDERAN PORTE DES ARAVIS

combes de Borderan et du Fernuy

2492 m   vallée du Nom

Fiche technique

Accès routier : la Clusaz. Parkings du centre du village.

Accès mécanique : installations du secteur de l'Aiguille (télésiège du Crêt du Merle, téléskis du Crêt du Loup et de l'Aiguille, télésiège de la Cote 2000). Forfait journée, 114 F en 1990. Ouverture 8 h 30. Tél. 50.02.43.15.

Cartes : 3431 est (Ugine-col des Aravis), 3531 ouest (Megève-val d'Arly) pour les sommets, éventuellement 3430 est pour la partie inférieure.

Période : Noël-Pâques, période d'ouverture de la station de la Clusaz.

Altitude départ réel : 2258 m au sommet du téléski de l'Aiguille.

Altitude sommets : 2492 m (Aiguille de Borderan), 2322 m (Aiguille des Calvaires), 2400 m env. (Porte des Aravis).

Altitude fin de descente : 1028 m au centre de la Clusaz.

Dénivellations totales : 755 m de montées (en 3 fois), 2625 m de descentes (en 3 fois), et jonctions par pistes et remontées mécaniques.

Orientation principale : W dans la combe de Borderan, NW pour l'Aiguille des Calvaires et la Porte des Aravis.

Horaire global : 7 à 8 h pour l'ensemble du circuit proposé.

Difficultés : AD (mais PD si l'on ne part pas du sommet de l'Aiguille des Calvaires pour rejoindre directement la combe du Fernuy). La partie la plus difficile est justement cette face NW de l'Aiguille des Calvaires, en S4 exposé dans le haut, puis S3 soutenu, sur 350 m. Pour aller à l'Aiguille de Borderan, le départ se fait à pied le long d'échelles en bordure d'une barre rocheuse, et l'accès au sommet présente des risques de plaques à vent; risques de plaques également dans la face NW de l'Aiguille des Calvaires. Le départ de la Porte des Aravis est en S3/S4. Par temps doux, gros risques d'avalanches dans la combe du Fernuy, qui est en général tracée mais reste considérée comme un "itinéraire de montagne".

Pente : 350 m à 35° de moyenne, dont 100 m à 42°, dans la face NW de l'Aig. des Calvaires. 34° sur 150 m à l'Aig. de Borderan, 35° sur 200 m à la Porte des Aravis.

Itinéraire

* *Aiguille de Borderan* : du haut du téléski de l'Aiguille, traverser horizontalement à droite pour prendre des échelles qui facilitent l'accès à la combe de Borderan. Monter de là à un col entre l'Aiguille de Borderan et des dents rocheuses à gauche. De là directement à l'Aiguille de Borderan par des pentes soufflées.

Redescendre par le même itinéraire, puis par toute la combe de Borderan, de préférence rive gauche où la neige est en général poudreuse. La combe se rétrécit,

Aravis, secteur central

peu après la quitter vers 1650 m, et par une suite de traversées à droite, presque horizontales (on retrouve des pistes), gagner le départ du télésiège de la Cote 2000.
* *Aiguille des Calvaires et Porte des Aravis* : du haut du téléski de l'Aiguille, gagner l'Aiguille des Calvaires. Descendre le long et à l'W de l'arête N; la pente se redresse, descendre la face NW en restant au début à proximité de l'arête N (une traversée permet de franchir une barre délicate). En bas de la face NW, dès que celle-ci devient plus facile et que les pistes du Fernuy se rapprochent à gauche, aller à droite et contourner la base de l'arête N de l'Aiguille des Calvaires (P. 1971 m). Remonter au SE vers la combe de la Creuse, qui mène tout droit à la Porte des Aravis. Descendre par le même itinéraire puis rejoindre les pistes du Fernuy; on peut skier à droite ou à gauche de ces pistes, plus ou moins en hors-piste (nombreuses traces). Dans le bas, un long chemin peu incliné ramène à la station. Il sera préférable de reprendre le téléski du Bossonnet pour faciliter le retour.

Variantes

* La combe de Borderan peut être descendue jusque dans la vallée (un passage délicat); reprendre alors le télésiège de la combe des Juments.
* Si l'on ne souhaite pas descendre directement de l'Aiguille des Calvaires, partir de l'arrivée du télésiège de la Cote 2000 et suivre la piste de jonction entre le secteur de l'Aiguille et le secteur de la Balme, pour retrouver la combe du Fernuy et le P. 1971 m où l'on entreprend la remontée vers la Porte des Aravis.
* Accès à la combe de la Creuse depuis la combe de la Torchère (remontées mécaniques de la Balme); traversée dans des pentes raides et avalancheuses.
* Hors saison ou sans utiliser les remontées mécaniques, pour l'Aiguille de Borderan : 1270 m de dénivelée depuis la route du col des Aravis, 5 h au total.
* Hors saison ou sans utiliser les remontées mécaniques, pour la Porte des Aravis : 1200 m de dénivelée depuis le Fernuy, 5 h au total.

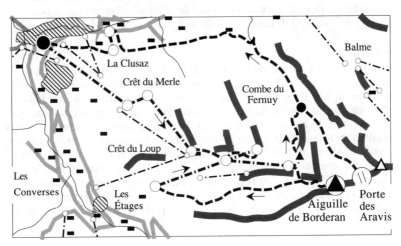

Aravis, secteur central

24. LA ROUALLE

combe de Bella Cha

2589 m   vallée du Nom

Fiche technique

Accès routier : la Clusaz. Suivre la route des Confins jusqu'au hameau du Fernuy, au-dessus duquel une route mène au départ de la télécabine de la Balme (2,5 km).
Accès mécanique : télécabine de la Balme et télésiège de la Combe de Balme. Prendre un "forfait 2 h" (60 F en 1990). Cela permet éventuellement de faire un sommet dominant la combe de la Torchère avant d'aller sur la combe de Bella Cha.
Cartes : 3530 ouest (Cluses-Sallanches); éventuellement 3531 ouest (Megève-Val d'Arly) et 3430 est (Bonneville-La Clusaz).
Période : décembre-avril.
Altitude départ réel : 2480 m.
Altitude sommet : 2589 m.
Altitude fin de descente : 1286 m.
Dénivellations : 240 m de montée, 1300 m de descente (et jonction au départ).
Orientation principale : NW.
Horaire global : 2 h 30 du sommet du télésiège de la Balme au parking.
Difficultés : PD; le départ est en S4 exposé, sur 200 m, pour rejoindre la combe de Bella Cha depuis le col de la Roualle. De plus, il peut y avoir des risques de plaques à vent dans cette partie supérieure. Le reste de la descente de la combe de Bella Cha est plutôt facile. L'arrivée au sommet de la Roualle se fait généralement à pied, l'arête sommitale étant dénudée. Il ne faut pas emprunter la face W de ce sommet : des tirs de mines ont lieu dans cette face pour faire partir des avalanches menaçant la combe de la Balme, et il peut rester des "râtés", obus non explosés.
Pente : 35° sur 250 m entre le col de la Roualle et la combe de Bella Cha.

Itinéraire

* *Montée* : de l'arrivée du télésiège de la Balme, redescendre légèrement par la piste, puis en nette oblique vers le N, et dès que possible remonter en direction du col situé au NW de la Roualle (2450 m env., non nommé ni coté sur IGN). Du col, aller-retour à la Roualle le long de l'arête NW, parfois en déchaussant (rochers).
* *Descente* : du col, descendre versant N, par des pentes en écharpe au NW, suspendues au-dessus de la combe de Bella Cha, en restant au maximum sur la gauche, sous les rochers de la crête faîtière. On débouche dans la combe de Bella Cha. La descendre rive gauche jusque vers 1800 m. De là, soit traverser rive droite et descendre de ce côté jusqu'au plateau des Confins, soit, si la neige est sûre, rester rive gauche et traverser à gauche au-dessus du lac des Confins. Un chemin sur une crête, rive gauche du plateau, mène au-dessus du parking des installations mécaniques.

Variantes
* Montée à pied à la Roualle depuis l'arrivée du télésiège; passages rocheux délicats. Itinéraire déconseillé, comme la face W de la Roualle (voir ci-dessus).
* Du col de la Roualle, rejoindre la combe de Bella Cha en s'écartant légèrement de la rive gauche des pentes supendues; mais attention! plus on va vers la droite, plus le risque est grand de tomber sur des barres rocheuses.
* Du col de la Roualle, si l'on revient dans la combe de la Balme, rester rive droite, pour rejoindre à gauche la station intermédiaire, ou poursuivre jusqu'au Fernuy.

Autres sommets voisins
* Par le téléski de la Torchère, on accède à la combe de la Torchère, dominée par une arête faîtière striée de nombreux couloirs, courts, raides et intéressants. Au N de l'arrivée du téléski, une belle pente mène presque au sommet de la Grande Balmaz (2616 m). A noter également la descente directe de la combe de la Torchère, itinéraire délicat parsemé de barres rocheuses.
* Face S de la Grande Balmaz citée ci-dessus : 400 m à 45°/50°.
* P. 2489 m entre la Pointe des Verres et les Parrossaz : descente par le couloir S, 600 m à 45°/50°.
* Depuis la combe de Bella Cha, remonter facilement à Tête Pelouse (2537 m). Jonction avec la combe du Grand Crêt (voir course 25). Combinaison d'itinéraires classique. Descente par l'une ou l'autre combe en fonction des conditions.
* La Grande Torche (2505 m), accessible depuis le haut de la combe de Bella Cha; descente raide et exposée en face SE (400 m à 45° avec une écharpe).

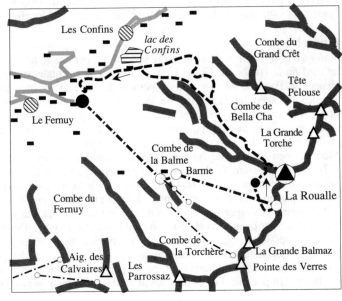

Aravis, secteur central

25. TÊTE PELOUSE

traversée du Trou de la Mouche
combe du Grand Crêt

2537 m   vallée du Borne

Fiche technique

Accès routier : la Clusaz. Suivre la route des Confins jusqu'à son extrémité, au-delà de la chapelle (grand parking, 1432 m). 6 km de la Clusaz.

Carte : 3530 ouest (Cluses-Sallanches).

Période : janvier-mai. Il faut un bon enneigement dans la combe du Grand Crêt.

Altitude départ : 1432 m.

Altitude sommets : 2453 m (Trou de la Mouche), 2537 m (Tête Pelouse); dépôt usuel des skis 2490 m.

Dénivellation totale : 1340 m.

Orientation principale : W (Trou de la Mouche), NW (combe du Grand Crêt).

Horaire global : 6 h 30 à 7 h.

Difficultés : AD. Descente du Trou de la Mouche en S4; la montée à ce passage peut présenter des difficultés alpines; l'arrivée à Tête Pelouse se fait à pied dans des rochers brisés. Descente de Tête Pelouse soutenue en S3 par l'itinéraire direct; si l'on part du sommet à ski, un passage de 50 m exposé en S4.

Matériel : piolet, crampons souvent utiles au Trou de la Mouche.

Pente : 38° sur plus de 100 m, au départ du Trou de la Mouche.

Itinéraire

* *Montée au Trou de la Mouche* : traverser au NE par une route d'alpage, en passant au pied de la combe du Grand Crêt; poursuivre horizontalement jusqu'en vue des chalets de Paccaly. Monter immédiatement à droite et par une longue diagonale ascendante, atteindre la combe de Paccaly. Remonter cette combe directement, plutôt rive gauche, jusqu'à un plateau (2150 m env.). Tirer à droite, et par une pente soutenue atteindre la crête, près du Passage du Père (2355 m, coté mais nommé trop au N sur IGN). Suivre à pied l'arête de la Roche Perfia, et traverser au Trou de la Mouche bien identifiable (grande ouverture dans le rocher).

* *Traversée* : versant W du Trou de la Mouche, partir sur la gauche et descendre jusqu'au plateau du Grand Crêt (2215 m env.). De là, s'élever en direction de Tête Pelouse, par un couloir puis en oblique à droite; parvenir ainsi dans le versant N de Tête Pelouse, et gagner une brèche à droite (W) du sommet. Par l'arête au sommet.

* *Descente* : par bonnes conditions, on peut partir des abords du sommet à ski (deux passages possibles, exposés au-dessus de barres); de la petite brèche à l'W du sommet, descendre directement versant N, puis tirer à gauche pour rester rive gauche de la combe du Grand Crêt, où les pentes sont plus intéressantes et la neige meilleure. On peut ainsi descendre jusqu'en bas.– Ou bien, vers 1900 m, éviter une

zone caillouteuse par un crochet à droite, puis revenir en plein centre de la combe, et prendre un joli couloir oblique de gauche à droite, qui donne accès à la partie inférieure. Rejoindre sur la gauche la route d'alpage à proximité du parking.

Voie normale et autres itinéraires

* La voie normale consiste à faire l'aller-retour par la combe du Grand Crêt, par l'itinéraire décrit ci-dessus à la descente le plus simple, c'est-à-dire celui qui utilise le couloir inférieur du centre de la combe. PD, extrêmement classique.
* La combe de Paccaly peut se remonter davantage rive droite (voir course 26).
* En sens inverse, la descente du Trou de la Mouche à ski est délicate.
* L'itinéraire peut être décomposé en traversée simple du Trou de la Mouche, ou en allers-retours, que ce soit dans la combe de Paccaly (dans ce cas, on ne va pas en général au Trou de la Mouche), ou dans la combe du Grand Crêt (ci-dessus). On peut aussi utiliser à la descente l'itinéraire décrit à la fin de la montée à Tête Pelouse. Toutes ces combinaisons sont plus faciles que l'itinéraire de base décrit ici.
* Face SE de Tête Pelouse, descente exposée, 400 m à 45°/50° (D. Chauchefoin, 19 février 1983). Répétée.

Sommets voisins

* Le sommet dominant au NW le Trou de la Mouche (2470 m env., non nommé ni coté sur IGN) présente une très belle pente W suspendue au-dessus de la rive droite de la combe du Grand Crêt. AD, 35° sur 500 m.
* Mont Rachais (2311 m), accessiblede la combe du Grand Crêt (1650 m), par un couloir et des pentes raides parsemées de rochers. Descente soutenue et exposée.
* Paré de Joux, couloir N (P. Tardivel, 1er mai 1983) et deux couloirs en versant SW, dont l'un de 300 m très exposé, avec passages à 60° (P. Tardivel et J.-C. Roumailhac, 16 avril 1987).

Autres traversées

* Monter par la combe de Bella Cha pour traverser Tête Pelouse. Accès possible à la combe de Bella Cha par les installations de la Balme (course 24).
* Du Passage de la Grande Forclaz (course 28), traverser versant Sallanches au-dessus de la combe de Tré le Crot, et remonter un large couloir aboutissant au Passage du Père (2355 m), au sommet de la combe de Paccaly; excellentes conditions indispensables.

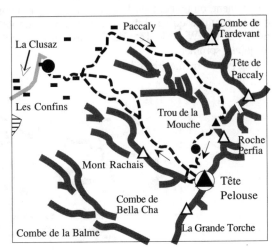

26. TÊTE DE PACCALY

versant nord-ouest et combe de Paccaly

2467 m   vallée du Borne

Fiche technique

Accès routier : la Clusaz. Suivre la route des Confins jusqu'à son extrémité, au-delà de la chapelle (grand parking, 1432 m). 6 km de la Clusaz.
Carte : 3630 ouest (Cluses-Sallanches).
Période : janvier-mai.
Altitude départ : 1432 m.
Altitude sommet : 2467 m.
Dénivellation : 1050 m.
Orientation principale : W en haut, puis NW.

Horaire global : 5 h.
Difficultés : AD. Les principales difficultés se situent dans le haut, en S4 sur 150 m. Si la face n'est pas en conditions, la partie terminale par l'arête SW se fait en partie à pied et comporte également un passage de 100 m en S4. Le reste de la descente est en S3. Risques de plaques dans la face W de la Tête de Paccaly.
Matériel : crampons.
Pente : 40° sur 200 m au sommet.

Itinéraire

* *Montée* : traverser à gauche (NE) par une route d'alpage, en passant au pied de la combe du Grand Crêt; poursuivre en traversée horizontale jusqu'aux chalets de Paccaly. S'engager à droite dans la combe de Paccaly, que l'on remonte sur l'une ou l'autre rive, puis en son centre. Dans le haut, se rapprocher de la rive droite et gagner un plateau (2150 m). Laisser à droite les pentes conduisant au Trou de la Mouche et prendre la branche de gauche de la combe, qui bientôt se redresse pour former la face W de la Tête de Paccaly. Par bonnes conditions, la remonter directement, ou prendre sur la gauche un couloir débouchant sur l'arête faîtière NW que l'on suit jusqu'au sommet. Sinon, tirer à droite pour gagner par un passage raide l'arête SW de la Tête de Paccaly; suivre l'arête, d'abord à ski, puis à pied, jusqu'au sommet.

* *Descente* : même itinéraire.

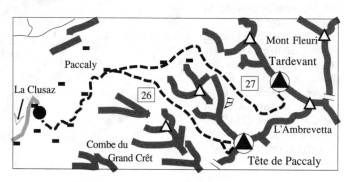

Aravis, secteur central

27. TARDEVANT

versant sud et combe de Tardevant

2501 m   vallée du Borne

Fiche technique

Accès routier : la Clusaz, les Confins. Voir course 25.
Carte : 3530 ouest (Cluses-Sallanches).
Période : janvier-mai.
Altitude départ : 1432 m.
Altitude sommet : 2501 m.
Dénivellation : 1070 m.
Orientation principale : S en haut, puis NW et enfin W.
Horaire global : 5 h.
Difficultés : PD+. La section supérieure est en S4, le reste en S3. Les pentes sont larges. Lorsque l'on monte à l'Ambrevetta et non à Tardevant, la combe de Tardevant est la plus facile et la plus sûre des combes des Aravis.
Pente : 38° sur 150 m sous le sommet.

Itinéraire

* *Montée* :gagner les chalets de Paccaly, sous la combe du même nom (course 25). Monter en oblique par des pentes soutenues, sous les Rochers de la Salla, et poursuivre en oblique pour pénétrer dans la combe de Tardevant. Remonter la combe de Tardevant, rive droite puis en son centre. Dans le haut, tourner franchement à gauche et remonter des pentes raides et soutenues, éventuellement à pied, jusqu'au sommet de Tardevant, point culminant des crêtes dominant la combe.
* *Descente* : même itinéraire.

Variantes

* Monter au col de la Bombardelle (course 28), et revenir à droite dans la combe.
* L'Ambrevetta (2463 m), sommet plus facile et un peu moins élevé que Tardevant, très classique. Dans le haut de la combe, tourner à gauche moins franchement que pour Tardevant, en suivant la ligne de plus faible pente du vallon.

Autres itinéraires

* Face WNW de Tardevant, raide, exposée, s'achevant par des couloirs étroits. D+.
* Traversée de l'Ambrevetta. Gagner le Passage de la Grande Forclaz (voir course 28). De là, monter à l'Ambrevetta par l' arête E ou son flanc gauche, à pied : pentes d'herbe mêlées de neige avec passages rocheux, terrain raide, corniche au sommet; piolet, crampons, corde. Traversée intéressante au caractère alpin affirmé.

Croquis page 72.

28. PASSAGE DE LA GRANDE FORCLAZ

traversée des Aravis

2311 m   vallée de l'Arve / vallée du Borne

Fiche technique

Accès routier (aller) : Sallanches et Burzier. Voir course 38.

Accès routier (retour) : la Clusaz et les Confins. Voir course 25.

Navette : 68 km des Confins à Burzier par Saint-Jean-de-Sixt, Bonneville et Sallanches.

Carte : 3530 ouest (Cluses-Sallanches).

Période : janvier-mai. Il est cependant prudent de ne pas s'aventurer sur ce parcours pendant les périodes des grosses avalanches.

Altitude départ : 970 m.

Altitude des cols : 2230 m env. au-dessus du col de Doran, 2311 m (Passage de la Grande Forclaz).

Altitude fin de descente : 1432 m.

Dénivellations : 1660 m de montées, 1200 m de descentes (en deux fois).

Orientation principale : S puis E dans la traversée entre les deux cols, NW dans la combe de la Grande Forclaz.

Horaire global : 7 à 8 h. Il est nécessaire de partir tôt, pour effectuer la première descente avant que les pentes ne soient ramollies.

Difficultés : PD, mais la course est longue et engagée. La première descente est exposée aux avalanches et se déroule au-dessus de hautes barres rocheuses, passages de S3. La remontée à la Grande Forclaz est raide sur la fin et peut présenter une corniche de sortie difficile à franchir. La descente de la combe de la Grande Forclaz comporte quelques passages de S3 et présente un risque de coulées par temps doux.

Matériel : piolet utile pour l'arrivée au Passage de la Grande Forclaz.

Pente : 30° env. dans certains secteurs de la descente; presque 40° à la montée sous le Passage de la Grande Forclaz.

Remarque : cette course est ausi bien praticable en sens inverse. Il faut alors arriver de très bonne heure dans la remontée au col de Doran. Le problème des navettes routières peut être résolu si deux groupes complices effectuent cette traversée, chacun dans un sens.

Itinéraire

* *De Burzier à la Grande Forclaz* : de Burzier au col de Doran, suivre la voie normale des Quatre Têtes (voir course 38, itinéraire de montée). S'élever un peu au-dessus du col vers la Pointe Percée (P. 2230 m env. sur l'arête du col). De là, commencer une longue traversée descendante sous les contreforts de la Pointe Percée, puis de la Pointe des Verts. Lorsque l'on se trouve à l'aplomb de la Pointe des Verts, commencer à descendre plus franchement le long d'une arête arrondie, et de nouveau sur la droite (plateau de Chombas, 1956 m). Traverser encore en très légère descente, puis commencer la remontée sur le plateau des Fours, large et facile. Appuyer progressivement à droite et s'élever directement à l'arête faîtière que l'on franchit à son point le plus bas (Passage de la Grande Forclaz). Une corniche peut rendre la sortie difficile, il faut parfois l'abattre au piolet.

* *Descente* : descendre la combe de la Grande Forclaz, régulière, jusqu'avant son rétrécissement. Là, passer nettement rive gauche et rejoindre un petit plateau (2001 m). De belles pentes mènent de ce plateau vers la partie inférieure de la combe, rive gauche. Vers 1800 m, sortir de la combe en traversée à gauche, et rejoindre une petite épaule (col de la Bombardelle, ni nommé ni coté sur IGN, 1740 m env., poteau sur son versant SW). Traverser versant SW pour retrouver l'itinéraire de la combe de Tardevant et les Confins (voir course 27).

Sommets praticables en bordure de la traversée

* Les Quatre Têtes (2364 m) : voir course 38.
* La Miaz (2336 m) : voir course 29.
* Mont Fleuri (2511 m) : versant SW raide (400 m à 40°/45°), exposé et étroit dans le bas; départ un peu au NW du sommet (D. Chauchefoin 23 décembre 1976).
* La Mamule (2404 m), couloir SW (400 m à 45°); D. Chauchefoin et P. Tardivel, 17 avril 1982.
* Tardevant (2501 m), par la face N (200 m à 60° et 200 m à 50°, exposé); D. Chauchefoin et P. Tardivel, 17 avril 1982. L'une des plus difficiles des Aravis.

Échelle 1/100 000

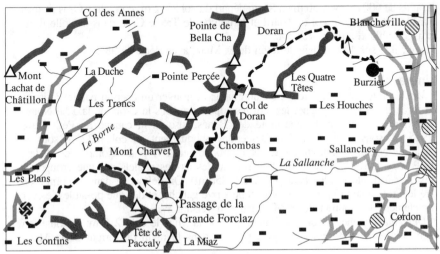

Aravis, secteur central

29. LA MIAZ

grand tour de la Miaz

2336 m   vallée de la Sallanches

Fiche technique

Accès routier : Sallanches. Cordon, à 4 km par la D 113. Un peu au-dessus de l'église de Cordon, prendre la route de droite qui, après quelques lacets, mène aux Mouilles. 3,5 km de Cordon.

Retour et navette : le retour est situé aux Plagnes, non loin au N de la deuxième épingle à cheveu au-dessus du carrefour de Cordon. 2,5 km de navette ou 40 min à pied pour revenir au point de départ.

Carte : 3530 ouest (Cluses-Sallanches).

Période : décembre-avril.

Altitude départ : 1211 m.

Altitude sommet : 2336 m.

Altitude fin de descente : 1000 m, mais il faut souvent déchausser au pont de la Flée, 1064 m.

Dénivellations : 1525 m à la montée (plus le retour), 1735 m à la descente (dont une partie à pied); la descente de la Miaz au pont de la Flée fait 1300 m env.

Orientation principale : en moyenne E pour la descente de la Miaz.

Horaire global : 7 à 8 h. Pour des questions d'orientation et pour limiter les risques d'avalanches, il est nécessaire de partir très tôt, à la nuit finissante, afin de commencer la descente si possible avant 11 h au printemps.

Difficultés : AD. Passages raides à la montée de la Miaz. Descente soutenue en S3 sur plus de 600 m, avec 50 m en S4 au départ du col 2212 m (corniche). Gros risques d'avalanches entre le col de Niard et la combe de Tré le Crot, dans laquelle il est indispensable d'arriver très tôt.

Pente : 32° sur 400 m dans le ravin de la Miaz, avec départ à 38°.

Itinéraire

* *Montée* : des Mouilles, remonter un champ et trouver un chemin partant à droite en forêt; il permet de gagner les alpages supérieurs sous la Croix de la Tête Noire. Rejoindre et suivre la longue crête des Bénés, jusqu'à la cabane du Petit Pâtre (1915 m), sous Croisse Baulet. Descendre obliquement au col 1832 m sous le chalet de Niard, poursuivre en descente oblique vers l'W pour rejoindre les chalets de Pététry (1515 m env.). Monter droit au-dessus des chalets par une croupe, et traverser à droite le plus haut possible (1850 m). On débouche dans la combe de Tré le Crot, la suivre près de son fond puis rive gauche, et dès que possible s'élever directement au sommet de la Miaz par son versant W.

* *Descente* : gagner le long de l'arête NW de la Miaz le col 2212 m; remonter en face pour éviter une corniche, puis plonger dans le ravin du torrent de la Miaz,

sinueux et étroit. A son débouché, tirer à gauche vers les chalets de Cœur. Traverser de là au N aux Frédys, puis descendre vers les Joux, franchir le torrent de Cœur (passerelle), et suivre un large chemin de la rive droite de la Sallanches, qui passe au niveau du pont de la Flée et ramène aux Plagnes, hameau de Cordon.

Variantes

* A la montée, il est possible d'utiliser les téléskis de Cordon pour gagner plus rapidement la crête des Bénés, mais étant donné l'ouverture tardive des installations, cette option n'est concevable qu'en saison froide.
* Aller-retour par l'itinéraire de descente, ou montée au col de Niard par le vallon de Cœur; dans ces deux cas, accès routier depuis Sallanches, par la route de Sainte-Anne au pont de la Flée.

Traversées

* Traversée de Cordon à la Giettaz : du sommet, descendre sur Tré le Crot, Pététry, la Ruelle; arrivée au-dessus de la Giettaz, versant Savoie. 31 km de navette.
* Traversée des Confins à Cordon ou Sallanches : montée au Passage de la Grande Forclaz (course 28), descente comme indiqué ci-dessus. Navette de 68 km entre Cordon et les Confins.
* Traversée de Cordon à Doran : montée comme indiqué ci-dessus jusque dans la combe de Tré le Crot, puis rejoindre le Passage de la Grande Forclaz, et suivre en descente l'itinéraire de montée de la course 28. Longue traversée sur des pentes E, nécessitant de bonnes conditions et une certaine rapidité. 13,5 km de navette entre Burzier et Cordon.

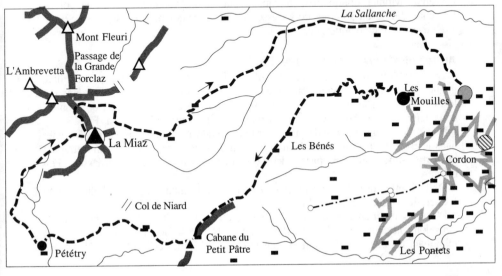

Aravis, secteur central 77

30. CROISSE BAULET

versant est du col de l'Avenaz

2236 m   vallée de la Sallanches

Fiche technique

Accès routier : Sallanches. Cordon, à 4 km par la D 113. Suivre la route conduisant aux hôtels du haut de la station et gagner le hameau des Pontets. 3,2 km de Cordon.
Cartes : 3530 ouest (Cluses-Sallanches) et 3531 ouest (Megève-Val d'Arly).
Période : décembre-avril.
Altitude départ : 1135 m.
Altitude sommet : 2236 m.
Dénivellation : 1100 m.
Orientation principale : E (pentes du col de l'Avenaz).
Horaire global : 5 h.
Difficultés : PD–. Section en S3/S4 (passages étroits) sur le versant E du col de l'Avenaz. Quelques risques de plaques à cet endroit.
Pente : 30° sur 150 m.

Itinéraire

* *Montée* : suivre la route forestière de l'Avenaz, en coupant les premiers lacets (on passe au-dessus des chalets de Cornillon). Quitter la route à droite vers 1360 m pour prendre un large chemin s'élevant directement en forêt et menant aux chalets de l'Avenaz. Monter obliquement à gauche puis tout droit pour gagner le col de l'Avenaz. De là au sommet de Croisse Baulet, directement par les pentes SE.
* *Descente* : même itinéraire.

Autres itinéraires de Croisse Baulet

* De Combloux ou de Megève, en utilisant les remontées mécaniques du Jaillet, gagner le Sommet des Salles puis le col de Jaillet. Traverser ensuite les arêtes par le Petit Croisse Baulet et le col de l'Avenaz (635 m de dénivellation de montée, deux remontées de 80 m et 70 m au retour). Jolie course d'initiation, F.
* De Cordon, gagner le col de Jaillet par la route de Cornillon et un chemin forestier dans le Bois de la Jorasse, ou bien en faisant un détour par le Lay et en rattrapant la partie supérieure des pistes de Combloux. Ensuite comme ci-dessus. Peu d'intérêt.
* De la Giettaz (Savoie), par le Plan et la Tête de Ramadieu, puis le Petit Croisse Baulet. Itinéraire classique, PD.
* Plusieurs itinéraires de descente possibles en face E. Ils sont raides et exposés. On rejoint la crête des Bénés en traversant au N vers 1950 m. De là, descente en rejoignant les pistes de Cordon, ou par la crête des Bénés et l'itinéraire de montée de la course 29.

* Descente en face W (exactement WNW, parfois dite face N); il faut ensuite remonter en traversée vers la cabane du Petit Pâtre où l'on rejoint la crête des Bénés (voir ci-dessus). Pentes raides et barres rocheuses dans la partie supérieure.

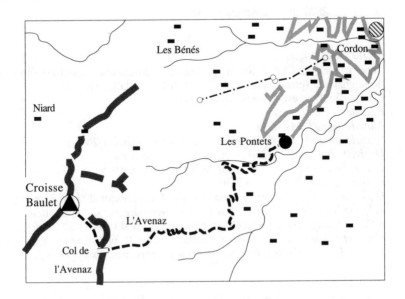

La vallée de la Sallanches

Installée sur la rive gauche de l'Arve, Sallanches est le point de départ incontournable des itinéraires de la bordure orientale des Aravis : c'est ici que se jette dans l'Arve la rivière qui a donné son nom à la ville. Double rivière, puisque le torrent de la Croix et la Sallanches proprement dite encadrent le plateau de Cordon, dominé par la crête des Bénés et Croisse Baulet. Avec ses chalets étagés, éparpillés sur des pentes orientées à l'est, bâtis pour la plupart dans le style savoyard traditionnel, Cordon bénéficie d'une image de marque sympathique. Le village, situé à une altitude modérée, bénéficie d'une vue exceptionnelle sur la chaîne des Fiz et le massif du Mont-Blanc. Juste au nord de la commune, la branche principale de la Sallanches s'enfonce au cœur de murailles austères, rappelant par moment la haute vallée du Giffre. De hautes falaises de schistes, fendues par de rares ruisseaux s'abîmant en cascades, soutiennent les plateaux de Chombas et des Verts, sous le regard inquisiteur du Mont Charvet et de la Pointe Percée. Celui qui a traîné ses spatules en ces lieux solitaires sait encore ce que signifie le mot "wilderness".

31. MONT CHARVET

voie normale et combe de la Petite Miaz

2538 m   vallée du Borne

Fiche technique

Accès routier : la Clusaz. Suivre la route des Confins jusqu'à son extrémité, au-delà de la chapelle (grand parking, 1432 m). 6 km de la Clusaz.
Carte : 3530 ouest (Cluses-Sallanches).
Période : janvier-mai.
Altitude départ : 1432 m.
Altitude sommet : 2538 m. Dépôt des skis en général à 2403 m.
Dénivellation totale : 1250 m env., dont 135 m à pied.
Orientation principale : W (sauf le bastion sommital S).
Horaire global : 5 h 30 à 6 h 30.
Difficultés : PD+. Section soutenue en S3/S4 sur presque 200 m, dans la combe de la Petite Miaz. Pentes raides, souvent en neige transformée, pour atteindre le sommet; si la neige est bonne, celui-ci peut se faire à ski (S4 et S5), mais c'est rare.
Matériel : piolet ou crampons, éventuellement corde, parfois utiles pour le sommet.
Pente : 35° sur 120 m; 38° sous le sommet, avec deux passages à plus de 45°.

Itinéraire

* *Montée* : suivre l'itinéraire de la combe de la Grande Forclaz (voir courses 27 et 28) jusqu'au col de la Bombardellaz. Continuer à traverser sous la combe de la Grande Forclaz, puis redescendre légèrement pour déboucher dans la combe du Mont Charvet. La remonter jusqu'au bord d'un vaste amphithéâtre (P. 2156 m), dont il faut sortir tout en haut à gauche (col 2315 m). Traverser au NE vers le col du Mont Charvet (non nommé sur IGN, 2403 m). En général, dépôt des skis. Gagner le sommet à pied par son versant S, plus ou moins directement.
* *Descente* : du col du Mont Charvet, descendre 50 m et bifurquer à droite pour descendre la combe située au N de la Petite Miaz. Rejoindre la combe du Mont Charvet et la descendre en appuyant sur la rive gauche pour retrouver l'itinéraire de montée. Au lieu de remonter au col de la Bombardellaz, descendre en biais aux chalets de la Bombardellaz. De là, deux solutions :
a) traverser presque horizontalement jusqu'à la Pierre Marquée, puis descendre au S pour retrouver l'itinéraire de montée;
b) descendre en légère oblique en traversant le Bois Vert; on débouche au Gollet, où l'on trouve les pistes de ski de fond des Confins. 120 m de remontée au parking.

Variantes

* Descente depuis le col du Mont Charvet par l'itinéraire de montée (plus facile).
* La descente depuis le sommet par l'itinéraire de montée est possible par bonnes

conditions : pentes raides et exposées.

* Accès à la combe du Mont Charvet en passant par les chalets de la Bombardellaz, en suivant l'itinéraire décrit ci-dessus pour la descente, par l'une des options a) ou b), mais cette dernière est peu pratique à la montée.

* Départ des Troncs, par le Grand Bornand (voir course 32). Traverser à la base de l'arête W du Mont Charvet pour rejoindre la combe du Mont Charvet.

* Voir également l'itinéraire de la face W (course 32).

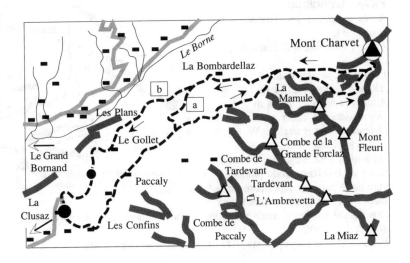

Aravis, secteur central

Le col des Aravis partage en deux la longue chaîne calcaire. Il est néanmoins commode de distinguer deux zones, au nord du col, selon que les fameuses "combes des Aravis" sont tournées vers les vallées du Borne et du Nom, ou vers celle du Reposoir. Dans la zone centrale, qui s'étend du col des Aravis à la Pointe Percée, le principal point d'accès se nomme les Confins, hameau satellite de la Clusaz, installé sur un plateau surplombant le Borne et favorable au ski de fond. Les sommets échelonnés sur la ligne de crêtes jettent à l'ouest de puissantes arêtes secondaires, qui délimitent les combes classiques abordables depuis les Confins. A l'est, dans un relief plus tourmenté, au fond de la vallée de la Sallanches, les bosses marginales de la Miaz et de Croisse Baulet méritent une visite. Ce tour d'horizon rapide ne doit pas exclure deux aspects méconnus du ski dans le secteur central des Aravis : la traversée de la chaîne par la Grande Forclaz, et le ski extrême sur de multiples pentes dessinées à cet effet par tous les dieux de la création.

32. MONT CHARVET

face ouest

2538 m   vallée du Borne

Fiche technique

Accès routier : les Troncs. Voir course 34.
Carte : 3530 ouest (Cluses-Sallanches).
Période : janvier-mai.
Altitude départ : 1182 m.
Altitude sommet : 2538 m.
Dénivellation : 1255 m.
Orientation principale : W.
Horaire global : 6 h.
Difficultés : D. Descente très soutenue en S4. Risques de plaques à vent dans la partie supérieure de la face W. L'accès au sommet peut

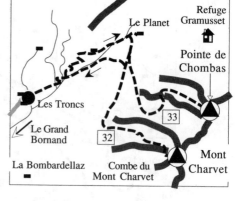

être délicat (rochers), mais par bonnes conditions on part du sommet à ski.
Matériel : crampons.
Pente : 35° de moyenne sur 700 m, avec des sections à 40° environ.

Itinéraire

* *Montée* : des Troncs, suivre l'approche de la combe des Verts jusqu'au-dessus du Planet, vers 1700 m (voir course 34). Traverser alors presque horizontalement vers le SSW, en restant largement au-dessous de la combe de Chombas, pour contourner la base des contreforts de la rive gauche de la combe de Chombas. On débouche ainsi au pied des hautes et raides pentes W du Mont Charvet. Les remonter à peu près directement, éventuellement à pied dans la partie supérieure, jusque sous le ressaut sommital du Mont Charvet, qui s'évite par la droite en rejoignant l'arête SW, 30 m sous le sommet.
* *Descente* : même itinéraire.

Variante de montée

* Au lieu de remonter les pentes de la face W, poursuivre la traversée vers le SW en redescendant de 100 m env., et après avoir contourné les contreforts rocheux W du Mont Charvet, remonter vers la combe du Mont Charvet, où l'on rejoint la voie normale de ce sommet (voir course 31).
* On peut aussi partir des Confins et monter par la voie normale. 20 km de navette entre les Troncs et les Confins.

33. POINTE DE CHOMBAS

par les Prés aux Chèvres

2468 m   vallée du Borne

Fiche technique

Accès routier : les Troncs. Voir course 34.
Carte : 3530 ouest (Cluses-Sallanches).
Période : décembre-mai.
Altitude départ : 1182 m.
Altitude sommet : 2468 m.
Dénivellation : 1285 m.
Orientation principale : W.
Horaire global : 6 h.
Difficultés : AD. Passages étroits, S3 et S4, le long de l'arête W et dans la jonction avec la combe. Le raccourci de descente sur les Troncs est en S4. Risques de plaques dans la pente supérieure, et de coulées dans la descente directe sur les Troncs.
Pente : 30° le long de l'arête W (les Prés aux Chèvres), avec un passage nettement plus raide vers 2150 m.

Itinéraire

* *Montée* : des Troncs, suivre l'approche de la combe des Verts jusqu'au-dessus du Planet, vers 1700 m (voir course 34). Traverser en légère oblique ascendante à droite, vers le S, pour dépasser la base des contreforts W de la Pointe de Chombas, et pénétrer dans la combe de Chombas. Remonter cette combe rive droite jusque vers 2050 m, et en sortir à gauche sur la large arête W de la Pointe de Chombas, par un passage assez raide. Suivre cette arête ou son flanc gauche (les Prés aux Chèvres) jusqu'au sommet.
* *Descente* : même itinéraire. Dans la partie inférieure, par bonnes conditions, on peut descendre directement depuis le niveau de la traversée horizontale, par des pentes raides et avalancheuses face aux chalets de Plattuy. A repérer en montant.

Variantes

* Accès à la combe de Chombas depuis les Confins, par la Bombardelle : voir course 31. 6 h 30 à 7 h aller-retour.
* Col de Chombas (2350 m env.), à l'origine de la combe de Chombas, PD. C'est la plus facile de toutes les combes des Confins, mais son accès est fort long. On peut néanmoins descendre par des pentes assez raides, rive gauche de la combe.
* Il existe un passage étroit, raide, et parfois impraticable, entre les Prés aux Chèvres et la combe des Verts; il est indispensable de l'avoir repéré à la montée.

Croquis page 82.

34. COMBE DES VERTS

par le refuge Gramusset

2595 m   vallée du Borne

Fiche technique

Accès routier : le Grand Bornand. Suivre après l'église la route du fond de la vallée par les Plans, jusqu'au hameau des Troncs. 7,5 km du Grand Bornand.
Carte : 3530 ouest (Cluses-Sallanches).
Période : décembre-mai.
Altitude départ : 1182 m.
Altitude sommet : 2595 m (base de l'arête S de la Pointe Percée), ou 2520 m env. au col des Verts (la cote 2499 m semble ne pas correspondre au col).
Dénivellation : 1415 m (ou 1340 m au col).
Orientation principale : W.
Horaire global : 6 h à 6 h 30.
Difficultés : PD/PD+, selon que l'on va au col des Verts ou au P. 2595 m à la base de la Pointe Percée. Section supérieure en S4 puis S3, un court passage de S3/S4 dans la partie médiane. Risques de plaques dans le haut.
Matériel : crampons parfois utiles si la dernière pente sous le P. 2595 m est gelée.
Pente : 35° sur 150 m en haut.

Itinéraire

* *Montée* : suivre un chemin rive droite du Borne, qui s'élève en forêt et passe aux chalets de Plattuy. Un peu au-dessus, traverser le torrent et gagner le plateau du Planet. De là deux solutions pour gagner le refuge Gramusset par des pentes W parsemées de barres : s'élever d'abord sur la gauche, puis tout droit, et revenir à droite; ou bien monter d'abord en oblique à droite (pente raide), puis revenir progressivement à gauche et gagner directement le refuge. Le câble transporteur permet de s'orienter. Poursuivre dans le même axe par une large combe, la combe des Verts. En sortir soit tout en haut à gauche, au pied même des rochers de l'arête S de la Pointe Percée (plus intéressant), soit dans l'axe de la combe, au col des Verts, point le plus bas de l'arête faîtière.
* *Descente* : même itinéraire.

Traversées et autres itinéraires

* Plusieurs variantes sont possibles pour monter au refuge Gramusset; le refuge d'hiver est toujours ouvert.
* Du Planet, en traversant au S, on gagne le débouché de la combe de Chombas; voir course 33.
* Accès depuis le Reposoir : suivre l'itinéraire de la Pointe de la Carmélite (voir course 36) jusqu'à la base des pentes supérieures, vers 2250 m. Obliquer alors à

droite pour passer à la base de la Pointe Percée, et rejoindre la combe des Verts où l'on retrouve l'itinéraire venant du Grand Bornand.

* Du Reposoir par le col de l'Oulette (ou Oulettaz) : suivre l'itinéraire de la Pointe de la Carmélite jusqu'au moment où le chemin tourne à gauche vers Combe Marto (P. 1505 m). Remonter alors tout le ravin, puis la combe du col de l'Oulette, rive droite de préférence. L'accès au col peut s'avérer délicat (corniches) et dangereux (plaques à vent). Sur l'autre versant, redescendre en biais puis traverser en oblique ascendante vers le refuge Gramusset. Cet itinéraire est beaucoup moins recommandable que le précédent.

* A la descente sur le Reposoir, reprendre l'itinéraire de jonction avec la Pointe de la Carmélite, puis descendre directement, le long de la Pointe de Rouelletaz, et terminer par le ravin du col de l'Oulette.

* Du sommet de la combe, on peut descendre versant E, en oblique sur le col de Doran, où l'on retrouve l'itinéraire de traversée sur Burzier et Sallanches (voir course 28); raide, exposé et avalancheux, D.

* Accès par les remontées mécaniques du Grand Bornand (télésiège des Annes) : voir course 35.

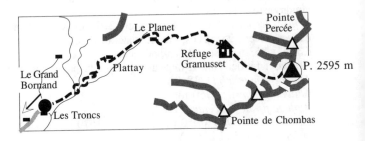

Les combes des Aravis

Combien se comptent-elles? Sept comme des merveilles? Oui si l'on dénombre celles, dépourvues d'installations mécaniques, accessibles des Confins. Faut-il ajouter les "pestiférées" de la Balme et du Fernuy? Doit-on inclure celle qui faillit l'être, la miraculée, la combe des Verts, à l'autre extrémité? Qu'ont-elles de si remarquable, ces sept merveilles? *Bella Cha* l'accueillante, invitation au voyage, à quitter le monde civilisé. *Grand Crêt* la boulimique, dévorant des colonnes printanières de pratiquants éblouis. *Paccaly* la talentueuse, aux pentes dessinées pour le plaisir du skieur. *Tardevant* la tentaculaire, qui s'étend comme si elle n'avait pas assez de place pour dormir entre ses voisines. *Grande Forclaz* la pure, aux lignes idéales rappelant la finesse d'un mannequin. *Mont Charvet* la majestueuse, dotée d'un amphithéâtre naturel pour jouer la grande pièce du ski de randonnée. *Chombas* la sauvageonne enfin, bien à l'écart comme pour conserver sa virginité.

35. POINTE PERCÉE

voie normale depuis les Annes

2750 m   vallée du Borne

Fiche technique

Accès routier : le Grand Bornand. Gagner la station du Chinaillon par la route du col de la Colombière. 7 km.

Accès mécanique : téléskis pour gagner les crêtes, piste, et télésiège des Annes.

Retour et navette : les Troncs (voir course 34). 14 km de navette entre le Chinaillon et les Troncs par le Grand Bornand.

Hors saison : en principe, la course se fait alors en aller-retour depuis les Troncs (voie course 34). En fin de saison cependant, la route du col des Annes est dégagée : depuis le Grand Bornand, gagner les Plans puis suivre la route qui monte à gauche juste en amont du terrain de golf, et passe près du départ du télésiège des Annes (non goudronnée à la fin).

Refuge éventuel : refuge Gramusset, 2164 m, CAF Annecy, non gardé; refuge d'hiver ouvert, 25 places, gaz et matériel de cuisine.

Carte : 3530 ouest (Cluses-Sallanches).

Période : février-juin. Il faut attendre que la partie sommitale soit bien enneigée.

Altitude départ réel : 1869 m.

Altitude sommet : 2750 m.

Altitude fin de descente : 1182 m.

Dénivellation : 900 à 950 m de montée, 1570 m de descente.

Orientation principale : W.

Horaire global : 6 h depuis la Tête des Annes.

Difficultés : TD. La partie supérieure est très exposée. S5 soutenu en haut sur 200 m, S4 ensuite sur 200 m; le passage de la rampe est en S6 ou s'effectue avec un rappel oblique de 30 m, selon les conditions.

Matériel : piolet, crampons, corde, sangles pour le passage de la rampe.

Pente : en général, la partie supérieure est à 40°/45°, avec une section plus raide (55°) au passage de la rampe.

1ère descente : D. Chauchefoin, 21 mars 1981. Plusieurs fois répétée.

Itinéraire

* *Montée* : de la Tête des Annes, suivre les arêtes menant à la Pointe des Delevrets, en contournant plus ou moins par le N le P. 1950 m et la Pointe des Delevrets (s'adapter aux conditions); redescendre au col de l'Oulettaz puis un peu dans son versant S, en oblique. Remonter obliquement vers le SE (à droite) et atteindre le refuge Gramusset (on rejoint l'itinéraire de la combe des Verts, course 34). Du refuge, appuyer à gauche en montant, pour gagner la base de la large combe par laquelle s'achève le versant W de la Pointe Percée.– Dans cette partie, on peut couper afin d'éviter le crochet par le refuge.– Remonter la combe précitée jusque sous les rochers qui dominent. Gagner au-dessus à gauche une vire presque horizontale que l'on suit vers la gauche (2450 m env.). Rejoindre ainsi la base d'un vaste plan incliné ascendant vers la droite. Le remonter jusqu'à son sommet. Prendre alors à droite une rampe ascendante à droite, étroite et très exposée, de forte inclinaison, qui permet d'atteindre la base du couloir supérieur. Remonter ce couloir, puis le flanc gauche de l'arête faîtière, jusqu'à l'antécime de la Pointe Percée (2730 m). Par un passage délicat flanc N, rejoindre les pentes sommitales et gagner le sommet (croix).

* *Descente* : même itinéraire jusqu'au refuge Gramusset, puis suivre l'itinéraire classique de la combe des Verts jusqu'aux Troncs (voir course 34).

Variantes et autres itinéraires

* Aller-retour depuis les Troncs. Compter alors 7 h 30 à 8 h au total.

* En fin de saison, du col des Annes, rejoindre la Tête des Annes et suivre un bon sentier par les crêtes; on trouve encore la neige en juin sous le refuge Gramusset.

* La Pointe Percée peut aussi se faire depuis le Reposoir, en utilisant au début l'itinéraire de la Pointe de la Carmélite (voir course 36). Plus long, 1700 m, 8 à 9 h.

* L'itinéraire des "cheminées de Sallanches" a aussi été descendu. D'autre part, un "couloir S" a été descendu par P. Tardivel, 21 février 1986.

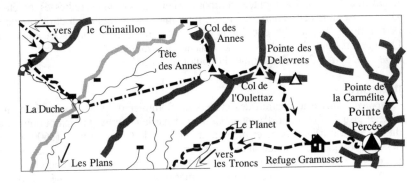

Le ski extrême dans les Préalpes

La descente de la Pointe Percée marque l'entrée dans le domaine du ski extrême préalpin, caractérisé par la présence de barres rocheuses rendant l'exercice aussi exposé que dans les grands couloirs en altitude, même si l'engagement est moindre. Le versant nord du col du Varo, la face nord-ouest de l'Étale et la face nord directe du Roc d'Enfer, pour n'en citer que quelques-unes, sont d'excellentes courses de préparation en vue des grands objectifs de la chaîne du Mont-Blanc.

36. POINTE DE LA CARMÉLITE

versant nord-ouest en circuit

2477 m   vallée du Reposoir

Fiche technique

Accès routier : Cluses, puis Pralong (commune du Reposoir) par la D 4. Suivre la route de l'ancienne Chartreuse du Reposoir (carmel), et poursuivre le plus loin possible, selon l'enneigement. 2 km maximum de Pralong.

Carte : 3530 ouest (Cluses-Sallanches).

Période : décembre-début mai.

Altitude départ : 1043 m à 1091 m selon l'enneigement.

Altitude sommet : 2477 m. Non nommé sur IGN, il s'agit du plus haut point des arêtes faîtières entre la Pointe Percée et la Pointe de Bella Cha.

Dénivellation : 1385 m à 1435 m.

Orientation principale : NW.

Horaire global : 6 à 7 h.

Difficultés : AD. Le couloir de descente présente toute une section en S4; il est relativement étroit. La montée comporte quelques passages redressés et étroits. Dans l'ensemble cette course est assez sûre, mais on se méfiera tout de même des parties raides lorsque les conditions d'ensemble de la montagne sont incertaines. Quelques risques de coulées sur le Plateau des Sommiers.

Pente : 150 m à 37°; l'ensemble du couloir est à 33°.

Itinéraire

* *Montée* : suivre le chemin des chalets de Sommier d'Aval et poursuivre sur le plateau jusqu'à Sommier d'Amont. Continuer par le chemin qui bientôt quitte l'axe du torrent, tourne à gauche et mène à la bergerie de Combe Marto (1600 m). Au-dessus, obliquer en direction S, contourner la base des grands escarpements rocheux par la droite et, par une succession de petits raidillons et de courtes combes, gagner le plateau de lapiaz sommital. Monter d'abord vers le col situé à la base de l'arête du Doigt de la Pointe Percée, bien reconnaissable, puis laisser ce col à droite et traverser à gauche pour gagner la Pointe de la Carmélite (P. 2477 m, non nommée sur IGN), parfois à pied sur les derniers mètres.

* *Descente* : après 100 m le long de la voie de montée, obliquer à droite vers une petite épaule. Descendre alors en direction NW, par des pentes douces sur 100 m, bordées à droite par une arête séparant le couloir N à droite, qu'elle domine par des à-pics, et le couloir NW. Longer cette arête puis tourner à gauche : la pente se redresse brusquement, à l'origine du couloir NW, étroit et raide. Le descendre en son centre. Plus bas, couper l'itinéraire de montée – que l'on peut suivre à la descente – et appuyer largement à gauche pour descendre tout droit sur le vallon dominant le Sommier d'Amont (pentes soutenues, arbres et rochers).

Autres itinéraires

* Descente par la voie de montée, très classique, PD. De la base des escarpements rocheux, descendre directement comme indiqué ci-dessus.
* Descente par le couloir N, dont l'orientation est N en haut puis NW, plus large et plus facile que le couloir NW. De l'épaule 100 m sous le sommet, tourner franchement à droite en direction N, pour trouver tout de suite l'origine du couloir. Le descendre jusqu'au plateau 1945 m, puis appuyer à gauche pour retrouver les itinéraires précédents, ou à droite vers la combe Marto (voir annexe course 37).
* Accès depuis les Troncs (le Grand Bornand) par le refuge Gramusset : voir course 34 et annexe.
* Col de l'Oulettaz (1925 m), en traversée ou en aller-retour par le versant N : voir annexe course 34.

Aravis, secteur nord

Au nord de la Pointe Percée, la chaîne des Aravis s'étend jusqu'à la vallée de l'Arve. Moins connue que le secteur central accessible des Confins, cette partie du massif doit son isolement relatif à une approche plus longue et quelque peu contraignante. Ce n'est pas pour déplaire aux amateurs de solitude. La belle structure en forme de combes parallèles subit ici quelques dommages, la montagne y gagne en diversité. La Pointe de la Carmélite, dont le nom rappelle la fonction actuelle de la chartreuse du Reposoir, et la Pointe de Bella Cha restent peu fréquentées malgré leur intérêt indiscutable. Il n'en est pas de même de la Pointe d'Areu; la traversée de Romme sur Sallanches est un morceau de bravoure à ne manquer sous aucun prétexte. Excentrées de part et d'autre de l'axe principal des Aravis, la Croix d'Almet et les Quatre Têtes offrent des descentes difficiles dans des cadres originaux.

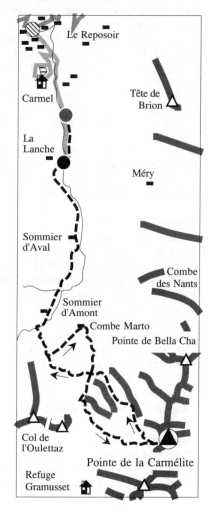

37. POINTE DE BELLA CHA

triangle du Reposoir

2500 m env.   vallée du Reposoir

Fiche technique

Accès routier : Pralong (commune du Reposoir) : voir course 36.
Carte : 3530 ouest (Cluses-Sallanches).
Période : décembre-avril.
Altitude départ : 1043 m à 1091 m selon l'enneigement.
Altitude sommet : 2500 m env. (pointe W). Le point culminant (pointe E), séparée d'elle par une profonde brèche, cote 2511 m. Arrivée à ski 2480 m env.
Dénivellation à ski : 1385 m à 1435 m.
Orientation principale : W (grande pente triangulaire).
Horaire global : 6 à 7 h.
Difficultés : AD+. Pentes en S3 et S4 sur 600 m, très soutenues, depuis le sommet. Toute la grande pente nommée "Triangle du Reposoir" est sujette aux plaques à vent. Difficultés alpines variables, parfois importantes, sur l'arête terminale, mais on s'arrête généralement à la pointe W.
Matériel : piolet, crampons; corde pour le point culminant.
Pente : 34° de moyenne sur 600 m, avec une section proche de 40°.

Itinéraire

* *Montée* : suivre le chemin des chalets de Sommier d'Aval et, un peu avant Sommier d'Amont, tourner à gauche sur un plateau, puis s'élever obliquement à gauche sur un second plateau (au S du P. 1602 m). De là, monter tout droit par des pentes coupées de petites barres, en tirant à droite quand on se rapproche des rochers de Bella Cha. Traverser sur la droite vers 2100 m, afin d'accéder à la grande pente triangulaire. La remonter sur son bord droit et terminer à pied sur la fine arête sommitale de la pointe W.
* *Descente* : même itinéraire au début. Poursuivre par la grande pente jusque vers 1800 m, puis tirer à gauche pour rejoindre le chalet de Combe Marto et le chemin de Sommier d'Amont (voir course 36).

Variantes

* Aller-retour par l'itinéraire de montée ou de descente, dans la partie médiane.

Itinéraires voisins

* Combe Marto, située au-dessus de la bergerie du même nom atteinte par Sommier d'Amont (voir course 36); on aboutit au col 2301 m.
* Par la combe Marto, on atteint le couloir issu de la crête sommitale de la Pointe

de Bella Cha, d'orientation SW; il est rocheux dans le haut et il faut s'arrêter à plus de 50 m de l'arête.

* Combes des Pointes Longues, l'une étroite et juste au N de la Pointe de Bella Cha, l'autre plus large et plus au N. On les atteint en suivant au début l'itinéraire de montée à la Pointe de Bella Cha. Sortie vers 2350 m (pas de sommet accessible).

* Combe des Nants, située au N des Pointes Longues. Suivre la voie de montée à Bella Cha jusque vers 1830 m, puis traverser en ascendance à gauche (NE), pour gagner la combe que l'on remonte jusqu'au P. 2385 m.

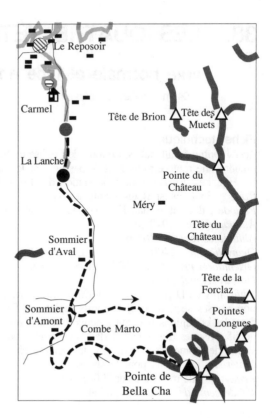

La vallée du Reposoir

Foron, appellation répandue dans les Préalpes, désigne un torrent qui coule dans une vallée boisée. Celui-ci, réunion de deux branches encadrant la Pointe d'Almet, naît au chef-lieu de la commune du Reposoir et se faufile jusqu'à l'Arve. Le nom de Reposoir provient de l'ancienne chartreuse, aujourd'hui transformée en carmel, créée en 1151 et restaurée au XIIe siècle. L'activité économique du Reposoir ne se limite pas à l'approvisionnement des carmélites en eau potable; l'exploitation du bois reste la première ressource de la commune. Un téléski fonctionne sur la route de la Colombière, et un centre de ski de fond draîne une clientèle régionale. Les contraintes naturelles ont ici freiné les ardeurs des promoteurs. Certes, il fut envisagé d'explorer les champs de neige de la Pointe d'Areu, mais la commune voisine de Romme, au premier plan concernée, opposait son veto. Applaudissons…

38. LES QUATRE TÊTES

voie normale et face nord

2364 m   vallée de l'Arve

Fiche technique

Accès routier : Sallanches. Le long de l'église de Sallanches (angle NW de la ville), prendre une route étroite et raide passant par les hameaux de Mernex, les Murets, les Houches, Burzier (ancienne station de ski). 6 km de Sallanches.

Carte : 3530 ouest (Cluses-Sallanches).

Période : décembre-mai. En 1978, la voie normale se faisait à ski le 15 juillet!

Altitude départ : 970 m.

Altitude sommet : 2364 m.

Dénivellation : 1400 m.

Orientation principale : NNW dans la face.

Horaire global : 6 h 30.

Difficultés : PD pour la voie normale de montée. D pour la face N : sur 500 m, nombreuses sections en S4, courts replats en S3; barres rocheuses au pied de la face; les conditions peuvent amener à choisir un itinéraire présentant des passages de S5. Risques d'avalanches dans la montée sous les chalets de Doran et dans le vallon de Doran, risques de plaques dans le haut de la face N.

Matériel : crampons pour la sécurité.

Pente : 38° de moyenne sur 300 m dans la face N, avec des passages à 40° et 45°.

1ère descente de la face N : probablement F. Labande et J. Maubé, début avril 1980.

Itinéraire

* *Montée* : suivre le large chemin des chalets de Doran, en direction générale NW (on traverse une immense coulée d'avalanches). Remonter ensuite tout le vallon de Doran jusqu'au col de Doran (2178 m), qui sépare les Quatre Têtes de la Pointe Percée. Par l'arête W, gagner le sommet des Quatre Têtes.

* *Descente par la voie normale* : par l'itinéraire de montée, PD.

* *Descente par la face N* : se diriger un court instant en oblique vers le sommet oriental, puis descendre en face N par une succession de couloirs évidents, en s'adaptant au terrain et aux conditions. Dans le bas de la face, tirer plutôt à droite pour éviter des barres rocheuses. On rejoint le vallon de Doran.

Variantes

* Descente en face NW, en bordure de la voie normale, AD. Pentes instables.

* Depuis les chalets de Doran, en remontant à l'E, on trouve l'origine d'un couloir étroit et raide, permettant d'éviter les lacets en forêt.

* On peut venir au col de Doran depuis le Passage de la Grande Forclaz, depuis la Miaz (courses 28-29), ou du sommet de la combe des Verts (D, annexe course 34).

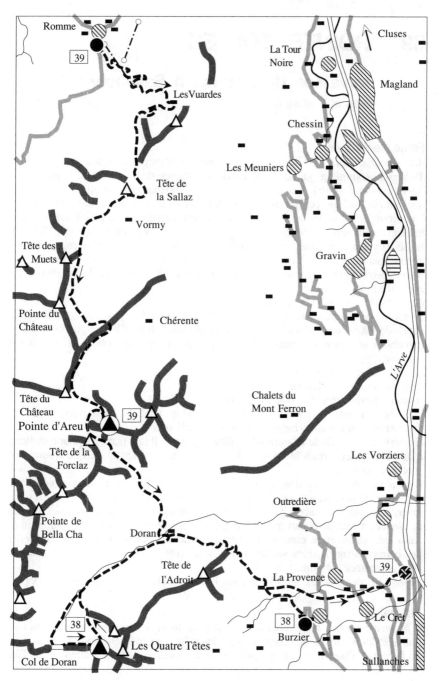

Romme

39

LesVuardes

Tête de
la Sallaz

Vormy

Tête des
Muets

Pointe du
Château

Chérente

Tête du
Château
Pointe d'Areu

39

Tête de la
Forclaz

Chalets du
Mont Ferron

Pointe de
Bella Cha

Doran

Outredière

Tête de
l'Adroit

La Provence

39

38

38

Les Quatre Têtes

Burzier

Le Crêt

Col de Doran

Sallanches

La Tour
Noire

Cluses

Magland

Chessin

Les Meuniers

Gravin

L'Arve

Les Vorziers

Aravis, secteur nord

93

39. POINTE D'AREU

traversée de Romme à Sallanches

2478 m   vallée de l'Arve

Fiche technique

Accès routier (aller) : Cluses, puis Romme par Nancy-sur-Cluses, par la D 119. Traverser Romme et gagner l'aire de départ des téléskis. 9,5 km de Cluses.

Accès routier (retour) : en cas d'enneigement abondant (neige en plaine), laisser une voiture sur une petite route, à l'endroit où celle-ci passe juste en bordure de l'autoroute, à 3 km env. au N de Sallanches; cette petite route se prend juste derrière le centre commercial. En cas d'enneigement moins abondant (neige vers 700 m), laisser la voiture au hameau du Crêt (724 m) ou au hameau de la Provence (767 m), atteints par une petite route partant le long du cimetière de Sallanches. En cas d'enneigement normal, le retour se fait à Burzier (voir course 38). 32 km de navette entre Romme et Burzier.

Carte : 3530 ouest (Cluses-Sallanches).

Période : décembre-avril; cependant, la descente complète jusqu'en bordure de la vallée de l'Arve ne peut s'effectuer qu'en plein hiver, lorsqu'il a neigé très bas. Ces conditions se produisent rarement, et l'on sera généralement obligé de s'arrêter à Burzier.

Altitude départ : 1300 m.

Altitude sommet : 2478 m.

Altitude fin de descente : 970 m à 530 m.

Dénivellation totale : 1300 m de montée, 1500 m à 1950 m de descente.

Orientation principale : montée N, descente SE puis E.

Horaire global : 7 h de Romme à la vallée de l'Arve. Il faut partir tôt pour bénéficier d'une bonne neige dans le couloir, donc à une heure où les téléskis de Romme ne sont pas ouverts.

Difficultés : AD–, avec une section en S4 dans la partie supérieure du couloir SE, et le reste de la descente sur Doran en S3 très soutenu (800 m de couloir). En plein hiver, si la neige est abondante en moyenne montagne, il peut exister des risques de plaques à vent au départ du couloir SE. Risques de coulées dans ce couloir, mais aussi dans la traversée entre les chalets de Doran et les prés de Burzier. Se méfier des corniches menaçantes sur les arêtes de la Tête de la Forclaz. En revanche, la voie de montée est sûre.

Pente : 30° de moyenne sur 650 m dans le couloir SE, avec 100 m à 40° au départ.

Itinéraire

* *Montée* : gagner le sommet des téléskis de Romme, puis suivre le chemin de l'alpage des Vuardes, qui continue vers les crêtes par lesquelles on atteint la Tête de la Sallaz. Poursuivre par les crêtes (courte descente). Avant d'atteindre la Tête des Muets, traverser horizontalement vers le S puis en montant en biais vers l'arête NE de la Tête du Château, que l'on suit. Couper sous la Tête du Château, passer à un petit col (2271 m) et gagner la Pointe d'Areu par une pente étroite parsemée d'îlots rocheux; la partie gauche de la pente terminale est la mieux enneigée, mais aussi éventuellement sujette à de petites plaques à vent. Terminer à droite le long de l'arête W; on est parfois obligé de déchausser.

* *Descente* : redescendre la partie supérieure et dès que possible (après 100 m), tourner à gauche pour gagner en traversée oblique, dans une pente raide, le col de la Forclaz (2324 m). On découvre le couloir SE dont le départ est raide. Le descendre en son centre. Lorsqu'il s'évase, continuer le long d'une longue croupe et déboucher dans le vallon de Doran en passant près d'une croix. Appuyer à droite pour franchir le torrent de Dière sur un pont, et rejoindre les chalets de Doran. Traverser horizontalement rive droite et suivre le chemin des chalets de Doran, sous les contreforts NE de la Tête de l'Adroit, en franchissant une large coulée d'avalanches. On débouche ainsi dans les prés au-dessus de Burzier. Si l'enneigement le permet, avant d'atteindre Burzier, descendre tout droit en direction de la vallée de l'Arve, à travers prés, jusqu'aux hameaux de la Provence et du Crêt, puis éventuellement jusqu'à la route au bord de l'Arve.

Variantes et autres itinéraires

* A la montée, quand on arrive sous la Tête de la Sallaz, traverser flanc E en redescendant légèrement, gagner les chalets de Vormy puis s'élever en biais vers l'arête NE de la Tête du Château et rejoindre l'itinéraire normal. Ou bien au contraire suivre toutes les crêtes, par la Tête des Muets, le col de la Gueule au Vent, la Pointe du Château et Champ Fleuri. Panoramique mais plus délicat que la voie normale.

* A la descente, par conditions stables, remonter de moins de 100 m au-dessus des chalets de Doran, jusqu'à une épaule de l'arête NE de la Tête de l'Adroit, à la limite de la forêt. Sur l'autre versant, descendre un couloir raide et avalancheux (départ délicat), jusqu'à la jonction avec le chemin de Doran.

* Itinéraires du versant W : voir course 40 et annexes.

Croquis page 93.

Romme et Burzier

A ma droite, Burzier, hameau de la commune de Sallanches; un promoteur illuminé, isolé, têtu; une station de ski morte-née, vouée à l'échec, et des stigmates dans la montagne. A ma gauche, Romme, commune de Nancy-sur-Cluses, une volonté collective d'assurer un avenir basé sur la tradition, sur l'agriculture et la forêt, en limitant l'équipement touristique aux trois téléskis du village. Faites vos choix. Et traversez de Romme à Burzier, en cueillant au passage la Pointe d'Areu.

40. POINTE D'AREU

versant nord-ouest et couloir de Brion

2478 m   vallée du Reposoir

Fiche technique

Accès routier : Romme, depuis Cluses par Nancy-sur-Cluses, par la D 119. Poursuivre par cette route jusqu'à un virage à angle droit dans la forêt, à l'endroit où se détache une route d'alpage. 2 km depuis Romme.
Carte : 3530 ouest (Cluses-Sallanches).
Période : janvier-avril.
Altitude départ : 1290 m env.
Altitude sommet : 2478 m.
Dénivellation : 1250 m env.
Orientation principale : NW, puis W dans la descente de la voie normale, et N dans le couloir de Brion.
Horaire global : 5 h 30.
Difficultés : PD pour la voie normale qui présente quelques passages de S3, en particulier le départ du sommet. AD+ pour le couloir de Brion, en S4 soutenu sur 200 m, assez exposé. Risques importants d'avalanches dans le couloir de Brion, légers risques de plaques sous la Pointe du Château. La partie terminale de la Pointe d'Areu est souvent soufflée, gelée, parsemée de rochers. Dans la voie normale utilisée à la montée, une courte section est également exposée aux coulées.
Pente : 38° sur 200 m.

Itinéraire

* *Montée* : suivre la route de l'alpage de Méry, d'abord en légère descente ou horizontale, puis qui s'élève régulièrement en passant à la base du couloir de Brion (en profiter pour repérer l'itinéraire de descente). Après de nombreux lacets et la traversée d'une coulée d'avalanche, on débouche en vue des pentes supérieures (1723 m, panneau). Les remonter directement, pour déboucher au col 2088 m séparant la Pointe du Château de l'arête de la Tête du Château. Monter directement à Champ Fleuri puis suivre l'arête de la Tête du Château, dont on évite le sommet par la gauche. Passer à un petit col (2271 m) et gagner la Pointe d'Areu par une pente étroite parsemée d'îlots rocheux; la partie gauche de la pente terminale est la mieux enneigée, mais aussi éventuellement sujette à de petites plaques à vent. Terminer à droite le long de l'arête W; on est parfois obligé de déchausser.
* *Descente normale* : même itinéraire.
* *Descente par le couloir de Brion* : revenir par le même itinéraire jusqu'au col 2088 m et remonter légèrement jusqu'à la Pointe du Château (2104 m). Descendre l'arête N de cette pointe, étroite et parfois gelée, jusqu'au col de la Gueule à Vent (2014 m). Passer versant W du col, puis tirer en oblique à droite dans des pentes

Descente de la Pointe de Sur Cou   (course 20)   ▸━▸

douces, jusqu'à la cassure de pente marquant l'origine du large couloir de Brion. Descendre d'abord plutôt un peu sur la droite; il faut ensuite revenir à gauche pour prendre la partie supérieure redressée du couloir, sur sa rive gauche. Dès que possible, et lorsque les pentes de la rive droite faiblissent, traverser sur la droite et descendre les pentes larges de la rive droite, jusqu'en bas du couloir, évitant ainsi les rochers du verrou inférieur. On retrouve la route utilisée à la montée vers 1350 m.

Autres itinéraires du versant W

* Montée aux chalets de Méry depuis le Reposoir, par Sommier d'Aval et le plateau de Bella Cha (course 37), puis par une assez longue traversée au N, à peine ascendante. Peu d'intérêt.

* Si l'on part du Reposoir, il vaut mieux, après le plateau de Bella Cha, traverser seulement jusqu'à l'arête W de la Tête du Château, et monter les pentes soutenues du flanc droit de cette arête. Bon itinéraire de descente.

* Couloir des Cornes d'Ombrance : départ du col situé au NE de la Tête des Muets. Ce couloir présente plusieurs ressauts raides et des barres rocheuses.

* Couloir de la Sallettaz (ou couloir du Pare). Ce couloir étroit et régulier s'atteint par les pentes NNW de la Tête de la Sallaz.

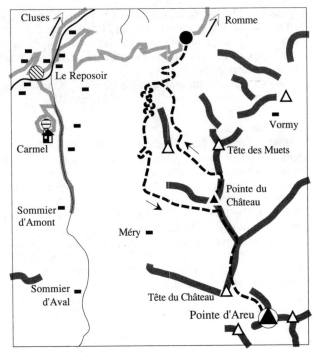

←—‹ En montant à la Pointe de Sur Cou (course 20).

41. CROIX D'ALMET

face ouest
traversée à la Tête d'Auferrand

2223 m   vallée du Borne

Fiche technique

Accès routier : le Grand Bornand. Gagner la station du Chinaillon par la route du col de la Colombière, et poursuivre cette route jusqu'au plus haut point déneigé, au niveau du hameau des Bouts. 8 km du Grand Bornand.

Cartes : 3430 est (Bonneville-La Clusaz) et 3530 ouest (Cluses-Sallanches).

Période : décembre-avril.

Altitude départ : 1400 m.

Altitude sommets : 2223 m (Croix d'Almet, cotée mais non nommée sur IGN, à l'W de la Pointe d'Almet); 1981 m (Tête d'Auferrand; s'écrit parfois Aufferand).

Dénivellation totale : 1030 m.

Orientation principale : W à la Croix d'Almet, N à la Tête d'Auferrand.

Horaire global : 5 h 30 à 6 h.

Difficultés : D–. S4 soutenu avec un court passage de S5, à la Croix d'Almet, sur 150 m; S4 sur 100 m dans le versant N de la Tête d'Auferrand. L'arête terminale de la Croix d'Almet, à pied, peut être délicate. Risques de plaques dans la face W de la Croix d'Almet, et de coulées dans la combe des Fours.

Matériel : crampons.

Pente : 42° sur 150 m, avec un passage à 45°, dans la Croix d'Almet; 40° et plus dans un court passage sous la Tête d'Auferrand.

Itinéraire

* *Montée* : gagner par la route le col de la Colombière, en coupant les derniers lacets. Traverser versant N horizontalement par un chemin, jusqu'au P. 1624 m au-dessus du bois d'Auferrand. Après un lacet à droite (W), atteindre un col donnant accès à la combe des Fours. Remonter cette combe à gauche, puis la quitter sur la gauche pour gagner l'arête NW de la Croix d'Almet dans sa partie peu inclinée (2050 m). Par l'arête, à pied, gagner le sommet.– De là, par les arêtes, on peut traverser à pied à la Pointe d'Almet (2232 m), point culminant du groupe.

* *Descente* : suivre un instant l'arête S et plonger en face W jusqu'au creux de la combe des Fours (1774 m). Remonter la partie W de la combe pour gagner la Tête d'Auferrand. Suivre l'arête W de ce sommet, et à mi-chemin entre la Tête d'Auferrand et le Chapeau, descendre en face N jusqu'au lit du torrent, par la rive droite duquel on rejoint la route du col de la Colombière.– Lorsque les conditions s'y prêtent, il est possible de partir directement de la Tête d'Auferrand.

Variantes
* De la Tête d'Auferrand, descendre à l'E sur les chalets d'Auferrand, plus facile que le versant N mis à part le sommet.
* Chaque partie peut être réalisée séparément (moins intéressant).
* Départ du Reposoir; pour l'accès, voir course 46; plus long.

Autres itinéraires
* Les faces SE et S de la Pointe d'Almet, de la Croix d'Almet, de la Pointe de la Grande Combe et de la Tête d'Auferrand offrent plusieurs descentes assez raides (35° à 40° soutenu suivant les endroits), intéressantes, d'une hauteur de 300 m à 400 m, à réaliser de préférence en neige transformée après une montée à pied; elles sont malheureusement très vite déneigées, étant donné l'orientation et l'altitude. Pour en gagner le pied, le mieux est d'utiliser les remontées mécaniques du Chinaillon (téléski de l'Almet, arrivée à 1800 m).

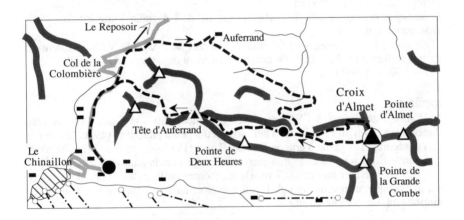

42. AIGUILLE VERTE

du Chinaillon, retour par le Roc des Tours

2045 m   vallée du Borne

Fiche technique

Accès routier : le Grand Bornand puis le Chinaillon par la route de la Colombière; monter dans la station face aux pistes (route de desserte). 7 km du Grand Bornand.
Carte : 3430 est (Bonneville-La Clusaz).
Période : décembre-mars.
Altitude départ : 1350 m env.
Altitude sommets : 2045 m (Aiguille Verte), 1994 m (Roc des Tours).
Dénivellation totale : 800 m.
Orientation principale : E (la partie sommitale de l'Aiguille Verte est S).
Horaire global : 4 h.
Difficultés : PD–. Passages de S3 sous le sommet de l'Aiguille Verte (les derniers mètres se font à pied); risques de coulées provenant du sommet de l'Aiguille Verte.
Pente : 30° sur 100 m.

Itinéraire

* *Montée* : se diriger à l'W jusque sur le plateau des Crêts que l'on remonte directement jusqu'au P. 1574 m. Tirer alors peu à peu à gauche et gagner les abords du col séparant l'Aiguille Verte du Roc des Tours (1887 m). De là à l'Aiguille Verte par l'arête S ou son flanc droit, à pied à la fin en franchissant une brèche.
* *Descente* : revenir au col 1887 m. De là, monter au Roc des Tours, d'où la vue est magnifique, et revenir au col. Ensuite, couper au plus court vers le plateau, en empruntant un couloir étroit.

Variantes

* Chaque sommet peut être gravi isolément. F si l'on se contente du Roc des Tours.
* Descente par le versant SE de l'Aiguille Verte, assez raide et très avalancheux.

Autres itinéraires

* Versant W de l'Aiguille Verte : magnifiques pentes raides menant au vallon du Nant de la Ville (vallée du Borne); 40° sur 300 m.
* De la base de l'Aiguille Verte, on rejoint rapidement le col situé entre celle-ci et le Buclon, où l'on retrouve l'itinéraire du tour du Jallouvre (voir course 43).
* Combe du Buclon, d'orientation S à SE. Elle s'ouvre à l'E du Buclon; plusieurs sorties possibles sur l'arête reliant le Buclon au Jallouvre (2320 m près du Jallouvre); pentes raides, coupées de barres si l'on reste près du Jallouvre.

Croquis page 101.

43. COL DU RASOIR

tour du Pic de Jallouvre

2260 m env.   vallée du Borne

Fiche technique

Accès routier : le Grand Bornand, puis le Chinaillon et poursuivre jusqu'au pont marquant le début de la route du col de la Colombière. 7 km du Grand Bornand.
Carte : 3430 est (Bonneville-La Clusaz).
Période : décembre-avril.
Altitude départ : 1304 m.
Altitude sommet : 2260 m env.
Dénivellation totale : 1200 m, en trois parties.
Orientation principale : circuit; la descente du col du Rasoir est SE.
Horaire global : 5 h 30. Il faut partir tôt afin de descendre du col du Rasoir à une heure assez matinale.
Difficultés : AD. S4 au départ du col du Rasoir, puis S3 très soutenu jusqu'à la route du col. Risques de plaques entre le col de Sosay et le col du Rasoir (montée assez raide).
Matériel : crampons parfois utiles.
Pente : 39° sur 100 m au départ du col du Rasoir.

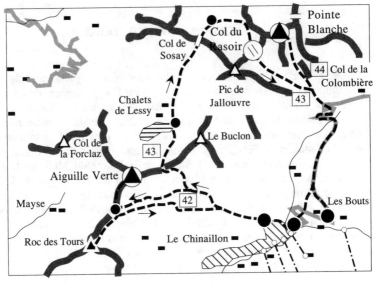

Bornes, secteur nord

101

Itinéraire

* *Montée* : se diriger à l'W jusque sur le plateau des Crêts que l'on remonte directement jusqu'au P. 1574 m. Monter au mieux vers le col situé au SW du P. 1931 m entre l'Aiguille Verte et le Buclon. Suivre les arêtes jusqu'au P. 1931 m, puis descendre au lac de Lessy que l'on contourne par l'E. Remonter en diagonale au col de Sosay, sur l'arête WNW du Jallouvre. Descendre 50 m en oblique dans le versant E de ce col, et remonter la belle combe NW du col du Rasoir.

* *Descente* : descendre en plein centre de la combe formant le versant SE du col du Rasoir. Appuyer à gauche à la fin vers la route du col de la Colombière.

Variantes

* En partant du Petit Bornand par Puze et l'alpage de Cenise, on peut rejoindre – difficilement – le versant NW du col du Rasoir.

* Au départ de la Ville (vallée du Borne), rejoindre le lac de Lessy en suivant la route du col de la Forclaz par les chalets de Mayse.

Pic de Jallouvre (2408 m)

* Voie "normale" du couloir E, qui donne sur la combe SE du col du Rasoir; raide et très étroit, 150 m à 50°, D+ (D. Chauchefoin, 21 janvier 1979).

* Face W, très belle mais rarement en conditions, accessible depuis le lac de Lessy : 400 m à 40°, barres rocheuses dans le bas, D+ (D. Chauchefoin, 20 mars 1976).

* Antécime SE par la face SE (pentes de la Cuchat); bien obliquer en bas vers l'E. Très belles pentes soutenues (700 m à 40°; D. Chauchefoin, 7 janvier 1979).

Bornes, secteur nord

Entre l'Arve, le Borne et la route de la Colombière, la partie nord du massif est un royaume de l'escalade calcaire : Petit et Grand Bargy, Rochers de Leschaux, ces falaises ont acquis leurs lettres de noblesse dès les années cinquante. Dans ce secteur accidenté, il était à prévoir que les amateurs de ski de pente raide allaient trouver des itinéraires propres à les satisfaire. Le plus réputé s'infiltre entre les parois du Grand et du Petit Bargy, le long du couloir nord du col d'Encrenaz. Plus à l'ouest, sur les flancs du Grand Bargy, de la Pointe du Midi, de la Pointe de Balafrasse, de la Pointe Blanche – point culminant du massif – et du Jallouvre, il n'y a que l'embarras du choix. De rares combes plus douces atténuent la rigueur de la pente. Il faut se déplacer aux confins de la chaîne du Bargy pour découvrir des itinéraires faciles, comme l'Aiguille Verte du Chinaillon. Le débutant se contentera d'explorer la bordure nord de la région, de part et d'autre du plateau de Solaison. Une mention particulière à la voie normale des Rochers de Leschaux, pour son cadre original de plateau de lapiaz parsemé de sapins nains.

44. POINTE BLANCHE

versant sud

2438 m   vallée du Borne

Fiche technique

Accès routier : le Grand Bornand. Gagner la station du Chinaillon par la route du col de la Colombière, et poursuivre cette route jusqu'au plus haut point déneigé, au niveau du hameau des Bouts. 8 km du Grand Bornand.
Carte : 3430 est (Bonneville-La Clusaz).
Période : janvier-avril.
Altitude départ : 1400 m.
Altitude sommet : 2438 m.
Dénivellation : 1040 m.
Orientation principale : S (SE en haut et dans la partie inférieure).
Horaire global : 4 h 30 à 5 h. Partir tôt pour avoir de bonnes conditions de descente, le versant S de Pointe Blanche étant généralement en neige transformée.
Difficultés : D. Le départ du sommet, orienté à l'E, présente un court passage raide. Tout le versant sud est en S4 soutenu, avec quelques courts passages de S5 dans le bas. L'exposition est forte et il n'existe pas d'échappatoire. Ne pas s'engager après une chute de neige ou en période de redoux. Quelques risques de coulées dans la combe du col du Rasoir et en certains points de la route du col de la Colombière.
Matériel : piolet, crampons, éventuellement corde.
Pente : 40° de moyenne exactement sur 400 m, avec de courts passages à 45°.
1ère descente : D. Chauchefoin, 20 décembre 1976.

Itinéraire

* *Montée* : suivre la route du col de la Colombière jusqu'après un pont sur le torrent. Couper un lacet de la route et poursuivre vers le débouché de la combe SE du col du Rasoir, enserrée entre le Pic de Jallouvre à gauche et la Pointe Blanche à droite. Remonter cette combe à l'aplomb de la Pointe Blanche, et obliquer petit à petit vers la base des pentes S de la pointe, bordant à droite la face S rocheuse. Attaquer ces pentes dans leur partie droite et s'élever directement, avec un petit crochet à gauche à mi-hauteur pour éviter un verrou rocheux, puis revenir à droite pour déboucher dans les larges pentes supérieures, orientées SE, et que l'on gravit directement. Atteindre un petit col à l'E du sommet, et gagner celui-ci par une pente raide.
* *Descente* : même itinéraire.

Autre itinéraire de la Pointe Blanche

* Voie normale d'été, du col du Rasoir. Délicat et exposé. Peu d'intérêt à ski.

Croquis page 101.

45. POINTE DE BALAFRASSE

versant nord-ouest en circuit
2296 m   vallée du Bronze

Fiche technique
Accès routier : Bonneville ou Cluses; Mont-Saxonnex par D 286 (11 km de Bonneville, 10 km de Cluses). Prendre la route de Morsulaz jusqu'au départ du télésiège du lac Bénit, éventuellement plus loin, là où la route d'alpage franchit le Bronze, si elle est déneigée. 4 à 5 km de Mont-Saxonnex.
Carte : 3430 est (Bonneville-La Clusaz), éventuellement 3530 ouest (Cluses-Sallanches) pour l'approche.
Période : janvier-mai. Il faut impérativement éviter l'époque des grosses avalanches.
Altitude départ : 1220 m à 1260 m.
Altitude sommet : 2296 m.
Dénivellation : 1040 m à 1080 m.
Orientation principale : NW, mais le couloir inférieur de la descente est NE.
Horaire global : 5 à 6 h.
Difficultés : D. Les difficultés se situent aussi bien à la montée qu'à la descente. A la fin de la montée, le couloir de sortie est raide (45°) et se termine par un passage déneigé en rochers délités et verglacés; le versant de montée est fort exposé aux avalanches de printemps. La traversée des arêtes est étroite et souvent déneigée. La descente comporte deux sections en S4 soutenu, assez exposées pour la première dans laquelle les risques de plaques à vent ne sont pas exclus; le couloir inférieur peut être sujet aux coulées.
Matériel : piolet, crampons, corde.
Pente : 40° sur 150 m au départ du col de Balafrasse, et 43° sur 100 m dans le couloir inférieur.
1ère descente : probablement R. Deschenaux et M. Gindre, avant 1985.

Itinéraire
* *Montée* : suivre la vallée du Bronze, rive gauche puis rive droite, jusqu'à ce que s'ouvre à gauche le versant NW de la Pointe de Balafrasse (P. 1527 m). S'engager dans ce versant encaissé qui s'incurve à gauche, franchir une zone de barres par un couloir, et monter au-dessus dans la pente plus large, en appuyant à gauche. Franchir la partie terminale par un couloir raide, étroit et sinueux, qui débouche juste à la base des rochers de la Pointe du Midi. La sortie de ce couloir est en général rocheuse avec quelques plaques de glace, et demande de l'attention à cause de la qualité du rocher (20 à 30 m). Suivre alors l'arête faîtière ou son flanc S jusqu'à la Pointe de Balafrasse.
* *Descente* : traverser les arêtes faîtières vers le S jusqu'au col de Balafrasse, soit à pied si la neige fait défaut, soit à ski dans le flanc E (légère remontée). Du col,

situé juste à la base de la Pointe Blanche, partir dans le versant NW et après 80 m appuyer à gauche pour passer à gauche du gros rognon rocheux qui sépare en deux la partie supérieure du versant. On débouche dans la combe de Sotty, la descendre en revenant rive droite lorsqu'elle forme un plateau. Traverser à droite pour quitter la combe vers 1880 m, franchir un éperon, le haut d'un couloir encombré de végétation, puis un second éperon, pour découvrir le couloir inférieur. Descendre ce couloir au-dessous duquel on retrouve l'itinéraire de montée.

Variantes

* Descendre plus bas dans le vallon de Sotty, que l'on quitte rive droite vers 1820 m : un petit couloir permet de rejoindre le vallon principal utilisé à la montée.
* Traversée en sens inverse, moins belle mais plus difficile : D+. Rappel ou main courante pour quitter l'arête faîtière (30 m), puis S5 sur 100 m dans le couloir supérieur. Le reste de la descente est en S4 soutenu, mais les pentes sont malheureusement souvent encombrées de débris d'avalanches, ce qui nuit à la qualité de la descente.
* Aller-retour par l'itinéraire de montée, ou par l'itinéraire de descente : dans ce deuxième cas, il vaut peut-être mieux utiliser la variante du petit couloir que le couloir inférieur décrit pour la descente.

Autre itinéraire

* Versant SE, facile et classique au départ de la route du col de la Colombière; départ du Chinaillon (station du Grand Bornand) ou du Reposoir (voir course 46). Les pentes supérieures sont parfois déneigées; dans ce cas, monter au col de Balafrasse et terminer à pied par les arêtes. Il est aussi possible d'utiliser les pentes situées plus au S, dominant le col de la Colombière et débouchant à hauteur du col de Balafrasse.
* Ce versant SE peut constituer un échappatoire lorsque les conditions sont incertaines dans le versant NW, ou permettre de réaliser la course en traversée; dans ce cas, pour faciliter la navette, il vaudra mieux partir du Reposoir que du Chinaillon : du téléski du Reposoir au télésiège du lac Bénit, 20 km env.

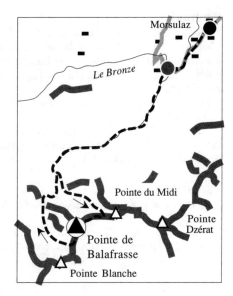

46. POINTE DU MIDI

traversée par la Grande Cave

2364 m   vallée du Reposoir

Fiche technique

Accès routier : Cluses, puis Pralong (commune du Reposoir) par la D 4. Suivre la route du col de la Colombière jusqu'au parking du téléski du Reposoir. 3 km de Pralong.

Cartes : 3530 ouest (Cluses-Sallanches) et 3430 est (Bonneville-La Clusaz).

Période : décembre-avril.

Altitude départ : 1320 m.

Altitude sommet : 2364 m (dépôt des skis 2300 m).

Dénivellation totale : 1175 m (70 m à pied).

Orientation principale : E, dans le couloir sommital en particulier.

Horaire global : 5 h 30 à 6 h.

Difficultés : AD+. Pente en S4/S5 sous le sommet, pas toujours skiable, et en S4 dans le couloir de Cu Déri. Nombreuses sections en S3 dans la descente de la Grande Cave. L'accès au point culminant peut être délicat. Risques d'avalanches sur la route du col de la Colombière.

Matériel : crampons.

Pente : 40° sur 150 m dans le couloir de Cu Déri; 40°/45° sous le sommet.

Itinéraire

* *Montée* : suivre la route de la Colombière jusqu'à 0,8 km du col (P. 1535 m). S'engager dans la combe de Balafrasse, étroite puis très large, et la remonter rive gauche jusqu'à hauteur du lac de Balafrasse. Bifurquer à droite et monter à un col à l'E de la Pointe du Midi. Du col, gagner un premier sommet, puis à pied le point culminant.

* *Descente* : regagner le col et descendre le couloir de son versant E, menant au cirque de Cu Déri (baptisé "la Combe Sauvage" sur les cartes récentes). Remonter en direction NE à l'arête faîtière (P. 2103 m). Sur l'autre versant, descendre la combe de la Grande Cave, plutôt rive gauche. Par une succession de descentes et de traversées à gauche, rejoindre la route près des téléskis.

Variantes

* Aller-retour par l'itinéraire de montée; AD en laissant les skis au col à l'E du sommet.

* Aller-retour par la Grande Cave et Cu Déri; moins intéressant.

* Combe et Pointe de Balafrasse : voir annexe course 45.

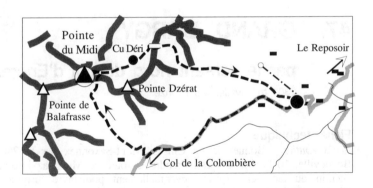

Pointe
du Midi
Cu Déri
Le Reposoir
Pointe Dzérat
Pointe de
Balafrasse
Col de la Colombière

Le cirque de Cu Déri et la Pointe du Midi (course 46).

47. GRAND BARGY

par le versant nord du col d'Encrenaz

2301 m   vallée du Bronze

Fiche technique

Accès routier : Bonneville ou Cluses; Mont-Saxonnex par D 286 (11 km de Bonneville, 10 km de Cluses). Prendre la route de Morsulaz jusqu'au départ du chemin du lac Bénit (piste); éventuellement poursuivre jusqu'au parking du télésiège du lac Bénit. 2,5 à 4 km de Mont-Saxonnex.

Accès mécanique éventuel : télésiège du lac Bénit (voir option).

Carte : 3530 ouest (Cluses-Sallanches).

Période : décembre-mai.

Altitude départ : 1160 m.

Altitude sommet : 2301 m.

Dénivellation totale : 1280 m.

Orientation principale : ENE sur l'arête terminale, puis NNW dans le couloir.

Horaire global : 6 h à 6 h 30. Etant donné l'orientation, il faut partir tôt.

Difficultés : D. La partie de l'arête E dominant le col d'Encrenaz est en S4/S5 sur 150 m; une section en S4 très soutenu : le couloir N haut de 500 m, précédé d'une traversée très exposée. En début de saison, il peut y avoir de la glace en plusieurs endroits; la pente raide de l'arête E peut présenter des risques de plaques.

Matériel : piolet, crampons.

Pente : 45° sur 150 m sur l'arête E, 39° de moyenne sur 400 m dans le couloir.

Option avec le télésiège : l'horaire de fonctionnement du télésiège n'est en général guère compatible avec de bonnes conditions de descente sur l'arête E. Si on l'utilise, le départ réel est à 1535 m. Dénivellation totale de montée 900 m.

Itinéraire

* *Montée* : remonter les pistes de Mont-Saxonnex vers l'E puis le SE, jusqu'au dernier téléski, et redescendre vers le lac Bénit qui se contourne par l'W. S'engager aussitôt dans le haut couloir qui domine le lac, large puis étroit, dominé par une paroi rocheuse. Le remonter. Dans le haut du couloir, tirer à gauche en oblique, franchir un éperon et traverser au pied des rochers pour gagner le col d'Encrenaz. Du col, gravir directement la pente raide de l'arête E du Grand Bargy, en évitant quelques rochers d'abord par la droite, puis en haut par la gauche. On rejoint la voie normale du Grand Bargy (voir course 48).

* *Descente* : même itinéraire.

Variantes

* En utilisant le télésiège, on débouche juste au-dessus du lac Bénit.

* Du col d'Encrenaz, gagner le Petit Bargy (voir course 49). Un peu plus facile, D–.

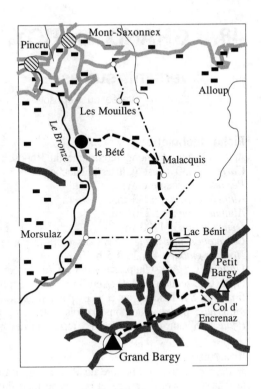

La vallée du Bronze

C'est dans le versant nord-ouest, sauvage pour ne pas dire sévère, de la Pointe de Balafrasse, que le Bronze prend sa source. Il serpente sur le plateau de Mont-Saxonnex avant de descendre sur la plaine de l'Arve en creusant des gorges profondes. La route de la vallée se dédouble pour desservir Brizon, puis l'alpage de Solaison, en empruntant un balcon impressionnant taillé en pleine falaise. Les plateaux jumeaux de Brizon et de Mont-Saxonnex sont typiques du Faucigny. Sur les deux rives de la vallée de l'Arve, du Fayet à Bonneville, de nombreuses prairies suspendues à une altitude de mille mètres, parsemées de villages pittoresques, sont autant de lieux touristiques réputés : Plateau d'Assy, Cordon, Romme, les Carroz. Le plateau de Mont-Saxonnex bénéficie d'une situation particulière par son exposition plein nord, à l'abri de la chaîne du Bargy. Au deuxième étage, le lac Bénit rajoute au charme de la vallée du Bronze. Quelques pistes ont été tracées à travers prés entre le lac et le village, et permettent aux habitants du "Mont" de diversifier leurs activités.

48. GRAND BARGY

versant sud-est

2301 m   vallée du Reposoir

Fiche technique

Accès routier : Pralong (commune du Reposoir). Voir course 49.
Carte : 3530 ouest (Cluses-Sallanches).
Période : décembre-avril.
Altitude départ : 1243 m.
Altitude sommet : 2301 m.
Dénivellation : 1100 m.
Orientation principale : SE dans toute la partie raide.
Horaire global : 4 h 30 à 5 h 30.
Difficultés : AD. Un passage délicat (arête étroite) pour gagner le sommet principal. Une section de 450 m en S3 soutenu, exposée, avec des ressauts et une pente finale en S4. Risques de coulées par temps doux.
Matériel : piolet, crampons parfois utiles.
Pente : 35° sur 450 m, avec des replats et des passages à 40°.

Itinéraire

* *Montée* : suivre l'itinéraire du Petit Bargy (voir course 49) jusqu'aux chalets de la Cha. Obliquer à gauche et gagner le pied du secteur droit (E) de la large face neigeuse, coupée de barres, du Grand Bargy. Monter au mieux dans cette face en se rapprochant autant que possible de l'arête séparant la face de la combe du col d'Encrenaz à l'E. En terminant par l'arête elle-même, gagner le plateau sommital vers 2100 m. Le suivre en direction W jusqu'au P. 2229 m. Descendre à une brèche, franchir un ressaut délicat, et poursuivre jusqu'au sommet.
* *Descente* : même itinéraire.

Autres itinéraires

* On peut partir de la station du Reposoir. On peut aussi monter plus directement à travers la forêt, depuis les chalets de Saint-Bruno ou de Malatrait.
* Monter par le col d'Encrenaz et l'arête E (voir courses 49 et 47).
* Des variantes de descente sont possibles dans la face SE.
* De la partie supérieure de l'arête faîtière, une vire exposée permet de gagner les grandes pentes raides (40°) de Servagin; les descendre tout droit et en sortir à droite au-dessus des pistes; risques de coulées (D. Chauchefoin, 20 février 1982).
* La Tour (2267 m, sur l'arête SW du Grand Bargy) : un couloir domine la Grande Cave et semble praticable; un passage étroit et raide.

Croquis page 111.

49. PETIT BARGY

voie normale du Reposoir

2098 m   vallée du Reposoir

Fiche technique

Accès routier : Cluses; Pralong (commune du Reposoir), sur la route D 4 du col de la Colombière. Poursuivre par la route du col sur 2 km; s'arrêter au départ du chemin de Saint-Bruno.
Carte : 3530 ouest (Cluses-Sallanches).
Période : janvier-mars/avril.
Altitude départ : 1243 m.
Altitude sommet : 2098 m.
Dénivellation : 855 m.
Orientation principale : SE (mais W en haut).
Horaire global : 4 h.

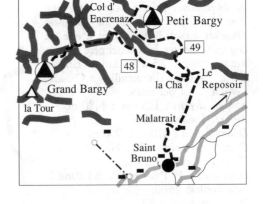

Difficultés : PD. Seul le départ du col d'Encrenaz est délicat à la descente (S3/S4 sur moins de 100 m); la partie sommitale peut être soufflée et quelque peu déneigée (rochers). Risques de coulées dans le haut de la combe d'Encrenaz.
Pente : 35°/40° sur 50 m sous le col d'Encrenaz.

Itinéraire

* *Montée* : suivre le chemin de Saint-Bruno, Malatrait, puis des chalets de la Cha (1525 m). Monter au-dessus, puis traverser en oblique à droite la forêt, pour accéder à la combe d'Encrenaz, dominée par les rochers du Petit Bargy. La remonter plutôt rive gauche. Arrivé sous le col, ne pas gagner le point le plus bas de la crête, mais une selle à droite, par une pente de neige raide où il faut en général déchausser sur quelques mètres. S'élever au-dessus du col, puis traverser à gauche et monter au sommet par le flanc N.
* *Descente* : même itinéraire; la combe d'Encrenaz se descend rive gauche si l'on préfère rechercher de la neige transformée, rive droite en poudreuse; sous les chalets de la Cha, passer à l'W de l'itinéraire de montée pour prendre une clairière permettant de couper le grand lacet du chemin.

Autre itinéraire

* Il existe un itinéraire passant par les chalets de la Forcle et la Tête des Bécus. Sans intérêt particulier.

50. ROCHERS DE LESCHAUX

voie normale de Brizon

1936 m   vallée du Bronze

Fiche technique

Accès routier : Brizon (voir course 51).
Poursuivre par la route de Solaison
jusqu'au départ du téléski, et si elle est
dégagée s'arrêter dans la dernière épingle
avant Solaison. 2,5 à 5,5 km de Brizon.
Carte : 3430 est (Bonneville-La Clusaz).
Période : janvier-mars.
Altitude départ : 1250 m à 1480 m.
Altitude sommet : 1936 m.
Dénivellation : 470 m à 700 m.
Orientation principale : N.
Horaire global : 3 à 4 h.
Difficultés : F. Passages de S3 dans le
petit couloir étroit.
Pente : passage à 30°.

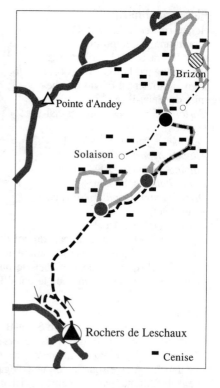

Itinéraire

* *Montée* : traverser le plateau de Solaison vers le SW, puis s'élever en diagonale
légèrement ascendante, de manière à
atteindre le débouché du couloir N descendant du plateau des Rochers de Leschaux (balises sur les rochers). Remonter
ce couloir avec un passage étroit. Au-
dessus, il est plus joli de quitter le couloir
en allant à droite, et de sortir sur la partie
W du plateau sommital. Gagner les crêtes et les longer avec une courte descente,
en faisant attention aux à-pics du versant W.
* *Descente* : du point culminant, partir à l'E puis aussitôt tourner au N par des
combes étroites, de manière à retrouver le couloir de montée.

Autres itinéraires

* On peut utiliser le téléski de Brizon (voir course 51).
* Aller-retour par l'itinéraire de descente, plus court.
* Traversée de Leschaux : par un large détour sur le plateau, descendre à l'E sur
l'alpage de Cenise. De là à Mont-Saxonnex par Morsulaz, ou au Petit Bornand.

51. POINTE D'ANDEY

versant sud-est depuis Brizon

1877 m   vallée du Bronze

Fiche technique

Accès routier : A 3 km de Bonneville sur la N 205 (direction de Cluses), tourner à droite et suivre la petite route D 186 menant à Brizon (on laisse à gauche la route de Mont-Saxonnex). Poursuivre par la route de Solaison jusqu'au parking du téléski, ou éventuellement par la route jusqu'à Solaison même. 2,5 à 5,5 km de Brizon.

Accès mécanique éventuel : téléski de Brizon.

Carte : 3430 est (Bonneville-La Clusaz).

Période : janvier-mars.

Altitude départ : 1250 à 1525 m.

Altitude sommet : 1877 m.

Dénivellation : 350 m à 625 m.

Orientation principale : SE.

Horaire global : 2 à 3 h. Il est conseillé de combiner cette petite course avec les Rochers de Leschaux (course 50).

Difficultés : F. Passages de S3 si l'on descend directement de la Pointe d'Andey. Course d'initiation par excellence.

Pente : un passage à 30° en haut.

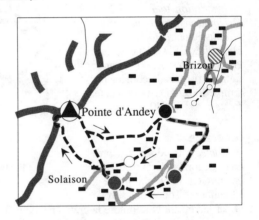

Itinéraire

* *Montée* : de Solaison rejoint par la route, ou du sommet du téléski de Brizon, monter au NW par des pentes douces qui se redressent un peu sous le col d'Andey (1750 m, non nommé ni coté sur IGN, à la base SW de la Pointe d'Andey). Gagner le col, puis le sommet le long de l'arête SW.

* *Descente* : descendre sur la croupe SE, puis directement sur Solaison. Si l'on veut descendre vers Brizon, obliquer à gauche 100 m au-dessus de Solaison et descendre à l'E (quelques pentes plus raides); ou bien partir plus à l'E dès le sommet de la Pointe d'Andey (pentes souvent déneigées).

Autre itinéraire

* Du col d'Andey, au SW de la Pointe, descente en versant W, avec un départ raide; retour par une route forestière et le hameau de Termine, près du Petit Bornand. Navette de 25 km env. de Termine à Brizon par Bonneville.

52. LE MÔLE

en traversée depuis Bovère

1863 m   vallée de l'Arve

Fiche technique

Accès routier : Viuz-en-Sallaz. Prendre au S la D 12, gagner Saint-Jean-de-Tho-lomé, et poursuivre à l'E jusqu'au hameau de Bovère. 8 km de Viuz-en-Sallaz. De Bonneville, rejoindre Saint-Jean-de-Tholomé par Faucigny (13 km jusqu'à Bovère).
Carte : 3429 est (Saint-Jeoire-les Voirons).
Période : janvier-mars.
Altitude départ : 1034 m.
Altitude sommet : 1863 m.
Dénivellation totale : 900 m.
Orientation principale : SW.
Horaire global : 4 h.
Difficultés : PD–. Une section en S3. Corniches sur l'arête faîtière, risques de coulées par temps doux dans la descente.
Pente : 30° sur 400 m.

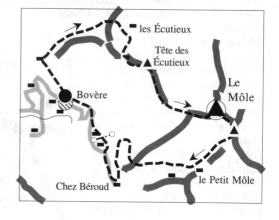

Itinéraire

* *Montée* : traverser des prés en direction NW; on trouve un chemin en forêt qui mène à l'Écutieux. Tourner à droite et par le versant N rejoindre la crête près de la Tête de l'Écutieux. Descendre au col du Môle et poursuivre par l'arête W ou son flanc S jusqu'au sommet.

* *Descente* : traverser à l'antécime SE, puis plonger à droite en pleine pente, le long d'une croupe orientée SW, jusqu'au Petit Môle. Par la route ou en coupant les lacets, descendre à Chez Béroux (parking), puis à Bovère.

Autres itinéraires

* Depuis Chez Béroux (parking, 1160 m), aller-retour par l'itinéraire de descente. C'est la voie normale du Môle, très classique. 700 m, 3 h au total.
* Plusieurs possibilités de descente sont offertes dans le vaste versant SW du Môle.
* Descente par la voie de montée, sans grand intérêt.
* De Chez Béroux (parking), suivre un moment la voie normale et avant la première épingle du chemin prendre le chemin de gauche, qui mène à Plan Meulet, ou col du Môle (1563 m), où l'on retrouve l'itinéraire de l'Écutieux.
* Versant E : voir la course 53.

53. LE MÔLE

face est

1863 m   vallée du Giffre

Fiche technique

Accès routier : Marignier. Près de la mairie, prendre la route d'Ossat, puis une route goudronnée qui conduit à des chalets à la base du versant E du Môle. La suivre jusqu'à la neige. On peut monter jusqu'aux Pablas (970 m), et souvent jusqu'à un grand virage au-delà duquel la route passe en versant N (les Chars, 1211 m).
Carte : 3429 est (St-Jeoire-Les Voirons), et 3529 ouest (Taninges) pour l'approche.
Période : décembre-avril.
Altitude départ : 970 m à 1211 m.   *Dénivellation* : 650 m à 900 m.
Altitude sommet : 1863 m.   *Orientation principale* : E.
Horaire global : 3 à 4 h. La face E étant sujette aux coulées, il faut partir tôt.
Difficultés : AD. La descente de la face E, à l'aplomb du sommet 1861 m, est très soutenue en S3/S4. La montée par l'arête SE ne comporte qu'un court passage raide et étroit. Risques de plaques sous le sommet, et dans le flanc E de l'arête SE.
Pente : 37° de moyenne sur 300 m, avec quelques "ressauts".

Itinéraire

* *Montée* : suivre la route jusqu'à son terminus (panneaux). Monter à gauche de la face E du Môle, par des pentes douces au départ, plus redressées au voisinage de l'arête SE du Môle, que l'on atteint au col 1587 m. Suivre cette arête, un moment étroite et raide, jusqu'au sommet E (1861 m), puis au point culminant.
* *Descente* : partir directement du sommet E (quelques problèmes parfois, s'il y a une corniche au départ). Descendre tout le versant E à l'aplomb du sommet, en tirant légèrement à gauche dans le bas, puis en revenant à droite lorsque la pente faiblit. Descendre des prés en oblique à droite, et revenir à la route par un large chemin desservant le chalet 1264 m (on remonte un peu).
* *Remarque* : descente PD par l'itinéraire de montée (S3/S4 sur 100 m). D'autres descentes sont possibles en face E avec un départ depuis l'arête SE.

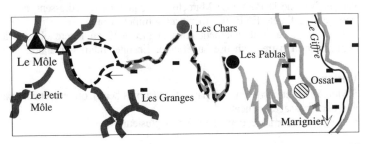

54. POINTE DE MARCELLY

versant nord-est

1999 m   vallée du Foron

Fiche technique

Accès routier : le Praz de Lys, petite station accessible depuis les Gets ou Taninges par le pont des Gets. 10 km depuis les Gets. Gagner le parking à l'W de la station, face au restaurant "Jean de la Pipe".
Carte : 3529 ouest (Taninges).
Période : décembre-avril.
Altitude départ : 1495 m.
Altitude sommet : 1999 m.
Dénivellation : 505 m.
Orientation principale : NE.
Horaire global : 3 h.
Difficultés : AD. Section de 100 m en S4 exposé sous le sommet, puis S3/S4 soutenu. L'arête terminale peut être délicate. Risques de plaques sous le sommet.
Matériel : piolet, crampons parfois utiles sur l'arête.
Pente : 35° de moyenne sur 250 m; les 100 m supérieurs sont à plus de 40°.

Itinéraire

* *Montée* : partir obliquement vers le S en croisant le téléski de Brésy, et gagner un plateau (1563 m). Longer ce plateau par son bord droit (W) et gravir les pentes du versant NW de la Pointe de Marcelly. Lorsqu'elles se redressent, appuyer à gauche pour gagner l'arête ENE, qui mène au sommet, à pied.
* *Descente* : partir directement dans la face NE, en légère oblique à droite pour contourner la barre rocheuse supérieure. Ensuite, même itinéraire.

Variantes

* Montée à pied jusqu'en haut par la face (moins beau), ou bien encore par l'arête NW à droite (passages délicats).
* Descente abordable depuis l'arête, à plusieurs niveaux.

55. POINTE DU HAUT FLEURY

traversée du Praz de Lys

1981 m   vallée du Foron

Fiche technique

Accès routier : le Praz de Lys (voir course 54).
Carte : 3529 ouest (Taninges).
Période : janvier-avril.
Altitude départ : 1495 m.
Altitude sommets : 1941 m (Pointe de Perret), 1981 m (Pointe du Haut Fleury).
Dénivellation totale : 530 m.
Orientation principale : ENE.
Horaire global : 2 h 30.
Difficultés : F par la voie normale, PD+ directement du sommet (S4 sur 200 m).
Quelques risques de plaques sous les arêtes, et au départ de la descente directe.
Pente : 38° sur 200 m dans la descente directe.

Itinéraire

* *Montée* : s'élever vers l'W pour gagner le déversoir du lac du Roy, et passer rive gauche du ruisseau. Longer la rive W du lac et s'élever au-dessus de cette rive par un petit vallon bordé de vernes. Poursuivre dans la même direction pour gagner les abords du col le plus bas de la crête qui domine (1862 m). Tourner à droite et suivre les arêtes en traversant la Pointe de Perret, jusqu'à la Pointe du Haut Fleury.
* *Descente* : soit rejoindre le col au NW du sommet, puis descendre la large combe de son versant E; soit partir directement du sommet dans une facette raide, déversée sur la droite au-dessus de barres, et rejoindre la combe précitée vers 1800 m. Poursuivre dans la combe et obliquer à droite pour retrouver le point de départ.

Variantes

* Du lac du Roy, monter directement au col entre la Pointe de Perret et la Pointe du Haut Fleury; plus direct, risques de plaques à l'arrivée au col.
* Le col 1893 m entre les deux pointes peut être atteint depuis Sommant par son versant WNW, éventuellement en utilisant le téléski des Platières.

Sommets voisins

* Pointe de la Couennasse (1980 m), accessible depuis le col 1862 m sur la crête faîtière. Belle descente en face N, à faire par bonnes conditions.
* Pointe du Vélard (1966 m), facilement accessible de la Pointe du Haut Fleury.
* Pointe de Véran (1892 m), 140 m au-dessus des téléskis de Sommant.

Croquis page 116.

56. POINTE DE CHAVASSE

versant nord

2012 m   vallée du Brevon

Fiche technique

Accès routier : Bellevaux, puis la Chèvrerie par la route D 26 du col de Jambaz, et à gauche par la D 236. Parking au centre du hameau.
Carte : 3529 ouest (Taninges).
Période : décembre-avril.
Altitude départ : 1110 m.
Altitude sommet : 2012 m.
Dénivellation : 900 m.
Orientation principale : N dans l'ensemble, E en haut.
Horaire global : 4 h.
Difficultés : PD. L'arrivée au sommet est délicate, et le couloir de descente est en S4 au départ, puis S3. Risques de coulées dans la traversée des Pâturages de Pététoz.
Pente : 150 m à 33° et un départ à près de 40° dans le couloir supérieur.

Itinéraire

* *Montée* : traverser le village et suivre la route qui traverse le Brevon et gagne le chalet de Lajoux. De là, soit continuer à suivre la route qui s'élève à l'E en forêt et revient vers l'W (1399 m), soit gagner ce point directement le long d'un sentier. La route est suivie d'un chemin qui sort de la forêt à l'alpage de Pététoz. Monter au-dessus et à droite, et s'engager dans le flanc W de la crête qui domine. Traverser ainsi les pentes nommées Pâturages de Pététoz et remonter un vallon étroit sous la Pointe de Chalune, pour parvenir au col de Vésinaz (1802 m). Passer versant S, tourner à droite et s'élever obliquement à un petit col à l'E de la Pointe de Chavasse. De là au sommet par le flanc N de l'arête SE (délicat).
* *Descente* : revenir au col précité. Descendre le couloir du versant N de ce col, jusqu'à ce que la pente faiblisse. On peut alors, par une traversée horizontale à droite, rejoindre l'itinéraire de montée. Ou bien continuer à descendre la combe qui s'incurve à gauche. Après un passage plus raide, on retrouve la forêt. La traverser au mieux, à peu près droit, sur 100 m de dénivellation, pour aboutir sur le chemin du col de Chavan. Suivre ce chemin (on peut couper quelques lacets par un châble) jusqu'à une route le long du ruisseau de Bellecombe. Suivre cette route, exploitée par une piste de fond.

Variantes

* Descente par l'itinéraire de montée; des sections intéressantes coupées par des portions plates. Plus facile.

Sommets voisins

* Haute Pointe (1958 m) depuis la Chèvrerie. Suivre la route puis le chemin du col de Chavan, mentionnés dans l'itinéraire de descente de la Pointe de Chavasse. Sous le col de Chavan, on retrouve le tour de la Haute Pointe (voir course 57). Classique; la montée est plutôt monotone à cause du parcours sur route.

* Pointe de Chalune (2116 m) depuis la Chèvrerie. Suivre le chemin rive droite du Brevon, jusqu'au vallon du Souvroz (voir le tour du Roc d'Enfer, course 63). Par cet itinéraire, gagner le col de Foron, puis par la voie normale de la Pointe de Chalune (course 59) atteindre ce sommet. Descendre dans le versant NE en oblique à gauche au départ, puis par un couloir raide et étroit qui donne accès à un cirque neigeux très sauvage. Poursuivre dans l'axe puis en oblique à droite pour retrouver le vallon du Souvroz. Très belle course qui demande de bonnes conditions; D avec un court passage de S5 (F. Labande, 3 mars 1983).

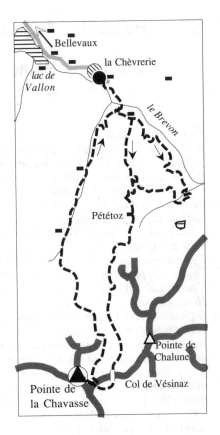

Chablais, secteur ouest

A l'ouest de la Dranse de Morzine, le Chablais s'étend jusqu'aux plaines genevoises, mais les pentes intéressantes sont concentrées autour du puissant bastion du Roc d'Enfer. Rares sont les cimes d'altitude modeste, comme celle-ci, qui présentent autant de défenses naturelles. Le Roc d'Enfer est hérissé de quatre sommets, dont les flancs réservent des descentes particulièrement difficiles. Plus abordable, le tour du Roc d'Enfer est un beau circuit, facilité – ou dénaturé, c'est selon – par les installations mécaniques de Saint-Jean-d'Aulps. A l'ouest et au nord du Roc d'Enfer, de nombreux sommets secondaires permettent des descentes généralement courtes, aux difficultés variées. On retiendra la Pointe de Chalune, très classique, et le Mont Billiat dont les couloirs font merveille en hiver.

57. HAUTE POINTE

tour de la Haute Pointe depuis Sommant
1958 m   vallée du Giffre

Fiche technique
Accès routier : Sommant, petite station de ski accessible depuis Mieussy, dans la vallée du Giffre, par la D 308. En arrivant sur le plateau, prendre à gauche la route du col de la Ramaz, fermée presque aussitôt.
Carte : 3529 ouest (Taninges).
Période : janvier-mars.
Altitude départ : 1430 m.
Altitude col et sommets : 1636 m (col de Cordon), 1851 m (Pointe de Chavannais), 1958 m (Haute Pointe).
Dénivellation totale : 850 m, en trois fois.
Orientation principale des descentes : NW (col de Cordon), SE puis NE (Pointe de Chavannais), SE (Haute Pointe, descente principale).
Horaire global : 4 h 30 à 5 h.
Difficultés : AD. Course de faible envergure, mais les pentes sont parfois raides et certaines sections sont exposées. L'arrivée à la Pointe de Chavannais se fait à pied sur 30 m (arête aérienne), l'arrivée à la Haute Pointe est raide. Les descentes de ces deux pointes sont en S4 (courte pour la première), et même comportant des passages de S5 si l'on descend directement la face SE de la Haute Pointe. Il faut d'autre part commencer suffisamment tôt la descente de la Haute Pointe, étant donnée son orientation. La descente par la combe E est un peu plus facile (ensemble de la course AD– en procédant ainsi).
Matériel : piolet parfois utile.
Pente : 37° de moyenne sur 250 m. Passages les plus raides variant entre 40° et 45° selon l'itinéraire utilisé.

Itinéraire
* *De Sommant à la Pointe de Chavannais* : depuis le P. 1430 m marquant en hiver l'extrémité de la route du col de la Ramaz, monter directement vers le NW, passer un rétrécissement du vallon entre un bois et une forêt, puis obliquer à gauche pour gagner le col de Cordon (1636 m), et remonter 25 m au-dessus à droite sur l'arête. Descendre de là la pente NW du col, assez raide au début. Traverser vers le plus haut des chalets du Planet (1530 m env.), où l'on remet les peaux. Monter au N aux chalets des Charmettes, puis obliquer à droite, et s'engager dans la combe de Plan Gryon, qui se redresse nettement. En sortir de préférence sur la gauche (passage exposé), et remonter l'arête SW de la Pointe de Chavannais, à pied à la fin.
* *De la Pointe de Chavannais à la Haute Pointe* : attaquer la descente soit depuis le col au SW de la pointe, soit, par excellentes conditions d'enneigement, juste au

SW de la pointe, en revenant à l'aplomb de celle-ci sous les rochers sommitaux. Dans les deux cas, descendre une pente soutenue orientée au SE, puis le petit vallon orienté au NE, jusqu'au second replat, vers 1630 m. Remonter à droite à un épaulement au SW de la pointe 1717 m. Après un petit plateau, monter au col de Chavan, en effectuant un large détour à gauche de préférence. Du col de Chavan, tourner à droite, monter directement un premier ressaut, puis un peu sur la gauche une seconde pente qui se redresse et sort juste à droite du sommet de la Haute Pointe. Traverser sous le sommet une pente exposée, et gagner le sommet par une pente raide parsemée de rochers, où l'on est souvent obligé de déchausser.

a) Descente par la face SE : éviter les quelques rochers sommitaux, puis descendre dans le versant SE, au départ assez large. Après 100 m, deux solutions : soit continuer tout droit dans la face, en contournant quelques zones rocheuses et en évitant de rester au fond de la ligne d'écoulement des eaux; soit traverser à droite de 100 m (quelques rochers) pour descendre une pente plus large et plus régulière. Lorsque l'inclinaison diminue, on rejoint l'itinéraire précédent.

b) Descente par la combe E : revenir en arrière, et descendre dans la combe E, assez raide, de la Haute Pointe, en se rapprochant de la rive droite. Après le Coin, quitter la combe à droite et rejoindre la route du col de la Ramaz.– On peut aussi quitter la combe plus haut, à droite, et traverser le col 1742 m (plus joli).

Voies normales de la Haute Pointe

* De Sommant : remonter la route du col de la Ramaz, puis monter aux chalets des Têtes et à celui du Coin (1571 m); une route poursuit, l'emprunter, puis s'élever droit au-dessus au col de Chavan, où l'on retrouve l'itinéraire décrit ci-dessus. Descente par le même itinéraire, ou au début par la combe E.

* De la Chèvrerie (vallée du Brevon, accès par Bellevaux) : voir annexe course 56.

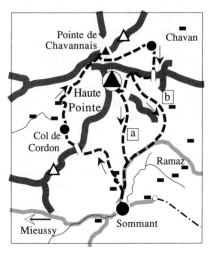

58. ARÊTE DES FOLLYS

traversée des Follys sur les Rebelas

1768 m   vallée du Risse

Fiche technique

Accès routier : Mégevette, accessible depuis Saint-Jeoire au S ou de Bellevaux par le col de Jambaz et la D 26. Devant l'église, prendre à l'E la route de Létraz sur 1 km, puis à gauche la route des Fornets jusqu'aux Fornets-derrière. 2,5 km de Mégevette.

Carte : 3529 est (Taninges).

Période : janvier-mars.

Altitude départ : 1000 m.

Altitude sommets : 1768 m (Arête des Follys), 1713 m (Pointe des Follys), 1548 m (Rebelas, coté mais non nommé sur IGN). Les noms de ces sommets ont été modifiés par rapport aux anciennes cartes.

Altitude fin de descente : 972 m.

Dénivellation totale : 1050 m.

Orientation principale : descentes NW (Arête et Pointe des Follys) et SW (Rebelas).

Horaire global : 5 à 6 h.

Difficultés : F. Quelques passages de S3; il n'est pas facile de trouver le bon passage en forêt à la descente de la Pointe des Follys. Course praticable à peu près par tous temps et toutes conditions.

Pente : 30° en forêt à la descente de la Pointe des Follys.

Itinéraire

* *Montée* : suivre la longue route forestière jusqu'aux chalets de la Léchère, puis le large chemin qui s'élève à droite en forêt, passe aux Bétets et poursuit jusqu'au col 1602 m entre l'Arête et la Pointe des Follys. De là au point culminant par le flanc droit de l'Arête des Follys.

* *Traversée aux Rebelas* : revenir au col 1602 m et monter directement à la Pointe des Follys. Redescendre dans le flanc gauche, boisé, de l'arête NW de la Pointe, en utilisant quelques clairières, pour déboucher sur la route reliant la Léchère aux granges de la Bray. Gagner au NW le pied d'un pylône haute tension, et poursuivre directement jusqu'au sommet des Rebelas.

* *Descente* : partir à l'W puis descendre des pentes SW jusqu'à ce que l'on retrouve un chemin en contrebas à gauche. Le descendre jusqu'à la Combaz, en utilisant des prés à la fin. Traverser le torrent et remonter aux Fornets-derrière.

Variantes

* Cette course peut être décomposée de manière à ne faire qu'un ou deux de ces sommets. La descente de l'Arête ou de la Pointe des Follys par la Léchère et la route forestière manque cependant d'intérêt.

Autre sommet

* Pointe de Miribel (1581 m), sur l'autre rive de la vallée du Risse. Cette pointe est accessible très facilement avec plusieurs départs : du foyer de ski de fond de Plaines Joux, de Villard ou Habère-Lullin par la Lanche, de Mégevette par les Moulins et le col du Creux, des pistes d'Hirmentaz enfin.

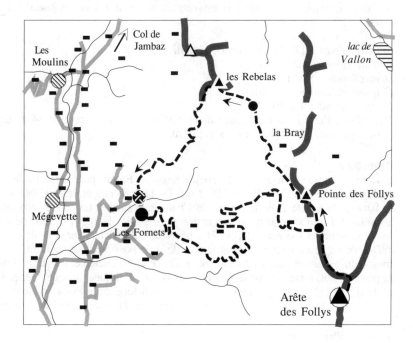

La vallée du Risse

Saint-Jeoire, Onnion, Mégevette jalonnent une vallée du Risse bien tranquille, à l'activité économique partagée entre l'agriculture, le pastoralisme et la sylviculture. Les loisirs sportifs pratiqués dans la vallée sont la randonnée, pédestre mais aussi nordique à la Pointe de Miribel, et l'escalade, sur des falaises en bordure de route, traditionnelle en amont de Saint-Jeoire, plus récente à proximité de Quincy.

59. POINTE DE CHALUNE

face sud-est depuis le vallon de Foron

2116 m   vallée du Foron

Fiche technique

Accès routier : des Gets ou de Taninges, par la D 902, gagner le pont des Gets (4,5 km des Gets). Suivre la route du Praz de Lys et prendre à droite la route du col de l'Encrenaz, déneigée jusqu'à Bonnavaz; en fin de saison, on va jusqu'au Foron.
Carte : 3529 ouest (Taninges).
Période : décembre-avril.
Altitude départ : 1187 m (en fin de saison, 1355 m).
Altitude sommet : 2116 m.
Dénivellation : 930 m.
Orientation principale : SE.
Horaire global : 4 h 30.
Difficultés : PD+; la face est soutenue en S3/S4, avec un passage de S4 au départ.
Pente : presque 35° dans la face sur 250 m.

Itinéraire

* *Montée* : suivre la route de l'Encrenaz jusqu'au Foron, puis remonter le vallon de Foron jusqu'au col de Foron (1832 m). De là, traverser en légère oblique dans le flanc S de l'arête E de la Pointe de Chalune, et gagner une crête secondaire S arrondie. La remonter jusqu'à sa jonction avec l'arête E, que l'on suit désormais jusqu'au sommet (rochers, il peut être nécessaire de déchausser à la fin).
* *Descente* : revenir un peu en arrière et dès que possible aborder la face SE, au mieux du terrain et selon l'enneigement. Descendre directement la face. Lorsque la pente faiblit, traverser sur la gauche sans perdre d'altitude, afin de gagner le col de la Bolire (1649 m), qui sépare la Pointe de Chalune de la Pointe d'Uble. Par le versant NW du col, rejoindre le vallon de Foron et la route du col de l'Encrenaz.

Autres itinéraires

* Aller-retour par l'itinéraire de montée : voie normale, classique, PD–.
* Depuis le vallon des Munes. Partir dans une épingle à cheveu juste au-dessus de la route de l'Encrenaz. Suivre la rive droite du torrent de Boutigny, puis monter rive gauche aux Munes (1444 m). Gravir de larges pentes sous la face SE de la Pointe de Chalune, et rejoindre sur la droite la crête arrondie où passe la voie normale.
* Depuis le Praz de Lys. Au N de la station, une piste descend sur Boutigny où l'on retrouve l'itinéraire ci-dessus. Retour au Praz de Lys par un télésiège.
* Depuis la Chèvrerie par le col de Foron : voir annexe course 56.

Croquis page 125.

60. POINTE D'UBLE

versant sud

1963 m   vallée du Foron

Fiche technique

Accès routier : Bonnavaz (voir course 59).
Carte : 3529 ouest (Taninges).
Période : janvier-mars.
Altitude départ : 1187 m.
Altitude sommet : 1963 m.
Dénivellation : 775 m.
Orientation principale : S dans le haut, E à la fin de la descente.
Horaire global : 3 h 30. Étant donné l'orientation, il est indispensable de partir tôt.
Difficultés : PD. S3 soutenu dans la moitié supérieure, et à la fin de la descente. Risques de coulées par temps doux.
Pente : 33° sur 150 m en haut, 35° sur presque 200 m en bas.

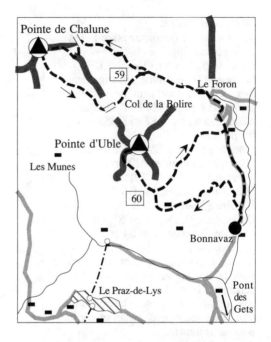

Itinéraire

* *Montée* : 0,5 km en amont de Bonnavaz, prendre à gauche un chemin qui s'engage en forêt et monte en lacets pour déboucher dans les alpages d'Uble (1465 m). Monter tout droit pour rejoindre une crête horizontale. Gagner le pied de la face S de la Pointe d'Uble, la remonter en allant à gauche, et terminer par l'arête SW.
* *Descente* : même itinéraire jusqu'à la crête horizontale. Tourner à gauche et traverser presque horizontalement au N au-dessus des chalets d'Uble, jusqu'à l'aplomb de la Pointe d'Uble en versant E. On découvre une pente assez raide, parfois en partie déneigée, menant directement à la route du col de l'Encrenaz (Beauregard, 1261 m). Par la route, rejoindre le point de départ.

Autres itinéraires

* Par Boutigny (annexe course 59) et les Perrières, rejoindre le versant S.
* Arête NW. Gagner le col de la Bolire (voir course 59 et annexe). De là par l'arête au sommet; elle est raide, étroite et exposée sur 50 m en haut. D, passages à 45°.

61. ROC D'ENFER

face sud

2243 m   vallée du Foron

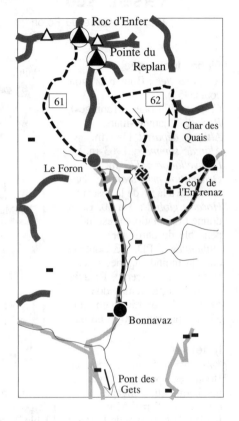

Fiche technique

Accès routier : Bonnavaz ou le Foron (voir course 59).
Carte : 3529 ouest (Taninges).
Période : janvier-avril. Enneigement capricieux; la face peut ne pas être praticable en mars et l'être début mai.
Altitude départ : 1187 m (1355 m en fin de saison).
Altitude sommet : 2243 m. Dépôt des skis entre 2170 m et 2200 m.
Dénivellation à ski : 1015 m.
Orientation principale : S.
Horaire global : 4 à 5 h.
Difficultés : D. Départ en S5, puis alternance de sections en S4 et S3; très soutenu. Accès au sommet à pied raide et exposé. La descente de 30 m sous la brèche supérieure peut être déneigée. Toute la face est exposée aux avalanches au moindre redoux.
Matériel : crampons; piolet et corde pour le sommet.
Pente : 33° de moyenne sur 700 m, avec 45° sur les 100 m supérieurs et 42° sur les 100 m suivants.
1ère desc. : F. Labande, 5 mai 1980.

Itinéraire

* Suivre la route du col de l'Encrenaz jusqu'au Foron, puis remonter le vallon de Foron, en obliquant progressivement à droite vers l'immense versant S du Roc d'Enfer. Attaquer ce versant par sa partie gauche (1523 m), puis après 200 m revenir au centre, et dans la partie supérieure se porter franchement à droite. Gagner par une pente plus raide la base du ressaut sommital. Longer les rochers à gauche pour gagner une petite brèche à l'W du sommet, par une écharpe de neige parfois déneigée. Dépôt des skis. De là au point culminant à pied par l'arête ou son flanc N (très délicat). Descente par le même itinéraire.

62. POINTE DU REPLAN

face sud-est

2115 m env.   vallée du Foron

Fiche technique

Accès routier : De Morzine ou de Saint-Jean-d'Aulps, gagner Essert-Romand, en bordure et au S de la route principale, puis le village de la Côte d'Arbroz et enfin le col de l'Encrenaz (route toujours dégagée, parking).

Accès mécanique éventuel : en partant des Gets, par les installations mécaniques du Mont Chéry, descendre les pistes du Chéry Nord pour rejoindre le col de l'Encrenaz. Retour à la station par les télésièges et les pistes.

Carte : 3529 ouest (Taninges).

Période : janvier-avril.

Altitude départ : 1433 m.

Altitude sommet : 2115 m env. (nommée mais non cotée et située imprécisément sur IGN; elle se trouve juste au S du sommet E, 2188 m, du Roc d'Enfer).

Altitude fin de descente : 1335 m.

Dénivellation totale : 780 m.

Orientation principale : SE.

Horaire global : 3 h 30.

Difficultés : AD–. Pente régulière et soutenue en S3/S4 sur 400 m.

Matériel : crampons parfois utiles.

Pente : 32° de moyenne sur 400 m.

Itinéraire

* *Montée* : du col de l'Encrenaz, passer versant Foron par une route d'alpage qui gagne une large croupe, le Char des Quais. La remonter jusqu'au col de la Basse (1636 m). De là, traverser obliquement vers la gauche pour se porter à la base de la face SE de la Pointe du Replan, que l'on remonte dès lors directement jusqu'au sommet. La partie terminale, parfois déneigée, peut imposer de déchausser.

* *Descente* : même itinéraire dans la face. Poursuivre tout droit, ou en adaptant l'itinéraire à l'enneigement, jusqu'au vallon des Jorats. Passer rive gauche du torrent, et par des clairières rejoindre la route de l'Encrenaz. Remonter au col par la route.

Variantes

* Accès par le pont des Gets, Bonnavaz et le Foron (voir course 59). 930 m, 4 h.
* Du sommet, après 100 m de descente, tourner à gauche, passer l'arête E et prendre un couloir N donnant accès à une belle combe orientée à l'E. On rejoint le vallon des Jorats ou le Char des Quais. Intéressant en poudreuse.

Croquis page 126.

63. POINTE RATI

tour du Roc d'Enfer

1923 m   vallée de la Dranse

Fiche technique

Accès routier : Saint-Jean-d'Aulps. Route des installations mécaniques de la Grande Terche, à 2,5 km. Retour un peu au-dessous du parking.

Accès mécanique : télécabine et télésiège de la Grande Terche puis, après une descente de jonction, télésiège de Graydon (celui-ci peut être fermé le matin). Ouverture 8 h 30 en principe. Se renseigner; tél. 50.79.61.24. Partir impérativement à la première benne.

Carte : 3529 ouest (Taninges).

Période : Noël-Pâques (période d'ouverture de la station de la Grande Terche).

Altitude départ réel : 1800 m env.

Altitude cols et sommet : 1787 m (Passage de Graydon), 1832 m (col de Foron), 1923 m (Pointe Rati, nommée Pointe du Rati sur IGN).

Altitude fin de descente : 892 m.

Dénivellations totales : 1090 m de montées (en deux fois), 2000 m de descentes (en trois fois), auxquels il faut ajouter la descente sur piste au départ.

Orientation principale : descentes successivement W, E, NE.

Horaire global : 6 h, depuis le sommet du télésiège de Graydon.

Difficultés : AD. S3 soutenu à la descente du Passage de Graydon, S3 et un passage de S4 dans la descente du col Rati. Le départ sur la piste est souvent très gelé. Risques de plaques en quelques points, et surtout de coulées en provenance des flancs du Roc d'Enfer. En particulier, la combe dite du Couvent, que l'on aborde en fin d'itinéraire, est très exposée aux coulées en provenance de sa rive gauche.

Pente : 38° sur 100 m dans la combe du Couvent.

Itinéraire

* *De Graydon au col de Foron* : du sommet du télésiège, gagner le Passage de Graydon et descendre rive droite du Brevon. Sous le plateau du Grand Souvroz, descendre au torrent et le traverser (1328 m, passage en forêt peu évident). Remonter par un chemin qui débouche dans le vallon du Souvroz; par la rive droite de ce vallon, qui se redresse à la fin, gagner le col de Foron.

* *Du col de Foron à la Pointe Rati* : descendre le vallon de Foron, facile, jusqu'au Foron. Suivre ensuite la route du col de l'Encrenaz jusqu'à son grand virage. Monter à gauche le long de la large croupe du Char des Quais, dont on laisse le sommet à droite, puis, par de belles pentes douces et larges, gagner le col Rati, ou la Pointe Rati juste à sa droite.

Descente : du col, traverser le plateau du versant N, prendre très à gauche un petit couloir, et revenir dans la combe du Couvent; elle mène au Plan des Fontaines et aux chalets de Graydon. Traverser le hameau et suivre la route qui ramène à la Moussière, sous le parking des remontées mécaniques.

Variantes et traversées partielles
* Gagner le col Rati par le vallon des Jorats (voir descente course 62).
* Du col Rati, traverser horizontalement le plateau du versant N (la Chaux de Vie) et remonter au col de la Golette (1992 m); le couloir du versant N (voir course 64) ramène sur les pistes de Graydon. On peut aussi accéder au sommet E du Roc d'Enfer (voir annexe course 64).
* Col du Foron, en aller-retour ou en traversée; voir course 59 et annexe course 56.
* Col Rati, en aller-retour du col de l'Encrenaz (accès, voir course 62). Course d'initiation par excellence, facile et très belle bien que courte, souvent bien enneigée malgré l'orientation au S, et en bonnes conditions. Malheureusement, un projet de remontées mécaniques au départ de la Côte d'Arbroz risque de lui enlever son caractère.

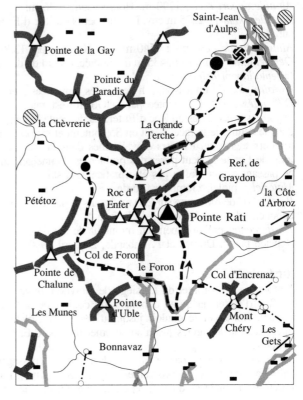

Échelle 1/ 100 000

64. ROC D'ENFER (sommet nord)

face nord et arête nord

2225 m env.   vallée de la Dranse

Fiche technique

Accès routier : en saison de ski, Saint-Jean-d'Aulps et route des installations de la Grande Terche. Hors saison, après Saint-Jean-d'Aulps, poursuivre vers Morzine et prendre à droite la route d'Essert-Romand, puis dans le village la route des chalets de Graydon.

Accès mécanique : télécabine et téléski de la Grande Terche, puis descente de jonction avec la combe de Graydon, et télésiège de Graydon.

Carte : 3529 ouest (Taninges).

Période : janvier-avril.

Altitude départ réel : 1790 m. Hors saison, 1336 m.

Altitude sommet : 2225 m env. Le sommet N du Roc d'Enfer n'est ni nommé ni coté sur IGN.

Altitude fin de descente : 1540 m env. Hors saison, 1336 m.

Dénivellation : en saison, 435 m de montée, 685 m de descente. Hors saison, 900 m.

Orientation principale : N.

Horaire global : en saison, 3 h depuis les remontées mécaniques. Hors saison, 5 h.

Difficultés : TD. La montée par la Golette est raide au départ, puis aérienne et exposée sur les arêtes du Roc d'Enfer. La descente le long de l'arête N d'abord, puis dans le centre de la face N, est en S5 soutenu et exposé, sur 350 m; l'exposition est toujours très forte. Risques d'avalanches dans la face N. La section sommitale le long de l'arête N peut poser des problèmes d'enneigement, et selon les conditions ce passage risque de ne pas être praticable à ski.

Matériel : piolet, crampons, corde.

Pente : 50° de moyenne sur 250 m, depuis le point où l'on quitte l'arête N, jusqu'au débouché du couloir central de la face N.

1ère descente: probablement un moniteur de ski de Saint-Jean-d'Aulps, vers 1980. Répétée par P. Dumas et F. Labande, 26 avril 1990.

Itinéraire

* *Montée* : du sommet du télésiège de Graydon, traverser de flanc sous la face N du Roc d'Enfer, jusqu'au débouché du couloir de la Golette, le plus large de ce versant. Remonter le couloir jusqu'au col de la Golette (1992 m). De là, suivre intégralement les arêtes jusqu'au sommet du Roc d'Enfer, avec quelques passages délicats.

* *Descente* : revenir par le flanc E de l'arête N (passages très exposés) au point culminant de la face N proprement dite (2150 m env.). Partir dans cette face entre l'arête de montée et un petit éperon, dans un couloir étroit et raide, qui bientôt

s'élargit. Continuer par la face assez large, jusqu'à ce qu'elle présente des barres. Aller un peu à droite, éviter un étranglement du couloir inférieur par des pentes situées largement rive droite, puis revenir 50 m plus bas dans le couloir central par une petite traversée. Descendre le couloir inférieur par son fond, pour déboucher au pied de la face, et rejoindre les pistes.

* *Hors saison* : de Graydon, une route monte vers l'W et rejoint le départ du télésiège de Graydon. Suivre l'axe de ce télésiège, ou une ligne située davantage rive droite, jusqu'à proximité du sommet de la combe.

Variante
* Après la première partie de la descente, traverser vers l'arête de montée pour reprendre le couloir du col de la Golette.

Autres itinéraires dans les versants N du Roc d'Enfer
* Col de la Golette (1992 m), décrit ci-dessus à la montée. D, classique, S4/S5 sur 100 m. Peut se faire en traversée avec une montée par le col Rati (voir course 63).
* Sommet E (2188 m) : du col Rati (voir course 63), traverser dans le versant N en légère montée vers l'W. Lorsque la pente qui domine n'est plus défendue par des barres, la remonter en oblique vers la gauche pour déboucher sur une arête de neige arrondie, qui mène au sommet E du Roc d'Enfer (parcours exposé; AD+).
* Sommet W (2215 m, nommé "Pointe de Haute Béne" sur IGN), par le versant NW. Cet itinéraire se parcourt en aller-retour depuis les abords du Passage de Graydon (1787 m). Il faut d'abord trouver un passage dans une zone de barres délicates vers 1900 m, en allant à l'extrémité W de ces barres, puis revenir au centre d'un vallon situé sous le versant NW du sommet W du Roc d'Enfer. Par ce versant NW, directement, gagner le sommet. D, 40°/45° sous le sommet W (J.-P. Bernard et A. Nicolin, 7 février 1982).

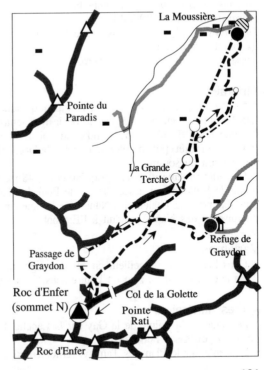

65. POINTE DE LA GAY

traversée du Cerny à l'Ermont

1801 m   vallée du Brevon

Fiche technique

Accès routier : Bellevaux, atteint de Thonon ou Saint-Jeoire par D 26. Au-dessus de Bellevaux, prendre la route D 236 du hameau de la Chèvrerie (lac de Vallon). S'arrêter entre le Cerny et le lac de Vallon. 5,5 km de Bellevaux.
Retour et navette : hameau de l'Ermont, à 3,5 km de Bellevaux; une route rejoint celle de la Chèvrerie. 6 km de navette; 1 h 30 à pied.
Carte : 3529 ouest (Taninges).
Période : décembre-mars.
Altitude départ : 1070 m.
Altitude sommet : 1801 m.
Altitude fin de descente : 1041 m.
Dénivellation : 780 m.
Orientation principale : descente NW.
Horaire global : 3 h 30 à 4 h.
Difficultés : F. Un court passage de S3 dans le haut. Course praticable par tous temps et toutes conditions.
Pente : 25° dans le haut sur 200 m.

Itinéraire

* *Montée* : gagner par une route, en coupant quelques lacets, les chalets de la Haute Meille, puis directement le plateau de la Molliettaz. Monter à droite au dôme de Vallonnet (1581 m) et redescendre au col 1548 m. Obliquer un peu à gauche (passage en forêt) puis monter tout droit à la large arête NW de la Pointe de la Gay, qui conduit au sommet.
* *Descente* : même itinéraire jusqu'au col 1548 m. Traverser dans le versant N du dôme de Vallonnet et descendre sur le Plan des Tannay, au N, en partie en forêt, puis rejoindre les chalets des Nants. De là, une route, rive gauche puis rive droite du ruisseau des Nants, conduit à l'Ermont.

Variantes

* Dans l'autre sens : meilleur en cas de neige fraîche abondante.
* En aller-retour dans l'un ou l'autre sens. Classique depuis le lac de Vallon.

Autres itinéraires

* Descente de la Pointe de la Gay sur la Lanche, les Planches et Seytroux (vallée de Morzine); assez raide en haut.
* Descente sur le Plan des Tannay, remontée au col de la Balme et descente sur

Seytroux par les Culées. On peut aussi, du col de la Balme, rejoindre le col et les chalets de Seytrouset (voir course 66).

* Rochers de la Mottaz (1657 m), sommet très facile accessible par le plateau de la Molliettaz et Tré le Saix, depuis le Cerny ou l'Ermont.

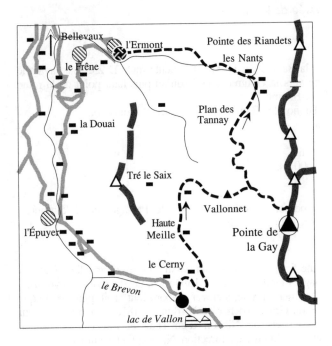

La vallée du Brevon

Il est souvent considéré comme la troisième Dranse, après celles de Morzine et d'Abondance qu'il rejoint à Bioge. Né sous le signe du Roc d'Enfer, le Brevon commence par traverser un lac naturel... de construction récente : c'est en 1943, en effet, qu'une importante coulée de terre obstrue le fond de la vallée, créant ainsi le lac de Vallon, aux couleurs étranges. Le vallon de la Chèvrerie, dans lequel ce phénomène a eu lieu, fut jadis habité, avant d'être délaissé au XVIIᵉ siècle, par les Chartreux. C'est au tour des promoteurs de jouer à ce petit jeu, idiot pour la circonstance. Après avoir investi les lieux avec la bénédiction de la commune de Bellevaux, dans l'espoir d'une liaison téléportée avec Saint-Jean-d'Aulps et d'une hypothétique intégration dans le domaine des Portes du Soleil, ils ont dû déposer le bilan, laissant une montagne en partie défigurée.

66. POINTE D'IREUSE

versant sud-est en traversée

1890 m   vallée de la Dranse

Fiche technique

Accès routier : Thonon; la Baume par D 902 et la petite route D 232 juste avant le pont de Gys. Poursuivre vers la Goutreuse et jusqu'au plus haut point de la route (réservoir). 2,5 km de la Baume.
Cartes : 3528 ouest (Thonon-les-Bains) et 3529 ouest (Taninges).
Période : janvier-mars.
Altitude départ : 940 m.
Altitude sommet : 1890 m.
Dénivellation totale : 1000 m.
Orientation principale : SE.
Horaire global : 4 h 30.
Difficultés : PD. S3 sur une bonne partie de la descente. Passage raide à la montée.
Pente : 35° env. sur deux courtes sections.

Itinéraire

* *Montée* : suivre la route forestière partant au-dessus du réservoir; elle mène aux chalets de Seytrouset. Gagner facilement le col 1564 m au-dessus (col de Seytrouset, non nommé sur IGN). Tourner à droite, s'élever d'abord tout droit, puis en oblique à droite vers la crête NE du Grand Rocher du Nifflon (P. 1816 m non nommé sur IGN). Redescendre aux chalets de Nifflon d'en Haut et traverser le plateau sommital, coupé de petits raidillons, en direction N, jusqu'au sommet.
* *Descente* : aller au N le long de la crête sommitale, puis à droite sur le col 1773 m (col d'Ireuse). Du col, s'engager dans le versant SE, raide au début, puis qui forme une belle combe; en sortir tout à fait à gauche lorsque la forêt s'approche. Passer sous quelques rochers et descendre directement dans des pentes assez raides, parfois un peu déneigées, qui ramènent sur la route forestière suivie à la montée.

Autres itinéraires

* Aller-retour par l'itinéraire de montée; dans ce cas, au retour, il est préférable de remonter plus près du sommet du Grand Rocher du Nifflon et de prendre un couloir raide (38° sur 100 m) au-dessus du col de Seytrouset.
* Du col de Seytrouset, rejoindre au S le col de la Balme (possibilité de faire au passage la Pointe des Riandets), puis les Nants et l'Ermont (voir course 65).
* Aller-retour depuis la route de la Buchille (voir course 68), qu'on quitte au Sciard; l'itinéraire passe par la forêt de Crève-Cœur et les pentes N de la Pointe d'Ireuse.

Croquis page 135.

Chablais, secteur ouest

67. MONT BILLIAT

depuis la Baume par les pentes sud

1894 m   vallée de la Dranse

Fiche technique

Accès routier : Thonon; la Baume par D 902 et la petite route D 232 juste avant le pont de Gys. Tourner à droite pour gagner le hameau des Esserts (il existe une route plus directe).
Carte : 3528 ouest (Thonon-les-Bains).
Période : janvier-mars.
Altitude départ : 795 m.
Altitude sommet : 1894 m.
Dénivellation : 1100 m.
Orientation principale : S.
Horaire global : 4 h 30.
Difficultés : AD. Partie supérieure soutenue, à la limite S3/S4. Risques d'avalanches au passage entre les barres, et de plaques glissant sur l'herbe dans le haut. A faire par d'excellentes conditions d'enneigement.
Pente : 35° dans la section supérieure.

Itinéraire

* *Montée* : suivre la route d'alpage menant aux Granges. De là, en appuyant progressivement à droite, gagner le goulet, entre les barres qui dominent la Montagne du Pleiney, qui permet d'accéder aux pentes supérieures S du Mont Billiat. En obliquant à droite, remonter ces pentes à peu près directement jusqu'au sommet.
* *Descente* : même itinéraire. Depuis les Granges, on peut couper certains lacets de la route.

Autres itinéraires du Mont Billiat

* Voir course 68 et annexe.

Chablais, secteur ouest   135

68. MONT BILLIAT

versant nord-ouest, couloir de Mévonne
1894 m   vallée de la Dranse

Fiche technique
Accès routier : le Jotty, village situé sur la route D 902 de Thonon à Morzine. Parking des gorges du Pont du Diable. On peut aussi stationner au début de la petite route forestière de Mévonne, éventuellement la suivre (praticabilité difficile).
Carte : 3528 ouest (Thonon-les-Bains).
Période : janvier-mars.
Altitude départ : 692 m. En hiver, on trouve généralement la neige aux Recards (1050 m), mais la route peut rester enneigée plus bas, et même jusqu'au Jotty.
Altitude sommet : 1894 m.
Dénivellation : 1200 m.
Orientation principale : N pour la descente par le couloir de Mévonne; la voie normale est orientée NW et le vallon de Mévonne NE.
Horaire global : 6 h.
Difficultés : D. Seule la partie supérieure est difficile. Par la voie normale, S4/S5 en haut sur 150 m; le couloir de Mévonne est en S4 aussi sur 150 m, mais le passage le plus délicat est la jonction entre la voie normale et le haut du couloir de Mévonne : 25 à 40 m, soit à ski mais avec une corniche par enneigement important, soit à pied la plupart du temps, dans des pentes d'herbe raides mêlés de quelques rochers (main courante utile). Si on passe à ski, la jonction est en S5, voire S6 en présence d'une corniche.
Matériel : piolet, crampons; corde pour la jonction avec le couloir de Mévonne.
Pente : presque 40° sur 150 m dans le haut de la voie normale, avec passage à plus de 45°; 40° dans le couloir de Mévonne, mais avec une jonction à plus de 50° si elle est enneigée.
1ère descente : A. Baud pour la voie normale du versant NW.

Itinéraire
* *Montée* : du Jotty, suivre la route d'alpage de Mévonne jusqu'au niveau des chalets des Recards. Couper à travers prés les lacets de la route, et la suivre à nouveau lorsqu'elle traverse au S, pour rejoindre Mévonne. Monter droit dans l'axe du vallon au col de Pertuis (chalets, 1585 m). Passer sur l'autre versant et s'élever directement sous le Mont Billiat. On franchit un étranglement par le couloir central vers 1750 m. Poursuivre tout droit et sortir sur la droite par une pente raide. L'arête sommitale courte, souvent déneigée, conduit au sommet.
* *Descente* : même itinéraire au début. On peut descendre la pente sommitale plus à l'W, par un petit couloir mieux enneigé. Traverser sous le sommet vers une fine arête (1800 m) derrière laquelle on découvre le couloir de Mévonne. La partie

supérieure, très raide sur 25 à 40 m, se descend soit à ski (corniche éventuelle, difficile), soit à pied dans des pentes d'herbe délicates (un rocher sous la crête permet de fixer une main courante). Aborder le couloir très encaissé et le descendre intégralement. Lorsqu'il s'élargit, continuer dans l'axe un moment puis traverser sur la gauche pour retrouver l'itinéraire de montée au-dessus des chalets de Mévonne.

Autres itinéraires du versant NW

* Descente par la voie normale de montée, plus facile, D–.
* Accès par la vallée du Brevon et la route de la Buchille (chalets, 1435 m). La route est généralement déneigée en mars assez haut. Un large chemin mène de la Buchille aux chalets de Pertuis. Si l'on descend le couloir de Mévonne, il faut traverser à gauche et remonter de 50 m pour revenir aux chalets de Pertuis.
* Suivre l'arête sommitale vers l'WSW (P. 1848 m) et descendre un couloir raide qui mène dans les pentes au-dessus du large chemin précité.
* Tour du Mont Billiat. Il peut s'effectuer au départ des Esserts (voir course 67) ou de la route de la Buchille. Ce circuit combine le versant S, le versant NW et la traversée du col de la Buchille. Les deux sens de parcours sont tout aussi intéressants l'un que l'autre, et le choix dépendra en grande partie de l'état de la neige.
* Des chalets de Pertuis, on gagne facilement au N la Grande Pointe des Journées (1722 m). Beau belvédère.

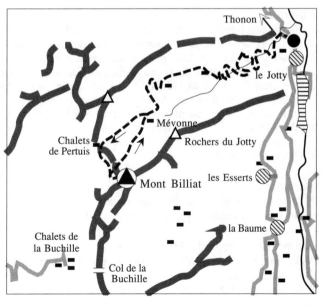

69. MONT OUZON

voie normale depuis le Corbier

1880 m   vallée de la Dranse

Fiche technique

Accès routier : Thonon; le Biot par D 902 et D 32 à partir du pont de Gys. Poursuivre par la route du col du Corbier jusqu'à une ferme située dans une épingle à cheveu, à 0,5 km sous le col; 4 km du Biot. Autre accès possible depuis la vallée d'Abondance, de la Solitude par Bonnevaux et le col du Corbier.

Carte : 3528 est (Abondance-Châtel).

Période : janvier-mars.

Altitude départ : 1183 m.

Altitude sommet : 1880 m; dépôt des skis 1860 m.

Dénivellation : 700 m.

Orientation principale : S.

Horaire global : 3 h à 3 h 30.

Difficultés : PD–. Les seules difficultés se situent dans les 80 m supérieurs, en partie à ski (S4), en partie à pied pour gagner le point culminant.

Matériel : corde éventuellement pour le sommet.

Pente : 40° sur 60 m en haut, 30° ensuite sur de courtes sections.

Itinéraire

* *Montée* : de l'épingle à cheveu de la route du col du Corbier, s'élever directement aux chalets de la Reblais. Poursuivre au-dessus en légère oblique à droite et traverser le torrent vers 1350 m. S'écarter de la rive gauche (un moment en forêt) pour gagner les chalets de Lodelé puis, par une route à gauche, ceux d'Ouzon. Suivre alors la rive droite du torrent et s'en écarter progressivement pour monter en direction du Mont Ouzon. Atteindre la croupe SE dominant le col de Planchamp, et la remonter jusque 100 m sous le sommet, sur la ligne de partage des eaux entre les deux Dranses. De là tout droit, à ski puis à pied, gagner la crête faîtière au SW du point culminant.

* *Descente* : même itinéraire.

Variantes

* Du col du Corbier, une route rejoint les chalets de Lodelé.
* Par bon enneigement, partir du village du Corbier (1070 m).

Autres descentes du Mont Ouzon

* Descente par le chalet d'Ouzon derrière et une route rive gauche menant à Écotex (peu intéressant).
* Descendre à Ouzon derrière, remonter à l'E 70 m et descendre par le couloir de

Courbelanche, s'il est en conditions. Arrivée juste au-dessus de Bonnevaux.
* Du sommet, traverser les arêtes, en partie rocheuses, à pied, vers le NE (rappel utile). On arrive au sommet du grand couloir NW du Mont Ouzon, le descendre intégralement en en sortant rive gauche, puis continuer à travers la forêt pour rejoindre la route du col de Nicodex, qui mène au hameau du même nom. 10 km de Nicodex au point de départ sur la route du col du Corbier. Très bel itinéraire avec une partie alpine, AD, pentes à 40° dans le haut.

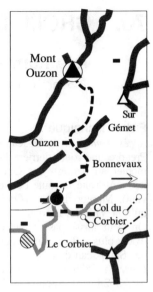

Sommets voisins
* Pointe de Sur Gémet (1741 m), à l'E du col de Plan Champ; s'atteint par des pentes douces depuis les chalets d'Ouzon. F, belle course d'initiation.
* Pointe de la Crottaz (1634 m, nommée Arête des Aiguillettes sur IGN), au N du col de Nicodex. Accès depuis Nicodex par la route du col. F. Autre accès possible depuis Écotex. Dans le même secteur, le col de la Crottaz (1540 m) présente une belle pente N au-dessus du Fion. Tous ces itinéraires ne sont praticables qu'en plein hiver et par bon enneigement.

Le Léman

Le Léman s'impose dans le panorama du Mont Ouzon. La combinaison de l'hiver et de la présence du lac donne des résultats parfois surprenants. C'était une fois un 1er janvier, le thermomètre marquait -20° et la neige était descendue à basse altitude les jours précédents. Sur les arêtes sommitales du Mont Ouzon, de rares arbres givrés se découpaient sur une mer de nuages qui tendait à se déchirer. En quelques minutes, tout le lac apparut, baigné dans des teintes pastel dont on ne peut jouir qu'en cette saison. La Suisse entière paraissait se mirer dans le Léman, du Jura aux Alpes vaudoises.

Le lac n'est pas un simple élément du décor, aussi majestueux soit-il. Il influence profondément le climat du Chablais. En cas de hautes pressions, l'humidité reste fixée au-dessous d'une altitude moyenne de 800 mètres, tandis qu'un temps très sec prédomine en montagne. Les contrastes sont saisissants, et il faut croire au soleil en altitude lorsque l'on se morfond dans la grisaille de la plaine. Il est parfois difficile de combattre la "molle du lac", état plus ou moins léthargique induit par l'atmosphère ambiante du Bas Chablais en période hivernale.

70. CROIX DE L'ÉCUELLE

voie normale par le vallon de l'Abbaye

1815 m   vallée de la Dranse

Fiche technique

Accès routier : Saint-Jean-d'Aulps. Prendre une route derrière l'église et monter au hameau des Onchets (on laisse à droite la route de Mont-d'É-vian). Monter dans les Onchets jusqu'à la Villaz si la route est dégagée. On peut aussi passer par l'Abbaye (route plus difficile en hiver). 3,5 km de Saint-Jean-d'Aulps.

Cartes : 3529 est (Samoëns-Morzine), 3528 est (Abondance-Châtel).

Période : janvier-mars.

Altitude départ : 1017 m à 1118 m.

Altitude sommet : 1815 m (nommée Pointe de la Croix sur IGN).

Dénivellation : 700 m à 800 m.

Orientation principale : SE.

Horaire global : 3 h.

Difficultés : F. Course praticable par tous temps et toutes conditions.

Pente : 20° à 25° dans le haut.

Itinéraire

* *Montée* : suivre la route au-dessus des Onchets, puis un chemin qui mène rive gauche aux chalets du Fouyet. Tourner à gauche, franchir le torrent et monter au chalet du Pré Novel, puis dans la même direction jusqu'à la crête faîtière qu'on atteint un peu à l'E du sommet.

* *Descente* : même itinéraire. Dans le bas, prendre rive gauche, puis rive droite.

Variantes

* Par enneigement important, partir du hameau de l'Abbaye (811 m).
* Pointe de Cercle (1807 m), sur la crête faîtière 600 m au SW.
* Montée – ou descente – en faisant le crochet par le col de l'Écuelle, assez largement à l'E. Ce col s'atteint aussi par les remontées mécaniques d'Abondance.
* Tour de la Croix de l'Écuelle, jolie promenade de 4 à 5 h : de l'Abbaye à Bas Thex par le col de l'Écuelle, les Druges, les chalets de Drouzin, les Tellis et Haut Thex.

71. CROIX DE L'ÉCUELLE

face nord-est

1815 m   vallée d'Abondance

Fiche technique

Accès routier : Sous le Pas, 2 km en aval d'Abondance sur la route D 22 de la vallée. Prendre une petite route qui franchit la Dranse, revient rive gauche, puis monte à gauche contre une ferme. Bifurcations, prendre à droite, puis à gauche, et monter si possible au hameau de la Lanche. 0,5 à 2,5 km de Sous le Pas.

Carte : 3528 est (Abondance-Châtel).

Période : janvier-mars.

Altitude départ : 902 m à 1100 m.

Altitude sommet : 1815 m.

Dénivellation : 715 m à 915 m.

Orientation principale : NE.

Horaire global : 3 à 4 h.

Difficultés : AD. La descente de la face NE est en S4 soutenu sur 300 m. Risques de plaques dans cette face.

Pente : 41° sur 300 m.

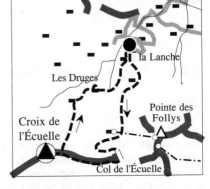

Itinéraire

* *Montée* : monter aux chalets de Vergay puis par un chemin en oblique à droite en forêt, pour déboucher à l'Écuelle (départ du télésiège de l'Écuelle, domaine mécanisé d'Abondance). Monter vers le col de l'Écuelle, puis suivre l'arête E de la Croix de l'Écuelle jusqu'au sommet.

* *Descente* : revenir 100 m en arrière sur l'arête horizontale pour prendre le départ de la face NE (exactement face à Sous le Pas). Descendre la face puis tirer à gauche par les chalets des Druges, avant de revenir à droite dans les champs du départ.

Autres itinéraires du versant d'Abondance

* Accès au col de l'Écuelle par les remontées mécaniques d'Abondance.

* Descente par la voie de montée, F; ou par la facette ENE, entre la voie de montée et la face NE : raide (40°) puis plus facile; PD, risques de plaques dans le haut.

* Descente par la face N, juste sous le sommet; un peu plus raide et plus soutenu que la face NE, plus exposé également et moins souvent en conditions; D, 40°/45°.

* Descente par la facette NNW en forme de couloir, juste au-delà du sommet; départ rive gauche, puis passage très raide (55°) au centre. Dans le bas, obliquer à droite pour revenir vers les Druges. TD. 1ère descente : F. Labande, 5 février 1986.

* Versant NW des arêtes, entre la Croix de l'Écuelle et la Pointe de Cercle; AD.

72. PIC DE LA CORNE

voie normale du versant sud-ouest

2084 m   vallée de la Dranse

Fiche technique

Accès routier : Saint-Jean-d'Aulps. Prendre une route qui part derrière l'église et monte à Mont d'Évian. 2 km de Saint-Jean-d'Aulps.
Carte : 3529 est (Samoëns-Morzine).
Période : décembre-début avril.
Altitude départ : 1003 m.
Altitude sommet : 2084 m.
Dénivellation : 1080 m.
Orientation principale : SW dans la combe supérieure.
Horaire global : 5 h.
Difficultés : PD. Pente soutenue, en S4 au départ puis S3, dans la combe. Risques de coulées par temps doux au départ.
Pente : 30° sur 350 m, section supérieure à 35°.

Itinéraire

* *Montée* : de la sortie N de Mont-d'Évian, s'élever à droite (NE) à travers champs puis à la lisière de la forêt, aux chalets de Plan des Crêts. Traverser au Plan des Crêts de Cez (1306 m), et poursuivre par le chemin qui s'élève rive gauche du torrent et débouche au plateau des Moulins. De là, monter en direction du col de Damoz des Moulins, puis par une croupe boisée à gauche, pour rejoindre l'arête S du Pic de la Corne. Par l'arête, et à la fin son flanc droit (exposé), gagner le sommet.
* *Descente* : revenir sur l'arête et après quelques mètres, descendre directement la combe SW et les pentes qui la prolongent. Rester rive droite du torrent (un passage étroit) jusqu'à hauteur des chalets des Fours. Rejoindre ces chalets et suivre une route d'alpage, par Montolivet, qui ramène à Mont d'Évian.

Autres itinéraires

* Depuis les Onchets (voir course 70) : monter à la Villaz, traverser le torrent et monter aux chalets des Fours pour rejoindre le Plan des Crêts de Cez.
* De Prétairié (course 74), suivre l'itinéraire de Tavaneuse jusque vers 1500 m, tourner à droite et monter directement au col de Damoz des Moulins, où l'on rejoint la voie normale. Descente par le même itinéraire, assez raide au départ, ou bien plus directement en empruntant un couloir de la face SE longeant l'arête S au début (D).
* Tour du Mont Brion (1991 m) : traverser le col de Damoz des Moulins et le Passage de Savolaire, et revenir par les chalets de Brion et Damoz des Moulins.

Croquis page 143.

73. PIC DE LA CORNE

couloir nord-ouest

2084 m   vallée de la Dranse

Fiche technique

Accès routier : Saint-Jean-d'Aulps et les Onchets (voir course 70).
Carte : 3529 est (Samoëns-Morzine).
Période : janvier-avril.
Altitude départ : 1017 m à 1118 m.
Altitude sommet : 2084 m; l'origine du couloir se situe à 2065 m env.
Dénivellation : 965 m à 1065 m.
Orientation principale : NW dans la plus grande partie du couloir.
Horaire global : 5 h.
Difficultés : TD–. Tout le couloir est en S4, sur 500 m, avec une section en S5; il est exposé (présence de rochers). Forts risques de coulées par temps doux. L'accès au point culminant peut s'avérer délicat.
Matériel : piolet, crampons; corde utile pour les 20 m terminaux.
Pente : 42° de moyenne sur 500 m, avec un passage de presque 100 m à 50°.
1ère descente : D. Neuenschwander, 1985.

Itinéraire

* *Montée* : des Onchets, gagner le Fouyet (voir course 70). Tourner à droite et traverser horizontalement une zone boisée (chemin). On débouche juste au pied du cône de déjection du couloir NW du Pic de la Corne. Le remonter, prendre la branche de droite lorsque le couloir se rétrécit et se divise provisoirement en deux, et continuer par le couloir. Celui-ci s'incurve à gauche dans le haut et sort à une épaule. Là peut s'arrêter la course. Pour gagner le point culminant, monter à une antécime à droite, gagner la brèche suivante (à pied) et contourner le ressaut sommital par le versant SE.
* *Descente* : même itinéraire.

74. ROC DE TAVANEUSE

voie normale, et traversée sur Ardens

2156 m   vallée d'Abondance

Fiche technique

Accès routier : Abondance. Prendre la route de Charmy l'Envers (par la télécabine de l'Essert) et la suivre jusqu'à son terminus, à Prétairié. 3,5 km d'Abondance.
Retour pour la traversée : les Plagnes, à 5 km d'Abondance par la route de Charmy l'Adroit et Sur la Ravine. 5 km pour Prétairié; le retour peut se faire à pied (1 h).
Carte : 3529 est (Samoëns-Morzine).
Période : décembre-avril.
Altitude départ : 1128 m.
Altitude sommets : 2156 m (Roc de Tavaneuse; dépôt des skis 2120 m); 1920 m env. (col d'Entre Deux Pertuis); 1959 m (Pointe d'Ardens, nommée à tort "Pointe de Colombière" sur IGN).
Altitude fin de descente : 1191 m aux Plagnes.
Dénivellations totales : 1520 m de montées, 1585 m de descentes (en trois fois). Pour la voie normale, 1030 m.
Orientation principale : NE dans la traversée. W, puis NE, pour la voie normale.
Horaire global : 7 h de Prétairié aux Plagnes. 4 h 30 pour la voie normale.
Difficultés : AD pour la traversée. Départ de la combe NE du Roc de Tavaneuse en S4, puis S3 soutenu. L'accès au point culminant depuis sa brèche NW peut s'avérer délicat. Risques de plaques au départ du Roc de Tavaneuse, ainsi qu'à la montée au Passage de Savolaire. La voie normale de Tavaneuse, en aller-retour, est PD.
Matériel : piolet parfois utile.
Pente : 39° sur 150 m dans le versant NE du Roc de Tavaneuse.

Itinéraire

* *Montée* : suivre le chemin qui s'élève rive gauche aux chalets des Serranants. Rejoindre et remonter tout le vallon, en laissant à droite le Mont Brion et en restant sur la rive gauche. Une dernière pente raide mène au Passage de Savolaire (1930 m). De là, suivre l'arête faîtière ou son flanc droit, jusqu'à une petite brèche au NW du Roc de Tavaneuse. Passer flanc N et monter au sommet (parfois à pied). Pour la voie normale, descente par le même itinéraire.
* *Traversée sur Ardens* : de la brèche, descendre la combe ENE, puis une petite combe secondaire un peu sur la gauche, jusqu'aux chalets de Tavaneuse (1683 m). Remonter au lac de Tavaneuse, puis à gauche au pied de l'arête NE de la Petite Pointe du Piron (ou Pointe W d'Entre Deux Pertuis); ce point, non nommé sur IGN, peut être appelé "col d'Entre Deux Pertuis". Descendre une nouvelle combe orientée NE jusqu'aux chalets d'Entre Deux Pertuis (1703 m). Traverser au NE vers un vallon étroit, le remonter et tirer à gauche vers la Pointe d'Ardens (signal).

* *Descente* : descendre au S jusqu'aux chalets d'Ardens, rejoindre le fond du vallon et le suivre puis, lorsqu'il bifurque vers le NE, descendre les larges pentes de sa rive droite jusqu'au plateau de Cubourré. Une route sur la droite mène aux Plagnes.

Autres itinéraires de Tavaneuse et Ardens
* Voie normale de Tavaneuse (itinéraire de montée), PD.
* Voie normale de la Pointe d'Ardens (itinéraire de descente), très classique, excellente course d'initiation, F.
* Traversée du Roc au lac de Tavaneuse par le col de Tavaneuse; plus facile.
* Traversée en ligne de niveau, ou presque, entre le "col d'Entre Deux Pertuis" et les Pirons d'Ardens (1875 m, sommet non nommé sur IGN), d'où l'on descend sur les chalets d'Ardens; plus court mais moins joli.
* Descente directe des chalets d'Entre Deux Pertuis sur Prétairié; mauvais thalweg.
* Descente du Roc de Tavaneuse (antécime NW) par la face NW : descente délicate avec des passages raides, étroits et exposés; bonnes conditions nécessaires.
* Descente de la Pointe d'Ardens par le couloir NNW, visible du sommet, encaissé et raide (45° au départ); belle descente, D–, à la limite de S5 sur 100 m; arrivée à Prétairié même, mais le thalweg inférieur est difficile à traverser.
* Roc de Tavaneuse par le versant de la Dranse de Morzine : voir course 75.

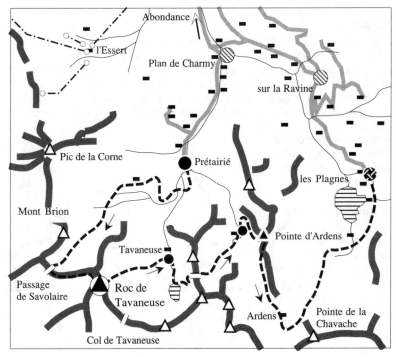

Chablais, secteur central

75. ROC DE TAVANEUSE

versant sud-ouest en circuit

2156 m   vallée de la Dranse

Fiche technique

Accès routier : Essert la Pierre (voir course 76).
Carte : 3529 est (Samoëns-Morzine).
Période : décembre-mars.
Altitude départ : 940 m.
Altitude sommet : 2156 m.
Dénivellation : 1215 m.
Orientation principale : S puis WSW.
Horaire global : 5 h 30.
Difficultés : PD. Partie supérieure en S3 soutenu. Risques de coulées à cet endroit. L'accès au point culminant depuis sa brèche NW peut s'avérer délicat.
Matériel : piolet parfois utile.
Pente : 30° dans la partie supérieure.

Itinéraire

* *Montée* : d'Essert la Pierre, suivre le chemin de Céraucez (voir course 76). Passer à l'W de ces chalets et monter directement au N aux chalets de Brion. Une traversée oblique mène au pied du Passage de Savolaire, que l'on atteint directement. Suivre alors la voie normale de Tavaneuse (voir course 74) jusqu'au sommet.
* *Descente* : suivre l'arête SW en direction du col de Tavaneuse sur quelques mètres, puis descendre directement le versant S jusqu'au plateau des Portes de Lens. Tourner à droite et descendre rive droite du vallon jusqu'à Céraucez, où l'on retrouve l'itinéraire de montée.

Autres itinéraires

* Aller-retour par l'itinéraire de montée, ou par celui de descente.
* Versant d'Abondance : voir course 74 et annexes.
* Traversées : voir annexes courses 72 et 76.

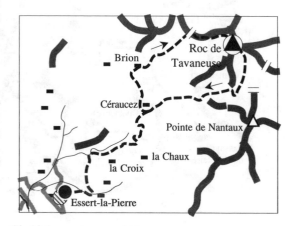

146   *Chablais, secteur central*

Col et Pointe de Nantaux (course 76).

76. POINTE DE NANTAUX

tour en hélice

2170 m   vallée de la Dranse

Fiche technique

Accès routier : Saint-Jean-d'Aulps; gagner Essert la Pierre par la D 902 et une petite route 2 km en amont à gauche. S'arrêter au départ du chemin de Céraucez. 3 km depuis Saint-Jean-d'Aulps.
Carte : 3529 est (Samoëns-Morzine).
Période : janvier-mars.
Altitude départ : 940 m.
Altitude sommet : 2170 m.
Dénivellation totale : 1410 m.
Orientation principale : circuit; descente SW.
Horaire global : 6 h 30.
Difficultés : AD. Passages étroits, parfois raides, sur les arêtes terminales de la Pointe de Nantaux, à la montée comme à la descente. Corniches sur l'arête SW (arête du Marteau), au sommet et dans la descente. Risques d'avalanches en montant au col de Nantaux et surtout dans la traversée sous la Pointe de Nantaux; risques de plaques partant sur l'herbe le long de la descente par l'arête SW. Le couloir médian est en S4 puis S3.
Matériel : crampons parfois utiles.
Pente : 33° à la montée sur 200 m. 38° sur 300 m dans le couloir médian de descente.

Itinéraire

* *Montée* : suivre le large chemin de l'alpage de Céraucez, en laissant à droite les sentiers de Nantaux, de la Croix et de la Chaux. Obliquer alors à droite (E) et suivre le torrent rive droite, puis rive gauche; continuer directement jusqu'à un épaulement (les Portes de Lens) puis au col de Nantaux (1901 m, non nommé sur IGN). Descendre aux chalets de Lens (1825 m) puis traverser en oblique descendante vers le S les pentes de la Culatte, à l'aplomb de la Pointe de Nantaux. Rejoindre le P. 1729 m (Saix Travesci), et de là monter à l'arête faîtière de la Pointe de Nantaux par une arête arrondie assez raide orientée au SSE. Terminer par l'arête faîtière SW ou son flanc SE (corniches à gauche, plaques à droite).
* *Descente* : suivre toute l'arête SW ou arête du Marteau, parfois par son flanc SE, jusqu'à un dernier changement d'orientation au-dessus des chalets ruinés du Marteau (1820 m env.). Passer flanc W de l'arête et descendre un large couloir assez raide. Dans le bas, obliquer à gauche et après un passage en forêt retrouver le chemin de Nantaux près des chalets de la Garette (1192 m). Descendre directement à travers champs jusqu'au niveau d'Essert la Pierre (hameau des Champs).

Autres itinéraires

* Voie normale : prendre un peu au-dessus d'Essert la Pierre le chemin de Nantaux, qui s'élève, assez raide, en forêt, par les chalets de la Garette. A la sortie de la forêt, monter directement aux chalets du Marteau, puis suivre toute l'arête du Marteau (SW), ou son flanc droit, jusqu'au sommet. 1230 m, 5 h 30, PD. Cet itinéraire peut être suivi à la descente après le tour en hélice, au lieu de terminer par le couloir W (plus facile mais enneigement moins bon).

* Descente sur le lac de Montriond : descendre par l'arête SSE et rejoindre les pentes de la Culatte, puis le vallon de Lens (voir course 77). On peut aussi, après l'arête SSE, rejoindre la voie normale aux chalets du Marteau, par une grande traversée oblique à l'W. En revanche, il est déconseillé de descendre par les couloirs dominant le village de Montriond.

* Face W. A la montée, des Portes de Lens, monter vers la base de l'arête NW puis aborder les couloirs de la face W : premier couloir près de l'arête NW, traversée à droite, second couloir au centre de la face; la sortie sur l'arête faîtière se fait en principe à pied (rochers) et plusieurs points de sortie sont possibles. Descendre le couloir inférieur complètement, jusqu'au plateau 1752 m, et poursuivre par la Chaux et la Croix avant de retrouver le chemin de Céraucez. Descente raide (sections à 50°) et très exposée, TD; 1ère descente : F. Labande, 12 février 1986.

* Jonctions et traversées : du col de Nantaux avec le Roc de Tavaneuse (voir courses 75 et 74), des chalets de Lens avec la Pointe d'Entre Deux Pertuis et la Pointe de la Chavache (voir courses 77 et 78).

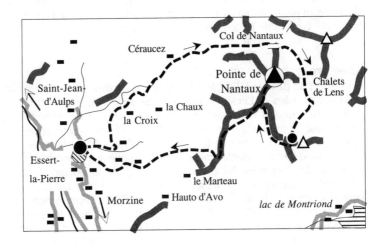

Chablais, secteur central

77. PᵀᴱD'ENTRE DEUX PERTUIS

versant sud depuis le lac de Montriond

2176 m   vallée de la Dranse

Fiche technique

Accès routier : Montriond, atteint soit depuis Morzine, soit depuis la route de la vallée en prenant à gauche 3 km avant Morzine. De Montriond, suivre la route du lac jusqu'à celui-ci (hôtel, parkings).

Carte : 3529 est (Samoëns-Morzine).

Période : janvier-mars. Cette course est praticable un peu plus tard en saison, mais il sera nécessaire de porter les skis sur une distance assez longue.

Altitude départ : 1069 m.

Altitude sommet : 2176 m.

Dénivellation : 1110 m, dont 25 m à pied.

Orientation principale : SW dans la partie supérieure, puis S.

Horaire global : 5 h à 5 h 30.

Difficultés : PD. Sections en S3 soutenu, au départ, puis dans la partie en forêt. C'est dans cette partie inférieure que peuvent se présenter des difficultés, par conditions défavorables. Le mieux est de bénéficier d'une neige transformée assez épaisse, ou d'une couche de poudreuse importante. Par temps doux, gros risques d'avalanches, en provenance de la Pointe de Nantaux, sur le Creux de Lens et dans le Nant de Lens. L'arrivée au point culminant se fait à pied, le long d'une arête parsemée de rochers.

Matériel : corde utile pour atteindre le point culminant.

Pente : 33° sur 100 m en haut.

Itinéraire

* *Montée* : du parking à l'angle NW du lac de Montriond, remonter directement le chemin des chalets de Lens (on laisse à droite le large chemin du Latay). Ce chemin, parfois mal marqué, s'élève sur la rive droite du Nant de Lens, en restant à distance de ce ruisseau; il passe près d'un premier chalet (1260 m env.) et après une zone plus clairsemée et un passage étroit en oblique à droite débouche près de deux petits chalets (1450 m env.). Monter encore en légère oblique à droite puis revenir à gauche pour atteindre des pentes plus douces d'où les régions supérieures deviennent visibles (1530 m). Monter droit au N, traverser à droite deux petits torrents et s'élever par des pentes douces et larges en direction de la Pointe d'Entre Deux Pertuis, en contournant deux ou trois cuvettes. S'élever à l'arête faîtière que l'on atteint entre le point culminant et la pointe centrale (2160 m env., non nommée ni cotée sur IGN; c'est d'elle que se détache au N l'arête d'Ardens). De là, soit atteindre à ski cette pointe centrale, soit poursuivre à droite le long de l'arête jusqu'à la base des rochers du point culminant. Laisser les skis et terminer à pied (très belle vue).

* *Descente* : même itinéraire.

Autres itinéraires de la Pointe d'Entre Deux Pertuis

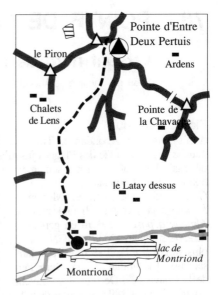

* Accès depuis Essert la Pierre par le tour de la Pointe de Nantaux (voir course 76) et les chalets de Lens (1825 m), d'où l'on rejoint en traversée l'itinéraire normal. A la descente, pour revenir à Essert la Pierre, effectuer une longue traversée sous la Pointe de Nantaux, en restant si possible assez haut, pour rejoindre le Marteau et la descente de la Pointe de Nantaux.

* Tour intégral de la Pointe d'Entre Deux Pertuis. Des Plagnes, monter à la Fenêtre d'Ardens ou col de la Fourche (voir course 78). Contourner par le S le ressaut rocheux du Châtelard (2085 m sur l'arête SE de la Pointe d'Entre Deux Pertuis). Remonter la combe entre le Châtelard et la Chaux de Lens, qui débouche par un petit couloir à la Cime du Piron (quelques difficultés alpines). De là, traverser dans le flanc S des arêtes de la Pointe d'Entre Deux Pertuis. Descendre par la voie normale décrite ci-dessus, et vers 1900 m traverser à droite vers les chalets de Lens d'Aulph. De là, remonter au col de Tavaneuse (1997 m). Descendre le versant E de ce col jusqu'au lac de Tavaneuse, remonter à l'E sous la Pointe d'Entre Deux Pertuis, et traverser en courbe de niveau vers l'arête des Pirons d'Ardens (1875 m). Descendre au lac des Plagnes par la voie normale de ce sommet (voir fin de la course 74). Très beau circuit, 1350 m env. de dénivellation, en trois fois, horaire global 7 h).

Chablais, secteur central

Deux sommets massifs occupent le terrain dans la zone comprise entre les Dranses de Morzine et d'Abondance : le Roc de Tavaneuse, flanqué de jolis satellites – Pic de la Corne, Pointe de Nantaux entre autres – et le Mont de Grange, silhouette familière à tous les Chablaisiens. Autrefois considéré comme impropre au ski, le Mont de Grange est devenu l'un des objectifs favoris des spécialistes locaux. Les remontées mécaniques de la Chapelle-d'Abondance s'arrêtent à distance respectable des escarpements de son versant nord, et de solides défenses naturelles le protègent encore des équipements touristiques potentiels venus de Châtel ou d'Abondance. Couloirs et pentes raides habillent les flancs du Mont de Grange, dans lesquels une dizaine de descentes difficiles sont aujourd'hui possibles.

78. POINTE DE LA CHAVACHE

versant nord de la Fenêtre d'Ardens

2089 m   vallée d'Abondance

Fiche technique

Accès routier : Abondance. Traverser le village et prendre immédiatement à gauche la route du lac des Plagnes jusqu'à son terminus. En hiver, la route n'est pas déneigée jusqu'au lac, mais seulement jusqu'au hameau de "Sur la Ravine". 3 à 5 km depuis Abondance.

Carte : 3529 est (Samoëns-Morzine).

Période : janvier-avril. Il faut attendre que le couloir soit bien rempli de neige.

Altitude départ : 1191 m en général.

Altitude sommet : 2089 m. IGN nomme Pointe de la Chavache le P. 2081 m situé plus au NE. Le P. 2089 m est pourtant le plus élevé de la crête entre le col de Bassachaux et la Pointe d'Entre Deux Pertuis, et il est proposé de l'appeler "Pointe W de la Chavache". De plus, les nouvelles cartes nomment improprement "Col de la Fourche" le col 1894 m connu dans la région sous le nom de "Fenêtre d'Ardens".

Dénivellation : 900 m.

Orientation principale : NNE (mais SW dans le haut).

Horaire global : 4 h 30.

Difficultés : D. Les difficultés sont concentrées dans la partie supérieure, avec une traversée délicate entre le sommet et la Fenêtre d'Ardens, et surtout le couloir N de la Fenêtre en S5 sur 50 m, puis S4 soutenu; la partie supérieure du couloir présente un passage court mais très raide, qui peut être compliqué par la présence de rochers en cas d'enneigement insuffisant. Risques de coulées dans la partie supérieure du couloir, risques de plaques dans la traversée au-dessus.

Matériel : piolet, crampons, corde.

Pente : 42° sur 150 m dans le couloir, mais 50° au départ.

Itinéraire

* *Montée* : du parking du lac des Plagnes (atteint par la route depuis Sur la Ravine en cas de route non déneigée), suivre le chemin du chalet de Cubourré, qui se poursuit jusqu'à une baraque isolée (1380 m env.). De là monter à droite puis dans une large combe, parfois encombrée de coulées d'avalanches. Cette combe s'incurve à droite et présente un important replat entre 1600 m et 1650 m. Tourner à gauche en quittant la combe et s'élever droit vers le couloir N de la Fenêtre d'Ardens (1894 m, nommée "Col de la Fourche" sur IGN), bien visible. Remonter le couloir jusqu'au col (sortie très délicate). De là, traverser en oblique ascendante le versant SW de la Pointe W de la Chavache, pour sortir sur l'arête SSW de celle-ci, qui mène au sommet; le point de sortie sur l'arête dépend des conditions. Grosses corniches au sommet.

* *Descente* : même itinéraire. Il est intéressant de descendre la pente W de l'arête SSW sommitale jusqu'au Creux des Boitons (1821 m), et de remettre les peaux pour remonter à la Fenêtre d'Ardens.

Autres itinéraires de la Pointe de la Chavache

* Voie normale de la Pointe E (seule nommée sur IGN, 2080 m) : depuis les Lindarets (station d'Avoriaz, 1467 m), monter en biais par un chemin qui conduit à un plateau vallonné. Traverser encore à gauche au-dessus des chalets de la Balme, puis monter droit aux chalets de Ptécro. Tirer un peu à gauche dans une combe, en sortir à droite sur les pentes supérieures qui mènent au sommet. On peut aussi rejoindre le sommet W de la Chavache sur la gauche. A la descente, de la Balme, en tirant sur la droite, on peut descendre directement dans la forêt pour rejoindre la route des Lindarets à proximité de la cascade d'Ardent. Cet itinéraire, classique autrefois, est désormais dévalué par la présence d'un CATEX.

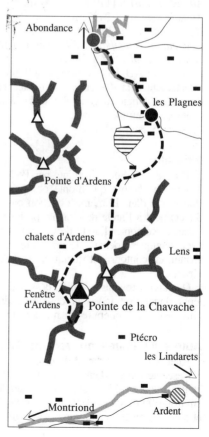

* Couloir E. De la Pointe E de la Chavache, descendre 150 m sur l'arête SE puis tourner à gauche pour trouver l'origine du couloir E débouchant au lieu dit les Roulainnes; retrouver rapidement la voie normale. Pentes raides au départ du couloir, D.

* Tour de la Pointe de la Chavache. Des Plagnes, monter au plateau du vallon d'Ardens (1600 m env.). Tourner à gauche et par des pentes assez raides traverser à un petit plateau sous l'arête faîtière, que l'on gagne ensuite sans difficulté au P. 1812 m. Descendre versant S par les Roulainnes pour rejoindre la voie normale de la Pointe E. Par la voie normale, gagner les pentes supérieures et le point culminant (Pointe W de la Chavache). Retour aux Plagnes par la Fenêtre d'Ardens et son couloir N.

79. MONT DE GRANGE

voie normale du versant sud-ouest

2432 m   vallée d'Abondance

Fiche technique

Accès routier : Abondance. Traverser le village et prendre immédiatement à gauche la route de Charmy l'Adroit et des Plagnes, que l'on suit jusqu'au hameau de "Sur la Ravine". 3 km depuis Abondance. On peut parfois suivre une route goudronnée un peu au-dessus de Sur la Ravine, par Follebin.

Cartes : 3528 est (Abondance-Châtel) et 3529 est (Samoëns-Morzine).

Période : décembre-avril.

Altitude départ : 1179 m à 1300 m.

Altitude sommet : 2432 m.

Dénivellation : 1130 m à 1250 m.

Orientation principale : SW dans la partie raide de la descente.

Horaire global : 5 h à 5 h 30.

Difficultés : AD. Une section de 400 m en S4, avec risques de coulées, si l'on prend directement à la descente. La montée par l'arête de Coicon présente un passage délicat qu'il faut en général franchir à pied.

Matériel : crampons utiles.

Pente : 35° sur 400 m.

Itinéraire

* *Montée* : de Sur la Ravine, par Follebin, gagner la chapelle de Saint-Théodule. Suivre un chemin qui monte obliquement à droite (SW) aux chalets du Bailly. Poursuivre dans la même direction par le Jouly et Lenlevay. De là, monter assez directement à l'arête de Coicon, prolongement vers le SE de l'arête S du Mont de Grange. Remonter l'arête de Coicon et franchir en général à pied un court ressaut avec quelques rochers. L'arête s'infléchit et s'adoucit. La suivre au mieux du terrain, en contournant quelques obstacles rocheux, jusqu'au sommet du Mont de Grange.

* *Descente* : revenir jusqu'au-dessus du ressaut raide de l'arête de Coicon. Passer alors flanc droit (SW) et descendre directement des pentes très soutenues, qui ramènent sur l'itinéraire de montée, juste au-dessus des chalets du Jouly.

Autres itinéraires du versant SW

* Aller-retour par la voie de montée : voie normale du Mont de Grange, AD–.

* Descente directe dans le versant WSW. Du sommet, revenir un peu sur l'arête S et dès que possible passer en versant W. Descendre à peu près directement sur environ 600 m, en s'adaptant au terrain. Passer rive gauche du Cheneau de Grange et s'en écarter à gauche, puis descendre à nouveau directement jusqu'au chalet du

Covillet, où l'on retrouve la voie normale. Splendide descente raide et soutenue, D (38° de moyenne sur 500 m), qui demande de bonnes conditions. Des variantes sont possibles dans cette large face.

* De Sur la Ravine, une route monte au NW aux Fauges. De là, monter au N à l'Enquernaz puis sur une arête arrondie où l'on retrouve la voie de montée du versant de Richebourg (voir course 80).

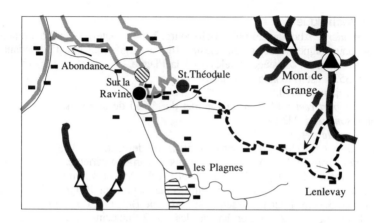

Pentes raides et couloirs du Chablais

Les pentes du Chablais sont a priori moins favorables à des descentes spectaculaires que les Bornes ou les Aravis : faible hauteur, barres rocheuses, manque de continuité dans la raideur. En observant le terrain, les skieurs locaux ont su découvrir une quarantaine d'itinéraires sortant du cadre classique, dont plusieurs au Mont de Grange. Il s'agit là davantage de "pentes raides" que de véritable "ski extrême". Certaines d'entre elles méritent néanmoins une attention particulière, elles n'ont pas, ou peu, été répétées. En voici l'inventaire sans ordre préférentiel.

Roc d'Enfer (sommet nord), arête nord et face nord, TD (50°), 250 m.
Croix de l'Écuelle, face nord-nord-ouest, TD (55°), 150 m.
Pic de la Corne, couloir nord-ouest, TD– (45°, passage à 50°), 500 m.
Pointe de Nantaux, face ouest, TD/TD+ (50°/55° en haut), 400 m.
Cornettes de Bise, versant nord-ouest, exposé, 500 m.
Dent d'Oche, face sud directe, 50° et rappel, 350 m.
Les Hauts Forts, couloir du Signal, TD– (passage exposé à 50°), 200 m.
Tête de Bossetan, couloir de la Faucille, TD (50°), 400 m.

Reste l'Arlésienne, une descente qui aurait eu lieu dans la face nord de la Pointe d'Entre Deux Pertuis. En observant la face, on cherche à comprendre…

80. MONT DE GRANGE

versant nord-ouest et couloir de Pertuis

2432 m   vallée d'Abondance

Fiche technique

Accès routier : Abondance, puis Richebourg, sur la route de Châtel. Franchir la Dranse pour gagner le départ du télésiège de la Plagne. 3,5 km d'Abondance.
Accès mécanique : télésiège et téléski de la Plagne.
Carte : 3528 est (Abondance-Châtel).
Période : janvier-avril.
Altitude départ réel : 1425 m du sommet du téléski de la Plagne.
Altitude sommet : 2432 m.
Altitude fin de descente : 980 m.
Dénivellations : 1020 m de montée, 1450 m de descente.
Orientation principale : W, puis NW, dans la partie supérieure.
Horaire global : 5 h depuis le sommet du téléski. Sans les remontées, 7 h.
Difficultés : D+ pour le couloir de Pertuis, S5 au départ sur 100 m, puis S4 soutenu sur plus de 300 m. Pour la descente de l'arête de Belair, si l'on part du sommet à ski, AD avec S4 sur 200 m; en laissant les skis à l'antécime, PD. Gros risques de coulées dans le couloir par temps doux.
Matériel : piolet, crampons.
Pente : plus de 45° au départ; 41° de moyenne sur 400 m.
1ère descente du couloir : probablement deux moniteurs de la Chapelle, avant 1973.

Itinéraire

* *Montée* : rejoindre le sommet du téléski de la Plagne. De là, traverser en légère descente à l'WSW par les chalets de la Plaine Joux, puis remonter par une route jusqu'à la croupe arrondie prolongeant l'arête W du Mont de Grange, ou arête de Belair. La route tourne à gauche et monte à l'alpage de Leschaux (ligne haute tension). Remonter les larges pentes de Belair et l'arête du Mont de Grange qui se resserre à l'approche d'une antécime avec une croix (2162 m). Par le flanc droit (rochers gênants), gagner cette antécime. Suivre l'arête jusqu'à la base de la facette terminale W du Mont de Grange, que l'on remonte à peu près directement, en se tenant à droite de l'arête, en général à pied.
* *Descente par l'arête de Belair* : même itinéraire, puis les pistes de Richebourg. On laisse parfois les skis à l'antécime.
* *Descente du couloir de Pertuis* : plonger versant W, d'une brèche située 10 m au N du sommet; après un passage étroit et exposé, le couloir s'élargit. Le descendre intégralement; dans la partie médiane, il forme deux branches, que l'on peut utiliser indifféremment. Après le couloir, suivre la combe des chalets de Pertuis et rejoindre les pistes de la Chapelle d'Abondance, qui ramènent à Richebourg.

Autres itinéraires du versant N

* Entre la voie de montée et le couloir de Pertuis proprement dit, se dessine un vague couloir, souvent considéré comme une branche du couloir de Pertuis; il a son origine sur l'arête W, un peu au-dessus de la partie horizontale de celle-ci, vers 2300 m. Moins difficile que le couloir de Pertuis, D.

* Couloir NNE ou couloir du Folliet. Il a son origine sur l'arête ENE du Mont de Grange, 100 m sous le sommet, et peut être atteint en utilisant au début la face E (voir course 81). Mais en général on le remonte et on s'arrête à la brèche. Magnifique couloir, un peu court cependant (150 m), raide et étroit. D, 45°. La descente du pied du couloir jusqu'aux chalets du Folliet est encore soutenue et très belle. 800 m entre l'arrivée du télésiège du Crêt Béni (La Chapelle-d'Abondance) et le sommet du couloir.

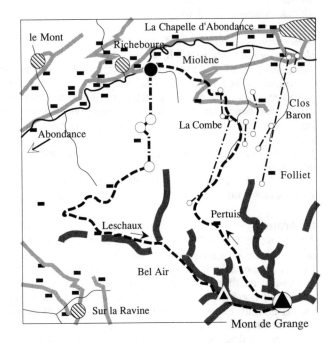

81. MONT DE GRANGE

face est

2432 m   vallée d'Abondance

Fiche technique

Accès routier : Abondance, puis Châtel par D 22. Suivre l'une des routes des installations mécaniques du Linga et poursuivre sur 1 km jusqu'à Très les Pierres. 3 km de Châtel.

Cartes : 3529 est (Samoëns-Morzine) et 3528 est (Abondance-Châtel).

Période : décembre-avril.

Altitude départ : 1160 m.

Altitude sommet : 2432 m.

Dénivellation : 1270 m.

Orientation principale : ESE.

Horaire global : 5 h 30 à 6 h.

Difficultés : D. S4 soutenu avec un passage de S5, dans la partie supérieure, haute de 300 m, de la face E. Toute la face est exposée aux coulées d'avalanches au moindre redoux, et la partie supérieure peut présenter des risques de plaques à vent; il faut donc bénéficier de conditions idéales pour descendre cette face. La montée par l'arête de Coicon présente deux passages délicats, que l'on franchit en général à pied.

Matériel : piolet, crampons utiles, éventuellement corde pour la corniche de l'arête de Coicon.

Pente : 40° de moyenne pour les 300 m supérieurs, avec un passage plus raide.

1ère descente : un moniteur de Châtel, avant 1980.

Itinéraire

* *Montée* : de Très les Pierres, suivre le chemin dit des Ardoisières, qui passe près de la cascade de l'Essert (très désagréable à la descente) et mène à l'alpage de l'Ertre. Monter encore presque 200 m sur la rive gauche du vallon, puis traverser le ruisseau de l'Étrye. Monter à l'W aux chalets de Coicon et poursuivre par le vallon qui domine. En sortir à gauche sur l'arête de Coicon (corniche, passage parfois délicat). On retrouve la voie normale du Mont de Grange (course 79) que l'on suit jusqu'au sommet.

* *Descente* : descendre la face E presque directement sur 300 m en passant un ressaut par un couloir très étroit. Selon les conditions, poursuivre directement par le ravin de l'Étrye et retrouver la voie de montée sur sa rive gauche, ou bien traverser à gauche et descendre des pentes plus accueillantes sous le versant S de la Pointe des Mattes, pour rejoindre la voie de montée sous les chalets du Pron.

Autres combinaisons dans le versant E

* Descente par la voie de montée : AD, moins intéressante que la voie normale.
* Descente de la face SE de l'antécime S du Mont de Grange (2380 m env.), au-dessus des chalets de Coicon : très belle descente à faire en neige transformée, AD+, 400 m à 37°, avec passages à 40°.
* Enchaînement de la face E du Mont de Grange avec le couloir NE de la brèche des Mattes (course 82). Superbe combinaison.
* Après 100 m dans la face E, gagner à gauche la brèche de l'arête ENE, pour trouver l'origine du couloir du Folliet (voir annexe course 80).

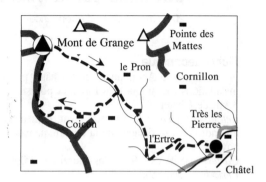

La vallée d'Abondance

Arrosée par l'une des trois Dranses, ouverte sur la Suisse par le Pas de Morgins, la vallée d'Abondance est une terre de contrastes. C'est l'une des rares hautes vallées savoyardes, avec le Borne et le Beaufortain, à conserver une aussi forte activité traditionnelle, principalement basée sur l'élevage. La race d'Abondance n'est pas éteinte, les vaches à la robe fauve investissent les alpages à la belle saison, la production de produits laitiers se maintient au fil des ans. Le fromage local a pu obtenir un label particulier, assurant sa diffusion. Mais à Abondance même, les meilleures terres agricoles, autour du chef-lieu, sont sur le point d'être livrées à la construction de lits touristiques! Contradictions...

Ici comme ailleurs, les élus ne savent plus à quel saint de vouer pour quitter le cercle vicieux de l'aménagement de la montagne en fonction du ski de piste. L'activité économique d'Abondance est pourtant diversifiée, grâce à l'exploitation de la forêt, au tourisme estival, au post-traitement de l'asthme et même à l'enseignement.

Ce n'est pas vraiment le cas de la commune voisine et rivale de Châtel, dans le fond de la vallée, qui a choisi de tout miser sur l'industrie de la neige, avec ses corollaires habituels. Châtel était encore il y a vingt ans une station de taille moyenne, à l'architecture traditionnelle rappelant la Suisse voisine, mais en l'espace d'une génération cette commune a vu son environnement se dégrader par une construction anarchique, une gestion des déchets pour le moins fantaisiste, et une prolifération des routes sauvages pour véhicules tout-terrain. Dommage...

82. POINTE DES MATTES

traversée sur la Ville du Nant

2010 m   vallée d'Abondance

Fiche technique

Accès routier : Abondance, puis Châtel par D 22. Suivre l'une des routes des installations mécaniques du Linga et poursuivre sur 1 km jusqu'à Très les Pierres. 3 km de Châtel.

Retour et navette : la Ville du Nant, hameau du Moulin, située en aval de Châtel, à l'endroit où se détache de la départementale la première route du Linga. 6 km de navette.

Cartes : 3529 est (Samoëns-Morzine), 3528 est (Abondance-Châtel).

Période : décembre-avril.

Altitude départ : 1160 m.

Altitude sommet : 2010 m.

Altitude fin de descente : 1018 m.

Dénivellation : 850 m de montée, 1000 m de descente.

Orientation principale : N pour la majeure partie de la descente.

Horaire global : 4 h.

Difficultés : AD. La descente est en S4 au départ de la brèche, sur 100 m, avec possibilité de franchir une corniche. Risques d'avalanches dans le vallon des Mattes, et de plaques à vent au départ de la brèche. La montée par les Boudimes est sûre.

Matériel : corde éventuellement pour le départ de la brèche.

Pente : 40° env. sur 100 m au départ de la brèche.

Itinéraire

* *Montée* : rive gauche au-dessus de Très les Pierres, suivre une route d'alpage qui monte vers la droite (N puis NE), en forêt, et débouche aux Boudimes. Monter sous une ligne haute tension puis à gauche de celle-ci, par une crête arrondie qui vers 1820 m se rétrécit et devient escarpée. Passer dans son flanc gauche et traverser en légère descente deux petits plateaux séparés par quelques arbres, pour remonter au chalet de Cornillon (1777 m). Passer flanc S de l'arête SE et par le large versant S gagner sans difficultés la Pointe des Mattes.

* *Descente* : le long de l'arête W, descendre à la brèche des Mattes (1966 m, non nommée sur IGN). Casser la corniche éventuelle et descendre le couloir NE de la brèche, puis tout le vallon des Mattes, rive droite puis rive gauche, jusqu'à la lisière de la forêt (1246 m). Retraverser rive droite et descendre directement à la Ville du Nant.

Autres itinéraires

* A la montée, depuis la crête arrondie, vers 1800 m, passer flanc N et descendre obliquement aux chalets de la Torrens. Remonter le vallon qui se redresse notablement, jusqu'à un col sur l'arête SE de la Pointe des Mattes. Risques de plaques à vent. Ce vallon peut être rejoint plus haut, depuis les petits plateaux de la voie décrite pour la montée, en passant par le P. 1827 m et en redescendant légèrement.

* Voie normale du versant S. De Très les Pierres, suivre le chemin dit des Ardoisières, qui passe près de la cascade de l'Essert (très désagréable à la descente). Par l'Ertre, le Schenk, le Pron et les Mattes, rejoindre les pentes terminales de la Pointe des Mattes. F, mais délicat à skier dans le bas.

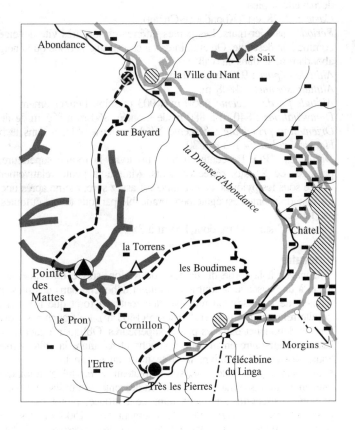

83. POINTE D'AUTIGNY

grand arc de Cercle

1808 m   vallée d'Abondance

Fiche technique

Accès routier : en montant sur la route d'Abondance, peu après le lieu dit Sous le Pas, s'arrêter au niveau du chemin du hameau de Melon. 1,7 km en aval d'Abondance.

Retour : partie supérieure du hameau de Cercle, près du lieu dit Sous le Pas. 20 min de navette à pied.

Carte : 3528 est (Abondance-Châtel).

Période : janvier-mars. Les pentes inférieures sont très vite déneigées, à la montée comme à la descente. On aura intérêt à choisir une période où la neige est descendue abondamment dans la vallée.

Altitude départ : 930 m à 970 m.

Altitude sommet : 1808 m.

Altitude fin de descente : 950 m à 903 m selon l'enneigement.

Dénivellations : 840 m à 880 m de montée, 860 m à 905 m de descente.

Orientation principale : descente W dans l'ensemble, S dans le bas.

Horaire global : 4 h à 4 h 30.

Difficultés : PD. Descente en S3 dans toute la moitié supérieure, avec quelques passages de S4 aux rétrécissements. Malgré la pente relativement forte dans la trouée sous les pylônes, cette course est assez sûre, même après une chute de neige. La voie de montée est également praticable par tous temps et toutes conditions, elle est facile.

Pente : 33° sur 300 m, dont 100 m à 38°.

Itinéraire

* *Montée* : à la sortie du hameau de Melon, suivre un sentier le long du torrent jusqu'à une cascade, il tourne à droite et débouche dans des prés que l'on remonte (chalets de la Case); on retrouve une route en forêt que l'on remonte jusqu'à ce qu'elle rejoigne le ruisseau de Melon (1403 m). Le franchir, s'élever rive droite en forêt et déboucher dans les pentes supérieures. Obliquer à gauche vers le chalet des Nœuds, poursuivre en oblique à gauche et rejoindre la crête sommitale. Après un court passage raide, suivre la crête jusqu'au sommet.

* *Descente* : partir plein W sur le plateau sommital et rejoindre la ligne haute tension. Cette ligne marque l'axe de la descente, qui utilise la trouée correspondante en forêt. Descendre au mieux dans cette trouée, plutôt rive gauche, puis par le goulet central marquant un rétrécissement vers 1500 m. Juste en-dessous, vers 1450 m, quitter l'axe de descente pour traverser presque horizontalement en forêt (passage peu évident mais commode), et rejoindre une série de clairières très

agréables, qui mènent aux chalets du Tigneret. Descendre par ces clairières jusqu'à
ce que le chemin s'engage en forêt, obliquement sur la gauche; en cas d'enneigement
moyen, il faut déchausser à cet endroit. Suivre le chemin, large mais parfois raide,
qui ramène au hameau de Cercle.

Autres itinéraires de la Pointe d'Autigny

* Descente par l'itinéraire de montée. Dans ce cas et si l'enneigement est suffisant,
des clairières permettent de n'utiliser ni la route ni le chemin dans la partie
inférieure.
* Du Mont (accès par Abondance), par le col de la Plagne du Mont et les chalets
d'Autigny (peu intéressant).
* De la Revenette (accès par Vacheresse, voir course 87), par la route d'Ubine, puis
en rejoignant le col de la Plagne du Mont. Descente plus directe sans passer par le
col, depuis les chalets d'Autigny. Intéressant quand la neige manque en versant S.

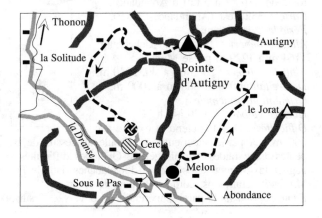

Les conditions en Chablais

La Pointe d'Autigny, comme d'autres buts de randonnée en Chablais, culmine
à moins de 2000 mètres, et le point de départ est à une altitude modeste. Il faut donc
profiter de conditions favorables qui ne se présentent pas tout au long de l'hiver.
Lors des années sèches et tempérées de la fin de la décennie précédente, la neige
tombait rarement en abondance en plaine et disparaissait rapidement. Ces itinéraires
de moyenne montagne n'étaient alors praticables que lors de courtes périodes, un
handicap pour les citadins ne sachant à quel moment sauter sur l'occasion. En
contrepartie, ces pentes restent sûres, peu sujettes aux plaques à vent, et fournissent
des objectifs intéressants lorsque les grands sommets deviennent trop dangereux.

84. MONT CHAUFFÉ

voie normale par le Ferraillon

2093 m   vallée d'Abondance

Fiche technique

Accès routier : Abondance. Entre Abondance et la Chapelle, monter dans le hameau de Richebourg; 3 km d'Abondance. Par enneigement moyen, d'Abondance gagner le hameau du Mont; s'arrêter dans la dernière épingle ou poursuivre par une route de terre. 2 à 3 km d'Abondance.
Carte : 3528 est (Abondance-Châtel).
Période : janvier-mars.
Altitude départ : 1048 m à Richebourg; 1164 m à 1229 m par le Mont.
Altitude sommet : 2093 m; à ski, 2040 m.
Dénivellation à ski : 800 m à 1000 m.
Orientation principale : S.
Horaire global : 4 h 30 à 5 h.
Difficultés : D. S4 soutenu et exposé sur

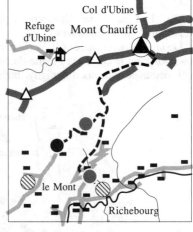

600 m. La partie supérieure se déroule au-dessus de barres rocheuses, sur des pentes assez raides, parfois gelées. Quelques difficultés alpines (rocher, II) pour gagner le sommet. Gros risques d'avalanches dans le Ferraillon par temps doux.
Matériel : crampons; corde utile pour le sommet.
Pente : 35° dans la partie supérieure, en dévers; 38° sur 300 m dans le couloir.

Itinéraire

* *Montée* : de Richebourg, rejoindre plus haut la route d'alpage venant du Mont, au-dessus des chalets de la Ferrière. La suivre à droite pour découvrir le haut et raide vallon occupant le versant S des arêtes du Chauffé. Remonter ce vallon assez haut, puis appuyer progressivement à droite dans un couloir (le Ferraillon) au-dessus de barres. On débouche dans les pentes supérieures, les remonter en diagonale jusqu'à l'origine du couloir de Chevenne (voir course 85). Gagner la base des rochers (dépôt des skis); les gravir jusqu'à l'arête faîtière qui mène au sommet.
* *Descente* : même itinéraire.Il est parfois possible de partir du sommet par l'W.

Autres itinéraires

* Couloir de Chevenne : voir course 85.
* Versant SE de l'antécime E : itinéraire zigzaguant entre des barres, pentes raides et exposées; on débouche à la Raille; J.-P. Bernard et A. Nicolin, vers 1980.

85. MONT CHAUFFÉ

couloir de Chevenne

2093 m   vallée d'Abondance

Fiche technique

Accès routier : La Chapelle-d'Abondance et Chevenne (voir course 86).
Carte : 3528 est (Abondance-Châtel).
Période : janvier-avril. Il faut que le
couloir soit bien enneigé; si l'enneigement est important, au printemps, la
corniche de sortie peut être difficile.
Altitude départ : 1216 m à Chevenne.
Altitude sommet : 2095 m; dépôt des
skis 2040 m env., voire 2000 m.

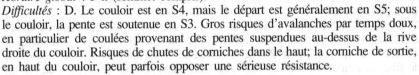

Dénivellation : 880 m (55 m à pied).
Orientation principale : ENE dans le couloir.
Horaire global : 5 h (sommet compris).
Difficultés : D. Le couloir est en S4, mais le départ est généralement en S5; sous
le couloir, la pente est soutenue en S3. Gros risques d'avalanches par temps doux,
en particulier de coulées provenant des pentes suspendues au-dessus de la rive
droite du couloir. Risques de chutes de corniches dans le haut; la corniche de sortie,
en haut du couloir, peut parfois opposer une sérieuse résistance.
Matériel : piolet, crampons, corde.
Pente : 39° sur 250 m, avec un court passage plus raide à la sortie.

Itinéraire

* *Montée* : de Chevenne, suivre la rive gauche du Ruisseau de Séchet, le traverser
et remonter sa rive droite jusqu'au Plan des Ouêtres (1399 m). Tourner à gauche
et monter vers le débouché du couloir de Chevenne, par des pentes larges. Passer
un étranglement ou le contourner par des pentes boisées sur la gauche. S'élever
ensuite par de larges pentes assez raides, au-dessus et à l'écart de la rive droite du
couloir, puis traverser obliquement à droite pour revenir vers le fond du couloir,
que l'on atteint à la base de sa partie redressée. Remonter le couloir directement,
en se méfiant des coulées provenant des pentes de la rive droite. Passer la corniche
de sortie par la droite (souvent très délicat). On retrouve la voie normale à proximité
de la partie sommitale : voir course 83.
* *Descente* : même itinéraire; si la corniche est difficile à franchir, placer une main
courante pour la descente, que l'on effectuera à pied ou à ski selon les conditions.
* *Remarque* : la voie normale peut éventuellement servir d'échappatoire, mais elle
est aussi difficile.

86. CORNETTES DE BISE

tour intégral

2432 m   vallée d'Abondance

Fiche technique

Accès routier : Abondance puis la Chapelle d'Abondance par D 22. Prendre, à gauche en montant, la route de Chevenne, et la suivre jusqu'à son terminus si possible. 1 à 2 km depuis la Chapelle.

Refuge éventuel : refuge de Bise, 1502 m, CAF Léman, 70 places en période de gardiennage (sur réservation, 50.73.11.73), 22 places en refuge d'hiver.

Cartes : 3528 est (Abondance-Châtel). CNS 1284 (Monthey).

Période : décembre-avril.

Altitude départ : 1127 m à 1217 m.

Altitude sommet : 2432 m.

Dénivellation totale : 1540 m à 1630 m, en trois fois; rajouter 100 m si l'on passe par le refuge de Bise.

Orientation principale : circuit; dernière descente E, puis SW et S.

Horaire global : 7 h 30. En passant la nuit au refuge de Bise, 2 h 30 le 1er jour, 5 h à 5 h 30 le 2e jour.

Difficultés : AD. S4 sous le sommet, puis S3/S4 soutenu dans le couloir de la Calaz. Difficultés alpines parfois, pour gagner le Pas de Chaudin et le sommet. Risques d'avalanches en montant au Pas de la Bosse, en traversant pour rejoindre le vallon de Bise, et surtout dans le bas vallon de Chevenne. Risques de plaques au Pas de Chaudin.

Matériel : piolet, crampons souvent utiles au Pas de Chaudin.

Pente : 38° sous le sommet; 35° dans le couloir de la Calaz, sur 250 m.

Itinéraire

* *Montée* : droit au-dessus des chalets de Chevenne, s'élever en forêt par un chemin (lacets); tirer à gauche jusqu'au chalet de la Bosse (1765 m, câble transporteur) et gagner directement le Pas de la Bosse (1816 m). Descendre versant N, puis dès que possible en traversée à droite jusqu'à un plateau dominant Bise (1580 m env.).– Si l'on veut passer la nuit au refuge de Bise, descendre du Pas de la Bosse soit directement, soit avec un large crochet à droite à mi-pente.– Remonter au NE directement les pentes du vallon du Ruisseau de Bise, puis traverser le plateau du col d'Ugeon jusqu'à ce col (2019 m). Redescendre en biais, versant suisse, jusqu'à un plateau. En sortir en montant à l'E, pour déboucher dans l'alpage de la Chaux du Milieu, qu'il faut remonter jusque sous le sommet des Cornettes. Gagner à gauche une selle (Pas de Chaudin, 2250 m, non nommé sur IGN), par un passage délicat où l'on peut être obligé de déchausser. De là au sommet par le flanc gauche de l'arête E.

* *Descente* : revenir à proximité du Pas de Chaudin et poursuivre dans cette direction pour découvrir l'origine du couloir de la Calaz. Le descendre directement, poursuivre par des pentes plus larges par les chalets Toper (1682 m), et rejoindre le vallon de Chevenne dont on longe le fond par l'une ou l'autre rive (débris de coulées d'avalanches pouvant être très gênants) pour revenir aux chalets de Chevenne.

Itinéraires classiques des Cornettes

* Versant S, aller-retour par l'itinéraire de descente, mais en faisant le détour, à la montée au moins, par le col de Vernaz (1815 m) et le chalet de la Calaz. PD+.
* Depuis le Flon (CH), accès par le vallon et le col de Vernaz, puis le chalet de la Calaz, ou bien par Tanay, l'Au de Tanay, la Chaux du Milieu et le Pas de Chaudin; jonction entre ces deux itinéraires en traversant le col de Chaudin. Voir *Ski de randonnée, Ouest-Suisse* (F. Labande, éd. Olizane, 1985).
* Depuis Vacheresse par le refuge de Bise : aller-retour par la voie indiquée à la montée dans la description du tour intégral. Classique mais long; nuit au refuge conseillée.
* En cas de mauvaises conditions, lorsque l'on vient de Bise, monter plutôt à la Tête de Lanche Naire (IGN 2350 m; CNS 2344 m) depuis la Chaux du Milieu (PD). Autre petit sommet accessible juste au-dessus du col d'Ugeon, la Dent du Loup (2151 m; F).
* Depuis Novel (970 m) par le col de la Croix, le Pas de Lovenex, la Chaux du Milieu et le Pas de Chaudin : belle et longue course (1500 m de dénivellation), en passe de devenir classique. AD.

Itinéraires difficiles des Cornettes

* Couloir du Saix Roquin : voir course 87.
* Couloir W issu de la brèche du Saix Roquin, étroit, raide et exposé (P. Mégevand, C. et L. Montégani, vers 1980).
* Versant W par la voie Jaccottet; descente comportant des parties raides, exposée, avec un pasage de sortie "rocheux" (J.-P. Bernard, A. Nicolin, 1978).
* Versant SE. Depuis les abords du sommet sur la voie normale, au lieu de retourner à gauche vers le Pas de Chaudin, plonger dans le grand cirque situé au cœur du versant SE. Le descendre jusqu'au verrou qui le ferme dans sa partie inférieure. Sortir tout à gauche par un passage de 100 m raide et exposé, pouvant être partiellement déneigé. On rejoint le débouché du couloir de la Calaz. D– avec passage de S5, très bel itinéraire (F. Labande et 3 amis, février 1981).

La chaîne frontière au S des Cornettes

* Pointe d'Arvouin (2021 m). Belle descente sur le lac d'Arvouin, montée par le col d'Arvouin et l'arête SE (accès au lac en traversée depuis Sévan derrière).
* Le Linleu (2093 m), plus connu versant français sous le nom de Mont Lenla. Beau

Croquis page 168.

sommet classique, hélas dénaturé par la présence d'une remontée mécanique récente assurant la liaison entre la Chapelle-d'Abondance et Torgon. On note deux itinéraires principaux : par le col d'Outanne et un couloir le long de l'arête E; ou bien en rejoignant la partie supérieure raide du vallon d'Arvouin et par l'arête S. * L'Aiguille de Braitaz, la Pointe de Recon, la Tour de Don, la Pointe des Ombrieux, sommets appréciés des randonneurs voici quelques dizaines d'années, sont désormais ceinturés de remontées mécaniques et n'offrent plus aucun intérêt sur le plan du ski de randonnée.

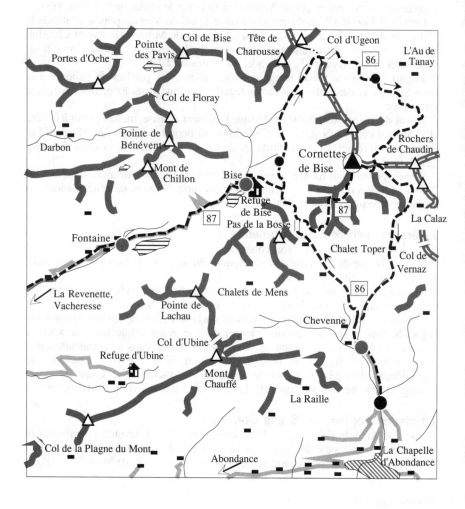

87. CORNETTES DE BISE

couloir du Saix Roquin

2432 m   vallon de Bise

Fiche technique

Accès routier : gagner Vacheresse, en bordure de la route de la vallée d'Abondance (route D 222), depuis Thonon ou Évian. Poursuivre par le Villard, la Revenette et la route de Bise, si possible jusqu'au carrefour Bise-Ubine, ou même jusqu'à proximité de Bise au printemps. 2 à 10 km de Vacheresse selon l'enneigement.

Refuge éventuel : refuge de Bise (voir course 86).

Carte : 3528 est (Abondance-Châtel).

Période : décembre-mai.

Altitude départ : 863 m à 1502 m.

Altitude sommet : 2432 m. La brèche du Saix Roquin, où peut s'arrêter la course, se situe vers 2320 m.

Dénivellation : 820 m entre Bise et la brèche du Saix Roquin; maximum 1570 m de la Revenette au sommet.

Orientation principale : S dans le couloir.

Horaire global : 5 h de Bise à Bise, sommet compris; rajouter 2 h en partant du carrefour Bise-Ubine, 3 h depuis la Revenette.

Difficultés : D. Un passage de S5 à la brèche, puis S4 soutenu dans le couloir. La partie sommitale le long de l'arête comporte un passage très délicat. Le couloir peut devenir dangereux en cas de neige abondante.

Matériel : piolet, crampons.

Pente : bosse à 50° au départ de la brèche, puis 38° sur 400 m dans le couloir.

1ère descente : A. Favre et P. Mégevand, 1972 ou 1973.

Itinéraire

* *Montée* : suivre la route jusqu'à Bise en coupant les lacets à la fin. Tourner à gauche et remonter le vallon du Pas de la Bosse, en allant d'abord à gauche puis au centre. Du col, traverser à gauche versant Abondance pour gagner la base du large couloir du Saix Roquin, bordé à droite par la branche S de l'arête SW. Au début, il faut passer un ressaut avec des rochers en allant à droite. Remonter ensuite le couloir sous les rochers de l'arête, jusqu'à son origine, puis gravir à droite une bosse donnant accès à la brèche du Saix Roquin. De la brèche, passer flanc droit de l'arête SW, rejoindre celle-ci nettement plus haut et la suivre avec une légère descente (étroit et très délicat, prendre garde à un trou dans l'arête). Terminer par le flanc droit de l'arête en rejoignant la voie normale.

* *Descente* : même itinéraire.

Croquis page 168.

88. POINTE DE LACHAU

traversée Bise-Ubine

1962 m   vallon de Bise

Fiche technique

Accès routier : Vacheresse et la route de Bise, si possible jusqu'au carrefour Bise-Ubine (voir course 87). 2 à 6 km de Vacheresse.
Carte : 3528 est (Abondance-Châtel).
Période : décembre-avril.
Altitude départ : 863 m à 1119 m.
Altitude sommet : 1962 m.
Dénivellation totale : 1220 m à 1470 m, en deux fois.
Orientation principale : SW (pour les parties raides des deux descentes).
Horaire global : 6 à 7 h.
Difficultés : AD–. Section en S3 soutenu, au-dessus des chalets de Mens; S3 et S4 pour la descente directe de la Pointe de Lachau. Risques de plaques entre le Pas de la Bosse et le col d'Ubine, de coulées dans la face SW de la Pointe de Lachau.
Pente : 38° sur 200 m dans la face SW directe de la Pointe de Lachau.

Itinéraire

* *Montée* : suivre la route jusqu'à Bise en coupant les lacets à la fin. Tourner à gauche et remonter le vallon du Pas de la Bosse, en allant d'abord à gauche puis au centre. Du col, traverser à droite (descente puis montée) jusqu'au col situé au N de la Pointe de la Bosse (1860 m env.). Descendre sur les chalets de Mens par une croupe sous la Pointe de la Bosse. Traverser ensuite par le fond du vallon occupant le versant E du col d'Ubine, et le remonter jusqu'au col (corniche). Du col, suivre l'arête de la Pointe de Lachau ou son flanc gauche, jusqu'au sommet.
* *Descente* : partir non loin du sommet sur l'arête de montée, et descendre directement la face SW. Dans le bas, obliquer à droite et rejoindre en oblique les chalets d'Ubine. En coupant au début les lacets de la route d'Ubine, puis par la route, descendre au carrefour Bise-Ubine.

Variantes

* Échappée possible depuis le Pas de la Bosse ou des chalets de Mens, sur Chevenne et la Chapelle-d'Abondance.
* Descente du col d'Ubine sur Ubine sans passer par la Pointe de Lachau : c'est le circuit classique Bise-Ubine; PD, 5 h.
* Retour d'Ubine à Fontaine par les Maupas; peut être intéressant en fin de saison.
* D'Ubine ou de Fontaine à la Pointe de Lachau par l'arête W (antécime 1876 m).
* Pointe de Lachau isolément : montée par Ubine et le col d'Ubine, descente par la face SW directe, ou en divers autres endroits de ce versant

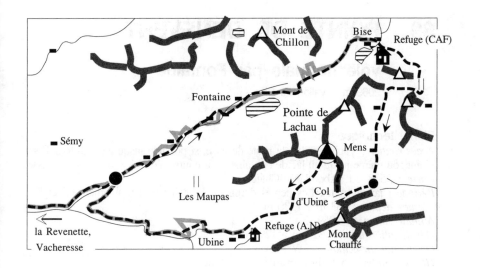

Chablais, secteur nord

    Au nord de la Dranse d'Abondance, le Chablais montre son visage le plus souriant, le plus naturel; c'est aussi le secteur le moins équipé du massif. Le relief présente un équilibre harmonieux entre les falaises rocheuses, les combes neigeuses et les versants boisés. Les descentes praticables sont bien réparties sur l'échelle des difficultés. Un refuge ouvert et gardé une bonne partie de la saison, dans le cadre idyllique de Bise, permet de réaliser des circuits de deux ou plusieurs jours. Dominant directement le val d'Abondance, le Mont Chauffé s'adresse aux bons skieurs qui ne craignent ni la pente, ni l'exposition. A courte distance, les Cornettes de Bise, capitale des arêtes du Chablais à défaut d'en être le point culminant, bénéficient d'une réputation justifiée; la voie normale des Cornettes par le vallon de Chevenne et la Calaz, et le tour intégral du sommet pour les plus motivés, méritent à eux seuls un déplacement dans le Chablais. D'autres circuits plus faciles mais d'un intérêt certain sont accessibles au départ de Vacheresse et du vallon de Bise. Le troisième volet de courses à ski dans la partie nord du massif est regroupé autour de la Dent d'Oche, pyramide caractéristique du Pays de Gavot qui surplombe Évian. A tout seigneur, tout honneur, la Dent d'Oche elle-même se descend depuis les abords du sommet, tout comme son jumeau le Château d'Oche, et le tour du massif, malgré les pentes assez raides qu'il emprunte, est devenu au fil des ans une grande classique de la région. Reste la Pointe de Borée, bastion avancé sur le Léman, partagée entre un versant équipé depuis Thollon, et des vallons encore sauvages. A ce titre, Novel reste une sorte de "bout de monde", et il est à souhaiter qu'il le reste à jamais.

89. POINTE DE BÉNÉVENT

voie normale par Fontaine

2069 m   vallon de Bise

Fiche technique

Accès routier : Vacheresse et la route de Bise, si possible jusqu'au carrefour Bise-Ubine, ou même jusqu'au lac de Fontaine (voir course 87). 2 à 8 km de Vacheresse.
Carte : 3528 est (Abondance-Châtel).
Période : janvier-mars. Les pentes dominant Fontaine sont rapidement déneigées.
Altitude départ : 863 m à 1330 m.
Altitude sommet : 2069 m.
Dénivellation totale : 825 m à 1290 m.
Orientation principale : SW puis S.
Horaire global : 5 h du carrefour Bise-Ubine.
Difficultés : PD. Les seules difficultés se situent dans la partie sommitale, où des rochers compliquent l'itinéraire et imposent des passages étroits, parfois raides et exposés, mais courts (S4). Risques de coulées dans la combe du Bouaz.
Pente : courts passages à 35° dans le haut.

Itinéraire

* *Montée* : suivre la route de Bise jusqu'aux chalets de Fontaine. Tourner à gauche et remonter des prés bordés par un bois sur la droite; à ces prés succèdent des pentes plus raides, souvent en partie déneigées, qui mènent aux chalets du Bouaz. Pénétrer dans la large combe du Bouaz et la remonter directement pour sortir à la crête. Suivre la crête à droite jusqu'au P. 1901 m. Redescendre par la crête au col 1858 m et suivre à nouveau la crête ou son flanc droit, en laissant à droite une petite bosse, jusqu'au pied de la partie sommitale de la Pointe de Bénévent. Tourner le premier ressaut de l'arête par la gauche (NW) et passer dans le flanc S, que l'on gravit en diagonale et au mieux du terain (passages étroits), jusqu'au sommet.
* *Descente* : même itinéraire (une remontée de 40 m, en escalier).

Autres itinéraires de Bénévent

* Du carrefour Bise-Ubine, suivre le large chemin des chalets de Sémy, puis les pentes qui dominent les chalets, jusqu'au plateau de Sémy. Une longue traversée presque horizontale vers l'E, en passant au pied des rochers de la Pointe de Sémy, dans des pentes désagréables, permet de rejoindre la combe du Bouaz.
* Descente par la face NW, depuis l'endroit où l'on contourne le premier ressaut de l'arête terminale, ou depuis plus haut sur l'arête W : pentes raides avec risques de plaques à vent. On débouche dans le vallon de Darbon (voir course 90). AD.
* Il est possible de rejoindre le col S de Floray et l'itinéraire de la course 90, soit en coupant les pentes supérieures de la face NW depuis l'un des points mentionnés

ci-dessus, soit en descendant à pied le premier ressaut de l'arête sommitale N (très délicat en hiver); dans ce cas, on n'est pas obligé d'aller jusqu'au col, les pentes NE pouvant être descendues à partir d'un certain point de l'arête N (délicat et exposé). Intérêt moyen.

* Un beau mais court (100 m) couloir, d'orientation NE, descend de la Pointe de Sémy (1857 m, non nommée sur IGN); plus de 45°, exposition forte.

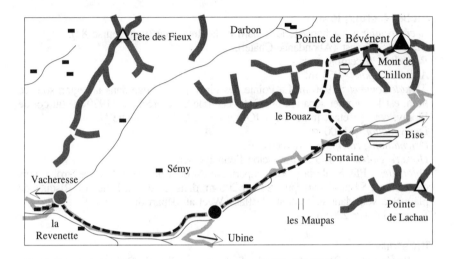

Quel avenir pour Vacheresse ?

Sur la carte officielle, la Pointe de Bénévent est au cœur d'un ensemble baptisé "réserve naturelle de Vacheresse"; l'imminence de la création d'une réserve avait incité l'ingénieur de l'I.G.N. à devancer le décret. Le projet devait malencontreusement échouer près du but. Un arrêté de biotope a cependant permis une protection minimum des Cornettes et du vallon de Bise. Jean-Pierre Courtin, qui a longtemps œuvré à la création d'espaces protégés en Haute-Savoie, et leur a consacré un excellent ouvrage, s'interroge malgré tout sur l'avenir de Vacheresse : «La montagne est encore vivante, pâturée, sonore; la qualité des produits et la demande du marché conditionnent le maintien de l'activité autant que l'attachement des hommes à leur montagne-jardin. On observe que le tourisme a enrichi cette vallée de la Dranse sans compromettre l'agriculture de montagne. Une relation de complémentarité se confirme ici, alors qu'ailleurs c'est une relation de substitution qui prévaut, précipitant le déclin. Peut-on savoir? Bonne chance Vacheresse.»[1]

[1] Jean-Pierre Courtin. *Protéger la montagne*. La Manufacture, 1987.

90. POINTE DES FIRES

traversée Darbon-Bise

1956 m   vallon de Bise

Fiche technique

Accès routier : Vacheresse, le Villard et la Revenette (voir course 87).
Carte : 3528 est (Abondance-Châtel).
Période : décembre-mars.
Altitude départ : 863 m.
Altitude sommet : 1956 m. La Pointe des Fires, peu connue dans la région sous ce nom, est le sommet séparant la brèche centrale et la brèche S (1920 m) du col de Floray, celui-ci étant marqué sur IGN à l'endroit de sa brèche N.
Dénivellation : 1100 m.
Orientation principale : descente E.
Horaire global : 5 h à 5 h 30 selon l'enneigement.
Difficultés : PD. Seule la section supérieure est délicate : arête faîtière étroite, puis descente en S4 au départ, puis S3 sur 200 m, dans le versant E du col. Risques de plaques à vent dans le haut, sur le flanc W et au départ du versant E.
Pente : 33° sur 200 m.

Itinéraire

* *Montée* : de la Revenette, prendre la route du vallon de Darbon et la suivre jusqu'aux chalets de Darbon. Remonter à l'E le vallon secondaire de Floray; le quitter sur la gauche lorsqu'il se redresse pour gagner un épaulement, et de là l'arête faîtière au P. 1955 m. Traverser par l'arête ou son flanc W jusqu'à la Pointe des Fires.
* *Descente* : suivre l'arête menant à la brèche S du col de Floray (1920 m). Descendre directement le versant E jusqu'au vallon de Bise, et en traversant rive droite gagner les chalets de Bise. De là à la Revenette en suivant la route, ou en coupant quelques lacets, au début et sous les chalets de Fontaine. On sera souvent obligé de déchausser sous le carrefour Bise-Ubine.

Variantes et jonctions

* De la brèche S du col de Floray, on rejoint le long de l'arête la Pointe de Bénévent (voir course 89 et annexes).
* Monter directement à la brèche S depuis le vallon de Floray (raide et très avalancheux).
* Monter plus au N par le lac de Darbon et par la brèche N du col de Floray. De là, descente plus facile sur le vallon de Bise, en passant à la base de la face S de la Pointe des Pavis (2052 m, non nommée sur IGN).
* Jonction avec le tour de la Dent d'Oche (course 93) : des chalets de Darbon au lac de Darbon et au col de Planchamp.

* Autre jonction avec le tour de la Dent d'Oche : du P. 1955 m descendre en biais au pied de la face S des Pavis et remonter au col de Bise (1915 m), d'où une descente en oblique à gauche versant N permet de rejoindre la combe des Journées.
* Du vallon de Bise, jonction avec le tour des Cornettes (voir course 86).

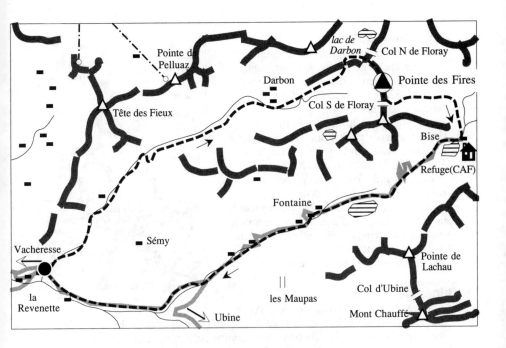

Le vallon de Bise

Long d'une douzaine de kilomètres entre le col d'Ugeon et Vacheresse, le ruisseau de Bise traverse la contrée la plus pittoresque du Chablais. Sur le plateau où les chalets de Bise se serrent les uns contre les autres, le vallon s'élargit. La route s'arrête ici en été, draînant touristes, promeneurs et alpagistes. En hiver, le calme règne, les seuls familiers des lieux sont les amateurs de peau de phoque et les animaux. Bise est le symbole d'une montagne aux quatre saisons qui n'a nul besoin d'aménagement pour être attrayante. Avec le ski de randonnée, l'escalade superbe dans les dalles de la face sud, la randonnée pédestre, la recherche mycologique, la photo animalière, et le parapente autorisé sous certaines conditions, qu'est-il besoin d'ajouter au programme du service d'animation de Bise?

91. TÊTE DE CHAROUSSE

descente du ravin des Nez

2091 m   vallée de la Morge

Fiche technique

Accès routier : Novel, à 8 km de Saint-Gingolph par une route étroite. A la sortie du village, la route peut être dégagée sur 1 km.
Carte : 3528 est (Abondance-Châtel).
Période : décembre-avril.
Altitude départ : 970 m à 1070 m.
Altitude sommet : 2091 m. Le sommet est mal situé, beaucoup trop à l'W, sur IGN.
Dénivellation : 1020 m à 1120 m.
Orientation principale : NNW puis N.
Horaire global : 4 h 30 à 5 h.
Difficultés : D. Descente en S4, très soutenue, sur 500 m. Risques d'avalanches sur tout le parcours par temps doux ou neige fraîche. Corniches au sommet.
Pente : 42° sur 400 m dans le couloir.

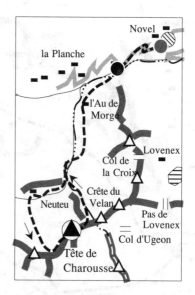

Itinéraire

* *Montée* : suivre le chemin de l'Au de Morge, côté Suisse le long de la frontière, et remonter des pentes douces au-dessus. Obliquer à droite vers le débouché de la combe de Neuteu, éviter un étranglement par la droite et rejoindre la combe étroite qui tourne à droite vers les chalets de Neuteu. Monter ensuite à gauche jusqu'à la crête faîtière à mi-chemin entre le col de Bise et la Tête de Charousse (aux alentours du P. 2003 m, là où IGN situe improprement la Tête de Charousse). Suivre l'arête jusqu'au sommet.
* *Descente* : poursuivre par l'arête jusqu'à l'origine d'un large couloir, le ravin des Nez. Le descendre sur 400 m, et au-dessus de son étranglement rejoindre une croupe rive gauche : la descendre pour retrouver la voie de montée.– On peut aussi éviter l'étranglement par la rive droite.

Autres itinéraires

* Descente par l'itinéraire de montée (PD), ou directement dans le versant NW de la Tête de Charousse (AD, plaques à vent). Descente sur Bise par le col d'Ugeon.
* Crête du Velan (2113 m), au NE de la Dent du Velan. Accessible de Bise ou de Tanay par le col d'Ugeon (F), ou de Novel par le col de la Croix et le Pas de Lovenex (PD); du col de la Croix, on peut monter à la Pointe de Lovenex (1877 m).

92. ROC DU CHÂTEAU D'OCHE

voie normale

2197 m   vallée de l'Ugine

Fiche technique

Accès routier : Bernex, Trossy, la Chevrette (voir course 93); éventuellement poursuivre 0,4 km sur la route forestière de Prérichard. 2,5 km de Bernex.
Carte : 3528 est (Abondance-Châtel).
Période : janvier-avril.
Altitude départ : 1068 m.
Altitude sommet : 2197 m (nommé "le Château d'Oche" sur IGN).
Dénivellation : 1130 m.
Orientation principale : W en moyenne.
Horaire global : 5 à 6 h.
Difficultés : AD. Un passage alpin de 30 m de haut, vers 1900 m, peut présenter de sérieuses difficultés par enneigement important. S3/S4 sous le sommet, assez exposé, et S4 dans le couloir médian.
Matériel : crampons, corde pour le passage de 30 m à pied.
Pente : 35°/40° sur 100 m dans le couloir médian.

Itinéraire

* *Montée* : suivre l'itinéraire du tour de la Dent d'Oche (course 93) jusqu'au lac de la Case. Gagner sur le bord gauche du plateau un éperon arrondi; le remonter jusqu'au pied d'un mur de 30 m qu'on franchit à pied (très délicat). On débouche dans les pentes supérieures, les gravir en oblique à droite, et à gauche à la fin.
* *Descente* : même itinéraire jusqu'au pied du mur de 30 m (rappel utile). De là, descendre un couloir N, et revenir aux chalets d'Oche par le fond du vallon.– Par conditions très favorables, un excellent skieur peut éviter le mur de 30 m en passant à ski flanc S (S5/S6).– Sous les chalets d'Oche, suivre l'itinéraire de montée ou bien descendre rive droite du torrent pour aboutir directement sur la piste.

Autres itinéraires

* Descente du Roc du Château d'Oche sur le col de Planchamp; un passage étroit et raide où l'on doit déchausser; descente exposée.
* On peut franchir la crête séparant le vallon d'Oche de celui de Darbon en plusieurs points : au col de la Case d'Oche (1812 m; assez raide dans le haut sur les deux versants), au col 1950 m à la base W des Aiguilles de Darbon (descente sur Darbon très raide et en partie exposée), au Pas de Darbon (1960 m, entre les deux groupes des Aiguilles de Darbon; pentes raides); aux Portes d'Oche enfin (voir course 93).

Croquis page 179.

93. ROC DE RIANDA

tour de la Dent d'Oche

1951 m   vallée de l'Ugine

Fiche technique

Accès routier : Bernex, à 15 km d'Évian par D 21 et D 52. Gagner le hameau de Trossy puis Charmet, et traverser le pont de Morgon (parking de la Chevrette). 2 km de Bernex.

Carte : 3528 est (Abondance-Châtel).

Période : décembre-avril.

Altitude départ : 1021 m.

Altitude cols et sommet : 1937 m (Portes d'Oche), 1944 m (col de Planchamp), 1951 m (Roc de Rianda).

Dénivellation totale : 1400 m, en deux fois.

Orientation principale : descentes NE et NW.

Horaire global : 6 h 30 à 7 h.

Difficultés : AD. Passages de S4 pour rejoindre le vallon de Trépertuis depuis le col de Planchamp (vers 1700 m et dans le petit couloir), et longues sections en S3. Risques de coulées dans la combe des Journées (première descente), de plaques à vent sous le col de Trépertuis et sous la face N de la Dent d'Oche.

Pente : 40° sur 50 m dans le petit couloir; 35° sur d'autres courtes sections.

Itinéraire

* *Montée aux Portes d'Oche* : suivre la route de Prérichard (piste) jusqu'à une buvette, la Fétiuère, d'où part à gauche le chemin de la Dent d'Oche (panneau). Suivre ce chemin, par la ruine d'Ugine, jusqu'aux chalets d'Oche (1630 m). Continuer dans le vallon, le quitter bientôt à droite pour s'élever à un plateau (lac de la Case). Poursuivre vers l'E jusqu'aux Portes d'Oche.

* *Traversée au Roc de Rianda* : progresser en courbe de niveau sous le Roc du Château d'Oche, jusqu'au col de Planchamp. Versant E, une belle combe (la combe des Journées) et une pente accentuée à gauche conduisent à hauteur des forêts. Traverser à gauche assez haut (1630 m), franchir un éperon, descendre un petit couloir et poursuivre en biais à gauche vers le fond du vallon (1500 m). Remonter ce vallon rive droite jusqu'au col de Trépertuis, ou Trois Pertuis (1880 m env., ni nommé ni coté sur IGN), à la base de l'arête NE de la Dent d'Oche. Du col, suivre à droite l'arête SW du Roc de Rianda, contourner l'édifice sommital par le N et gagner le sommet.

* *Descente* : revenir au col de Trépertuis. Traverser obliquement sous la face N de la Dent d'Oche, puis descendre directement sur le chalet de la Bonne Eau. Rejoindre, à travers champs, le fond du vallon et une route, rive gauche puis rive droite, qui ramène au pont de Morgon.

Autres traversées

* Tour "raccourci" de la Dent d'Oche, bien plus difficile, par le col de Planchamp d'Oche (1996 m, entre le Roc du Château d'Oche et la Dent d'Oche; voir annexe course 94 pour la montée). Sur le versant E, prendre un couloir très étroit contre les rochers du Château d'Oche, et poursuivre jusque dans le vallon de Trépertuis; S5 puis S4.

* Tour "rallongé" de la Dent d'Oche : descendre sous la combe des Journées jusqu'à la Planche, et remonter par une route d'alpage au chalet de Trépertuis, puis au-dessus rive droite du vallon pour rejoindre l'itinéraire normal. 1700 m, 8 h.

* Bernex-Novel ou vice-versa, traversée autrefois classique : soit par les Portes d'Oche et le col de Planchamp, soit par le col de Trépertuis, soit encore par le col de Neuva (voir courses 95 et 96).

Pointe de Pelluaz

* La Pointe de Pelluaz (1908 m) est aujourd'hui équipée d'un télésiège et ses flancs ont été travaillés au bulldozer. Le versant N, autrefois prisé des randonneurs, n'offre plus d'intérêt, mais la descente par la Tête des Fieux (1772 m) et son couloir W offre encore un bel itinéraire de hors-piste; on retrouve les pistes en rejoignant la crête au N depuis la base du couloir; AD, 300 m à 36°. De la Tête des Fieux, il existe également une jolie descente sur le vallon de Darbon, dans un versant S rapidement déneigé.

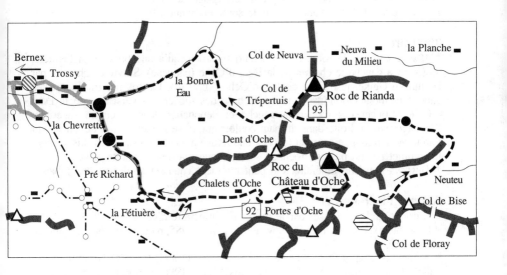

94. DENT D'OCHE

voie normale par le Pierrier

2221 m   vallée de l'Ugine

Fiche technique

Accès routier : Bernex, parking de la Chevrette (voir course 92).
Carte : 3528 est (Abond.-Châtel).
Période : janvier-mars.
Altitude départ : 1068 m.
Altitude sommet : 2221 m. Dépôt des skis 2170 m.
Dénivellation à ski : 1100 m.
Orientation principale : SW.
Horaire global : 5 h 30 à 6 h.
Difficultés : D. S4 soutenu avec un passage étroit au-dessus de barres (S5), sur 300 m. L'accès au sommet à pied peut être très délicat.
Matériel : piolet, crampons, éventuellement corde pour le sommet.
Pente : 40° de moyenne sur 400 m, avec passages à 45°.
1ère descente : P. Mégevand, depuis le sommet, avant 1980.

Itinéraire

* *Montée* : suivre la route de Prérichard (piste) jusqu'à une buvette, la Fétiuère, d'où part à gauche le chemin de la Dent d'Oche (panneau). Suivre ce chemin, par la ruine d'Ugine, jusqu'aux chalets d'Oche (1630 m). Là, tourner franchement à gauche et monter obliquement vers la base des rochers du versant S de la Dent d'Oche. Longer ces rochers à gauche et déboucher dans le cirque supérieur. S'engager sur la droite dans un haut couloir qui va se rétrécissant et débouche sur l'arête W non loin du sommet (on laisse le refuge à gauche). Dépôt des skis. Gagner le sommet par un passage rocheux sur la droite (câbles) et l'arête effilée.
* *Descente* : même itinéraire. On peut rarement chausser au-dessus des câbles.

Autres itinéraires

* Il est possible de passer par le refuge et l'itinéraire d'été; sans intérêt.
* Descente exposée en face S (P. Mégevand, vers 1985, parti 80 m sous le sommet; un rappel).
* Antécime E de la Dent d'Oche (2120 m env.). Des chalets d'Oche, remonter le vallon d'Oche jusqu'au col de Planchamp d'Oche (1996 m, non nommé sur IGN). Remonter les pentes qui dominent à gauche et poursuivre plus difficilement jusqu'à un pointement sur l'arête E de la Dent d'Oche. Belle descente, PD+.

95. POINTE DE BORÉE

face sud-est

1974 m   vallée de la Morge

Fiche technique

Accès routier : Novel, à 8 km de Saint-Gingolph par une route étroite. A la sortie
du village, la route peut être dégagée jusqu'à la Planche, sur 2 km.
Carte : 3528 est (Abondance-Châtel).
Période : janvier-mars.
Altitude départ : 970 m à 1200 m.
Altitude sommet : 1974 m (nommé "Pic Boré" sur IGN).
Dénivellation : 775 m à 1000 m.
Orientation principale : SE.
Horaire global : 3 h 30 à 4 h 30.
Difficultés : AD. Partie supérieure en S4, avec risques de coulées.
Pente : 37° sur 150 m.

Itinéraire

* *Montée* : suivre la route de la Planche et couper quelques lacets. Poursuivre à
travers champs, rive gauche de la Morge, jusqu'au chalet de Neuva dessous.
Continuer dans le vallon, faire un crochet à droite pour éviter un ressaut et s'élever
au col de Neuva. Par l'arête arrondie à droite, gagner l'antécime 1938 m, et
poursuivre au point culminant par l'arête plus étroite, à ski lorsque l'enneigement
le permet.
* *Descente* : revenir à la brèche entre l'antécime et le point culminant, puis
descendre directement le versant SE. Dans le bas un verrou se franchit par un petit
couloir. Regagner ainsi le vallon de la Mórge.

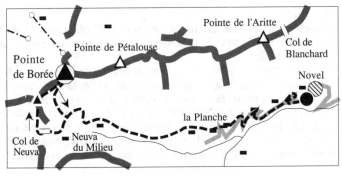

96. POINTE DE BORÉE

versant ouest en circuit

1974 m   vallée de l'Ugine

Fiche technique

Accès routier : Bernex, à 15 km d'Évian par D 21 et D 52. Gagner le hameau de Trossy, puis Charmet, et enfin, en restant sur la même rive, la première épingle à cheveu. 2 km de Bernex.

Carte : 3528 est (Abondance-Châtel).

Période : décembre-avril.

Altitude départ : 1061 m.

Altitude sommet : 1978 m (nommé "Pic Boré" sur IGN). Dépôt des skis souvent à l'antécime 1938 m.

Dénivellation à ski : 875 m.

Orientation principale : NW pour la descente.

Horaire global : 4 h.

Difficultés : AD–. S4 dans la partie supérieure exposée, avec risques de plaques.

Pente : 36° sur 150 m.

Itinéraire

* *Montée* : suivre la route le long du ruisseau des Plenets, rive droite puis rive gauche. Au pont 1247 m, tourner à droite, s'élever un moment rive gauche d'un ruisseau secondaire, en direction SE, puis le traverser et s'élever en forêt par un chemin mal marqué. Il débouche dans les pentes de Neuva dessus, que l'on remonte directement jusqu'à l'antécime 1938 m de la Pointe de Borée. Poursuivre jusqu'au point culminant par l'arête étroite, à ski lorsque l'enneigement le permet.

* *Descente* : revenir à l'antécime. Un peu plus à l'W, s'engager en traversée descendante dans le versant NW; descendre directement ce versant jusqu'aux ruines des Lanches. Obliquer alors à gauche pour rejoindre le fond du vallon au pont 1247 m.

Variantes

* Montée par les installations mécaniques de Thollon (téléski du Boré, arrivée à 1860 m); gagner la base de la pointe et contourner par un court couloir à gauche le ressaut sommital.

* Montée, depuis le pont 1247 m, par la rive droite du ruisseau des Lanches, puis par un sentier assez haut sur cette rive et qui rejoint la crête dominant les pistes de Thollon. On retrouve la variante ci-dessus au téléski du Boré.

* Descente par le couloir N de la brèche entre l'antécime et le point culminant, raide au départ. Traverser ensuite à gauche et rejoindre les pentes dominant les Lanches.

* Descente par un couloir d'avalanches orienté à l'W, dans le prolongement de la grande pente de Neuva dessus, et qui débouche droit au-dessus du pont 1247 m.

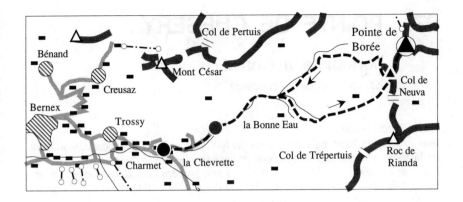

Le Chablais

«Les géologues nous content que, par un beau matin du miocène, un énorme charriage, venu de Piémont, déposa entre Jura et Mont-Blanc d'immenses nappes de calcaires. Puis entrèrent en jeu les éléments : glaciers raboteurs, eaux et gel burineurs. Et ce fut le Chablais. Loin des élans ou de la hautaine majesté des grands massifs, le Chablais est un petit paradis à la beauté simple et équilibrée, où le blanc de la roche et le vert de l'alpe jouent discrètement sur le sinople grave des épicéas et l'outremer des lointains. La concentration des stations de ski montre assez que la neige y est belle et bonne. Certes, la pluie estivale n'en est pas toujours absente mais n'est-ce pas elle qui fait naître les fastueux jardins alpins naturels de cette région de foin et de tomme ?» (Robert Bartholomé).

La vallée de l'Ugine

Simple torrent qui traverse Bernex avant de rejoindre la Dranse, l'Ugine descend du sommet le plus prestigieux du Chablais, la Dent d'Oche. Les étymologistes se sont battus depuis un siècle pour déterminer l'origine du nom, les grimpeurs se sont accrochés dès 1926 aux à-pics de la face nord, emmenés par Joseph Ravanel «le Rouge», et les skieurs sont venus, beaucoup plus tardivement, l'attaquer par ses rares couloirs enneigés, enserrés entre les rochers. Les bâtisseurs l'ont affublée d'une construction aussi ridicule qu'inutile, et les branchés du câble ont ficelé les rares passages de la voie normale qui pouvaient effrayer le promeneur du dimanche. Mais la Dent d'Oche, raccourci de contrastes et de contradictions, reste un symbole de l'attrait de la montagne.

97. POINTE DE CHÉSERY

hors-piste à Châtel

2251 m   vallée d'Abondance

Fiche technique

Accès routier : Châtel, puis Pré la Joux, au fond de la vallée d'Abondance et au bout de la route. Parking des installations mécaniques de Pré la Joux.

Accès mécanique : installations de Pré la Joux; prendre un forfait journée. Ouverture 8 h 30. Dernière remontée au télésiège des Combes 16 h 15. Tél. 50.73.22.86.

Carte : 3529 est (Samoëns-Morzine).

Période : Noël-Pâques; la Pointe de Chésery est praticable plus tard en saison.

Altitude départ réel : 1931 m au télésiège des Rochassons. 2060 m au télésiège de la Chaux des Rosés. 2110 m au télésiège des Combes.

Altitude sommets : 2251 m (Chésery), 2200 m (Cornebois), 2156 m (Linga).

Altitude fin de descente : 1311 m à Pré la Joux, 1122 m si l'on termine par la descente de la combe de la Lèche.

Dénivellation totale : pour l'ensemble du circuit proposé (4 montées, 4 descentes hors-piste), 1000 m de montées, 2625 m de descentes, et liaisons par pistes.

Orientation principale : W, NW, W, et N pour la combe de la Lèche.

Horaire global : compter la journée pour réaliser l'ensemble du circuit proposé.

Difficultés : F pour la voie normale de la Pointe de Chésery, AD pour sa face NW, PD pour la descente de Cornebois et pour la combe de la Lèche. De bonnes conditions sont indispensables pour la face NW de Chésery, et pour la combe de la Lèche (celle-ci pouvant être interdite par les responsables de la station). En début d'hiver, il y a des plaques de glace dangereuses dans le versant NW de la Pointe de Chésery, quelque soit le couloir utilisé. La descente de cette face est en S4 sur 250 m.

Pente : 36° de moyenne dans la face NW de la Pointe de Chésery, avec une section à 40° et plus. 35° maximum au départ de la combe de la Lèche.

Itinéraires

a) Voie normale de la Pointe de Chésery : des Rochassons, suivre le flanc droit de l'arête WNW de la Pointe de Chésery. Descente par le même itinéraire, ou plus largement dans le flanc W de l'arête, jusqu'à un plateau dominant les Lindarets et les pistes du secteur d'Avoriaz (Chaux Fleurie, 1780 m env.); remettre les peaux pour revenir sur la crête des Rochassons. Si l'on descend jusqu'aux Lindarets pour remonter par le télésiège de la Chaux Fleurie, il faut le forfait "Portes du Soleil".

b) Face NW de la Pointe de Chésery : deux options pour la descente :

1. Partir au centre de la face NW, faire un crochet à gauche pour éviter une barre, et revenir ensuite rive droite pour rejoindre Plaine Dranse.

2. Partir dans la face le long de l'arête de montée et descendre un petit couloir, raide et étroit, le long de cette arête. Rejoindre à droite l'itinéraire précédent.

c) Cornebois : de Plaine Dranse, prendre le télésiège de la Chaux des Rosés. Aller vers l'arrivée du télésiège de Cornebois et s'élever au-dessus pour gagner la selle entre les deux sommets de Cornebois. Gagner celui de droite (2200 m). Revenir au sommet du télésiège de Cornebois, passer sur la gauche de celui-ci, et descendre des pentes orientées à l'W formant deux combes :

1. Par la combe de droite. Dans le bas de la combe, un passage étroit est difficile à négocier par neige peu abondante. Dans ce cas, quitter la combe assez haut, rive droite, pour passer dans des pentes raides et exposées au milieu des sapins, menant directement au-dessus de Plaine Dranse.

2. Par la combe de gauche, plus facile. On en sort par une traversée sur la droite.

d) Tête du Linga, combe de la Lèche : de Plaine Dranse, jonction par les télésièges de la Chaux des Rosés et des Combes et une piste intermédiaire. Gagner la Tête du Linga 50 m au-dessus. En redescendre pour passer sur le versant du Linga (pistes au départ). Quitter très tôt la combe du Linga, rive droite, par une traversée dans des pentes assez raides qui doivent être stabilisées. Contourner ainsi l'arête N de la Tête du Linga pour déboucher dans le haut de la combe de la Lèche (nombreuses traces). Descendre la combe de la Lèche jusqu'au chalet du même nom. Un large chemin traverse la forêt rive gauche et ramène sur les pistes du Linga.

Autres itinéraires

* Tête du Géant (2228 m) : un beau couloir orienté au N, bien visible du Linga, est un objectif supplémentaire lors d'une journée de hors-piste à Pré la Joux; D, 200 m, 45°.

* Il existe d'autres itinéraires de hors-piste depuis le sommet du télésiège du Linga, en versant N, que l'on peut repérer depuis les remontées mécaniques de ce versant.

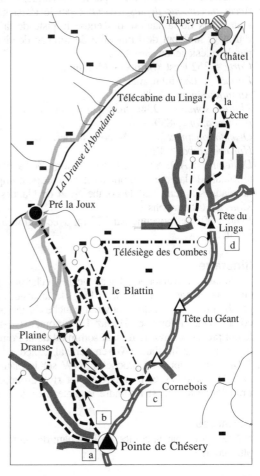

98. POINTE DE VORLAZ

versant nord

2346 m   vallée de la Dranse

Fiche technique

Accès routier : Montriond, 2 km en aval de Morzine au-dessus de la rive droite de la Dranse. Suivre la route du lac de Montriond et des Lindarets. Parking des remontées mécaniques des Lindarets, dépendant de la station d'Avoriaz. 10 km de Montriond.– On peut aussi partir d'Avoriaz, voir ci-dessous.

Accès mécanique depuis Avoriaz : par le télésiège ou l'un des téléskis gagner la crête au N de la station, descendre la piste de la Lécherette ou du Brochau pour retrouver le début de l'itinéraire de montée décrit ci-dessous. Au retour, remonter par le télésiège du Brochau.

Carte : 3529 est (Samoëns-Morzine).

Période : décembre-mai.

Altitude départ : 1496 m.

Altitude sommet : 2346 m.

Dénivellation : 850 m.

Orientation principale : N pour la descente.

Horaire global : 4 h.

Difficultés : AD. S3 et S4 tout au long de la combe N de descente. La section terminale de la voie de montée est raide et peut imposer un passage à pied. Risques de plaques à vent dans la combe N, et de plaques de glace en début d'hiver.

Matériel : crampons.

Pente : 30° de moyenne sur 350 m, avec 100 m à 40°. Passage à plus de 40° à la montée.

Itinéraire

* *Montée* : traverser le plateau de la Lécherette jusqu'au départ du télésiège du Brochau. Monter un instant le long de la piste, et s'engager rive gauche dans la combe du Brochau, qui s'ouvre à gauche du télésiège. Cette combe est issue d'un col à l'W de la Pointe de Vorlaz. La remonter rive gauche, puis rive droite, et gagner le col précité. Gravir le ressaut sommital de la Pointe de Vorlaz par une pente raide bordant à gauche l'arête W, en général à pied.

* *Descente* : après un crochet au NW sur le plateau sommital, descendre à droite dans la combe N et la suivre plutôt rive droite, jusque dans le vallon inférieur. Franchir le torrent et rejoindre le plateau de la Lécherette par la piste.

Variantes

* Aller-retour par la combe du Brochau; descente plus facile, le passage raide étant plus court.

* Montée par la combe N, ou de préférence par l'arête NNW séparant les deux combes (classique).
* De la combe N, on rejoint le bas de la combe du Brochau en commençant à traverser vers 1850 m.

Autres itinéraires
* D'Avoriaz ou de Champéry (CH), par les installations du Pas de Chavanette, gagner la Pointe de Chavanette et suivre à pied l'arête SE de la Pointe de Vorlaz (45 min à 1 h).
* Plusieurs petits couloirs dominant Avoriaz peuvent être utilisés, en particulier celui du col à l'W de la Pointe de Vorlaz (50° sur 150 m).

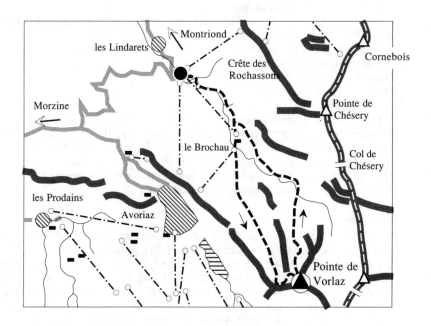

Les Portes du Soleil

Il s'agit d'un circuit touristique utilisant pistes et remontées mécaniques des domaines skiables d'Avoriaz, Champéry, Morgins et Châtel, empruntant quelques pentes raides comme le "Mur de Chavanette". On trouvera l'itinéraire détaillé dans les dépliants publicitaires des stations des Portes du Soleil. Il faut prévoir une journée complète de ski, et se munir du forfait spécial "Portes du Soleil".

99. LES HAUTS FORTS

voie normale, arête ouest

2466 m   vallée de la Dranse

Fiche technique

Accès routier : Morzine. Suivre la vallée de la Dranse de la Manche (on passe près du téléphérique de Nyon) jusqu'au hameau du Crêt (petit parking à la sortie du hameau). 2,5 km de Morzine.

Carte : 3529 est (Samoëns-Morzine).

Période : janvier-avril. Il peut être intéressant de faire cette course lorsque la forêt inférieure est déneigée.

Altitude départ : 1083 m.

Altitude sommet : 2466 m.

Dénivellation totale : 1450 m.

Orientation principale : W.

Horaire global : 7 h.

Difficultés : AD. L'arête sommitale est étroite et le passage de la brèche du Nant d'Ankerne peut s'avérer délicat. La descente directe du P. 2245 m sur le Plan de Zore est soutenue en S4 puis S3. Le passage inférieur en forêt est en général compliqué; risques d'avalanches entre la forêt et le Plan de Zore.

Matériel : corde et piolet parfois utiles pour le passage de la brèche.

Pente : 33° sur 250 m, au-dessus du Plan de Zore.

Itinéraire

* *Montée* : passer rive gauche du ruisseau, remonter un pré puis s'engager en forêt où l'on trouve un sentier montant en lacets raides jusqu'à Bramaturtaz (1525 m). Un peu au-dessus, passer rive droite du ruisseau et remonter des pentes dégagées jusqu'au plateau de Plan de Zore (chalets, 1752 m). Gagner directement au-dessus le col du Pic à Talon (2041 m). De là suivre l'arête W des Hauts Forts, parfois arrondie, parfois étroite, en contournant par le N le P. 2245 m et en franchissant (à pied en général) la brèche du Nant d'Ankerne (2230 m env., à l'E de la bosse 2359 m).

* *Descente* : même itinéraire sur la première partie de l'arête, mais remonter au P. 2245 m. De là, descendre directement sur le Plan de Zore; on a intérêt ensuite à rester au maximum sur la rive gauche du ruisseau.

Variantes

* A la montée, s'élever dans la forêt rive droite du ruisseau; pas de sentier, forêt un peu plus clairsemée que sur la rive gauche.

* Descente par l'itinéraire de montée et le col du Pic à Talon; plus facile, PD.

* La descente de l'arête W des Hauts Forts par les pentes raides des Grands Greniers est possible par excellentes conditions (neige transformée). D, 37° sur 500 m.

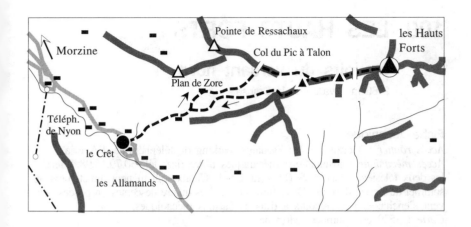

Chablais, secteur est

La boursouflure orientale du Chablais, autour de Châtel, n'a rien de particulièrement attrayant. On a sous les yeux le plus bel exemple, dans le département, de la dégénérescence du paysage montagnard sous l'influence de l'industrie de la neige. A tel point que du printemps à l'automne, lorsque la neige s'est retirée, la haute vallée d'Abondance, entre Châtel et Pré la Joux, donne l'image dégradante d'une décharge publique... La neige vient momentanément gommer ces errements. Dans ce secteur du Chablais, la presque totalité des espaces skiables est occupée par le complexe touristique des Portes du Soleil. Il reste heureusement quelques cimes protégées par des défenses naturelles, par l'oubli des aménageurs ou par les projets de défense de l'environnement. Notons le cas particulier de la Pointe de Vorlaz, véritable île heureuse, encore épargnée au cœur d'un site suréquipé; mais pour combien de temps? Et ne dit-on pas que les hélicoptères affectés au trafic local sur Avoriaz seraient parfois tentés par un vol panoramique, puis stationnaire, au-dessus de la Pointe de Vorlaz?

Entre Avoriaz et le domaine de Nyon-Chamossière, l'aménagement se heurte à deux problèmes : la dépendance d'une commune éloignée, Samoëns, qui possède les terres de Bossetan et du col de la Golèse, et l'étude sur le parc national de la région du Mont-Blanc, qui gèle les projets d'aménagement dans la vallée de la Dranse de la Manche, en amont de Morzine. Le passage s'effectue cependant d'Avoriaz sur la vallée par une belle descente hors-piste depuis le col du Fornet. Jusque-là, rien à dire, mais les animateurs de la station d'Avoriaz, par une interprétation abusive de la loi montagne, dépêchent leurs hélicoptères pour une "reprise" des skieurs en fin de descente. Déprimant. Et quand le Chablais verra se réduire à néant sa peau de chagrin, sera-t-il encore possible de réparer les dégâts?

100. LES HAUTS FORTS

couloirs du versant nord

2466 m   vallée de la Dranse

Fiche technique

Accès routier : Morzine et les Prodains; parking du téléphérique d'Avoriaz.
Accès mécanique : installations mécaniques d'Avoriaz; tél. 50.79.15.98. Prendre les deux télésièges successifs (le Vérard et la Chaux) qui mènent directement au sommet de l'arête d'Arare. Ouverture 8 h 30. Les quatre descentes proposées peuvent s'enchaîner sans recours à d'autres liaisons mécaniques.
Carte : 3529 est (Samoëns-Morzine).
Période : décembre-avril. Les couloirs peuvent se descendre encore en mai et juin.
Altitude départ réel : 2196 m.
Altitude sommet : 2466 m. La brèche du Nant d'Ankerne (nommée Nant d'un Cairn sur IGN, appelée aussi brèche de l'Encornette) est à 2335 m env.
Altitude fin de descente : 1162 m.
Dénivellation totale : pour l'ensemble du circuit proposé, 1130 m de montées, 2165 m de descentes. Si l'on se contente du couloir du Nant d'Ankerne : 270 m de montée, 1300 m de descente.
Orientation principale : NE pour le couloir issu du sommet, N pour les autres.
Horaire global : l'équivalent d'une journée de station, pour l'ensemble du circuit.
Difficultés : difficultées graduées. Couloir NE AD avec départ délicat, S4 dans l'ensemble; couloir du Signal TD– avec un court passage étroit et déversé de S5/S6, qui demande à être bien enneigé; couloir du Nant d'Ankerne, le plus classique, D–, en S4/S5 sur 150 m; versant N des arêtes AD, S4 soutenu et un peu exposé, avec risques de plaques. Par neige abondante, des coulées peuvent se détacher dans les couloirs ou dans les pentes situées sous le versant N, et aller jusqu'aux pistes d'Avoriaz; on se gardera de fréquenter les couloirs dans de telles conditions.
Matériel : piolet, crampons, corde éventuellement pour le couloir du Signal.
Pente : couloir NE à 40° au départ, puis 35°, sur 150 m; couloir du Signal à 48° sur 200 m; couloir du Nant d'Ankerne à 43° sur 150 m; versant N des arêtes à 35° sur 250 m.
1ères descentes : le couloir du Nant d'Ankerne est pratiqué depuis longtemps; A. Baud pour le couloir du Signal.

Itinéraire

a) Couloir NE : du sommet d'Arare (télésièges), passer à gauche au-dessus des pistes d'Arare et monter droit sous le sommet des Hauts Forts. Le bastion terminal rocheux se contourne par la droite, où la pente est plus redressée.
b) Couloir du Signal : du sommet d'Arare, descendre en traversée au-dessus de la piste des Crozats, sous le versant N des Hauts Forts. Ce couloir, étroit et rectiligne,

se situe à gauche du couloir du Nant d'Ankerne. Le remonter en repérant le passage au niveau de la barre rocheuse inférieure, principal problème de l'itinéraire.

c) Couloir du Nant d'Ankerne : du sommet d'Arare, descendre en traversée au-dessus de la piste des Crozats, jusqu'à la base du couloir qui entaille ce versant et est issu de la principale brèche de l'arête W des Hauts Forts; le remonter jusqu'à la brèche. Au retour, pour revenir à Arare, remonter plutôt en bordure de piste.

d) Versant N des arêtes : partir du sommet des Hauts Forts (montée par le couloir NE) ou de la brèche du Nant d'Ankerne; de la brèche remonter à la bosse 2359 m, et suivre l'arête W un court instant. Descendre en versant N, par des pentes modérées sur 150 m, puis plus raides et coupées de barres rocheuses. Vers 1800 m, rejoindre à droite la piste des Crozats, ou continuer tout droit en empruntant un beau couloir (couloir Stamos), généralement bien tracé. Arrivée aux Prodains.

Autres descentes
* Couloir "oriental" du versant N, issu de l'arête E, raide et parsemé de rochers (C. Montégani).
* Suivre l'arête W jusqu'au col du Pic à Talon (course 99). Descendre le versant N du col, raide au départ, et traverser largement à droite vers 1800 m pour retrouver l'itinéraire précédent, ou traverser à gauche vers 1700 m le long du sentier d'été (délicat) pour aboutir à Morzinette; une route d'alpage mène dans la vallée à En Ly.

Sommet voisin
* Pointe de l'Aiguille (2300 m), juste au-dessus du col et du télésiège du Fornet. Descente hors-piste classique depuis Avoriaz. Descente par le versant W du col du Fornet et le chalet de l'Aiguille (nombreuses traces) ou par la raide face S par bon enneigement. Autre sommet skiable à proximité, la Pointe de la Léchère (2175 m).

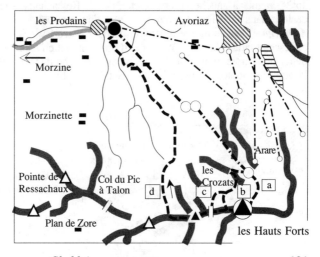

101. POINTE DE RESSACHAUX

versant ouest

2173 m   vallée de la Dranse

Fiche technique

Accès routier : Morzine. Suivre la route du téléphérique d'Avoriaz jusqu'au rond-point des Udrezants (départ de la route d'Avoriaz). 1,5 km de Morzine.
Carte : 3529 est (Samoëns-Morzine).
Période : janvier-mars.
Altitude départ : 1014 m.
Altitude sommet : 2173 m.
Dénivellation : 1160 m.
Orientation principale : W dans l'ensemble.
Horaire global : 5 h.
Difficultés : AD. Section en S4 entre l'arête faîtière et la source de Crèvecœur. La descente par la voie de montée est plus facile. Risques de plaques dans la partie supérieure. Le couloir inférieur peut devenir très délicat si l'enneigement est insuffisant.
Pente : 40° sur près de 200 m.

Itinéraire

* *Montée* : des Udrezants, gagner obliquement à droite la base d'un large couloir et le remonter. Lorsque la pente se redresse, suivre un chemin à gauche qui s'élève en lacets dans la forêt. Par un petit vallon, déboucher dans l'alpage de l'Apliot. Peu après, gagner à gauche la large crête NW de Ressachaux, souvent soufflée, visible de loin dans la vallée. La remonter jusqu'au sommet.
* *Descente* : par le même itinéraire, ou par la face SW. Suivre un moment la crête et descendre dans la face SW, d'abord obliquement en allant assez loin à droite pour éviter des barres, puis tout droit. Revenir à gauche dans le vallon, où l'on retrouve la voie de montée. Dans le bas, utiliser si possible le couloir lui-même.

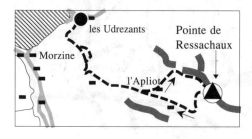

Descente du Mont de Grange par le couloir de Pertuis (course 80).

Chalets de Seytrouset, en montant à la Pointe d'Ireuse (course 66)

Du sommet du Mont Ouzon, vue sur le Léman, un 1er janvier (course 69)

102. LA BERTE

versant ouest

1992 m   vallée de la Dranse

Fiche technique

Accès routier : Morzine. Suivre la vallée de la Dranse de la Manche (voir course 104) jusqu'à son terminus, à l'Erigné devant (parkings). 5 km de Morzine.
Carte : 3529 est (Samoëns-Morzine).
Période : décembre-avril.
Altitude départ : 1186 m (ou 1273 m, voire 1390 m, si la route est déneigée).
Altitude sommet : 1992 m. Orthographié La Berthe et coté 1989 m sur CNS.
Dénivellation : 800 m.
Orientation principale : W.
Horaire global : 3 h 30 à 4 h (3 h seulement en partant des Mines d'Or).
Difficultés : F. Passages en S3 sous le sommet. Course très sûre.
Pente : 25° maximum.

Itinéraire

* *Montée* : suivre la route du chalet des Mines d'Or et du col de Coux (panneaux); on laisse à droite, au Charny, une première route; au-dessus, nouveau carrefour, prendre à gauche. Quitter la route peu après le carrefour, pour un large chemin qui monte en forêt et mène à un replat (chalets de Fréterolle). Monter en légère oblique à droite, en restant au-dessus des zones boisées, jusqu'à ce que la pente se redresse à l'aplomb du col de Coux. Traverser le torrent et s'élever dans le versant W de la Berte, en se rapprochant progressivement de l'arête arrondie dominant à droite; par ces pentes faciles mais parsemées de rochers, gagner le sommet.
* *Descente* : même itinéraire. Si, dans la partie inférieure en forêt, le chemin direct est peu enneigé, il vaudra mieux faire un crochet à droite par les Mines d'Or.

Variantes

* Par le col de Coux. Descente aussi facile sur Champéry (CH).
* Par le col de Brétolet; descente plus raide sur Chardonnière (PD).

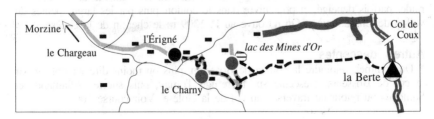

103. TÊTE DE BOSSETAN

voie normale et grand couloir

2406 m   vallée de la Dranse

Fiche technique

Accès routier : Morzine et l'Érigné (parkings). Voir course 102.
Carte : 3529 est (Samoëns-Morzine).
Période : janvier-avril.
Altitude départ : 1186 m à 1273 m.
Altitude sommet : 2406 m. Orthographié Bostan sur IGN.
Dénivellation : 1130 m à 1220 m.
Orientation principale : voie normale W, couloirs N.
Horaire global : 5 à 6 h.
Difficultés : PD pour la voie normale; D pour le grand couloir qui est soutenu en S4 avec un passage de S5 (ou à pied, très délicat, sur 30 m, par enneigement insuffisant). Quelques risques de plaques au départ du grand couloir, sous la corniche, et plus rarement sur l'Avouille (voie normale).
Matériel : piolet, crampons pour la sécurité à la descente du grand couloir.
Pente : 33° de moyenne sur 400 m, avec un passage à 50°, dans le grand couloir. 30° maximum dans la voie normale.
1ère descente du grand couloir : A. Baud, années 1970.

Itinéraire

* *Montée* : suivre la route du Charny, puis le large chemin du col de la Golèse, par le pont 1309 m, les chalets de Vigny et de Bounavalette. Du col, s'élever vers la large pente de l'Avouille, qui prolonge l'arête W de la Tête de Bossetan. L'aborder en oblique à droite, puis monter tout droit vers l'Avouille (2090 m env., non cotée sur IGN). On rejoint la crête faîtière, la suivre sans difficultés jusqu'au sommet.
* *Descente normale* : même itinéraire, mais on peut plus ou moins couper de l'Avouille sur le chemin de la Golèse (ne pas partir trop à droite et trop tôt).
* *Descente du grand couloir* : revenir par l'arête à un col à l'E du P. 2206 m, là où s'ouvre le grand couloir N, d'abord très large. Le départ peut être agrémenté d'une corniche. Descendre le couloir jusqu'à un éperon marquant sa séparation en deux branches (2068 m). Prendre celle de droite, franchir rive gauche un ressaut très raide, parfois déneigé, et poursuivre dans le couloir puis par les larges pentes du vallon de Chardonnière. On retrouve au P. 1309 m le chemin de la Golèse.

Autres descentes

* Du sommet, rejoindre la combe de Bossetan, plus ou moins directement ou par le col de Bossetan. Descente sur le refuge Tornay, puis sur les Allamands et Samoëns ou retour en traversée au col de la Golèse. Voir course 106.

Chablais, secteur est

* "Couloir de la Virgule", juste sous le sommet, orienté NW; étroit en certains endroits, raide et exposé, TD (A. Baud).
* Itinéraire d'été du Pas de la Latte; D. Il diverge du grand couloir dès le départ sous l'arête par une traversée à droite, puis serpente sur des pentes exposées, et débouche dans un couloir secondaire entre le couloir de la Faucille et le grand couloir.
* Branche de gauche (W) du grand couloir, depuis les abords de l'éperon 2068 m; D. Ce couloir est orienté NW et son origine est défendue par des barres rocheuses; le socle est très avalancheux. Il faut donc à la fois un enneigement important et une neige stable, ce qui se produit rarement.
* "Couloir tordu", à l'extrémité W de la paroi des Terres Maudites, très encaissé dans le bas; AD+. Il s'aborde depuis l'Avouille en descendant les pentes W en bordure du versant N, jusque vers 1900 m. On débouche juste au-dessus des chalets de Chardonnière. Un autre itinéraire a été pratiqué dans les Terres Maudites.

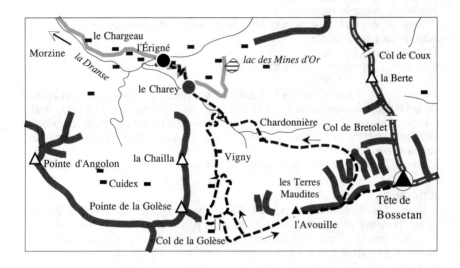

Le versant suisse du Chablais

De nombreux sommets du Chablais débordent sur le versant suisse, qui descend rapidement jusqu'au Rhône. A partir de Châtel cependant, et jusqu'aux Dents Blanches, une grande partie de l'espace est occupé par les stations, Torgon, Morgins et Champéry. Il reste, au nord, deux secteurs sauvages de grande valeur, le Grammont et les Cornettes de Bise. Ces deux sommets peuvent être traversés au départ du vallon de Tanay, et la descente du Grammont sur Novel, avec le Léman pour toile de fond, laisse des impressions d'une rare intensité.

x

Chablais, secteur est   195

104. POINTE DE LA GOLÈSE

arêtes de la Chailla

1835 m   vallée de la Dranse

Fiche technique

Accès routier : Morzine. Suivre la route de la station de Nyon, laisser à droite le départ du téléphérique de Nyon, et poursuivre par la vallée de la Dranse de la Manche, jusqu'au débouché dans la plaine de l'Érigné. Une petite route descend à droite vers la Dranse et le hameau de la Mouillette.

Carte : 3529 est (Samoëns-Morzine).

Période : décembre-avril.

Altitude départ : 1145 m (la cote 1100 m de la carte IGN est fausse).

Altitude sommet : 1835 m.

Dénivellation : 700 m.

Orientation principale : W en haut, puis N.

Horaire global : 3 h 30 à 4 h.

Difficultés : F si l'on s'arrête à la Chailla; la traversée des arêtes jusqu'à la Pointe de la Golèse augmente légèrement la difficulté, mais on peut la faire à pied. Quelques sections en S3. Il ne faut pas s'engager dans cette course par temps de redoux, la traversée entre les chalets de Cuidex et le chalet de Bon Morand étant très exposée aux avalanches.

Pente : 32° maximum sur une courte distance.

Itinéraire

* *Montée* : partir dans le hameau de la Mouillette et remonter des prés d'abord rive droite, puis rive gauche du torrent. Quitter ces prés vers 1300 m, et rejoindre une route qui descend légèrement et traverse un torrent; elle s'élève à travers bois et clairières, puis dans des prés sous les chalets de Cuidex. Ne pas aller vers ces chalets à droite, mais à leur hauteur traverser à gauche (souvent de grosses coulées d'avalanches) pour dépasser l'aplomb de la Pointe de la Golèse. Remonter des pentes bombées qui mènent au chalet de Bon Morand (1619 m). De là tout droit ou au mieux du terrain, gagner les arêtes sommitales à proximité du sommet de la Chailla (1805 m). La course peut s'arrêter là, mais il est conseillé de suivre les arêtes jusqu'à la Pointe de la Golèse (attention aux grosses corniches du flanc E); il est parfois nécessaire de déchausser à proximité du sommet.

* *Descente* : même itinéraire.

Variantes

* Plusieurs passages possibles pour descendre, au départ des arêtes de la Chailla.

* Il est aussi possible de descendre directement depuis la Pointe de la Golèse, par des pentes NW (un peu plus difficile que la Chailla).

Autres courses

* Depuis le sommet de la Pointe de la Golèse, en continuant par les arêtes jusqu'à un sommet non nommé ni coté sur IGN et d'altitude équivalente, on accède à de belles pentes S et SW, qui mènent à la route des Allamands, au-dessus de Samoëns (attention aux corniches sur les arêtes sommitales).

La vallée de la Dranse

La Dranse? Les Dranses? Le nom est répandu dans toutes les Alpes et proviendrait du celtique *druantia*, qui a donné aussi bien Durance, Doron ou Doire. C'est l'eau courante, le torrent impétueux. La branche principale descend des Hauts Forts, sous le nom de Dranse de la Manche, et traverse Morzine, la capitale touristique du Haut-Chablais. Dans un contexte d'aménagement de la montagne qui est ici une constante, Morzine a su préserver une part de son identité, sans doute mieux qu'ailleurs. Le style traditionnel reste la règle, au moins dans ses grandes lignes, et les architectes futuristes ont été priés d'aller se défouler sur Avoriaz – ce qu'ils ont fait, du moins au début, avec une certaine intelligence. On ne peut pas en dire autant des prédateurs qui attendent leur proie sur le territoire de la commune de Montriond, prêts à déposer cinq mille "lits touristiques" sur le plateau d'Ardent, dans un site dont l'attrait majeur est la plus belle cascade du Chablais.

La Dranse coule vers Saint-Jean-d'Aulps, s'étale dans la plaine de Gys avant de forcer le passage sur sept kilomètres de gorges. C'est l'arche naturelle du pont du Diable, visitée par les touristes en été. En aval du confluent avec la Dranse d'Abondance, ce sont les célèbres rapides, classés "kayak extrême" par les spécialistes de la discipline. Devenue plus calme, la rivière est utilisée par les sports d'eau vive et sert parfois de théâtre aux compétitions de canoë-kayak. La Dranse se jette enfin dans le Léman, formant un delta d'alluvions où niche une exceptionnelle population d'oiseaux migrateurs, de la sterne pierregarin à la mouette rieuse : un delta protégé depuis 1980, c'est la réserve naturelle de la Dranse.

105. POINTE D'ANGOLON

face nord, et hors-piste à Chamossière

2090 m   vallée de la Dranse

Fiche technique

Accès routier : Morzine. Poursuivre par la route de la vallée de la Dranse pour gagner le parking de départ du téléphérique de Nyon. 2 km. Retour aux Allamands, à 2,5 km du départ sur la route de la vallée.

Accès mécanique : installations mécaniques du domaine de Nyon-Chamossière; tél. 50.79.13.23. Prendre un forfait demi-journée pour enchaîner l'ensemble des descentes hors-piste proposées et la face N de la Pointe d'Angolon. Pour cette dernière réalisée seule, prendre une montée au sommet du télésiège de Chamossière.

Carte : 3529 est (Samoëns-Morzine).

Période : décembre-avril.

Altitude départ réel : 2010 m.

Altitude sommet : 2090 m.

Altitude fin de descente : 1122 m.

Dénivellation totale : pour l'ensemble du circuit proposé, 200 m de montées, 2650 m de descentes en 4 fois.

Orientations : descentes NW, W deux fois, et N dans la Pointe d'Angolon.

Horaire global : 5 h pour l'ensemble du circuit proposé, remontées mécaniques comprises (s'il n'y a pas d'affluence).

Difficultés : PD pour la combe NW d'Angolon et la descente sur Joux Plane (avec de courtes sections en S4), AD pour la descente de la Pointe de Nyon (S4 sur deux sections), AD+ pour la face N de la Pointe d'Angolon : S4 sur 200 m, et plusieurs passages étroits dans les vernes de la partie inférieure. Risques de plaques à vent dans cette face, également au départ de la combe NW.

Matériel : skis de piste utilisables, les courtes montées pouvant s'effectuer à pied.

Pente : 38° sur 200 m, avec passage à 45°, dans la partie supérieure de la face N.

Itinéraires

* *Pointe de Nyon* : de l'arrivée du télésiège de la Pointe, monter à pied au sommet. Redescendre sur la gauche du télésiège et le long de celui-ci, par des pentes raides avec de petites barres. Vers 1800 m, obliquer franchement à gauche, en traversée, pour trouver l'origine d'un couloir débouchant au-dessus du téléski des Raverettes; le descendre jusqu'aux pistes. Pour rejoindre ensuite le domaine de Chamossière, suivre une piste à gauche menant au départ du télésiège de Nyon; prendre ce télésiège, suivi de celui de Chamossière.

* *Combe NW de la Pointe d'Angolon* : de l'arrivée du télésiège de Chamossière, suivre à pied les arêtes de la Pointe d'Angolon en franchissant une antécime; du Collu la séparant du point culminant, descendre directement la combe NW, et obliquer à gauche à la fin pour retrouver le départ du télésiège de Chamossière.

* *Descente de Chamossière sur Joux Plane* : de l'arrivée du télésiège de Chamossière, descendre à l'W et remonter légèrement sur une épaule (1942 m) dominant la combe de Chamossière. Suivre une petite arête vers le N puis tirer en oblique à gauche dans de belles pentes larges, en bordure de l'arête les limitant à droite, jusqu'à ce que la pente se redresse sensiblement. Descendre alors directement puis un peu à gauche (quelques arbres), et lorsque la pente faiblit rejoindre la piste ou rester sur la droite jusqu'au plateau de Joux Plane. Suivre la piste (route) jusqu'au carrefour des remontées mécaniques situé au Grand Pré. Téléski et télésièges pour remonter à Chamossière.

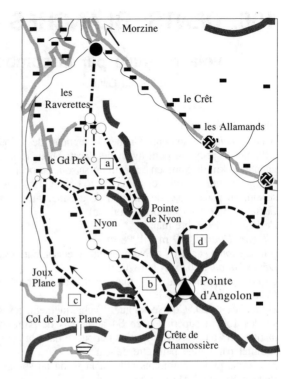

* *Face N de la Pointe d'Angolon* : de l'arrivée du télésiège de Chamossière, suivre les arêtes jusqu'à la Pointe d'Angolon. Descendre tout droit en face N jusqu'à un plateau (1750 m). Passer sur la rive droite du torrent pour descendre une croupe parsemée de vernes. Dès que possible, appuyer à droite pour prendre un large vallon jusqu'à un second plateau (1365 m). De là, deux solutions. Si l'enneigement est favorable, descendre directement sur les Allamands le long d'une trouée d'avalanches (rive droite puis rive gauche du ravin). Sinon, traverser à droite vers les chalets des Bauts et descendre sur la Mouillette et le Chargeau.

Autre itinéraire

* Traversée des arêtes de Chamossière vers le S jusqu'à la Bourgeoise. De là, de belles pentes SE, souvent déneigées, mènent aux Chosalets, au-dessus de Samoëns.

106. DENTS BLANCHES

voie normale par la combe de Bossetan

2709 m   vallée du Giffre

Fiche technique

Accès routier : Samoëns. Gagner le hameau des Moulins et suivre la route des Allamands, jusqu'au pont avant des lacets (lieu dit le Pied du Crêt). Parking rive gauche; 3 km de Samoëns. En fin de saison, on peut monter jusqu'aux Allamands.
Refuge éventuel : refuge Tornay, 1763 m, GTA, toujours ouvert, non gardé en saison, 30 places, pas de matériel de cuisine, situé à mi-course.
Carte : 3529 est (Samoëns-Morzine).
Période : décembre-mai.
Altitude départ : 889 m à 1096 m.
Altitude sommet : 2709 m.Nommé plus précisément "Dents Blanches Occidentales".
Dénivellation : 1615 m à 1820 m.
Orientation principale : W, mais pentes bien abritées du soleil.
Horaire global : 7 à 8 h.
Difficultés : AD. Course longue. Techniquement, les seules difficultés se situent sur les 150 m supérieurs, en S4 au-dessus de barres rocheuses, avec risques de plaques; S3 au-dessous, jusqu'au débouché dans la combe de Bossetan. L'accès au sommet par l'arête peut être délicat.
Matériel : piolet, crampons utiles à la sortie au sommet.
Pente : 40° sur 100 m en haut.

Itinéraire

* *Montée* : suivre la route de la Golèse jusqu'aux Allamands. Peu après, bifurquer à droite (1096 m) et suivre un chemin qui monte en forêt et débouche sous les chalets de Bossetan. Suivre alors le vallon, d'abord rive droite en passant au refuge Tornay (1763 m), puis rive gauche, jusque vers 2000 m. Obliquer à droite, et monter jusqu'à la crête N de la Pointe de la Golette, que l'on atteint 100 m au-dessus du col de Bossetan. Traverser versant Suisse, et remonter la combe supérieure, en haut de laquelle on atteint l'arête sommitale SW des Dents Blanches. Par l'arête, gagner le sommet.
* *Descente* : Partir droit du sommet dans la combe supérieure. Ensuite, même itinéraire.

Autres itinéraires

* Dents Blanches depuis Morzine (très classique). Partir de l'Érigné et monter à la Tête de Bossetan (voir course 103). Descendre au col de Bossetan et remonter de 100 m le long de l'arête frontière pour retrouver l'itinéraire de la combe de Bossetan. Au retour, soit remonter à la Tête de Bossetan (préférable), soit

descendre au refuge Tornay et de là traverser au col de la Golèse. On peut aussi descendre par le grand couloir des Terres Maudites.

* Golette de l'Oule (2555 m) depuis la combe de Bossetan; col accessible par une combe située à l'W de l'éperon de la Pointe de la Golette.

* Pointe Bourdillon (2711 m) par la combe du Trou, que l'on rejoint en traversée depuis le col de Bossetan. Très bel itinéraire, AD+. Voir *Ski de randonnée, Ouest-Suisse* (F. Labande, éd. Olizane).

Tour des Dents Blanches

* Partir de préférence de Morzine. Par le col de la Golèse et le refuge Tornay, monter à la Golette de l'Oule; descendre versant Vogealle (difficile, un passage à pied) et traverser pour remonter à la Dent de Barme. Descendre un couloir raide du versant E de ce sommet (S5 dans le haut), traverser le col de Comba Mornay (S4 soutenu) puis, des chalets de Barme, revenir sur Morzine par le col de Coux ou la Berte. Très grande course, D+, à faire en deux jours en bivouaquant à la Vogealle; elle a néanmoins été réalisée dans la journée. Dénivellation totale 2800 m. 1er parcours : G. Gauthier et P. Mégevand, vers 1980.

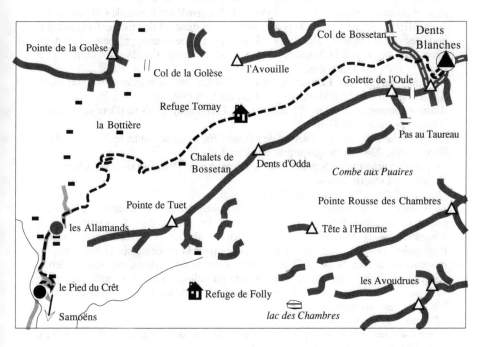

107. P^{TE} ROUSSE DES CHAMBRES
108. DENT DE BARME

de Samoëns à Samoëns, en deux jours, avec bivouac à la Vogealle

$\left.\begin{array}{l} 2660 \text{ m} \\ 2756 \text{ m} \end{array}\right]$ vallée du Giffre

Fiche technique

Accès routier : Samoëns. Gagner le hameau des Moulins et suivre la route des Allamands, jusqu'au pont avant des lacets (lieu dit le Pied du Crêt). Parking rive gauche; 3 km de Samoëns.

Bivouac : plan de la Vogealle, où se trouve situé le refuge de la Vogealle, inutilisable au printemps car complètement recouvert de neige, 1901 m.

Refuge éventuel : refuge de Folly, 1558 m, GTA, gardé sur demande (70 places; tél. 50.90.10.91); refuge d'hiver 30 places avec gaz et matériel de cuisine. Cela permet, pour des skieurs rapides, d'enchaîner dans la journée ce circuit, présenté ici en deux jours avec bivouac à la Vogealle. Voir course 110 pour l'accès au refuge.

Carte : 3529 est (Samoëns-Morzine).

Période : janvier-mai. En mai, la partie inférieure sera déneigée sous 1500 m.

Altitude départ réel : 830 m, sous le Pied du Crêt (889 m).

Altitude sommets : 2660 m (P^{te} Rousse des Chambres), 2756 m (Dent de Barme).

Altitude bivouac : 1901 m.

Dénivellations : le 1er jour, 1830 m de montée, 760 m de descente; le 2e jour, 1175 m de montées, 2245 m de descentes, en deux fois.

Orientation principale : S puis E à la descente pour la Pointe Rousse des Chambres; W pour la Dent de Barme.

Horaire global : 7 h le 1er jour, 7 h le 2e jour.

Difficultés : D. S4 soutenu au départ de la Pointe Rousse des Chambres. Passages étroits et itinéraire délicat à déterminer entre les barres, dans la descente sur la Vogealette et la Vogealle : S4, et difficultés alpines pour rectifier une erreur d'itinéraire. Bonnes conditions indispensables pour la descente sur la Vogealle. La descente de la face W de la Dent de Barme est en S4 soutenu, exposée au début. Risques de coulées dans la partie inférieure du vallon d'Oddaz. D'autre part, il ne faut pas oublier que la course, se déroulant en deux jours avec un bivouac à la Vogealle, est engagée.

Matériel : tente et matériel de bivouac.

Pente : 40° sur 200 m au départ de la Pointe Rousse des Chambres. 35° sur 300 m, avec 100 m à 40°, à la Dent de Barme.

1er parcours complet : F. Labande et C. Serrate, 10-11 mai 1980.

Itinéraire

* *Montée à la Pointe Rousse des Chambres* : suivre à droite un chemin qui descend et traverse une clairière, puis qui remonte rive droite du Nant des Landes. Laisser à droite le chemin du refuge de Folly (pont, 1236 m) et poursuivre jusqu'au chalet des Barmes. Monter dans le même axe une combe, dont il faut sortir à droite. Traverser en montant sous la Tête à l'Homme, et gagner un plateau à l'E de ce pointement. Poursuivre par de larges pentes en dévers, en direction E, jusqu'à l'arête NE de la Pointe Rousse des Chambres, qui mène au sommet.

* *Descente sur la Vogealle* : s'engager dans le versant S en traversant d'abord à droite (W), puis descendre directement sur le col des Chambres. Passer versant E du col, descendre en traversée sur la gauche (quelques barres) pour gagner la partie N du cirque de la Vogealette. Rechercher le passage permettant de franchir une barre de schistes en longeant le bord N du cirque, et descendre légèrement le long du torrent jusqu'au plan de la Vogealle.

* *Montée à la Dent de Barme* : remonter un peu le long du torrent, puis s'élever presque tout droit vers le N, au mieux du terrain, en passant près d'un petit lac (2252 m), jusqu'à la crête sommitale de la Dent de Barme; celle-ci est étroite et exposée sur la fin.

* *Descente* : revenir quelque peu en arrière, pour plonger versant W et descendre la combe, d'abord étroite, de ce versant, au pied des Dents Blanches. Vers 2150 m, remonter directement au Pas au Taureau (2475 m), dans l'axe de la descente précédente. Sur l'autre versant, descendre toute la combe de Praz Riant et le vallon d'Oddaz, passer rive droite lorsque le vallon s'incurve au S et rejoindre le chalet des Barmes et le chemin du Pied du Crêt.

Autres itinéraires pour le 1er jour

* Montée par le refuge de Folly (voir course 110), en rejoignant la Tête à l'Homme par une traversée oblique.

* Descente sur le refuge de Folly en commençant par la face S comme ci-dessus; du col des Chambres, descendre le versant W facile pour retrouver la partie inférieure de l'itinéraire des Avoudrues (course 110).

* Montée par le chalet des Barmes comme ci-dessus, puis par la combe aux Puaires, facile, et par la longue arête NW; itinéraire de descente sans grosses difficultés. Du sommet de la combe aux Puaires, on rejoint facilement le lac et le plan de la Vogealle, en versant E.

* La face S de la Pointe Rousse des Chambres peut se descendre plus directement, dans une zone de barres rocheuses, souvent déneigée.

* De Sixt par la Pointe de Bellegarde (course 109), on rattrape au col des Chambres la descente sur la Vogealle.

Croquis page 204.

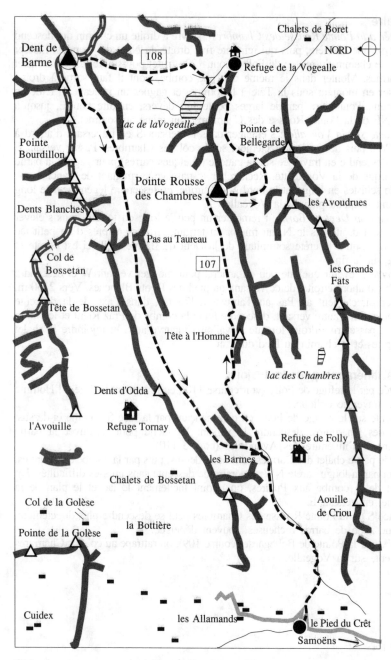

Chalets de Boret

NORD

Dent de Barme

108

Refuge de la Vogealle

lac de laVogealle

Pointe de Bellegarde

Pointe Bourdillon

Pointe Rousse des Chambres

les Avoudrues

Dents Blanches

Pas au Taureau

Col de Bossetan

107

les Grands Fats

Tête de Bossetan

Tête à l'Homme

lac des Chambres

Dents d'Odda

Refuge Tornay

l'Avouille

Refuge de Folly

les Barmes

Chalets de Bossetan

Aouille de Criou

Col de la Golèse

Pointe de la Golèse

la Bottière

Cuidex

les Allamands

le Pied du Crêt

Samoëns

Autres itinéraires pour le 2ᵉ jour

* Descente par l'itinéraire de montée, et retour par le lac de la Vogealle, éventuellement par le col de la Combe aux Puaires de préférence au Pas au Taureau (plus facile, PD).
* Corne au Taureau (2630 m) depuis le Pas au Taureau; 150 m de pentes S assez raides.
* Traversée de la Golette de l'Oule : voir annexe course 106.
* Descente du couloir E de la Dent de Barme : voir annexe course 106.
* Mont Sageroux (2676 m) depuis la Vogealle, plus facile que la Dent de Barme.
* Le Mont Ruan (3040 m) est accessible depuis la Vogealle par une traversée longue et délicate et le glacier du Ruan (peu d'intérêt à ski).
* L'accès à la Vogealle depuis le Fer à Cheval par le Pas du Boret est impossible en hiver, et ne peut être entrepris en fin de saison que lorsque les pentes dominant l'itinéraire sont purgées. Il en est de même de l'accès par le Bout du Monde. Notons cependant une descente à ski depuis le plan de la Vogealle sur le sentier du Bout du Monde, dans la partie E de cette zone, réalisée par D. Chauchefoin.

La vallée du Giffre

Si l'on excepte Mieussy, hâtivement baptisée "capitale mondiale" du parapente, pour les pratiquants des sports de montagne la vallée du Giffre commence en amont de Taninges; elle est jalonnée par trois sites-clés : Samoëns, Sixt et le Fer à Cheval. Samoëns, la commune des sept alpages ou "Sept Monts", a su conserver un patrimoine exceptionnel, du tilleul datant de 1438 aux neuf chapelles à clochers à bulbe, en passant par les nombreuses maisons de pierres. Les maçons de Samoëns se sont taillé une réputation qui devait dépasser les frontières, et participer à des ouvrages grandioses tels que les fortifications Vauban ou les grands canaux. La vocation touristique de Samoëns, intégrée au complexe du Grand Massif par le plateau des Saix, ne lui a pas fait perdre le goût des activités traditionnelles, concentrées sur l'adret de la vallée.

A Sixt, l'influence de la montagne est pesante. La fondation du village remonte au XIIᵉ siècle et à l'installation des moines d'Abondance. La persistance d'un habitat en ces lieux inhospitaliers est une preuve de la ténacité des montagnards face aux éléments déchaînés, parmi lesquels les éboulements spectaculaires et les avalanches naturelles tiennent une bonne place. L'architecture locale fait largement appel au bois, les hameaux sont composés de maisons groupées, témoignage d'une utilisation rationnelle de l'espace et des matériaux. Au fond de la vallée principale, le cirque du Fer à Cheval, dominé de près de deux mille mètres par les parois du Tenneverge, voit circuler de nombreux touristes durant l'été; en hiver, seuls les fondeurs hantent ces lieux autrefois maudits, aujourd'hui bénis pour les amateurs de paysages grandioses.

109. POINTE DE BELLEGARDE

par la combe de Salvadon

2514 m   vallée du Giffre

Fiche technique

Accès routier : Samoëns, puis Sixt par D 907. Poursuivre par la route du Fer à Cheval et prendre à gauche la route du hameau de l'Écharny. 2 km de Sixt.
Cartes : 3530 est (Passy-Désert de Platé), 3529 est (Samoëns-Morzine).
Période : décembre-avril.
Altitude départ : 840 m.
Altitude sommet : 2514 m.
Dénivellation : 1675 m.
Orientation principale : SW.
Horaire global : 7 à 8 h.
Difficultés : AD. Un très court passage de S5 tout en haut (la Boîte aux Lettres), puis S3 soutenu sur 400 m avec de courts passages de S4.
Matériel : crampons.
Pente : 45° au passage de la Boîte aux Lettres, et 32° sur 250 m en haut.

Itinéraire

* *Montée* : à travers champs, rejoindre un large chemin qui monte en forêt vers l'alpage de Salvadon. Au point 1464 m, quitter le chemin et obliquer à gauche vers le fond du vallon qu'on suit désormais, rive gauche puis rive droite, jusque sur le plateau des chalets de Salvadon. Traverser le plateau, et monter en légère oblique à gauche, puis directement vers l'arête de Trécot, qui borde la grande pente à droite. La remonter, puis gagner le col au SE de la Pointe de Bellegarde par un passage raide, parfois rocheux, oblique à gauche (la Boîte aux Lettres), et de là le sommet.
* *Descente* : même itinéraire. Toutefois, sous la Boîte aux Lettres, tirer un peu à droite puis descendre directement.

Autres itinéraires

* Pointe de Sans Bet (2240 m), par l'arête W, depuis les chalets de Salvadon. Bonne doublure de la Pointe de Bellegarde, plus courte et plus facile.
* Depuis la sortie de la Boîte aux Lettres, suivre les arêtes jusqu'aux Avoudrues. Pour la descente, voir course 110.
* Du sommet, descendre au NW près du col des Chambres, et poursuivre par le névé et le lac des Chambres. On rejoint l'itinéraire des Avoudrues (course 110). Du col des Chambres, on peut aussi descendre sur la Vogealle (voir course 107).

Massif des Dents Blanches

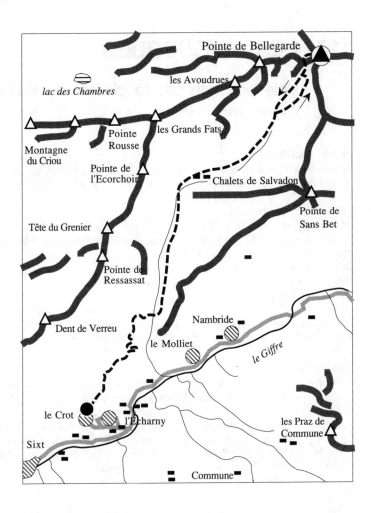

110. LES AVOUDRUES

voie normale par le glacier du Folly
2625 m   vallée du Giffre

Fiche technique
Accès routier : Samoëns et le Pied du Crêt. Voir course 107.
Refuge éventuel : refuge de Folly, 1558 m, 30 places; tél. 50.90.10.91 (voir p. 202).
Carte : 3529 est (Samoëns-Morzine).
Période : décembre-mai.
Altitude départ : 889 m (début de montée 830 m).
Altitude sommet : 2625 m (sommet E des Avoudrues; le point culminant, 2666 m, plus à l'W, n'est pas accessible à ski).
Dénivellation : 1800 m.
Orientation principale : W, en dévers sur des pentes N.
Horaire global : 8 h.
Difficultés : PD+. Course soutenue. Plusieurs passages à la limite S3/S4. Risques de plaques sous les Grands Fats, d'avalanches au-dessus du refuge de Folly.
Pente : 30°, et parfois plus, sur de nombreuses sections.

Itinéraire
* *Montée* : suivre à droite un chemin qui descend et traverse une clairière, puis qui remonte rive droite du Nant des Landes, jusqu'au niveau du pont 1236 m. Traverser le torrent et s'élever, par le chemin de préférence, au refuge de Folly. Au-dessus, remonter une petite combe, puis de larges pentes vallonnées sous la paroi de Criou, et, en appuyant un peu à gauche, gagner un col près du lac des Chambres. Contourner le lac par le S, puis remonter obliquement le glacier du Folly jusqu'au sommet E des Avoudrues (2625 m), qui s'atteint par la gauche.
* *Descente* : même itinéraire. On peut passer plus à gauche (W) dans la partie médiane, et éviter le refuge de Folly.
* *Remarque* : le sommet principal se gravit à pied par le flanc N de l'arête E et une petite cheminée (II en rocher sec). Corde, piolet, crampons.

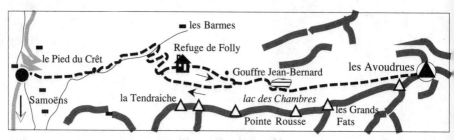

Envol de la Pointe d'Entre Deux Pertuis (course 77)

Sur les arêtes sommitales de la Pointe de la Chavache (course 78)

111. POINTE ROUSSE DE CRIOU

versant sud-ouest

2577 m   vallée du Giffre

Fiche technique

Accès routier : Samoëns. A la sortie de Samoëns en direction de Sixt, prendre à gauche la route des Vallons. S'arrêter à la chapelle de Vallon d'en Bas. 2 km de Samoëns.
Cartes : 3530 est (Passy-Désert de Platé), 3529 est (Samoëns-Morzine).
Période : janvier-avril.
Altitude départ : 711 m. Les 300 m inférieurs, sur chemin forestier, sont très souvent déneigés.
Altitude sommet : 2577 m.
Dénivellation : 1865 m.
Orientation principale : SW.
Horaire global : 8 h.
Difficultés : PD. Difficultés concentrées dans les 200 m sous le sommet, en S4 avec quelques barres; le reste est facile. Risques de coulées sous le sommet, et corniches sur l'arête faîtière.
Pente : 35° sur 200 m.

Itinéraire

* *Montée* : rejoindre et suivre le large chemin menant aux chalets du Bouttiay, puis à ceux du Trot. De là, monter tout droit puis à droite pour gagner les chalets de Criou. S'élever encore à droite, puis revenir un peu à gauche et continuer en ligne directe jusqu'à un plateau (2180 m env.). Appuyer à droite sur ce plateau et gagner la base du versant S de la Pointe Rousse de Criou. Gravir la pente sommitale à mi-chemin entre le rebord rocheux à droite et une petite combe à gauche.
* *Descente* : même itinéraire.

Variations sur le thème de Criou

* Les Grands Fats (2566 m), à l'E de la Pointe Rousse; dernière pente plus raide.
* La Tendraiche (2338 m) et Aouille de Criou (2207 m), à l'W de la Pointe Rousse; bifurquer dès les chalets de Criou. Plus facile que la Pointe Rousse.

Croquis page 211.

112. POINTE DE RESSASSAT

versant sud-ouest par Verreu

2220 m   vallée du Giffre

Fiche technique

Accès routier : Samoëns. 4 km après Samoëns sur la route de Sixt, tourner à gauche et prendre une petite route goudronnée qui mène au hameau du Mont.
Cartes : 3530 est (Passy-Désert de Platé), éventuellement 3529 est (Samoëns-Morzine) pour le sommet.
Période : janvier-mars. Les pentes inférieures sont rapidement déneigées.
Altitude départ : 980 m.
Altitude sommet : 2220 m.
Dénivellation : 1240 m.
Orientation principale : SW.
Horaire global : 5 h 30.
Difficultés : PD. Les pentes sommitales sont soutenues en S3, un peu exposées dans la partie supérieure. Quelques risques de plaques dans les pentes terminales.
Pente : 35° env. dans les parties les plus raides.

Itinéraire

* *Montée* : suivre le large chemin de Maison Neuve (où en général on trouve la neige), des Praz du Mont et de Verreu, jusqu'à la sortie de la forêt; certains lacets du chemin peuvent être coupés à travers champs. De Verreu, remonter des combes jusqu'à un petit plateau (1765 m). Monter sous les rochers de la Dent de Verreu, et continuer en oblique sous l'arête faîtière SW de la Pointe de Ressassat, en dévers dans des pentes orientées à l'W, en se rapprochant petit à petit de l'arête ci-dessus mentionnée. Terminer par cette arête effilée et cornichée dans son versant E.
* *Descente* : même itinéraire. Sous le chalet de Verreu, bien suivre le sentier jusqu'au chalet 1393 m. De là, presque tous les lacets du chemin peuvent être coupés par des clairières et des prés, au moins jusqu'à Maison Neuve.

Autres itinéraires

* On peut monter à droite au-dessus du chalet 1393 m, et rejoindre l'itinéraire normal sous la Dent de Verreu.
* Du sommet, descendre le long de l'arête N jusqu'au col entre la Pointe de Ressassat et la Tête du Grenier. Prendre le couloir W de ce col, raide et étroit par endroits (40°/45°; S4 ou S5 selon la quantité de neige). revenir en oblique à gauche sous une zone de barres en écharpe, que l'on franchit en remontant légèrement vers 1940 m (délicat) afin de retrouver l'itinéraire normal.

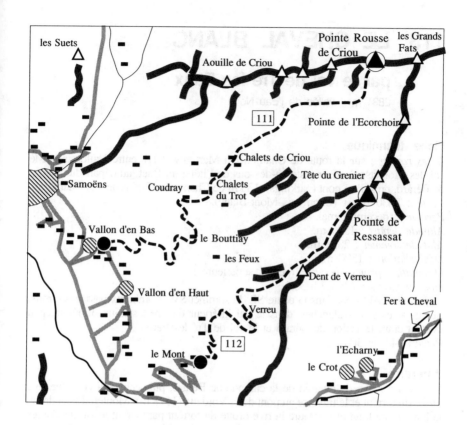

Le massif des Dents Blanches

Ce ne sont pas encore les Hautes Alpes calcaires, ce n'est plus le Chablais. Dents Blanches, Avoudrues, Pointe de Bellegarde, Criou se situent à la croisée des chemins. Est-ce pour cette raison que le massif est si sauvage? En hiver, les routes déneigées conduisent à peine à l'altitude de mille mètres, seuls deux petits refuges sont utilisables et il n'existe aucune remontée mécanique, si petite soit-elle, dans tout le massif. Les entreprises dans la région des Dents Blanches sont longues et exigeantes, elles n'en revêtent que davantage de caractère. Pour se fondre dans l'atmosphère du massif, pour en comprendre l'âme, il n'est pas de plus beau projet que d'aller bivouaquer à la Vogealle, lorsque le site est enseveli sous les neiges du printemps. Mais les contraintes du bivouac sur neige sont réelles et la préférence pourra être accordée au refuge gardé de Folly, agréable et accueillant.

113. LE CHEVAL BLANC

par le val de Tré les Eaux

2831 m   vallée de l'Eau Noire

Fiche technique

Accès routier : sur la route de Chamonix à Martigny (CH), entre Vallorcine et le col des Montets, s'arrêter juste au-dessous de l'hôtel du Buet, au départ du chemin de Bérard, près d'un pont (parkings). 13 km de Chamonix. Trains depuis Chamonix.
Carte : 3630 ouest (Chamonix-Mont-Blanc).
Période : décembre-mai.
Altitude départ : 1329 m.
Altitude sommet : 2831 m.
Dénivellation : 1500 m.
Orientation principale : SE (pentes supérieures).
Horaire global : 7 h à 7 h 30.
Difficultés : AD–. S4 dans la pente SE du sommet SW; nombreux passages étroits, très exposés aux avalanches, dans le val inférieur de Tré les Eaux. Itinéraire peu évident entre le vallon de Bérard et le val de Tré les Eaux.
Pente : 34° sur 300 m.

Itinéraire

* *Montée* : suivre le chemin de la cascade de Bérard, puis celui qui continue rive droite du torrent et le traverse au pont de la Vordette (1528 m). Monter alors à droite le long d'une forêt et rejoindre la rive droite du torrent parcourant le val de Tré les Eaux. Suivre cette rive ou l'autre, au mieux, en franchissant un étroit défilé par le fond, et atteindre la base du glacier de Tré les Eaux. Obliquer à droite en direction du Cheval Blanc, et lorsque la pente se redresse, sous la ligne haute tension, monter à gauche à l'aplomb du sommet SW du Cheval Blanc par une belle croupe. Dans le haut, virer à droite sous la crête faîtière, rejoindre celle-ci non loin du sommet NE du Cheval Blanc que l'on atteint facilement.
* *Descente* : même itinéraire.

Variantes et traversées

* A la montée, du Couteray, passer par les Granges et emprunter le sentier d'été (impraticable lorsqu'il est trop enneigé).
* Montée – ou descente – par le col du Vieux et la pente SE du point culminant; grosse corniche au sommet.
* Traversée du col de la Terrasse au Cheval Blanc : voir annexe course 114.
* Traversée du Cheval Blanc à la Pointe du Génévrier par les arêtes. Jonction avec le Buet en remontant à pied l'arête N (piolet, crampons); descente : voir course 115.
* Descente en Suisse, sur le barrage d'Émosson; arrivée à Finhaut.

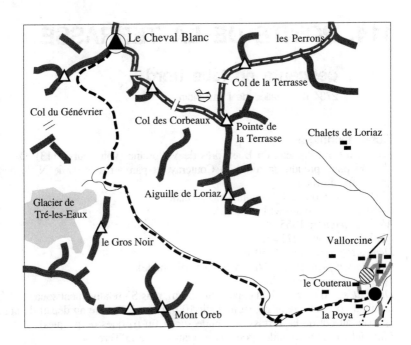

La vallée de l'Eau Noire

A l'écart de l'activité bouillonnante de sa voisine chamoniarde, la vallée de l'Eau Noire bénéficie d'un isolement providentiel. La commune de Vallorcine, géographiquement tournée vers la Suisse, n'est reliée à la vallée de l'Arve que par la route du col des Montets – fréquemment coupée par des avalanches – et par le chemin de fer à voie étroite reliant le village à Montroc et Chamonix par un tunnel. Vallorcine, c'est la "vallée des ours", preuve que le plantigrade était jadis bien implanté dans cette région des Alpes. Il n'était pas le seul, à en croire les traces de dinosaures visibles sur les dalles de grès du Vieux-Émosson, sur le versant suisse du col de la Terrasse. Rive droite de l'Eau Noire, Vallorcine cherche à se développer malgré un relief défavorable, en liaison avec le secteur du col de Balme. Les sources de la vallée sont englobées dans le territoire protégé de la réserve naturelle des Aiguilles Rouges, tandis que le vallon de Bérard accueille les migrations périodiques de deux sortes d'animaux. Au printemps, les skieurs s'attaquent aux longues pentes du Buet, un "must" de la randonnée; dès le début de l'automne, il s'agit d'oiseaux, qui préfèrent le col de Bérard au col des Montets situé mille mètres plus bas : les oiseaux auraient-ils donc peur de s'aventurer dans la vallée de Chamonix?

114. POINTE DE LA TERRASSE

descente en face nord

2734 m   vallée de l'Eau Noire

Fiche technique

Accès routier : hameau du Buet, près de Vallorcine (voir course 113). De l'autre côté du pont, prendre la route du Couteray, et parquer à la sortie N du hameau (panneaux Loriaz).
Carte : 3630 ouest (Chamonix-Mont-Blanc).
Période : décembre-avril.
Altitude départ : 1365 m.
Altitude sommet : 2734 m.
Dénivellation totale : 1450 m.
Orientation principale : NE (pour la partie raide).
Horaire global : 6 h 30.
Difficultés : AD+. S4/S5 au départ sur 150 m, puis S3 relativement soutenu. L'arête terminale peut être délicate, surtout sur 10 m pour descendre au départ de la pente. L'accès au col de la Terrasse est raide sur la fin (risques de plaques).
Matériel : crampons utiles pour monter au col de la Terrasse.
Pente : 45° sur 150 m au départ, puis 35° sur 100 m.

Itinéraire

* *Montée* : suivre le chemin de l'alpage de Loriaz (panneaux), qui serpente à travers la forêt en direction générale N. Passer sous les chalets de Loriaz et monter directement aux Combes puis, légèrement à gauche, au col de la Terrasse. Rejoindre le sommet par l'arête en passant sous un pylône haute tension.
* *Descente* : faire 10 m à pied sur l'arête (rochers). Descendre la pente N puis NE, qui va en s'élargissant, et rejoindre les Combes. Traverser la Gouille du Sassey puis remonter à la Tête de la Chevrette (2039 m). De là, si les conditions sont bonnes, traverser assez loin à droite, puis descendre directement (pentes avalancheuses par temps doux); sinon, utiliser une route dans la forêt du Coutéraz. Rejoindre le hameau des Granges et descendre directement au Couteray.

Autres itinéraires

* Descente par le col de la Terrasse : moins raide, S4 sur 150 m, AD.
* Du col de la Terrasse, traverser versant Suisse en descendant, sous la Pointe à Corbeaux, et remonter au col du Vieux, puis éventuellement au Cheval Blanc par la pente SE (descente, voir course 113).
* Du col de la Terrasse, descente en Suisse sur Émosson. Voir *Ski de randonnée, Ouest-Suisse*.

214

* Des chalets de Loriaz, on peut traverser sous les Perrons jusqu'au col du Passet; sans intérêt pratique, sinon pour effectuer le tour de la chaîne des Perrons (assez fastidieux).

* Versant SW : descente directe sur le val de Tré les Eaux, dans une zone de barres rocheuses. On retourve dans le bas l'itinéraire du Cheval Blanc (course 113).

* Aiguille de Loriaz (2752 m), face E : 700 m, 40° (E. Favret, J.-P. Mansart, mai 1984). A noter un autre itinéraire, un couloir NE dit des "combes de Loriaz", 500 m à 45° avec des barres (P. Hittinger, C. Manson, mi-mars 1984).

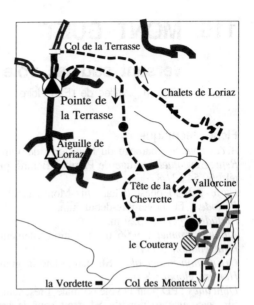

Le versant ouest du Mont Buet, vu du Bas du col d'Anterne (courses 116 et 118).

115. MONT BUET

versant sud-est, voie normale et directe

3096 m   vallée de l'Eau Noire

Fiche technique

Accès routier : hameau du Buet, près de Vallorcine (voir course 113).
Refuge éventuel : refuge de Pierre à Bérard, privé, 1924 m, ouvert tard en saison;
tél. 50.54.62.08.
Carte : 3630 ouest (Chamonix-Mont-Blanc).
Période : fin novembre-début juin.
Altitude départ : 1329 m.
Altitude sommet : 3096 m. Traditionnellement appelé "le Buet".
Dénivellation : 1770 m.
Orientation principale : SE dans toute la grande face.
Horaire global : 8 h.
Difficultés : PD pour la voie normale, présentant des sections en S3. AD pour la face
SE, avec une section de S4 droit sous le sommet, puis quelques autres courts
passages de S4; couloir étroit et trou dangereux au débouché du Creux aux Vaches.
Quelques risques de coulées dans la voie normale, sous l'Aiguille de Salenton.
Pente : 35° sur 200 m dans la face SE, avec un départ nettement plus raide.

Itinéraire

* *Montée* : suivre le chemin de la cascade de Bérard, qui continue rive droite du torrent, et rive gauche après le pont de la Vordette (1528 m). Gagner dans l'axe du vallon le refuge de Pierre à Bérard (1924 m, souvent recouvert de neige), et s'élever
au-dessus en tirant progressivement à droite. Traverser sous l'Aiguille de Salenton, gagner un col de l'arête SE du Grenier de Villy (2650 m), puis s'élever à peu
près directement vers l'arête de la Mortine (arête SW), qui mène au sommet.
* *Descente normale* : même itinéraire, et rive droite dans le vallon de Bérard.
* *Descente directe* : des abords du sommet, piquer tout droit dans le versant SE;
faire un crochet à gauche pour éviter des barres (2591 m) et revenir au centre de la
face pour descendre le couloir du Creux aux Vaches. Il faut, dans le bas du couloir,
sortir à droite (cascade, dangereux). On retrouve la voie normale près du refuge.

Autres itinéraires du Buet

* Descente un peu à l'E du Creux aux Vaches, par un ravin aboutissant en aval du
refuge dans le vallon de Bérard. Nombreuses improvisations possibles dans la face.
* Du Brévent, rejoindre le pont d'Arlevé (annexe course 120), remonter le vallon
de la Diosaz et sortir à droite au col de Salenton, derrière lequel on retrouve la voie
normale. 6 h du Brévent au sommet; la première benne étant tardive, il ne faut utiliser cet itinéraire que lorsque les conditions changent peu en cours de journée.

* Le vallon de la Diosaz peut aussi être rejoint depuis l'Index (station de la Flégère) : soit traverser le col des Aiguilles Crochues (voir course 132) et descendre la combe d'Envers de Bérard jusqu'à Balme (plus long que depuis le Brévent); soit traverser sur le vallon de Bérard pour rejoindre la voie normale.
* Descente par le versant de Tré les Eaux (NE), très difficile, dans une face parsemée de rochers. Deux itinéraires différents semblent avoir été pratiqués dans cette face. 1ères descentes de ces itinéraires : D. Neuenschwander, directement. 1989; G. Coletta, C. Manson, T. Van Arkel, mars 1984, par un couloir de 600 m à 45°/50°.
* Descente par la face W : 1500 m dont 1100 m à 45°, avec passages à 50° et 55°, dans un terrain rocheux très accidenté. 1ère descente : D. Chauchefoin, R. Delieutraz, F. Dipaolo, P. Tardivel, 18 mars 1984. Répétition en surf par H. Ducroz, avril 1988.
* Descente par les Beaux Prés : voir course 116.

Pic de Tenneverge (2985 m).
Bien que ce sommet soit assez éloigné du Buet, et très isolé sur le versant français, il faut signaler la descente du versant W de ce sommet sur le Fer à Cheval, l'une des plus hautes et des plus difficiles descentes des Alpes. 2000 m, pentes à 50° dans le haut, 60° au milieu de la paroi. Quatre rappels pour des barres (deux de 10 m, deux de 35 m). 1ère descente : Dominique Neuenschwander, 19 janvier 1987.

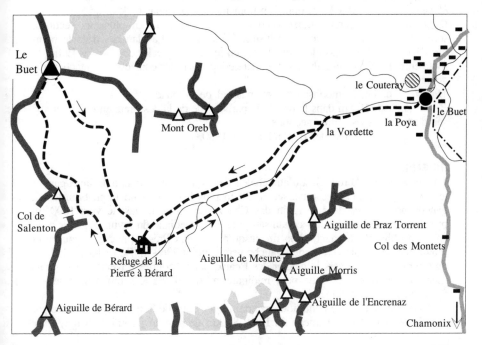

Hautes Alpes calcaires

116. MONT BUET

de Sixt, par les Beaux Prés

3096 m   vallée du Giffre

Fiche technique

Accès routier : Samoëns, puis Sixt par D 907. Tourner à droite dans le village et monter à Salvagny. A la sortie de ce hameau, prendre à gauche une route qui monte au départ du chemin des chalets des Fonds. 2,5 km de Sixt.

Bivouac : site des chalets des Fonds, 1368 m. Les chalets et le refuge des Fonds sont fermés l'hiver.

Cartes : 3530 est (Passy-Désert de Platé) et 3630 ouest (Chamonix-Mont-Blanc).

Période : janvier-mai. Il faut éviter l'époque des grosses avalanches.

Altitude départ : 925 m.

Altitude bivouac : 1368 m.

Altitude sommet : 3096 m. Traditionnellement appelé "le Buet".

Dénivellation : 2200 m, dont un secteur de faux-plat; 1730 m du bivouac au sommet.

Orientation principale : W dans l'ensemble, mais une section raide au S.

Horaire global : 10 à 12 h, dont 2 h pour monter aux chalets des Fonds.

Difficultés : D. Grande course complète et exposée. S4 en plusieurs sections, souvent au-dessus de barres de schistes. Gros risques d'avalanches dans le ravin des Chaux; coulées possibles dans la traversée vers le glacier des Beaux. Enfin, la route entre les Fonds et Salvagny peut être coupée par des coulées d'avalanches très gênantes.

Matériel : piolet, crampons; tente et matériel de bivouac.

Pente : 42° sur 100 m dans le bas de la partie raide de la descente; entre 35° et 40° sur de nombreuses autres sections.

1ère descente : F. Labande, B. Poillot, juin 1980.

Itinéraire

* *Montée* : suivre la route jusqu'aux chalets des Fonds. Là, tourner à droite et gagner le pont des Mitaines. Le traverser et, 50 m plus haut, dans un lacet, bifurquer à gauche pour entrer dans le ravin des Chaux. Le remonter jusque vers 1600 m, prendre à gauche un couloir conduisant à la crête médiane du ravin, et gravir cette crête en obliquant à gauche à la fin, jusqu'aux Beaux Prés. Traverser à gauche et gravir une pente raide en tirant à gauche vers le point 2369 m. De là, longer la base du Grenier de Villy vers le glacier des Beaux, par de courtes traversées, des petits murs et des combes étroites, pour rejoindre enfin à droite le sommet du Buet.

* *Descente* : même itinéraire.

* *Remarque* : en cas de conditions incertaines à l'issue de la montée, descendre par la voie normale sur le hameau du Buet. 87 km de navette jusqu'à Salvagny.

Objectif voisin

* Col des Chaux (2314 m), aisément accessible depuis les Beaux Prés, plus facile et moins long que le Buet par la voie décrite ici, dans une ambiance comparable.

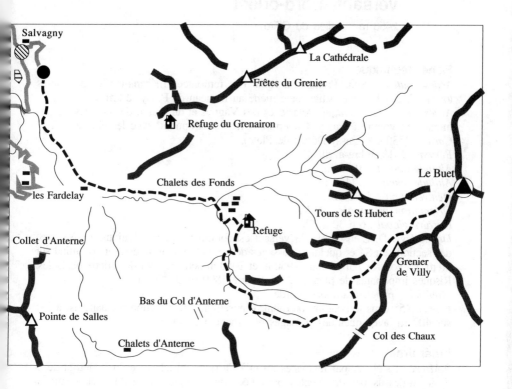

Le Buet, un symbole

Le Buet était jadis l'une des cinq aires d'atterrissage autorisées, en Haute-Savoie, à des fins de déposes touristiques par hélicoptère. Un décret du 22 novembre 1977, confirmé trois ans plus tard et intégré à la "loi-montagne" de 1985, a supprimé ces autorisations, ici et sur tout le territoire français. Auparavant, la tension était devenue vive entre partisans et opposants de l'héliski, provoquant des bagarres au sommet du Buet. La cause devrait être entendue. Il est nécessaire que la législation française soit conservée – et même étendue aux "reprises", aux tournages publicitaires et coups-médias abusifs. Il est indispensable que tous les pays de l'arc alpin chassent de leurs cieux cet obscur objet de discorde.

117. FRÊTES DU GRENIER

versant nord-ouest

2456 m   vallée du Giffre

Fiche technique

Accès routier : Sixt. Prendre la route des remontées mécaniques et peu après tourner à gauche; une petite route mène au hameau de Passy. 2 km.
Accès mécanique éventuel : télésièges des Vagnys et du Pralet; dans ce cas, ne pas monter en voiture à Passy. Ouverture 9 h. Voir l'option "avec les télésièges".
Carte : 3530 est (Passy-Désert de Platé).
Période : décembre-avril.
Altitude départ : 1040 m.
Altitude sommet : 2456 m.
Dénivellation : 1415 m.
Orientation principale : NW.
Horaire global : 6 h 30 à 7 h.
Difficultés : D. L'ensemble du versant est fortement incliné, toujours en S3 avec des sections en S4 et quelques passages de S5, notamment le couloir sommital sur 60 m. La zone de barres entre 1950 m et 2050 m peut opposer de sérieux obstacles. Risques importants de plaques à vent entre 1800 m et 2200 m.
Matériel : piolet, crampons, corde.
Pente : 45° dans le couloir sommital. L'ensemble de la section médiane est à 37° sur 400 m, avec quelques passages nettement plus raides.

Itinéraire

* *Montée* : s'élever par les pistes jusqu'à l'arrivée du télésiège du Pralet, et de là droit au-dessus par des pentes parsemées de quelques sapins. Passer ensuite à gauche dans une combe étroite menant à un replat près du sommet d'une arête de neige. Gravir la pente qui domine, directement, en se rapprochant de l'arête qui la limite à gauche; on arrive à la base de la zone de barres. La franchir en passant deux murs raides à pied, tout près de l'arête précitée. Continuer un moment à pied en remontant une nouvelle pente raide, puis à ski en direction de la partie supérieure des Frêtes du Grenier. Vers 2300 m, appuyer à gauche vers le couloir sommital, seul point de passage commode pour accéder à l'arête faîtière. Le remonter directement. Une fois sur l'arête, tourner à gauche et gagner le sommet par le flanc S de l'arête faîtière.
* *Descente* : même itinéraire. Les murs de la zone de barres s'évitent par la gauche, le premier par une traversée délicate non loin du passage de montée, le second en allant plus largement à gauche pour éviter des barres (zone de coulées) et en revenant en traversée à droite sous celles-ci.

Hautes Alpes calcaires

Autres itinéraires

* *Option avec les télésièges*. Départ réel 1513 m, fin de descente (si l'enneigement le permet) 810 m; dénivellation de montée 940 m, de descente 1645 m. Horaire global 5 h à 5 h 30 du haut des remontées mécaniques.

* Voie normale d'été, de Salvagny par le refuge du Grenairon; la pente inférieure, sur le chemin, est souvent inskiable (départ 925 m).

* Croix de la Frête (1969 m), par Commune et les Praz de Commune, depuis le sommet des remontées mécaniques.

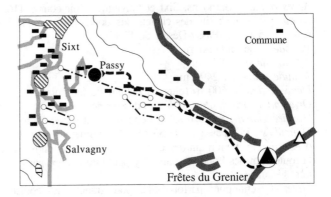

Les Hautes Alpes calcaires

Entre les Préalpes et les massifs cristallins, une immense nappe de charriage a déferlé d'est en ouest, façonnant le massif des Diablerets sur la rive droite du Rhône et les Dents du Midi rive gauche. La partie française de ce massif s'étend de la vallée du Giffre à celles de la Diosaz et de l'Eau Noire au sud, avec quelques relents de gneiss à la Pointe Noire de Pormenaz ou dans la chaîne des Perrons. Les Fiz et le massif des Dents Blanches peuvent être considérés comme des satellites de ces Hautes Alpes calcaires françaises, qui culminent au Mont Buet. Au nord de ce sommet bien connu des skieurs, la chaîne qui s'étend de la Finive au Tenneverge est impropre à la pratique du ski de randonnée, du moins sur le versant français caractérisé par les parois du cirque du Fer à Cheval. Le Buet lui-même, s'il est classique au départ de Vallorcine, présente de sérieuses défenses au-dessus de la vallée du Giffre, tout comme ses contreforts des Frêtes du Grenier. Il faut chercher en bout de chaîne, sur les Frêtes de Villy et de Moëde, quelques pentes plus accessibles dans un cadre qui reste sévère. Une bonne approche, permettant d'apprécier les beautés de ce massif sauvage, consiste à traverser du Brévent à Sixt par le col d'Anterne.

118. FRÊTES DE VILLY

de Sixt, par les Fonds et le Bas du Col

2494 m   vallée du Giffre

Fiche technique

Accès routier : Samoëns, Sixt et Salvagny. Voir course 116.
Bivouac éventuel : site des chalets des Fonds (voir course 116).
Carte : 3530 est (Passy-Désert de Platé).
Période : décembre-avril.
Altitude départ : 925 m.
Altitude sommet : 2494 m.
Dénivellation : 1600 m (plus un secteur de faux-plat).
Orientation principale : NW (au-dessus des Fonds).
Horaire global : 8 à 9 h selon l'enneigement sur le chemin des Fonds.
Difficultés : PD. Passages de S3 sous le sommet, et pour descendre du Bas du Col d'Anterne; le chemin qui descend sur la plaine des Fonds est étroit et délicat. Enfin, la route entre les Fonds et Salvagny peut être coupée par des coulées d'avalanches très gênantes.
Matériel : crampons parfois utiles pour franchir les coulées d'avalanches sur la route des Fonds.
Pente : 30° à 35° en quelques points de la partie supérieure; 38° sur 100 m si l'on descend directement sous les pylônes haute tension.

Itinéraire

* *Montée* : suivre la route jusqu'aux chalets des Fonds. Là, tourner à droite et gagner le pont des Mitaines. Le traverser, et poursuivre par le chemin qui s'écarte à l'W du torrent en direction des pentes de Grasses Chèvres. Revenir à gauche en direction d'un groupe de pylônes haute tension. Monter alors droit au S jusqu'à un passage nommé le Bas du Col d'Anterne (2038 m). De ce col, traverser un plateau vers le SE puis s'élever plus ou moins directement vers la crête des Frêtes de Villy, qu'on atteint au N du point culminant.
* *Descente* : même itinéraire.

Autres descentes et traversées

* Descendre au SW au lac d'Anterne, puis remonter au col d'Anterne (2257 m). De là, on peut soit rejoindre Plaine Joux et le Plateau d'Assy (voir course 119; 65 km de navette), soit envisager de traverser sur Chamonix, entreprise fort longue s'achevant par la remontée de pentes sur lesquelles il ne faut pas s'exposer en pleine chaleur (voir course 120).
* Descendre à l'W sur les chalets d'Anterne, remonter légèrement au Collet d'Anterne, puis traverser vers le vallon de Salles et descendre sur le Lignon (voir

course 120); bonnes conditions nécessaires.
* Descendre versant E sur les chalets de Villy (une zone de barres) et sur la haute vallée de la Diosaz; de là, soit descendre au pont d'Arlevé et remonter au Brévent (course 120), soit de préférence rejoindre les chalets de Balme, remonter le vallon d'Envers de Bérard jusqu'au col de Bérard, et redescendre à Vallorcine (voir course 119 pour la seconde partie).

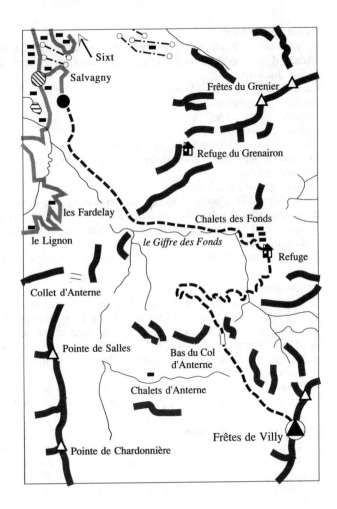

119. TÊTE DE MOËDE

d'Assy par le col d'Anterne

2459 m   vallée de l'Arve

Fiche technique

Accès routier : Passy, que l'on atteint depuis Sallanches ou le Fayet. Monter au Plateau d'Assy, poursuivre par la route des sanatoriums et de la station de ski de Plaine Joux (parkings).
Carte : 3530 est (Passy-Désert de Platé).
Période : décembre-avril.
Altitude départ : 1360 m.
Altitude sommet : 2459 m.
Dénivellation : 1100 m (plus un secteur de faux-plat).
Orientation principale : l'axe de la descente est SW, mais les pentes utilisées sont orientées au SE.
Horaire global : 6 h à 6 h 30.
Difficultés : PD. Passages de S3 sous le sommet, et dans le versant S du col d'Anterne sur 200 m. Risques d'avalanches dans la traversée sous les Pointes d'Ayères et d'Anterne. Neige stable nécessaire pour descendre directement sur les chalets du Souay.
Pente : 35° sur 100 m dans le versant S du col d'Anterne.

Itinéraire

* *Montée* : par la route (circuit de ski de fond), gagner le chalet du Châtelet, puis ceux d'Ayères du Milieu et du Souay (1569 m). Un large crochet à gauche permet de retrouver la route d'alpage qui franchit les soubassements inférieurs des rochers des Fiz et traverse en direction NE. Alors que l'on arrive en vue du refuge du Col d'Anterne, tirer légèrement à gauche dans une combe pour atteindre le col d'Anterne. De là au sommet par le flanc N de l'arête W.
* *Descente* : même itinéraire. Cependant, à l'aplomb des Pointes d'Ayères, il vaut mieux descendre directement, puis en oblique à droite, sur les chalets du Souay.

Variantes et traversées

* Montée par le téléski de Barmus et par la route des chalets d'Ayères des Perrières.
* Montée directe depuis les chalets du Souay (délicat à la montée).
* Traversée du col d'Anterne sur Sixt , par le Collet d'Anterne ou le Bas du Col d'Anterne, ou de la Tête de Moëde par les Frêtes de Villy : voir courses 118 et 120.
* Traversée sur la vallée de la Diosaz et le Brévent : voir course 120.
* En descendant sur le refuge du Col d'Anterne, on peut combiner cette course avec la Pointe Noire de Pormenaz; intéressant mais long, 8 à 9 h; voir course 121.

Hautes Alpes calcaires

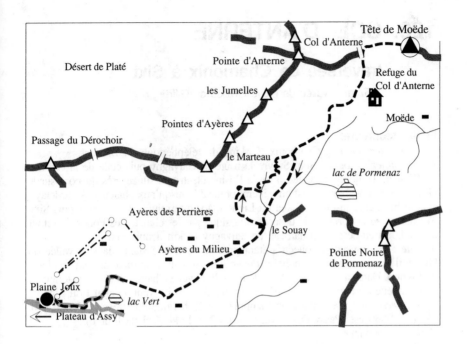

Désert de Platé

Col d'Anterne

Tête de Moëde

Pointe d'Anterne

Refuge du
Col d'Anterne

les Jumelles

Moëde

Pointes d'Ayères

Passage du Dérochoir

le Marteau

lac de Pormenaz

Ayères des Perrières

le Souay

Ayères du Milieu

Pointe Noire
de Pormenaz

Plaine Joux

lac Vert

Plateau d'Assy

La vallée de l'Arve

    Rivière torrentueuse, longue de cent kilomètres, l'Arve est l'axe principal de communication du département. En amont du Fayet, la vallée prend le caractère de haute montagne qui fait la réputation de Chamonix. En aval, elle est jalonnée de petites villes industrielles ou administratives. La plaine de Sallanches bénéficie d'une vue remarquable sur la chaîne du Mont-Blanc, certes, mais l'attrait de la moyenne vallée de l'Arve réside dans ses plateaux suspendus, Cordon, Romme et Mont-Saxonnex sur la rive gauche, Assy et les Carroz le long de la chaîne des Fiz. Idéalement situé face au Mont Blanc, le Plateau d'Assy tire sa célébrité des conditions climatiques qui lui sont propres, et ont favorisé l'installation de sanatoriums puis d'autres maisons de soins. La situation particulière du plateau a été la source d'une inspiration collective de la part des artistes contemporains, qui dans un grand élan d'œcuménisme culturel, se sont consacrés à l'édification et à la décoration de l'église Notre-Dame de Toute Grâce : Léger pour la mosaïque, Lurçat pour la tapisserie, Bazaine et Rouault pour les vitraux, Germaine Richier pour la sculpture, Matisse, Braque et Chagall, ont laissé leurs signatures prestigieuses sur la façade et à l'intérieur de l'édifice bâti par l'architecte savoyard Novarina.

120. COL D'ANTERNE

traversée de Chamonix à Sixt

2257 m   vallée de l'Arve / vallée du Giffre

Fiche technique

Accès routier (aller) : Chamonix. Parking du téléphérique du Brévent.
Accès routier (retour) : Sixt. Suivre la route de Salvagny puis celle de la cascade du Rouget. Toujours déneigée jusqu'à l'usine électrique située près du pont sur le Giffre des Fonds, la route est en général praticable jusqu'aux chalets des Fardelays, et souvent même jusqu'au chalet du Lignon, à son terminus. 3 à 7 km depuis Sixt. Si l'on utilise la variante de descente classique par les chalets des Fonds, le retour a lieu 1 km au-dessus du hameau de Salvagny (3 km depuis Sixt).
Navette : les transports collectifs étant pratiquement inexistants dans la vallée du Giffre, il sera nécessaire de prévoir une voiture au bout de la route de Sixt au chalet du Lignon. Dans la vallée de l'Arve, le train du Fayet à Chamonix réduit la longueur de la navette routière. Au total, 67 km du parking du Brévent au chalet du Lignon.
Accès mécanique : télécabine de Planpraz et téléphérique du Brévent. Départ 9 h.
Cartes : 3530 est (Passy-Désert de Platé). CNS 1344 (Col de Balme).
Période : janvier-avril.
Altitude départ réel : 2525 m au Brévent.
Altitude sommet : 2257 m au col d'Anterne.
Altitude fin de descente : 1180 m au chalet du Lignon, sinon 1039 m aux Fardelays, voire 850 m près de Salvagny.
Dénivellations : 825 m de montées, 2170 m de descentes jusqu'au Lignon.
Orientation principale : les descentes sont orientées NW dans l'ensemble.
Horaire global : 6 h 30. Il est impératif de partir avec la première benne.
Difficultés : AD. Le niveau technique des descentes n'est pas très élevé, S3 dans certaines sections avec un court passage de S4 au-dessus de la Diosaz. La difficulté d'ensemble de la course provient d'autres facteurs : la longueur, l'engagement dans une région sauvage avec l'obligation de sortir de deux culs-de-sac par des remontées, l'orientation délicate dans ces secteurs en cas de brouillard, l'exposition des pentes parfois suspendues au-dessus de hautes barres rocheuses, les risques d'avalanches enfin qui se situent d'abord dans la descente du Brévent sur la Diosaz (plaques à vent possibles dans le haut), puis dans la descente du collet d'Anterne (risques de plaques au départ, mais surtout de grosses coulées en provenance des pentes supérieures de la Pointe de Salles). En revanche, il est possible de s'échapper depuis le refuge du Col d'Anterne (appelé aussi cantine de Moëde, 2002 m) sur Plaine Joux et le Plateau d'Assy, en suivant l'itinéraire de la course 119. Il est également possible d'utiliser, pour sortir du vallon d'Anterne, le passage du Bas du Col d'Anterne et l'itinéraire des Frêtes de Villy (course 118), plus sûr en cas de neige coulante, mais plus long.

Matériel : corde pour la sécurité, l'itinéraire passant plusieurs fois dans des zones de barres.
Pente : 32° sur 250 m au début de la descente du Brévent. Courts passages plus raides en d'autres points de l'itinéraire.

Itinéraire

* Descente du Brévent sur la Diosaz : suivre la piste jusqu'à la Brèche du Brévent. Rester le long des arêtes en remontant sur un petit pointement et gagner ainsi les abords du col du Brévent. Contourner la cuvette du col et s'engager dans le versant NW, que l'on descend jusque vers 2000 m. Traverser alors vers le N pour retrouver de larges pentes que l'on descend directement sur 200 m, puis traverser de nouveau à droite (N) pour aller buter contre les barres rocheuses qui soutiennent l'ancien alpage d'Arlevé (vallon de sous l'Aiguille). Descendre contre ces barres et traverser aussitôt à leur base, dans une zone de vernes, en se maintenant au plus haut niveau possible (cette traversée se situe entre 1680 m et 1600 m). On arrive au torrent d'Arlevé que l'on rejoint par un passage raide et étroit, mais court. Descendre alors en oblique vers la Diosaz, que l'on atteint juste au N du P. 1500 m.
* Montée au col d'Anterne : suivre un instant la rive gauche de la Diosaz, et juste en amont de son confluent avec le torrent de Moëde la traverser, pour s'élever par les pentes S de la Tête de Jeubon. Traverser à gauche sous le ressaut rocheux sommital, et rejoindre la rive gauche du torrent de Moëde, que l'on suit désormais sans difficulté jusqu'aux chalets de Moëde (1878 m). Monter en oblique au refuge du Col d'Anterne (2002 m, fermé en saison de ski). De là monter droit au-dessus des pentes plus relevées, puis en oblique à gauche la pente terminale du col d'Anterne (croix).
* Descente sur Sixt : partir du col au NW et traverser le plateau du pluviomètre, puis descendre les pentes douces situées rive droite du vallon dominé par la chaîne des Fiz. On rejoint ainsi le plateau inférieur du ruisseau d'Anterne (lieu dit les Clos, 1750 m). Remonter en oblique au collet d'Anterne (1816 m), en passant entre deux pylônes de la ligne haute tension. On aborde là une traversée descendante vers la gauche (WSW), dans des pentes assez raides au début, avec le passage de plusieurs petits ravins. Poursuivre cette traversée jusqu'à l'aplomb de la Pointe de Salles, largement après avoir dépassé les derniers sapins. Descendre directement le vallon des Lanches de Salles, jusque vers 1500 m. En sortir rive gauche et traverser à nouveau une partie boisée avec de petits ravins. On trouve alors un couloir qui permet de déboucher dans les pentes inférieures. Toute cette section, depuis le collet d'Anterne, se déroule au-dessus de hautes barres rocheuses, et il est impossible de passer plus bas que l'itinéraire décrit. Descendre enfin le long du sentier du G.R.5, au-dessus de la rive droite du torrent de Salles, jusqu'au chalet du Lignon (bar ouvert au printemps). La descente peut parfois se poursuivre à travers prés ou par la route, jusqu'aux chalets des Fardelays, puis par la route jusqu'au pont de Salles, à proximité de Salvagny.

Croquis page 229.

Variantes

* Départ direct du Brévent. Cette variante de descente ne peut se pratiquer que par conditions absolument sûres. Des abords du sommet ou de la brèche du Brévent, descendre des pentes raides au NW, puis traverser obliquement à droite (N) pour retrouver l'itinéraire normal vers 2000 m. *En aucun cas, ne se laisser tenter par une poursuite de la descente vers la vallée de la Diosaz.*

* Descente du Brévent sur le pont d'Arlevé. C'est un itinéraire de descente classique, mais plus long et moins pratique que celui décrit ici; il fait néanmoins gagner 100 m de dénivellée. Après la traversée vers le N depuis l'altitude 2000 m, ne pas descendre mais poursuivre longuement cette traversée, en passant à l'emplacement de l'ancien alpage d'Arlevé (1865 m). Continuer à traverser en oblique le long du sentier du G.R.5, en franchissant une zone de vernes particulièrement désagréable, et atteindre ainsi la Diosaz au-dessus du pont d'Arlevé (1597 m, passerelle). Franchir la Diosaz et monter en oblique à gauche pour passer juste au N de la Tête de Jeubon et retrouver l'itinéraire du col d'Anterne.

* Descente par les chalets d'Anterne et le Bas du Col d'Anterne. Cette descente est préférable lorsque les conditions sont incertaines et qu'il existe un risque d'avalanches dans la descente du collet d'Anterne, mais elle est plus longue. Du col d'Anterne, descendre comme indiqué ci-dessus jusqu'à la résurgence (1889 m). Traverser à droite en légère descente jusqu'aux chalets d'Anterne (1810 m). Remonter de là à l'ENE au Bas du Col d'Anterne (2038 m), où l'on retrouve l'itinéraire des Frêtes de Villy (course 118). Descendre ainsi jusqu'aux chalets des Fonds, et de là à Salvagny.

* Retour par la Tête de Moëde et les Frêtes de Villy. Du col d'Anterne, monter à la Tête de Moëde (voir course 119) et traverser dans le flanc W des Frêtes de Moëde et des Frêtes de Villy, pour gagner le point culminant des arêtes (2494 m). Descendre par le versant NW et le Bas du Col d'Anterne (voir course 118).

* Échappatoire depuis le refuge du Col d'Anterne sur Plaine Joux et le Plateau d'Assy : voir course 119).

Un carrefour, la haute vallée de la Diosaz

La Diosaz (ou Diose) forme des gorges célèbres séparant sa haute vallée de son confluent avec l'Arve. *Ces gorges sont infranchissables en hiver et au printemps.* On ne peut donc atteindre la haute vallée et en sortir que par des passages d'altitudes plus élevées. Cette haute vallée ne sert donc que de carrefour dans diverses traversées, entre les Hautes Alpes calcaires et la chaîne des Aiguilles Rouges. Trois points caractéristiques de ce carrefour, de l'aval vers l'amont : le confluent avec le torrent de Moëde (1500 m, course 120, itinéraire normal décrit plus haut); le pont d'Arlevé (1597 m, course 120, annexe ci-dessus); les chalets de Balme (1829 m) au débouché du torrent de la Balme (annexes courses 115 et 132). Voir aussi les descriptions de raids dans cette région.

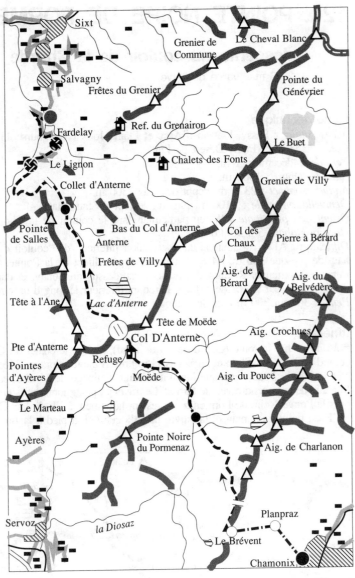

Sixt

Grenier de
Commune

Le Cheval Blanc

Salvagny

Frêtes du Grenier

Pointe du
Génévrier

Fardelay

Ref. du Grenairon

Le Buet

Le Lignon

Chalets des Fonts

Grenier de Villy

Collet d'Anterne

Pointe
de Salles

Bas du Col d'Anterne
Anterne

Col des
Chaux

Pierre à Bérard

Frêtes de Villy

Aig. de
Bérard

Aig. du
Belvédère

Tête à l'Ane

Lac d'Anterne

Tête de Moëde

Aig. Crochues

Pte d'Anterne

Col D'Anterne

Pointes
d'Ayères

Refuge

Moëde

Aig. du Pouce

Le Marteau

Ayères

Pointe Noire
du Pormenaz

Aig. de Charlanon

Servoz

la Diosaz

Planpraz

Le Brévent

Chamonix

Échelle 1/ 100 000.

121. POINTE NOIRE DE PORMENAZ

descente du couloir de la Chorde

2323 m   vallée de l'Arve

Fiche technique

Accès routier : Passy, Plateau d'Assy et Plaine Joux (voir course 119).
Carte : 3530 est (Passy-Désert de Platé).
Période : décembre-avril.
Altitude départ : 1360 m.
Altitude sommet : 2323 m; dépôt des skis 2300 m.
Dénivellation totale : 1100 m, plus un secteur de faux-plat.
Orientation principale : W, en particulier dans le couloir de la Chorde.
Horaire global : 5 h 30 à 6 h.
Difficultés : AD+. S4 soutenu dans le couloir inférieur, dit "couloir de la Chorde",
haut de presque 300 m. S4 également au départ direct de la Pointe. L'arête som-
mitale est aérienne. Risques d'avalanches au-dessus du Souay, et dans le couloir
de la Chorde par temps de redoux. Parcours inférieur le long d'un circuit de fond.
Pente : 36° sur 300 m dans le couloir.

Itinéraire

* *Montée* : par la route (circuit de ski de fond), gagner le chalet du Châtelet, puis
ceux d'Ayères du Milieu et du Souay (1569 m). S'élever alors en direction des Fiz,
rive droite du Souay, presque jusqu'à la route d'alpage de Moëde, et 600 m plus
loin au NE redescendre vers le torrent. Le traverser puis monter presque directement
vers la Pointe Noire de Pormenaz, en restant largement à l'E du lac. Gagner l'arête
à l'E du point culminant et la suivre jusqu'à celui-ci, à pied à la fin.

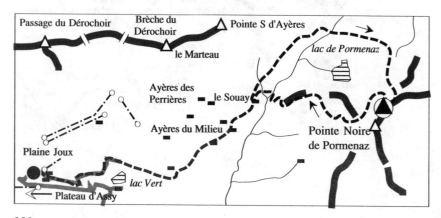

* *Descente* : revenir à l'E et dès que possible descendre le court versant N; tourner franchement à gauche et descendre vers un plateau bordant au SW le lac de Pormenaz. Repérer l'origine du couloir de descente, un vallon étroit situé à l'WSW du lac, nommé la Chorde sur IGN. Descendre ce couloir et traverser le torrent à proximité des chalets du Souay.

Autres itinéraires

* Montée par la route de Moëde (voir course 119).

* Montée par le fond du ravin du Souay, désagréable et surtout dangereuse au moindre redoux (gros risques d'avalanches).

* Descente par la voie de montée et le ravin du Souay, PD.

* Face E; belles pentes, retour un peu long en traversant au N vers 1900 m, et en remontant jusqu'au refuge du Col d'Anterne (voir course 120).

Montée à la Pointe Noire de Pormenaz.

122. POINTE DE SALLES

par le vallon et le Pas de Salles

2497 m   vallée du Giffre

Fiche technique

Accès routier : Sixt, Salvagny et route du chalet du Lignon (voir retour course 120).
Carte : 3530 est (Passy-Désert de Platé).
Période : novembre ou avril/mai de préférence. En hiver, gros problèmes pour franchir le Pas de Salles.
Altitude départ : 1039 m à 1180 m; si la route est très enneigée, départ à 850 m.
Altitude sommet : 2497 m.
Dénivellation : 1320 m à 1460 m.
Orientation principale : W dans la partie supérieure.
Horaire global : 6 à 8 h.
Difficultés : AD. Section en S4 entre le P. 2244 m et le vallon de Salles. Le Pas de Salles, étroit et très exposé dans des pentes schisteuses raides, peut présenter de grosses difficultés alpines par enneigement simplement moyen. Toute la zone des cascades est très exposée aux avalanches. On ne peut donc entreprendre cette course que par des conditions favorables.
Matériel : piolet, crampons; corde pour le Pas de Salles.
Pente : 32° de moyenne dans la zone raide, avec de petits murs à 40°.

Itinéraire

* *Montée* : suivre la route jusqu'aux chalets du Lignon (1180 m), et continuer largement rive droite du torrent de Salles jusqu'à proximité des premières cascades, que l'on franchit rive droite par le bon chemin. Sur le plateau du Clos, passer rive gauche et s'élever en oblique bien avant la cascade de Salles, en direction

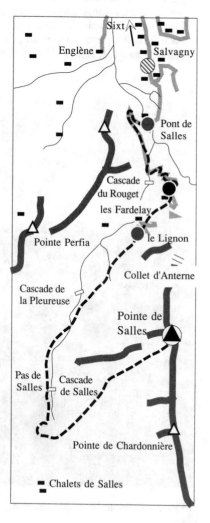

des soubassements rocheux. Franchir en traversée le Pas de Salles par le chemin, sous un auvent rocheux, puis par un mur vertical de 4 m, et continuer à traverser. Passer au-dessus de la dernière cascade grâce à un nouveau crochet sur les pentes de la rive gauche. Une fois les gorges largement franchies, monter directement dans les pentes dominant la rive droite, puis très largement vers la gauche (on passe au plateau coté 2061 m). Par un dernier passage étroit (2244 m), gagner le plateau sommital et de là le sommet.

* *Descente* : même itinéraire. Petit rappel au Pas de Salles.

Variantes

* Du débouché dans le vallon de Salles, faire un grand détour par le fond du Plan de Salles (pentes douces en traversée, sans grand intérêt).
* Avec le même accès par le vallon de Salles, on peut gravir la Pointe d'Anterne ou l'un des sommets avoisinants. Voir course 123 et annexe.

Autres accès au vallon de Salles

* De Flaine par les Grandes Platières : voir course 123. Une fois dans le vallon de Salles, descendre celui-ci jusqu'aux chalets de Salles. On rejoint l'itinéraire de la Pointe de Salles par une montée oblique à gauche.
* Du domaine mécanisé du Grand Massif (Flaine ou Samoëns), gagner la combe des Foges. Une traversée descendante vers le S mène aux chalets de Salles.

La chaîne des Fiz

Elle fut aussi nommée «massif calcaire du Haut Faucigny». La chaîne des Fiz se compose des Rochers des Fiz proprement dits, longue barrière verticale à deux orientations distinctes de la Pointe de Salles à la Pointe de Platé, puis plus à l'ouest des structures rocheuses complexes de la Tête du Colonney, de l'Aiguille de Varan et de la Croix de Fer. De grandes étendues, douces et vallonnées, occupent le flanc nord des falaises; elles sont tantôt protégées dans le cadre de la réserve naturelle de Sixt, tantôt aménagées, sous l'appellation du «Grand Massif», autour de la station de Flaine. Ce pays de contrastes saisissants est sous l'influence d'une activité géologique permanente. Le Dérochoir, dans la partie méridionale des Rochers des Fiz, témoigne des éboulements catastrophiques et périodiques sur le versant de Passy. En 1751, on crut même à la naissance d'un volcan, tant le volume de poussière soulevée fut important. Et nul doute que l'on n'en restera pas là, si l'on examine attentivement le profil du Marteau. Le Désert de Platé, avec ses plateaux de lapiaz, ne marque qu'un répit avant que ne réapparaissent les reliefs tourmentés, dans les vallons de Gers et de Salles. On peut admirer, tout au long de la partie inférieure du vallon de Salles, le plus bel ensemble de cascades des Alpes savoyardes.

123. POINTE D'ANTERNE

depuis Flaine par le Désert de Platé

2741 m (sommet N)   vallée de l'Arve / vallée du Giffre

Fiche technique

Accès routier : Flaine (voir course 128).
Accès mécanique : téléphérique des Grandes Platières.
Carte : 3530 est (Passy-Désert de Platé).
Période : novembre-juin. L'option "à pied depuis Flaine" doit être préférée en avril (1ère benne trop tardive) et s'impose en novembre et mai/juin (station fermée).
Altitude départ réel : 2480 m.
Altitude sommet : 2741 m.
Altitude fin de descente : 1600 m.
Dénivellations totales : 1120 m de montées, 2000 m de descentes.
Orientation principale : W (descente de la Pointe d'Anterne).
Horaire global : 6 h.
Difficultés : PD. Longue course. Passages en S3/S4 sous le sommet, puis plus facile; rares risques de plaques.
Pente : 32° sur 150 m en haut.
A pied depuis Flaine : partir du haut de la station et passer de préférence par le col de Platé (voir course 128); dénivellation totale 1700 m à 1800 m. Horaire global 8 h à 8 h 30.

Itinéraire

* *Montée* : des Grandes Platières, descendre vers le vallon de Salles en tirant progressivement à droite et en profitant de quelques couloirs (points 2181 m et 2099 m). On remet les peaux vers 2050 m. De là, traverser puis monter en oblique à gauche, longuement, pour dépasser une longue crête à moitié rocheuse issue de la Pointe d'Anterne en direction E. S'élever à gauche (N) de cette crête, pour gagner la crête sommitale de la chaîne des Fiz entre la Pointe d'Anterne proprement dite (2733 m) et son sommet N (2741 m); de là au sommet N.
* *Descente* : commencer la descente directement dans le versant W du sommet N, puis reprendre l'itinéraire de montée jusqu'aux Grandes Platières. Rejoindre Flaine par les pistes.

Autres sommets

* Pointe de Salles : voir annexe course 122.
* Tête à l'Âne (2804 m), point culminant des Fiz, accessible – difficilement – par un couloir du versant SW et l'arête somnmitale SE.
* Pointe d'Anterne (sommet principal, 2733 m) : rester au S de la côte rocheuse terminale; accès délicat à la fin.

234   *Chaîne des Fiz*

* Pointes N (2644 m) et S (2610 m) d'Ayères . Belles pentes finales raides.
* Le Marteau (2289 m), moins élevé et moins intéressant, mais réservant une vue splendide sur la chaîne des Fiz. Corniche dangereuse surplombant au S.
* Passage du Dérochoir : depuis la large combe NE de la Pointe de Platé (voir ci-dessous) traverser sous la Pointe du Dérochoir (pentes dominant des rochers, risques de plaques à vent). Cet itinéraire permet de réaliser le Passage du Dérochoir en traversée, si l'on connaît bien les conditions dans le versant S (voir course 124).
* Pointe de Platé (2554 m) : après être descendu des Grandes Platières jusque vers 2150 m, gagner la base du versant NE et le remonter jusqu'à 100 m du sommet, en se portant sur la droite, puis sortir sur l'arête N vers 2500 m. Le sommet s'atteint alors à pied (difficultés alpines).

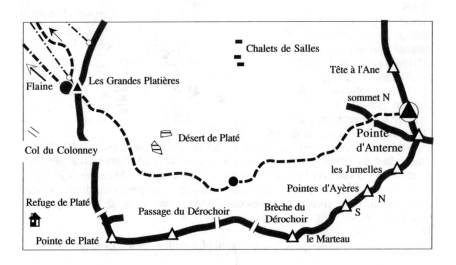

La réserve naturelle de Sixt

Créée en 1977, la réserve naturelle de Sixt est la plus vaste du département. Des Dents Blanches aux Fiz, elle englobe tous les espaces de haute et de moyenne montagne de la commune, dans un ensemble d'une qualité exceptionnelle par la variété des paysages, des curiosités géologiques, de la faune et de la flore. Jean-Pierre Courtin pense même qu'il s'agit de la plus belle réserve naturelle de France. Belle mais convoitée. Le Désert de Platé n'est-il pas une proie tentante pour les dévoreurs de combes enneigées, surtout à portée de câbles d'un grand complexe touristique? Les escarmouches ont déjà commencé, gageons que la lutte sera chaude et que les pouvoirs publics sauront prendre leurs responsabilités.

124. PASSAGE DU DÉROCHOIR

versant sud

2230 m env.   vallée de l'Arve

Fiche technique

Accès routier : Plaine Joux (voir course 119, Tête de Moëde).
Carte : 3530 est (Passy-Désert de Platé).
Période : janvier-avril.
Altitude départ : 1360 m.
Altitude sommet : 2230 m env. (150 m à l'ENE du P. 2220 m).
Dénivellation : 870 m.
Orientation principale : S.
Horaire global : 4 h 30. Il faut attaquer la descente très tôt.

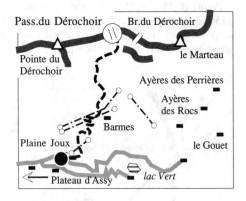

Difficultés : D. Au-dessus des pistes de Plaine Joux, pentes soutenues, en S3 et S4. Les principales difficultés se situent dans les 120 m sommitaux, très exposés, en S4 et S5. Cette section nécessite d'excellentes conditions, la neige reposant sur des dalles de schistes assez inclinées et risquant de partir en plaques aux heures chaudes. Les pentes médianes peuvent aussi présenter des risques d'avalanches de fond, mais il existe un échappatoire plus facile et assez sûr (voir annexe).
Matériel : piolet, crampons, corde.
Pente : plusieurs sections à 40°, une section plus raide sous le Dérochoir (45°/50°).

Itinéraire

* *Montée* : suivre les pistes jusque vers 1600 m, et tourner à gauche en traversant un vallon encombré de blocs. Remonter les pentes raides qui dominent, et mènent en plusieurs paliers à un plateau sous la partie supérieure du versant S du Dérochoir. Monter obliquement à droite vers une langue de neige raide, seul passage possible vers les arêtes sommitales. Remonter à pied cette langue de neige puis les pentes encore assez raides qui dominent, et terminer par une montée oblique à gauche.
* *Descente* : même itinéraire. Main courante utile pour la partie inférieure (20 m) de la langue de neige, étroite et ne laissant en général que la largeur des skis.

Autre approche

* Suivre l'itinéraire 119 jusqu'aux chalets d'Ayères du Milieu. Tourner à gauche, monter aux chalets d'Ayères des Pierrières et poursuivre en ascendance à gauche sous le Marteau, par des vallonnements. Moins raide et plus détourné.

125. AIGUILLE DE VARAN

couloir du Vellard

2544 m   vallée de l'Arve

Fiche technique

Accès routier : Sallanches puis Passy par D 13. Suivre
la route du Plateau d'Assy sur 4 km; carrefour, prendre
tout droit la petite route de Bay jusqu'à son terminus,
au départ du chemin d'alpage de Varan. 4,5 km de
Passy.

Carte : 3530 est (Passy-Désert de Platé).

Période : janvier-avril. Toutefois, en mars/avril, le
chemin de Varan est généralement déneigé au-dessous
de 1500 m.

Altitude départ : 1044 m.

Altitude sommet : 2544 m.

Dénivellation : 1500 m.

Orientation principale : S (couloir du Vellard).

Horaire global : 6 h 30 à 7 h.

Difficultés : D. Le couloir du Vellard est en S4 sur
300 m, avec des risques sérieux de coulées par temps
doux. Des difficultés alpines sur les 30 m sommitaux
(qui sont skiables par excellentes conditions, S5).

Matériel : piolet, crampons.

Pente : 37° sur 250 m, avec une section de 100 m à
presque 45°.

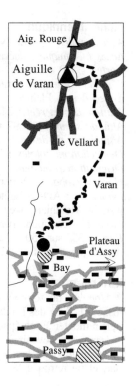

Itinéraire

* *Montée* : suivre la route d'alpage jusqu'à proximité
des chalets de Varan. S'élever alors directement dans
la combe assez large, qui se rétrécit ensuite en un couloir, nommé le Vellard. Dans
le haut du couloir, tirer à droite pour sortir sur le plateau supérieur. Le traverser en
montant vers la gauche jusqu'à la crête, immédiatement à droite (N) du sommet.
De là au sommet de l'Aiguille de Varan par le flanc gauche de l'arête, éventuellement
à ski à la descente.

* *Descente* : même itinéraire.

Traversée

* Gagner à l'ENE le refuge de Platé. De là, soit à Flaine par le col du Colonney,
soit rejoindre l'arête NE de la Tête du Colonney (course 126).

Chaîne des Fiz   237

126. TÊTE DU COLONNEY

descente de la combe de Monthieu

2692 m   vallée de l'Arve

Fiche technique

Accès routier : Flaine (voir course 128).
Accès mécanique : télécabine de l'Aup de Véran et télésiège des Lindars Noirs.
Carte : 3530 est (Passy-Désert de Platé).
Période : décembre-avril. La course est aussi praticable en novembre et mai/juin, à pied depuis Flaine.
Altitude départ réel : 2484 m.
Altitude sommet : 2692 m.
Altitude fin de descente : 1577 m.
Dénivellations totales : 340 m de montées, 1215 m de descentes.
Orientation principale : N.
Horaire global : 3 h depuis la station.
Difficultés : AD–. L'arête terminale est étroite. Descente en S4 au départ, puis S3 jusqu'à Monthieu, avec quelques barres rocheuses.
Matériel : crampons parfois utiles au sommet.
Pente : 35° sur 150 m, avec près de 40° au départ.
A pied depuis Flaine : 1240 m de dénivellation totale, horaire global 5 h 30.

Itinéraire

* *Montée* : du sommet du télésiège des Lindars Noirs, suivre les arêtes faîtières jusqu'à la Tête des Lindars (2560 m). Traverser en descendant légèrement flanc N, puis remonter à une épaule sur la droite, et suivre l'arête terminale à pied ou à ski.
* *Descente* : revenir à l'épaule. De là descendre directement au NE puis au N, jusqu'au fond du cirque de Monthieu. Remonter à l'E au col de Monthieu, près duquel on retrouve les pistes.

Variantes

* Hors saison, à pied depuis Flaine, remonter la piste le long de la télécabine, gagner le col de Monthieu puis s'élever en oblique sous l'arête faîtière, en restant à droite du télésiège des Lindars Noirs; rejoindre les crêtes à la Tête des Lindars.
* A la descente, après 300 m, obliquer à gauche vers le col de Monthieu; plus court mais moins intéressant.

Autres itinéraires

* Approche par le Désert de Platé. Du téléphérique des Grandes Platières, descendre au S jusqu'au refuge de Platé (2032 m), en louvoyant parmi quelques barres sur le Désert de Platé. Obliquer à l'W en remontant, puis s'élever au N le long des

Forts de Platé, pour gagner la Tête des Lindars en tirant à gauche. Beau circuit, un peu déprécié depuis la construction du télésiège des Lindars Noirs.

* Descente directe de la face N : itinéraire très difficile et exposé, comportant des passages dans des barres rocheuses. 1ère descente : D. Neuenschwander.

* Descente de toute la combe de Monthieu et du Pas de Monthieu : ce passage très étroit et raide est rarement praticable, S5 et rappel parfois nécessaire. On débouche au refuge de Véran, d'où une route mène aux chalets du Grand Arvet et à Saint-Martin-d'Arve (42 km de navette).

Le «Grand Massif»

La région comprise entre l'Arve, le Giffre et le plateau d'Anterne, autrefois baptisée «Haut Faucigny», est dans une situation d'équilibre entre aménagement et protection. Aux réserves naturelles de Sixt et de Passy, répondent les pentes équipées du «Grand Massif», dénomination d'ensemble pour le complexe des stations de Flaine, Samoëns, Morillon et les Carroz. Créée de toutes pièces dans un site vierge, Flaine a servi de catalyseur aux stations-villages plus anciennes, qui se sont raccordées à elle. Aujourd'hui, avec des formules nuancées, Passy et Sixt se sont interrogées : ne pouvaient-elles prendre leur part du gâteau, quitte à lui trouver demain un goût amer? Même si l'on conteste cette volonté d'extension, si l'on déplore l'équipement du site de Flaine, force est de reconnaître que le «Grand Massif» permet un ski de piste ou de hors-piste varié, agréable et moins sophistiqué que dans les usines à ski de la Tarentaise. Dommage que le petit "plus" culturel des débuts de Flaine tende aujourd'hui à sacrifier à la mode des loisirs motorisés.

127. AUP DE VÉRAN

couloir nord-ouest

2437 m   vallée de l'Arve

Fiche technique

Accès routier : Flaine (voir course 128).
Accès mécanique : télécabine de l'Aup de Véran.
Carte : 3530 est (Passy-Désert de Platé).
Période : janvier-avril (et mai sans les remontées).
Altitude départ réel : 2196 m.
Altitude sommet : 2437 m.
Altitude fin de descente : 1577 m.
Dénivellation : montée 240 m , descente 860 m.
Orientation principale : N dans l'ensemble pour
la descente, NW dans le couloir.
Horaire global : 2 h. Il est conseillé de coupler
cette petite course avec la Tête du Colonney
(course 126); isolément, elle peut constituer une
initiation à la randonnée pour très bons skieurs.
Difficultés : D–. S4 dans le couloir, un court
passage étroit et exposé de S5; risque de plaques

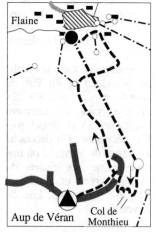

à vent dans la partie supérieure. Montée facile. Corniches sur les arêtes faîtières.
Pente : 40° sur 100 m dans le couloir.

Itinéraire

* *Montée* : de l'arrivée de la télécabine, monter vers le col de Monthieu. Sans aller
au col, s'élever à droite puis en oblique vers l'épaule (2300 m env.) au NE de l'Aup
de Véran. Contourner la base de l'arête NE de l'antécime 2411 m et monter obliquement dans son flanc N. Rejoindre l'arête faîtière et la suivre jusqu'au sommet.
* *Descente* : même itinéraire jusque près de l'épaule. Tourner à gauche, s'engager
dans le couloir NW, le descendre sur sa rive droite. Franchir l'étranglement raide
(rocher), en sortir à droite, puis descendre directement vers les pistes de Flaine.

Autres itinéraires

* Descente par la voie de montée, facile.
* Couloir central : du sommet, revenir un instant le long de l'arête puis aller à
gauche pour passer juste à gauche d'un gros bloc rocheux. Poursuivre par des
pentes modérées le long d'une croupe séparant en deux le versant N de l'Aup de
Véran. La quitter à droite vers 2300 m pour s'engager dans un couloir qui se
resserre. Le franchissement de l'étranglement n'est pas toujours possible à ski
(rochers). Plus bas, on retrouve les pistes de Flaine. D; prendre une corde.

240   Sur le plateau de Carlaveyron. ➤ →

Arrivée au sommet de la Tête de
Moëde (course 119)

La Tête du Colonney (course 126), vue de l'Aup de Véran
Descente du Brévent sur Carlaveyron (course 134)

Descente des Aiguilles Crochues, face à l'Aiguille Verte (course 131)

Descente de la face nord du Mont Maudit (course 151)

Le refuge Vallot, sur la voie normale du Mont Blanc (course 149)
Sur le glacier des Courtes (course 160)

Montée à la Pointe Isabella
(course 160)

128. LES GRANDES PLATIÈRES LES GRANDS VANS

descentes hors-piste à partir de Flaine

2480 m   vallée de l'Arve / vallée du Giffre

Fiche technique

Accès routier : station de Flaine, depuis Cluses ou Taninges par Arâches et les Carroz. 30 km depuis Cluses.

Retour et navette : soit avec 30 min de peaux de phoque et le téléski de Gers, soit à Sixt : hameau d'Englène, sur la rive gauche du Giffre à 2 km de Sixt. La jonction entre Sixt et Flaine est assez longue : 43 km par Samoëns, Châtillon, Arâches.

Accès mécanique : téléphérique des Grandes Platières; télésiège des Grands Vans.

Carte : 3530 est (Passy-Désert de Platé).

Période : décembre-avril (mais dès le mois de mars, on aura du mal à descendre très bas en direction de Sixt).

Altitude départ réel (sommets) : 2480 m (Grandes Platières), 2208 m (Grands Vans).

Altitude fin de descente : soit 1537 m au lac de Gers, soit 850 m à Englène.

Dénivellations : jusqu'au lac de Gers, 945 m et 670 m de descentes; rajouter 685 m si l'on descend jusqu'à Sixt; dans le cas contraire, 150 m de remontée, puis pistes.

Orientation principale : NE puis NW pour la combe des Foges, E pour la descente des Grands Vans; NE pour la descente sur Sixt.

Horaire global : 1 h 30 à 2 h pour chaque descente jusqu'à Sixt, sans compter les remontées mécaniques. On enchaînera sans peine les deux descentes dans la journée, en remontant une fois depuis les chalets de Gers par le téléski de Gers. Au printemps, il faudra commencer par la descente des Grands Vans, étant donné l'orientation.

Difficultés : F pour la combe des Foges, AD pour le versant E des Grands Vans, PD pour la descente de Gers à Sixt. Seule la descente des Grands Vans présente des difficultés et des dangers : S4 soutenu avec un passage étroit et obligatoire, risques de plaques à vent dans le haut, de coulées dans le couloir inférieur. L'arrivée sur Sixt présente un passage étroit sur le chemin, parfois mal enneigé.

Matériel : peaux de phoque et skis de randonnée si l'on ne descend pas jusqu'à Sixt.

Pente : 32° sur 500 m avec un passage à plus de 40°, dans le versant E des Grands Vans.

Itinéraires

a) Combe des Foges : des Grandes Platières, descendre au N vers le col de Platé, le laisser juste à gauche et poursuivre en traversée sous le versant E de Tête Pelouse, afin de déboucher en haut de la combe des Foges. Descendre cette combe douce jusque vers 2050 m, en sortir en traversée rive gauche et rejoindre un pylône sur une crête (P. 1996 m). De là, descendre de grandes pentes en direction NW, suivies d'une large trouée en forêt. Ne pas descendre la trouée jusqu'en bas – à moins que l'on ne

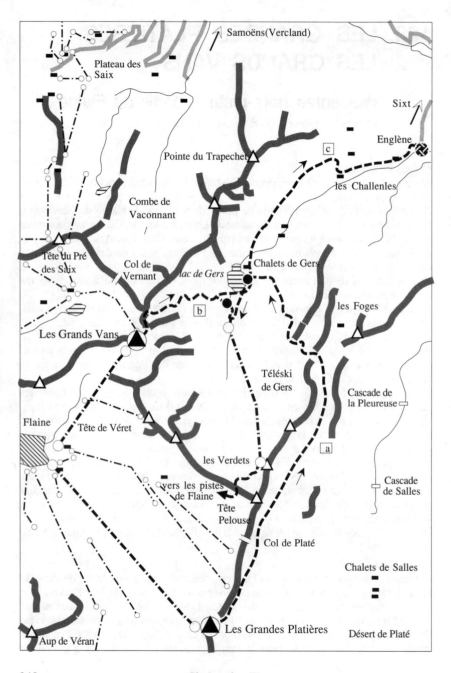

Samoëns(Vercland)

Plateau des
Saix

Sixt

Englène

Pointe du Trapechet

c

les Challenles

Combe de
Vaconnant

Tête du Pré
des Saix

Col de
Vernant

lac de Gers

Chalets de Gers

les Foges

b

Les Grands Vans

Téléski
de Gers

Cascade de
la Pleureuse

Flaine

Tête de Véret

les Verdets

a

Cascade
de Salles

vers les pistes
de Flaine

Tête
Pelouse

Col de Platé

Chalets de Salles

Les Grandes Platières

Aup de Véran

Désert de Platé

descende jusqu'à Sixt – mais tourner à gauche en forêt au P. 1658 m et par une trouée étroite déboucher juste au-dessus des chalets de Gers. De là, pour rejoindre le domaine skiable, remonter rive droite de la combe de Gers pour trouver le départ du téléski de Gers.

b) Versant E des Grands Vans : des Grands Vans, partir au NE jusqu'à un pylône électrique, le dépasser franchement et tourner à droite dans de larges pentes dominant la combe de Gers. Descendre ces pentes d'abord plutôt sur la droite, puis en se rapprochant de l'axe central marqué par un grand couloir sur la gauche. Descendre jusqu'à une rupture de pente (barres) et gagner un éperon coiffé de sapins sur la gauche : on découvre un couloir étroit qui mène à gauche dans le grand couloir. Rester rive droite du grand couloir, le quitter bientôt sur la droite et descendre directement jusqu'à la combe de Gers, à mi-chemin entre le lac et le départ du téléski de Gers.

c) Descente de Gers à Sixt : des chalets de Gers, sur la rive droite du lac (1544 m), repasser rive gauche du torrent de Gers, et suivre un large chemin jusqu'à la Pépinière (1504 m). Descendre en oblique à gauche par des clairières, puis revenir à droite aux Challenles. Repartir largement rive gauche du torrent de Gers et descendre par des pentes boisées et des clairières pour retrouver le chemin sur la rive gauche, au-dessus des barres inférieures (980 m env.). Par le chemin, franchir les barres (raide, souvent déneigé). On arrive bientôt au hameau d'Englène.

Autres itinéraires de hors-piste

* Tête Pelouse (2475 m). Immédiatement accessible à pied depuis l'arrivée du téléski de Gers. La descente est courte mais difficile, dans la partie W de la face N, le long de l'arête qui la borde. On peut alors enchaîner avec la combe des Foges, ou mieux, revenir au NW pour descendre toute la combe de Gers (pentes raides sur 150 m; cette partie est classique au départ du téléski de Gers).

* Versant NE de la Tête de Véret. Accès par le téléski de Véret. Partir de l'arête faîtière entre la Tête de Véret et la Tête de Balacha, descendre en versant N et traverser nettement à droite vers 2000 m pour éviter des barres et retrouver la combe de Gers. Pentes assez raides et avalancheuses. Retour par le téléski de Gers.

* Combe de Vaconnant. Départ du sommet des Grands Vans. Partir au NE, dépasser le pylône électrique et rejoindre le P. 2108 m à la jonction des arêtes. Soit partir directement dans le versant N en tirant sur la gauche, soit, si les conditions ne sont pas assez sûres, faire un large détour au NW par le col de Vernant et rejoindre le versant N dans sa partie moins raide. Descendre la combe de Vaconnant plutôt rive gauche au début, puis en son centre, jusqu'à l'entrée de la forêt. Prendre un chemin rive gauche, qui permet de rejoindre la route venant de Vercland. Si l'on veut rejoindre le domaine skiable, il vaut mieux de là remettre les peaux pour retrouver la route du Plateau des Saix. Retour par téléskis et télésièges (forfait Grand Massif).

* Pointe de Cupoire et combe d'Écharny. Accès depuis la station des Carroz, ou de la Tête du Pré des Saix en longeant les arêtes faîtières. Plusieurs départs possibles dans le versant N (délicat). Descendre le versant N jusqu'à l'Écharny (1244 m), passer rive gauche du torrent du Verney, et suivre un chemin qui mène aux Esserts (station de Morillon). Retour par les télésièges (forfait Grand Massif).

129. COL DE BEUGEANT

traversée des Aiguilles Rouges

2807 m   vallée de l'Eau Noire

Fiche technique

Accès routier : col des Montets, à mi-chemin entre Argentière et Vallorcine sur la N 506 reliant Chamonix à Martigny (CH). Sur le versant de Vallorcine, s'arrêter à 0,5 km du col. 4 km d'Argentière, 3,5 km de Vallorcine. Le retour se situe au hameau du Buet, distant de 1,5 km du point de départ.
Carte : 3630 ouest (Chamonix-Mont-Blanc).
Période : décembre-mai.
Altitude départ : 1431 m.
Altitude sommet : 2807 m.
Altitude fin de descente : 1329 m.
Dénivellations : 1375 m de montée (dont 50 m à pied), 1480 m de descente.
Orientation principale : circuit; la partie principale de la descente est NW.
Horaire global : 6 h 30.
Difficultés : AD. La fin de la montée au col de Beugeant est délicate (pente raide suivie de rochers sur 50 m). La descente est en S3 et S4 soutenue depuis le col de l'Encrenaz jusqu'au vallon de Bérard, sur plus de 800 m, ainsi qu'au départ du col de Beugeant. Risques de plaques dans le haut, d'avalanches dans la partie médiane et dans le vallon de Bérard. Risques de coulées dans la partie inférieure de la montée, mais on s'y trouve généralement à une heure matinale.
Matériel : piolet, crampons, corde, sangles, pour l'arrivée au col de Beugeant.
Pente : plusieurs sections de 100 m ou plus à 35°.
Remarque : avec l'option au départ de la Flégère (ou de l'Index) comme pour le col du Belvédère (voir course 130) : 650 m à 950 m de montée, 4 h 30 à 5 h 30 du parking de la Flégère au hameau du Buet.

Itinéraire

* *Montée* : remonter le cône de déjection du vallon de Praz-Torrent jusqu'à ce qu'il se redresse. Là, soit traverser à gauche et remonter une croupe arrondie raide et les pentes soutenues qui lui font suite, soit prendre juste à gauche un couloir qui se redresse notablement dans le haut et en sortir à gauche en traversée oblique; ces deux variantes se rejoignent vers 1950 m. S'élever en oblique à gauche sous l'éperon E de l'Aiguille de Mesure, et gravir de droite à gauche une pente raide au-dessus d'une haute barre rocheuse, menant en bordure de la combe de l'Encrenaz (replat, 2180 m env.). Traverser à gauche, passer rive droite de la combe et continuer à traverser longuement sans trop s'élever, pour contourner la base des Aiguilles de l'Encrenaz, de la Persévérance et des Chamois, jusqu'à ce que l'on découvre le cirque neigeux encaissé donnant accès à la crête sommitale des

Aiguilles Rouges. Remonter ce cirque presque jusqu'à sa partie supérieure (là où la neige monte le plus haut). Ne pas continuer tout droit vers un petit gendarme pointu, mais 50 m sous la crête aborder à gauche les rochers et les gravir en oblique à gauche (raide et délicat) pour gagner le col de Beugeant.– On peut aussi utiliser un petit couloir neigeux raide (à pied), mais celui-ci débouche sur la crête au-dessus du col et le départ sur l'autre versant nécessite de descendre 40 m à pied dans du terrain mixte raide.

* *Descente* : du col, descendre les pentes supérieures en obliquant tout de suite à droite sur le glacier de Beugeant, et gagner ainsi les abords du col de l'Encrenaz. Descendre ensuite directement le versant NW du col de l'Encrenaz. Éviter quelques obstacles tantôt par la gauche, tantôt par la droite, mais en se tenant plutôt sur la droite, à l'aplomb de l'Aiguille Morris. Vers 2000 m la pente se redresse au-dessus de barres et deux passages sont possibles. Soit revenir sur la gauche et par une traversée raide et délicate rejoindre un couloir étroit, exposé au départ, qui débouche dans le vallon de Bérard au P. 1742 m; soit traverser à droite et descendre au mieux à l'aplomb de l'Aiguille de Mesure, ce qui permet de revenir obliquement sur le vallon de Bérard au P. 1702 m. Descendre alors le vallon de Bérard jusqu'au hameau du Buet (voir course 115).

Variantes

* Accès par la station de la Flégère : voir course 130. On rejoint l'itinéraire décrit ci-dessus en abordant le cirque neigeux donnant accès au col de Beugeant.
* Descente par la branche W du glacier de Beugeant. Partir du col tout droit puis en appuyant à gauche et descendre la branche W du glacier de Beugeant. En sortir rive droite puis descendre des pentes soutenues, parfois étroites entre des barres, jusqu'au vallon de Bérard.
* Descente par le glacier d'Anneuley. Commencer comme ci-dessus mais vers 2550 m traverser à gauche sous l'Aiguille de la Tête Plate et rejoindre le glacier d'Anneuley. Le descendre et continuer en oblique à gauche pour retrouver le vallon de Bérard au niveau du refuge de Pierre à Bérard. Descente plus facile que les autres descentes du versant NW.
* Descente par le versant E du col de l'Encrenaz (voir ci-dessous).

Col de l'Encrenaz (2579 m)

* Itinéraire du versant E. Monter comme pour le col de Beugeant, depuis les abords du col des Montets, jusqu'au replat 2180 m env. Poursuivre au-dessus par une belle pente dont on sort à gauche dans la combe de l'Encrenaz. Remonter la combe jusqu'au col (on sort à droite sous les rochers de l'Aiguille Morris). Descente par le même itinéraire, ou en traversée comme indiqué dans l'itinéraire de base. Ces deux descentes sont magnifiques, de difficultés équivalentes; on préférera le versant E en neige transformée, le versant NW en poudreuse. Le col de l'Encrenaz, en aller-retour ou en traversée, constitue une doublure intéressante et plus courte du col de Beugeant. 1150 m de la route des Montets. Crampons pour l'arrivée au col.

Croquis page 247.

130. COL DU BELVÉDÈRE

descente du glacier de Bérard

2780 m   vallée de l'Arve / vallée de l'Eau Noire

Fiche technique

Accès routier : Chamonix et les Praz de Chamonix à 3 km. Parking de la Flégère.
Retour et navette : hameau du Buet, entre le col des Montets et Vallorcine (voir course 113). Trains pour revenir aux Praz. Navette de 10 km.
Accès mécanique : téléphérique de la Flégère, éventuellement télésiège de l'Index. Ouverture 8 h 30. Tél. 50.53.33.30.
Carte : 3630 ouest (Chamonix-Mont-Blanc).
Période : décembre-mai. En fin de saison, voir annexe pour la montée.
Altitude départ réel : 1830 m, sous l'hôtel de la Flégère.
Altitude sommet : 2780 m.
Altitude fin de descente : 1329 m.
Dénivellations : 950 m de montée, 1450 m de descente.
Orientation principale : NW (couloir du Belvédère et glacier de Bérard).
Horaire global : 5 h 30, depuis la station de la Flégère.
Difficultés : D–. Le couloir du versant N est en S5 sur plus de 100 m; S4 puis S3 sur le glacier de Bérard, où l'on peut trouver quelques rares crevasses. Un risque de plaques existe sur ce versant. Le couloir du Belvédère étant classique, il est souvent strié de traces, qui peuvent devenir dangereuses lorsqu'il a regelé.
Matériel : crampons pour la sécurité.
Pente : 45° sur 150 m au départ du col.

Itinéraire

* *Montée* : de la Flégère, suivre l'itinéraire du lac Blanc et de la combe du Belvédère, commun à la voie normale des Aiguilles Crochues (course 131). Ne pas quitter la combe mais la remonter directement jusqu'au col bien visible.
* *Descente* : descendre le couloir NW du col, qui tourne et s'élargit, puis le glacier de Bérard en appuyant à gauche. Rejoindre la combe de Bérard où l'on retrouve la voie normale du Buet (course 115) à proximité du refuge de Pierre à Bérard.

Variantes

* En dehors des périodes d'ouverture des remontées mécaniques de la Flégère, partir du versant N du col des Montets en utilisant l'itinéraire de montée au col de l'Encrenaz et au col de Beugeant (voir course 129). Au total, 1400 m, 7 h.
* Accès depuis le sommet du télésiège de l'Index : voir annexe course 131.
* Aller-retour par le vallon et le glacier de Bérard (piolet, crampons); 7 h.
* Descente par l'itinéraire de montée, facile; on a alors mieux à faire en montant aux Aiguilles Crochues (voir course 131).

Sommet optionnel

* Pointe Alphonse Favre (2788 m), accessible par le glacier du Mort, affluent du glacier de Bérard; belles pentes N assez raides.

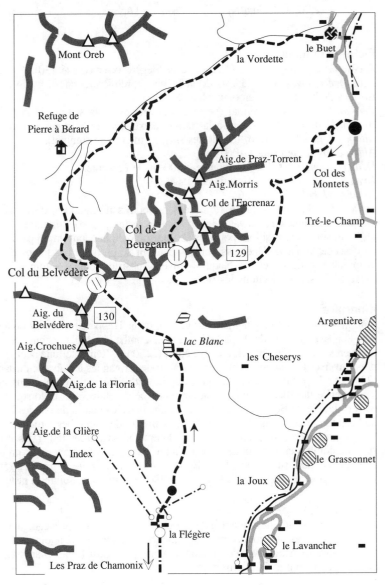

Chaîne des Aiguilles Rouges

131. AIGUILLES CROCHUES

voie normale par le lac Blanc

2837 m (pointe N)   vallée de l'Arve

Fiche technique

Accès routier : les Praz de Chamonix, la Flégère (voir course 130).
Accès mécanique : téléphérique de la Flégère (première benne 8 h 30).
Carte : 3630 ouest (Chamonix-Mont Blanc).
Période : décembre-avril/mai (période d'ouverture de la station de la Flégère).
Altitude départ réel : 1894 m à la station; départ réel 1830 m juste en dessous.
Altitude sommet : 2837 m (dépôt des skis 20 m sous le sommet).
Altitude fin de descente : 1060 m.
Dénivellations : 1000 m de montée, 1800 m de descente.
Orientation principale : E, puis S.
Horaire global : 5 h 30 à 6 h.
Difficultés : F. Malgré la proximité des remontées mécaniques, c'est une course sérieuse dans un cadre sauvage. Les difficultés techniques sont minimes, mis à part les 30 m sommitaux, si l'on porte les skis au sommet. Sections en S3 par l'itinéraire de descente proposé. Quelques coulées peuvent se produire par temps doux dans la moitié supérieure, et des plaques peuvent subsister sous le sommet.
Pente : 32° sur les sections les plus raides.

Itinéraire

* *Montée* : descendre légèrement sur la piste de la Trappe, et traverser obliquement vers le NE, pour atteindre la partie basse de la combe des Aig. Crochues. La remonter et en sortir à droite par un passage étroit (2150 m). Remonter une pente arrondie, puis traverser de nouveau obliquement à droite, et gagner les abords du lac Blanc (2352 m). Le refuge, qui ne fait plus que buvette l'été, est invisible sous la neige. Traverser le lac Blanc, remonter la large combe du Belvédère, et lorsqu'on arrive sous l'Aiguille du Belvédère appuyer à gauche dans les pentes du col des Dards. Ne pas gagner ce col mais sur la gauche la pointe N des Aiguilles Crochues.
* *Descente* : même itinéraire sur 100 m. Obliquer alors à droite (E) et descendre une suite de combes en passant de l'une à l'autre par de courtes traversées; on descend ainsi directement sur le lac Blanc. Ensuite, suivre l'itinéraire de montée (50 m de remontée pour revenir à la Flégère). De la Flégère aux Praz, suivre la piste (noire).

Variantes

* Accès par le télésiège de l'Index. Depuis l'arrivée du télésiège, une longue traversée descendante, coupée de zones horizontales, permet de rejoindre l'itinéraire décrit ci-dessus à la traversée oblique à droite précédant le lac Blanc. On gagne ainsi entre 30 min et 1 h de montée.

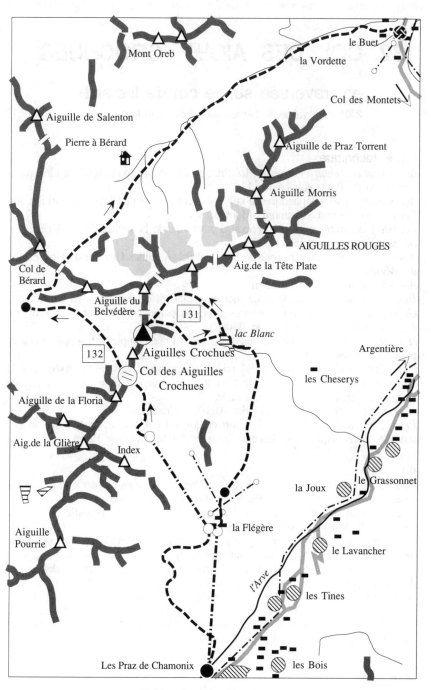

Chaîne des Aiguilles Rouges 249

132. COL DES AIG^LLES CROCHUES

en traversée sur le col de Bérard

2701 m   vallée de l'Arve / vallée de l'Eau Noire

Fiche technique

Accès routier, retour et navette : les Praz de Chamonix (parking de la Flégère) et le hameau du Buet, voir course 130.
Accès mécanique : téléphérique de la Flégère et télésiège de l'Index (départ 8 h 30).
Carte : 3630 ouest (Chamonix-Mont-Blanc).
Période : décembre-avril, en période d'ouverture de la station de la Flégère.
Altitude départ réel : 2385 m.
Altitude des cols : 2701 m (brèche S du col des Aiguilles Crochues), 2460 m (col de Bérard).
Altitude fin de descente : 1329 m.
Dénivellations totales : 500 m de montées, 1550 m de descentes, en deux fois.
Orientation principale des descentes : W, en partie sur des pentes S (col des Aiguilles Crochues), NE (col de Bérard).
Horaire global : 3 h 30 à 4 h. A pied depuis les Praz, compter 4 h supplémentaires pour 1325 m de montée.
Difficultés : PD+. Pentes ravinées raides et exposées dans la traversée sous la Pointe Alphonse Favre, où il existe des risques d'avalanches. Le couloir de montée au col des Aiguilles Crochues est raide.
Matériel : crampons pour le col des Aiguilles Crochues.
Pente : 50° à la montée dans le court couloir du col (moins de 100 m). 40° en traversée dans la première descente, sous la Pointe Alphonse Favre.

Itinéraire

* *Montée* : traverser le plateau de l'Index vers le N, puis monter obliquement à droite vers les Aiguilles Crochues. Repérer, fermant la combe sur la gauche de ces aiguilles, deux couloirs issus des deux brèches du col des Aiguilles Crochues; remonter de préférence celui de gauche.
* *Traversée au col de Bérard* : descendre obliquement à droite, en perdant le minimum d'altitude, pour effectuer une longue traversée sous les Aiguilles Crochues, l'Aiguille du Belvédère et la Pointe Alphonse Favre; les pentes deviennent de plus en plus ravinées et raides. On débouche en bordure de la rive gauche de la combe d'Envers Bérard (2288 m). Remonter cette combe jusqu'au col de Bérard.
* *Descente* : par la combe de Bérard dont on sort sur la droite, puis par la rive droite du vallon de Bérard où l'on retrouve la voie normale de descente du Buet (course 115), descendre jusqu'au hameau du Buet.

Croquis page 249.

Variantes

* Le couloir de la brèche N du col des Aiguilles Crochues (2704 m) peut être utilisé.
* Départ à pied des Praz : 1815 m de montées au total, 9 h.
* Départ de la Flégère. Monter par la combe des Aiguilles Crochues. 5 h au total.
* Après le début de la descente du col des Aiguilles Crochues, il est possible de descendre directement la combe de la Balme, à l'aplomb des Aiguilles Crochues, en empruntant un goulet très étroit. On débouche vers 1950 m dans la combe d'Envers Bérard. Dénivellation supplémentaire 350 m.

Sommets voisins

* Aiguille de la Floria (2888 m), par la face N très raide mais relativement courte (200 m dont 100 m à plus de 50°); TD. 1ère descente : J.-P. Mansart, 22 mars 1975.
* Aiguilles Crochues (2840 m) : couloir du versant NE, raide et étroit, mais court (45°); J.-P. Mansart et D. Potard, 18 décembre 1976.
* Aiguille du Pouce (2874 m), face N directe; 350 m à 50°/55°, passage à 60°, exposée (D. Chauchefoin, 17 janvier 1982).

Traversées

* La traversée du col des Aiguilles Crochues permet de rejoindre la haute vallée de la Diosaz. Pour les différentes jonctions, voir les annexes aux courses 115 et 120.
* Du sommet de la pointe N des Aiguilles Crochues (voir course 131), suivre à pied l'arête SSW, sur 30 m env. De là est issu un beau et étroit couloir, assez raide, en direction NW : ce couloir ramène à la traversée décrite ici.

Les Aiguilles Rouges

Des aiguilles de gneiss, renfermant du fer qui leur a donné cette couleur particulière; deux versants contrastés, touristique pour l'un, sauvage pour l'autre; des pentes enneigées tard en saison, qui ont incité les Chamoniards à y établir un domaine skiable à visage humain; une situation exceptionnelle de balcon face à l'ensemble de la chaîne du Mont-Blanc; une richesse florale unique mise en valeur dans le cadre d'une réserve naturelle dont l'animation s'appuie sur la forte fréquentation de la haute vallée de l'Arve : telles sont, rapidement résumées, les Aiguilles Rouges, qui culminent à presque 3000 mètres à l'Aiguille du Belvédère. Elles valent mieux que la réputation de massif secondaire qui leur a été faite en raison de la proximité du Mont Blanc. Pour le randonneur hivernal, l'utilisation des téléphériques du Brévent et de la Flégère permet d'entreprendre des traversées remarquables sur les vallons déserts de la Diosaz – d'où il faudra ressortir par le haut – et de l'Eau de Bérard. Si la descente du Brévent sur le Coupeau doit satisfaire le débutant, c'est dans la traversée de la chaîne, à l'écart des installations, que le chevronné trouvera son bonheur.

133. AIGUILLE DE LA GLIÈRE

en traversée de la Flégère

2852 m   vallée de l'Arve

Fiche technique

Accès routier : Chamonix et les Praz de Chamonix à 3 km. Parking du téléphérique de la Flégère.

Accès mécanique : téléphérique de la Flégère et télésiège de l'Index (départ 8 h 30).

Carte : 3630 ouest (Chamonix-Mont-Blanc).

Période : décembre-avril.

Altitude départ réel : 2385 m.

Altitude sommet : 2852 m (dépôt des skis à la pointe S, 2836 m).

Altitude fin de descente : 1062 m.

Dénivellations : 450 m de montée (plus 25 m d'escalade), 1775 m de descente.

Orientation principale : circuit; descente sommitale SW.

Horaire global : depuis l'Index, 4 h.

Difficultés : AD. Passages raides à la montée, près du gendarme Wehrlin; risques d'avalanches dans toute la montée. Escalade finale (facultative) en II et III. Descente en S4 au départ et sous le col des Lacs Noirs (grosse corniche), en S3 soutenu sur le reste du parcours.

Matériel : piolet ou crampons; éventuellement, corde et chaussons pour le sommet.

Pente : 42° sur environ 100 m, au départ.

Itinéraire

* *Montée* : s'élever droit au-dessus du plateau de l'Index, par un couloir, jusqu'au niveau d'une aiguille très remarquable, le gendarme Wehrlin. Quitter le couloir sur la gauche et gagner le plateau supérieur, qu'on traverse vers la gauche jusqu'à l'arête sommitale. La partie à ski se termine à la pointe S. Pour le point culminant (pointe centrale), escalader l'arête SE rocheuse.

* *Descente* : de la pointe S, descendre à peu près directement le versant SW (à gauche puis à droite), en évitant quelques barres. Rejoindre en traversée le col des Lacs Noirs, descendre son versant SE jusqu'à la jonction avec la combe de la Glière. Suivre cette combe et la piste jusqu'aux Praz.

Variantes

* Aller-retour par l'itinéraire de montée (rarement intéressant).
* Aller-retour par l'itinéraire de descente, en partant de la Flégère.
* Descente par le col de la Glière, un peu moins raide mais plus détourné que le col des Lacs Noirs. Ce secteur semble condamné à un aménagement à court terme.
* Descente de la combe de la Floria, sous la face S du Pouce. Cette combe n'aboutit pas, vers 2000 m il faut remonter à la crête des Vergys, et de là au col des Lacs Noirs.

 Aiguille de la Glière

Index de la Glière

la Chapelle

Col de la Glière

la Flégère

Aiguille Pourrie

la Parsa

Les Praz de Chamonix

La vallée de Chamonix

L'histoire de la haute vallée de l'Arve, ou vallée de Chamonix, est intimement liée à celle de l'alpinisme et du ski, à la conquête des grands sommets de la chaîne du Mont-Blanc. Les voyageurs fréquentent la vallée dès le XVIIIe siècle, pour se faire conduire à la Mer de Glace par les premiers guides de haute montagne. Le phénomène s'accélère à compter du 8 août 1786, date de l'ascension historique du "toit de l'Europe". Le ski, introduit dès l'aube du XXe siècle par le docteur Payot, acquiert droit de cité pour devenir, au fil des ans, une activité essentielle à la vie économique. Aujourd'hui, les touristes se pressent par milliers chaque jour au départ du chemin de fer du Montenvers, des téléphériques du Brévent et de l'Aiguille du Midi; Chamonix cherche à gérer cet afflux sans perdre son identité. L'équilibre n'est pas chose facile. En 1965, le tunnel inauguré en grande pompe par le président De Gaulle était considéré comme une avancée décisive pour la vallée, assurant une communication rapide avec le voisin valdôtain. En 1990, un projet de doublement de la percée routière provoque une levée de boucliers : Chamonix rejette les colonnes de poids lourds qui infestent son environnement et nuisent à son image de marque. De quoi demain sera-t-il fait? La maîtrise d'un patrimoine, richesse d'une communauté montagnarde gâtée par la nature, est une affaire de long terme; le profit, lui, favorise plutôt les décisions à courte vue.

134. LE BRÉVENT

descente par Carlaveyron
traversée des Aiguillettes sur le Coupeau

2525 m   vallée de l'Arve

Fiche technique

Accès routier : Chamonix. Parking du téléphérique du Brévent.
Accès mécanique : télécabine de Planpraz et téléphérique du Brévent. Ouverture 9 h. Tél. 50.53.13.18.
Retour et navette : le Bettey ou le Coupeau, d'où une route descend jusqu'au barrage sur l'Arve, près de la Route Blanche. 14 km de navette entre le Coupeau et Chamonix.
Cartes : 3530 est (Passy-Désert de Platé), éventuellement 3630 ouest (Chamonix-Mont-Blanc).
Période : janvier-avril.
Altitude départ réel : 2525 m au Brévent.
Altitude sommets : 2525 m (le Brévent), 2313 m (Aiguillette du Brévent).
Altitude fin de descente : 1352 m.
Dénivellations totales : 325 m de montée, 1500 m de descentes; si l'on évite le passage par Carlaveyron, soustraire 150 m.
Orientation principale : SW.
Horaire global : depuis le Brévent, 3 h.
Difficultés : PD. S3 dans le début de la descente du Brévent; plusieurs sections en S3 soutenu sous l'Aiguillette des Houches. Risques de coulées sous l'Aiguillette des Houches.
Pente : 38° sur 100 m sous l'Aiguillette des Houches.

Itinéraire

* *Du Brévent à l'Aiguillette du Brévent* : descendre du Brévent en direction SW, dans le flanc gauche de l'arête de Bel Lachat, d'abord assez loin de cette arête puis en s'en rapprochant. Après avoir laissé une bosse à droite, descendre directement sur le plateau de Carlaveyron (1975 m env.). Remonter sous une barre; un couloir étroit donne accès au plateau supérieur, qu'on remonte directement en appuyant à droite vers l'Aiguillette du Brévent.
* *Descente* : descendre par l'arête jusqu'à proximité de l'Aiguillette des Houches (2285 m). Passer versant S, et après une première pente traverser à droite sous l'antécime 2241 m. Descendre alors tout droit jusqu'à un ruisseau, le traverser, descendre un peu en forêt et rejoindre un chemin très oblique à gauche (S). Suivre ce chemin qui mène à Plan de la Cry, d'où l'on descend sur le Bettey, éventuellement sur le Coupeau.

Variantes

* Descente par le lac du Brévent (moins évident pour rejoindre Carlaveyron).
* Sans passer à Carlaveyron. Après les arêtes de Bel Lachat, gagner le col de Bel Lachat (2130 m) et remonter directement à l'Aiguillette. Plus court et plus classique.
* Remontée de Carlaveyron par le lac de l'Aiguillette et un crochet à l'W sous les Frêtes de la Vogealle.
* On peut poursuivre la descente de Carlaveyron vers le NW jusque vers 1600 m, mais il faut remonter par l'Aiguillette, la descente par le vallon de la Diosaz n'aboutissant pas (voir annexe course 120).
* Nombreuses descentes possibles des arêtes de l'Aiguillette; la plus facile, après le départ commun, utilise la combe qui fait suite et le chemin des chalets de Chailloux (moins intéressant).
* Aller-retour à pied depuis le Bettey ou le Coupeau, jusqu'à l'Aiguillette des Houches ou à l'Aiguillette du Brévent : environ 950 m de dénivellation, 4 h.

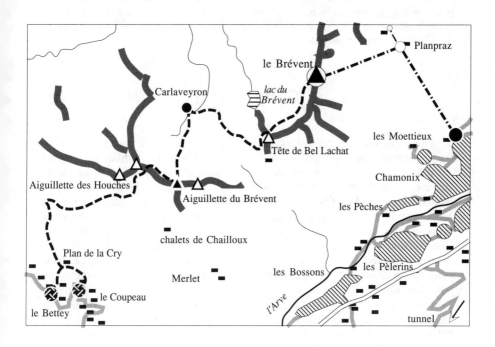

Hors-piste au Brévent

* Couloir Bellin : c'est le plus beau et le plus raide, il longe la face E supérieure du Brévent, juste sous le téléphérique, puis tourne à gauche et rejoint la combe du Brévent. Il faut descendre jusqu'à Chamonix. Etroit et raide, D+.

* Couloir Allais : il a son origine sous le "mur du Brévent" qu'emprunte la piste habituelle, et débouche lui aussi dans la combe du Brévent, un peu au-dessous du niveau de Planpraz. Moins raide et moins étroit que le précédent, mais soutenu, D.

* Nombreuses petites descentes possibles en quittant l'arête entre la piste normale et le col du Brévent, en particulier les passages dits de la Lune et de la Demi-Lune (AD à D).

* Aiguille Pourrie (2561 m), accessible depuis le télésiège du col du Lac Cornu. A noter un joli circuit reliant le col du Brévent au col du Lac Cornu par les bords du lac, malheureusement très dévalué depuis la construction du télésiège; 500 m de montée jusqu'à l'Aiguille Pourrie.

* Aiguille de Charlanon (2549 m), depuis le col du Lac Cornu.

* Plusieurs couloirs de la partie inférieure du versant E des arêtes du Brévent sont praticables par neige suffisante et stable : le couloir des Vioz sous la combe des Vioz, le couloir de la Parsa plus au N (32° sur 400 m dont 150 m à 40°), et le couloir de Charlanon encore plus au N.

Carlaveyron

Le nom de Carlaveyron sonne comme un symbole de la lutte entre deux grandes tendances du milieu montagnard : aménagement ou protection? profit ou patrimoine? Le plateau de Carlaveyron, orienté sur le vallon de la Diosaz, dominé par le Brévent, est situé sur la commune des Houches, qui souffre du complexe de parent pauvre au voisinage de Chamonix. Encouragés par un promoteur qui n'en était pas à son coup d'essai, les élus des Houches ont cru que l'équipement de Carlaveyron serait une solution d'avenir en matière de développement économique. Il a fallu l'intervention des ministres qui se sont succédé à la charge de l'Environnement pour entamer une procédure de classement du site de Carlaveyron. Risquée sur le plan économique, inconsistante sur le plan sportif, impossible à intégrer au complexe Brévent-Flégère en raison du tracé de la réserve naturelle des Aiguilles Rouges, le projet de station d'altitude au plateau de Carlaveyron risquait bien de se réduire à une opération immobilière. La gigantesque avalanche de 1988, balayant tout le versant sud de l'Aiguillette des Houches, a sans doute contribué à apaiser les esprits. Plus personne aujourd'hui, ne parle sérieusement d'installer immeubles et télésièges sur le plateau de Carlaveyron. Le seul témoignage, au Coupeau, de la détérioration d'un paysage par l'homme restera la statue géant du Christ-Roi.

135. MONT JOLY

versant ouest

2525 m vallée de l'Arly

Fiche technique

Accès routier : Megève. Parking du téléphérique du Mont d'Arbois.
Accès mécanique : téléphérique du Mont d'Arbois, télésièges du Mont Joux et du Mont Joly.
Retour et navette : le Planay, au bout de la route qui passe au pied du téléphérique et par le Planellet. 4 km de navette.
Carte : 3531 est (Saint-Gervais).
Période : décembre-avril.
Altitude départ réel : 2357 m.
Altitude sommet : 2525 m.
Altitude fin de descente : 1430 m.
Dénivellations : 180 m de montée, 1100 m de descente.
Orientation principale : W.
Horaire global : 2 h.
Difficultés : AD. Plusieurs sections en S4 dans la moitié supérieure, avec des risques de plaques; rochers affleurant sous le sommet.
Pente : 30° de moyenne sur 500 m, 40° par endroits.

Itinéraire

* *Montée* : du télésiège, accès immédiat le long de l'arête N.
* *Descente* : partir au S du sommet dans une dépression, et revenir sur la haute arête W arrondie du Mont Joly. La descendre jusque vers 2200 m, passer flanc N un moment et revenir sur l'arête au point 1895 m. Au-dessous, obliquer de nouveau à droite (N) pour contourner un bois, revenir en traversée à gauche et descendre directement sur le Planay (pont sur le Nant Cordier).

Variantes

* Aller-retour par l'itinéraire de descente; rester à la montée sur l'arête.
* Accès possibles par les installations du Bettex ou de Saint-Nicolas-de-Véroce.

136. TÊTE DE LA COMBAZ

voie normale des Contamines

2445 m   val Montjoie

Fiche technique

Accès routier : les Contamines, à 8 km de Saint-Gervais. A la sortie du village, prendre à droite la route du hameau du Baptieu, que l'on suit sur 1 km.
Carte : 3531 est (St-Gervais-les-Bains).
Période : janvier-avril.
Altitude départ : 1225 m.
Altitude sommet : 2445 m.
Dénivellation : 1220 m.
Orientation principale : E.
Horaire global : 5 h.
Difficultés : PD. Une section soutenue de 200 m en S3 avec un passage délicat; faibles risques de plaques à cet endroit.
Pente : presque 35° sur 100 m.

Itinéraire

* *Montée* : suivre la route d'alpage par les Places, jusque peu avant les chalets de Colombaz. Monter directement vers un pylône haute tension, puis rejoindre la crête SE du P. 2101 m, que l'on remonte intégralement, sur son flanc gauche. Monter ensuite droit à la Tête de la Combaz (plusieurs itinéraires possibles sur la fin).
* *Descente* : même itinéraire.

Variantes

* Passer plus au S, par les chalets de la Tierce.
* Accès par les remontées mécaniques des Contamines, depuis l'Aiguille Croche : une longue traversée permet de rejoindre l'itinéraire décrit ici vers 2100 m.
* Accès depuis le Mont Joly (course 135), en suivant les arêtes, parfois exposées.

Versant W

* Du sommet, descendre dans les Lanches du Mt Joly sur la Stassaz; itinéraire peu évident, pentes raides et avalancheuses, D. Arrivée au Planay (voir course 135).
* Du P. 2497 m à mi-chemin entre la Tête de la Combaz et le Mont Joly (accès en traversant les arêtes), descendre l'éperon W de ce sommet (mêmes remarques).
* Plus loin au SW on trouve l'Aiguille Croche, tout près de laquelle arrive un téléski. Sa face NW a été montée et descendue par un itinéraire raide et exposé, non rectiligne; passages à plus de 50° (J. Labonne, P. Marin-Lamellet, 4 mars 1980).
* Voir aussi l'arête W du Mont Joly (course 135).

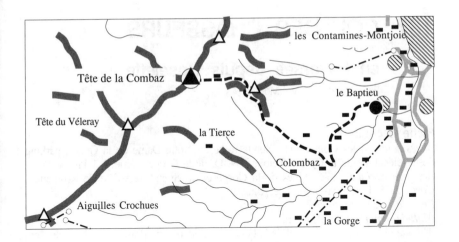

les Contamines-Montjoie

Tête de la Combaz

le Baptieu

Tête du Véleray

la Tierce

Colombaz

Aiguilles Crochues

la Gorge

Le val Montjoie

Le Bon Nant, "torrent sympathique", a dessiné le val Montjoie; les alpages et les glaciers l'ont habillé. Trois communes se partagent les terres de la vallée, devenues fertiles avec le développement des sports de montagne. Saint-Gervais, station climatique établie au XIXe siècle grâce à une source thermale captée au Fayet, a développé des activités touristiques de longue date; le Tramway du Mont Blanc mène promeneurs et alpinistes au Nid d'Aigle, point de départ de la voie normale du Mont Blanc, et pour l'hiver des remontées mécaniques ont quadrillé le dôme du Prarion à l'est, les alpages du Bettex et du Mont d'Arbois en liaison avec Megève. Entièrement en balcon sur la rive gauche du Bon Nant, Saint-Nicolas-de-Véroce avait conservé une part d'activités traditionnelles avant de se lancer à fond dans l'aventure de la liaison mécanisée avec Megève et Saint-Gervais, profitant d'un découpage administratif lui laissant la propriété de tout le versant nord du Mont Joly. Dans la partie amont du val Montjoie, les Contamines offrent les divers visages de la montagne : montagne équipée rive gauche, sur les pentes de Roselette; montagne sauvage et protégée dans la zone de haute montagne de la rive droite, et de moyenne montagne dès le niveau du Nant Borrand; montagne historique enfin, en fond de vallée, au passage du col du Bonhomme où se succédèrent Romains, Vaudois des guerres de religion, aventuriers modernes. Le G.R. du tour du Mont-Blanc, venu des Houches par le col de Balme, rejoint les Contamines par les hauteurs avant de suivre les rives du Bon Nant et de franchir le col du Bonhomme, permettant au randonneur de découvrir l'une des plus belles vallées de Haute-Savoie, encore vivante et équilibrée malgré le déclin spectaculaire du pastoralisme et l'abandon de la forêt à elle-même.

137. COL DES CHASSEURS

en traversée depuis Roselette

2525 m env.   val Montjoie

Fiche technique

Accès routier : les Contamines. Sur la route de Notre-Dame de la Gorge, parking de la télécabine de la Gorge. Retour à N.-D. de la Gorge même, à 1 km de là.
Accès mécanique : télécabines de la Gorge et du Signal, télésiège de Roselette.
Carte : 3531 est (St-Gervais-les-Bains).
Période : décembre-avril.
Altitude départ réel : 2114 m.
Altitude des cols : 2245 m (col de la Fenêtre), 2435 m env. (Passage de la Cicle; sera appelé ainsi le col, non nommé ni coté sur IGN, situé à l'E du col de la Cicle et séparé de lui par le P. 2467 m), 2525 m env. (col des Chasseurs).
Altitude fin de descente : 1210 m.
Dénivellations totales : 680 m de montées, 1585 m de descentes.
Orientation principale : N, mais avec des parties orientées plus franchement à l'E.
Horaire global : 4 h à 4 h 30 depuis le sommet du télésiège.
Difficultés : D–. Montée raide, à pied, au Passage de la Cicle. Descente du col des Chasseurs en S4 sur 200 m puis S3 soutenu jusque vers 2000 m. Risques de coulées dans les couloirs N de ces deux cols.
Matériel : crampons.
Pente : 40° sur 200 m, puis 33° sur 300 m; 45° à la montée dans le couloir du Passage de la Cicle.

Itinéraire

* *Montée* : de l'arrivée du télésiège de Roselette, suivre l'arête SE un court moment, puis descendre à droite (SW), sur 100 m, jusqu'à un petit plateau. Remonter en oblique ascendante vers le SE, en franchissant une petite barre, et gagner ainsi le col de la Fenêtre. Sur le versant E du col, après avoir descendu 100 m directement, traverser à droite vers le Plan de la Fenêtre (2088 m). Monter presque droit au-dessus, par un couloir, au Passage de la Cicle : on laisse à droite le couloir plus facile du col de la Cicle. En haut, traverser sur le flanc W des Roches Franches, jusqu'au col des Chasseurs.
* *Descente* : descendre la combe N du col, en partant sur la droite pour éviter une corniche. Lorsque la pente faiblit, tirer à droite le long des rochers des Aiguilles de la Pennaz, et par une combe encaissée rejoindre le refuge de la Balme, sur l'itinéraire du col du Bonhomme. Suivre alors le sentier du tour du Mont-Blanc (voir course 138).

Variantes

* Montée à pied depuis Notre-Dame de la Gorge. Suivre la rive gauche du torrent sur 200 m, et prendre à droite un chemin raide en forêt menant aux chalets de l'Anery puis de la Chenalettaz (tout près du départ du télésiège de Bûche Croisée). Traverser au S en montant légèrement, rejoindre un pylône haute tension au NW du P. 1918 m, et retrouver l'itinéraire normal au Plan de la Fenêtre.
* On peut combiner les remontées mécaniques et l'accès précédent.
* Montée au Plan de la Fenêtre par le chemin du tour du Mont-Blanc et le refuge de la Balme.
* Montée aux Prés Chal assez directement depuis Nant Borrand.
* Aller-retour au col des Chasseurs par l'itinéraire de descente.
* Traversée en sens inverse : S4 soutenu avec passage de S5 dans le couloir du Passage de la Cicle; dans le bas, rejoindre le refuge de la Balme.
* Le couloir du col de la Cicle est plus facile, mais on ne peut de là rejoindre le col des Chasseurs, à cause de la présence de barres rocheuses.

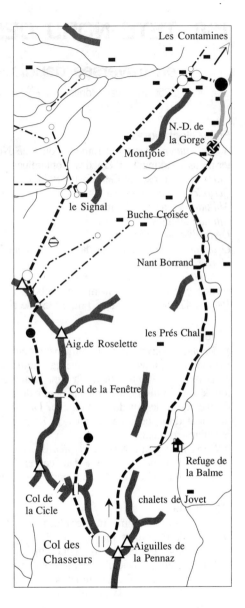

138. TÊTE NORD DES FOURS

en traversée depuis N.-D. de la Gorge

2756 m   val Montjoie

Fiche technique

Accès routier : les Contamines. Route de Notre-Dame de la Gorge jusqu'à son terminus (parkings). 4 km des Contamines.
Carte : 3531 est (St-Gervais-les-Bains).
Période : décembre-mai.
Altitude départ : 1210 m.
Altitude sommet : 2756 m.
Dénivellation : 1550 m.
Orientation principale : N dans l'ensemble, NW dans la partie raide.
Horaire global : 7 à 8 h.
Difficultés : AD. Partie supérieure en S4 puis S3; risques de plaques dans cette section, ainsi que dans la montée oblique au-dessus du col du Bonhomme.
Pente : 42° au départ sur 50 m, et 35° de moyenne sur 200 m.

Itinéraire

* *Montée* : suivre la voie romaine (chemin du tour du Mont-Blanc) par Nant Borrand et un long faux-plat rive gauche du torrent, le Bon Nant. Passer au refuge de la Balme (1706 m), suivre la ligne haute tension en passant au débouché du vallon de Jovet, puis s'élever directement à droite, à une selle juste à l'W du P. 2175 m. Gagner de là le col du Bonhomme. Du col, monter obliquement versant Savoie, puis tout droit, pour passer près du Rocher du Bonhomme. Suivre l'arête faîtière jusqu'au sommet.
* *Descente* : partir versant N près du pylône de l'arête faîtière, et descendre la combe NW raide qui s'ouvre dans ce versant. Dans le bas, suivre la rive droite du vallon et rejoindre la voie de montée au niveau des chalets de Jovet.

Variantes

* Du col du Bonhomme, monter plus au S le long du chemin du tour du Mont-Blanc (plus facile mais plus long).
* Aller-retour par le col du Bonhomme et la variante ci-dessus; PD.
* A la descente, plusieurs itinéraires sont possibles dans le versant NW : le couloir issu de l'arête au NE du sommet; la pente prise au niveau du col des Fours (départ corniché, très raide); la pente prise juste à l'E du Rocher du Bonhomme (moins soutenue).

Traversées vers la Savoie

* De la Tête N des Fours sur Ville-des-Glaciers puis les Chapieux.
* Du col des Fours directement sur les Chapieux.
* Du col du Bonhomme sur la Gitte puis Beaufort.

Tour du Mont-Blanc à ski

* L'itinéraire classique pédestre du tour du Mont-Blanc peut se réaliser skis aux pieds. Départ des Houches par le téléphérique, pour traverser le col de Tricot (annexe course 146). Des Contamines, par le col des Fours (voir ci-dessus), rejoindre Ville-des-Glaciers. Traverser le col de la Seigne pour descendre sur le val Veny et Courmayeur. Passer du val Ferret italien au val Ferret suisse par le Grand ou le Petit col Ferret, éventuellement en faisant au passage la belle Testa Bernarda. Rallier ensuite Champex par la route. De là au Tour par le col des Écandies et le col de Balme. La jonction du Tour aux Houches s'effectue en empruntant une partie d'itinéraires précédemment décrits : courses 129, 131, 133, 134 et annexes. Arrivée par le Coupeau. Compter 5 à 6 jours, avec des nuits sous tente faute de refuges ouverts.

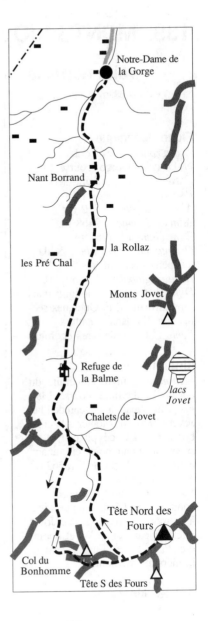

139. MONTS JOVET

voie normale

2468 m   val Montjoie

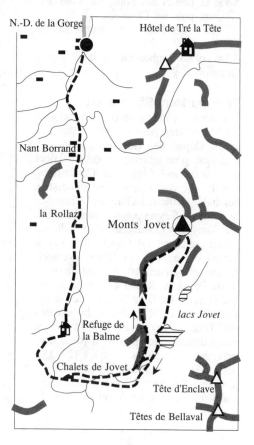

Fiche technique

Accès routier : les Contamines et
N.-D. de la Gorge (course 138).
Carte : 3531 est (Saint-Gervais).
Période : janvier-avril.
Altitude départ : 1210 m.
Altitude sommet : 2468 m.
Dénivellation : 1260 m.
Orientation principale : S dans
les pentes supérieures.
Horaire global : 6 h à 6 h 30.
Difficultés : course longue mais
sans difficultés, F. Quelques sec-
tions en S3 dans le haut.
Pente : 30° en de rares endroits.

Itinéraire

* *Montée* : suivre l'itinéraire du
col du Bonhomme (course 138),
jusqu'au niveau du plateau de Plan
Jovet (1970 m). Monter à la crête
bordant à l'E ce plateau et la
suivre jusqu'au point culminant,
en traversant la pointe S (2362 m)
et le P. 2428 m.
* *Descente* : descendre un peu en
contrebas et à l'E de la crête suivie
à la montée, longer le lac Jovet
inférieur par sa rive W, et rejoindre Plan Jovet. Ensuite, suivre
l'itinéraire de montée.

Autres itinéraires

* On peut descendre plus à l'E, rive gauche des lacs Jovet.
* Possibilité de descendre en versant W, au-dessus des chalets de la Rollaz, mais
l'accès à ce versant depuis la crête sommitale est délicat. Ensuite, les pentes sont
raides et instables.

264   *Chaînon Joly-Bonhomme*

Premiers virages dans la chaîne du Mont-Blanc

Massif prestigieux, maintes fois décrit sous tous ses aspects, source d'inspiration pour les artistes et les intellectuels, objet de convoitise pour les amateurs d'exploits en tous genres, la chaîne du Mont-Blanc tient une place de choix dans l'histoire du ski de haute montagne. Les premiers pas n'étaient guère encourageants, bien que le Mont Blanc fût gravi à ski par la voie normale des Grands Mulets dès 1904. Ugo Wylnus et ses guides oberlandais, chaussant les skis à Vallot au crépuscule, par un froid hivernal et dans une poudreuse de cinéma, durent éprouver de bien fortes sensations au départ d'une descente qui marque aujourd'hui l'aboutissement d'un rêve pour la plupart des alpinistes. Se doutait-il, le brave fribourgeois, du succès auquel était promis son itinéraire? Et pourtant, il fallut un demi-siècle pour faite admettre l'idée que le Mont Blanc était un sommet skiable!

Un an auparavant, un Chamoniard s'était mis en tête d'explorer les grands glaciers de la chaîne. Le docteur Payot, accompagné de son guide et ami Joseph Ravanel "le Rouge", remontait la Mer de Glace et la Vallée Blanche dès 1903. La même année, il traversait le col du Chardonnet et la Fenêtre de Saleina, jetant les bases de la Haute Route. Ainsi, dès l'aube du XXe siècle, les trois plus grandes classiques du ski dans le massif étaient-elles découvertes. Si la Vallée Blanche ne devait connaître le succès qu'avec la construction du téléphérique de l'Aiguille du Midi, il n'en fut pas de même de la traversée Chamonix-Zermatt, ni du circuit classique des "trois cols", au parcours inital commun, très vite devenus populaires.

Les années vingt allaient apporter deux nouvelles grandes classiques du ski-alpinisme dans la chaîne, avec les Dômes de Miage et le Mont Mallet dont la rimaye se franchissait alors commodément. Mais la grande innovation, la dernière évolution annonçant l'ère du ski extrême, fut l'œuvre du guide chamoniard André Tournier en 1939. Chaussant les skis au sommet de l'Aiguille d'Argentière, il descendait les pentes raides du glacier du Milieu. Songeons aux conditions matérielles et psychologiques dans lesquelles s'est déroulée la première descente de l'Aiguille d'Argentière. Il fallait une technique éprouvée, une confiance énorme, pour se lancer dans une telle entreprise il y a plus de cinquante ans. Les progrès du ski-alpinisme ont été foudroyants depuis lors, mais les difficultés demeurent.

Dans l'après-guerre, les deux "locomotives" de l'alpinisme français donneront le la, attendant en vain que leurs contemporains se mettent au diapason. Louis Lachenal, accompagné de Maurice Lenoir, s'offre en 1946 la pente sud du col des Droites. Et en 1953, Lionel Terray tourne, à l'occasion du premier parcours à ski de la face nord du Mont Blanc, avec le Canadien Bill Dunaway, un film qui sera primé au festival de Trente : «La grande descente». Quatorze ans devront ensuite s'écouler avant l'avènement de Sylvain Saudan.

140. PAIN DE SUCRE DU Mᵀ TONDU

voie normale et versant ouest

3169 m   bassin de Tré la Tête / val Montjoie

Fiche technique

Accès routier : les Contamines et le Cugnon, ou Notre-Dame de la Gorge, à 4 km des Contamines (voir courses 144 et 138).

Carte : 3531 est (Saint-Gervais-les-Bains).

Période : mars-mai. Au début de l'hiver, il reste de la glace dans la voie normale.

Refuge : chalet-hôtel de Tré la Tête, privé, 1970 m, 80 places. Tél. 50.47.01.68.

Altitude départ : 1190 m ou 1210 m. | *Altitude sommet* : 3169 m.

Altitude refuge : 1970 m. | *Altitude fin de descente* : 1210 m.

Dénivellation : 800 m de montée le 1ᵉʳ jour; 1300 m de montée, 2000 m de descente le 2ᵉ jour (au printemps, il faudra porter les skis sur les 400 m inférieurs).

Orientation principale : NE (voie normale), W (descente sur les lacs Jovet).

Horaire global : 2 h 30 le 1ᵉʳ jour; 7 h au total le 2ᵉ jour.

Difficultés : AD pour la voie normale avec la descente directe en face N; D– pour la descente sur les lacs Jovet. Dans les deux cas, la partie supérieure de la descente est en S4, plus soutenue et plus longue pour la traversée sur les lacs Jovet. Risques de coulées dans la montée oblique sous la Bosse des Lanchettes, de plaques à vent dans la partie supérieure du versant NE. La descente en versant W est assez exposée, de même que la traversée descendante au Mauvais Pas, au-dessus du refuge.

Matériel : crampons; corde et matériel de glacier en années sèches (crevasses).

Pente : 40° sur 100 m dans la face N; 42° sur 350 m dans le versant W.

Itinéraire

* *Montée au refuge* : pour la voie normale, voir course 144. Si l'on traverse, partir de N.-D. de la Gorge. Prendre le sentier du Bonhomme jusque sous Nant Borrand. Suivre à gauche un sentier qui traverse le torrent, s'élève à travers bois, et débouche 200 m sous le refuge. Monter par le sentier ou par les crêtes selon l'enneigement.

* *Montée* : du refuge, suivre l'itinéraire du refuge des Conscrits (voir course 144) jusqu'au-dessus des séracs de Tré la Grande, rive droite du glacier, vers 2400 m. Traverser en oblique le glacier de Tré la Tête, en direction de la base des pentes de la Bosse des Lanchettes, situées entre deux zones de séracs, à l'aplomb de l'Aiguille des Lanchettes. De là, effectuer une longue montée oblique à droite pour atteindre le glacier du Mont Tondu. Le remonter en restant à l'écart du col du Mont Tondu, en se rapprochant de la rive gauche, et gagner le col entre la Pyramide Chaplan et le Pain de Sucre du Mont Tondu. Par l'arête au sommet.

* *Descente normale* : du Pain de Sucre, descendre par la voie de montée (PD), ou directement en face N pour la rejoindre 100 m au-dessous. Plus bas, descendre directement sur le glacier de Tré la Tête, en passant à l'W de la zone de séracs inférieurs (à repérer en montant). Enfin, sur le glacier de Tré la Tête, rester rive gauche au début, franchir les séracs de Tré la Grande par un passage étroit le long des séracs, et traverser ensuite le glacier pour retrouver la voie de montée.

* *Descente sur les lacs Jovet* : redescendre sur l'arête NW jusqu'au col; passer en versant W, obliquement, puis tout droit dans la pente qui se resserre en couloir. Après 150 m, soit poursuivre droit dans un terrain raide et escarpé, puis obliquer à gauche et descendre un étranglement parfois déneigé pour rejoindre le vallon des lacs Jovet; soit (préférable) traverser obliquement sur la gauche sous les rochers du Mont Tondu, pour terminer par une descente directe sur les lacs Jovet. Contourner les lacs Jovet par le S et rejoindre l'itinéraire des Monts Jovet (voir course 139).

Autres courses dans le même secteur

* Col des Chasseurs (2720 m), entre la Pyramide Chaplan et la Pointe de la Palissade. Traverser le glacier de Tré la Tête au-dessus des séracs de Tré la Grande et monter tout droit puis en oblique à droite vers le col des Chasseurs. PD.
* Col d'Enclave (2672 m), et col des Tufs (2651 m), accessibles depuis les lacs Jovet par leur versant NW, et de difficultés équivalentes, AD, S4 dans le haut.

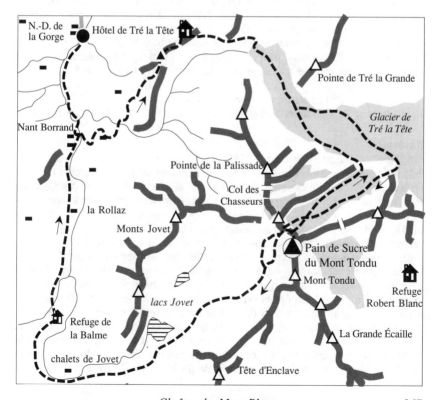

141. AIGUILLE DES GLACIERS

par le versant nord du col des Glaciers

3816 m   bassin de Tré la Tête

Fiche technique

Accès routier, refuge : les Contamines, le Cugnon, ref. des Conscrits (course 144).
Carte : 3531 est (Saint-Gervais-les-Bains).
Période : février-mai.
Altitude départ : 1190 m.
Altitude refuge : 2730 m.
Altitude sommet : 3816 m (dépôt des skis 3700 m env.).
Dénivellation : 1600 m de montée le 1er jour, 1285 m de montée (après une descente de 200 m), dont 115 m à pied, et 2600 m de descente à ski, le 2e jour.
Orientation principale : SW dans la partie supérieure, puis NW.
Horaire global : 5 h 30 le 1er jour, 8 à 9 h le 2e jour; sans le sommet, on gagne 1 h.
Difficultés : AD. La descente de l'arête NW du Dôme de Neige est étroite et comporte au moins deux passages où il faut déchausser. Le versant NW du col des Glaciers est en S4 au départ, puis S3, et présente de forts risques de plaques à vent aux abords du col. L'accès à pied au sommet ne présente que des difficultés alpines minimes. Pour la montée au refuge des Conscrits, voir la course 144.
Matériel : piolet, crampons, corde.
Pente : 35° sur 250 m au départ du col des Glaciers.
1ère descente : A. Charlet et C. Devouassoux, mai 1925, des abords du sommet.

Itinéraire

* *Montée au refuge* : voir course 144.
* *Montée* : du refuge des Conscrits, rejoindre le glacier de Tré la Tête et le traverser en descendant, vers la base de la branche E du glacier N du col des Glaciers. Remonter ce glacier en se rapprochant de son centre, et gagner directement le col des Glaciers par une pente plus raide (quelques crevasses). Suivre alors l'arête SW du Dôme de Neige, au début rocheuse, puis neigeuse mais encore coupée d'une section rocheuse où il faut déchausser. L'arête s'élargit au-delà du col du Moyen-Âge, la suivre jusqu'au Dôme de Neige (3592 m). Monter encore de 100 m en direction des rochers sommitaux de l'Aiguille des Glaciers, en obliquant franchement à droite vers la base d'un couloir issu d'une brèche juste à gauche du point culminant. En général, dépôt des skis. Remonter ce couloir encombré de nombreux rochers, et dans le haut gravir à droite une petite arête de rochers enneigés.
* *Descente* : même itinéraire jusqu'au col des Glaciers (deux passages à pied sur l'arête). Descendre le versant NW du col des Glaciers d'abord en son centre, puis plutôt sur la rive gauche du glacier (quelques crevasses). On débouche sur le glacier de Tré la Tête au niveau de la voie normale du Mont Tondu (course 140).

Versants savoyard et italien du chaînon de Tré la Tête

* Aiguille des Glaciers, versant Savoie. Gagner le ref. Robert Blanc. Redescendre 200 m en traversée pour contourner l'éperon S de la Pointe des Lanchettes, rejoindre la rive droite du glacier des Glaciers et la remonter jusqu'au Dôme de Neige. A la descente, prendre la rive gauche du glacier des Glaciers et poursuivre dans l'axe par les pentes des Cabottes qui mènent au-dessus des Mottets. Descente magnifique, 1700 m soutenus dont 1000 m à 30° de moyenne.

* Si l'on part du val Veny par le refuge Elisabetta, on rejoint l'itinéraire précédent sur le glacier des Glaciers en contournant à la base la Petite Aiguille des Glaciers.

* Col de la Lex Blanche (3555 m) ou col de Tré la Tête (3515 m) par le glacier de la Lex Blanche; ce glacier est très crevassé, mais la course a beaucoup de caractère.

* Glacier suspendu de la face S de l'Aiguille Orientale de Tré la Tête (3895 m). Descente magnifique et difficile, avec départ à l'E, puis par le glacier suspendu qui tourne à gauche et débouche sur le glacier du Petit Mont Blanc. Par ce dernier, puis par le glacier de la Lex Blanche, tous deux très crevassés, on rejoint le plateau du lac de Combal, dans le haut du val Veny. Il est conseillé de monter par la voie normale du Petit Mont Blanc, en passant la nuit au bivouac du Petit Mont Blanc (Giovane Montagna). Grande course, D. 1ère descente : Robert Blanc.

* Petit Mont Blanc (3424 m), par l'arête SW et le couloir SW; raide mais classique.

* Couloir E de la Tête Carrée (départ vers 3550 m); 1000 m, 45° maximum. 1ère descente : S. de Benedetti, 1983.

* Couloir NE de l'Aiguille N de Tré la Tête; grosses difficultés, rappels. 1ère descente : J. Bessat, 24 juin 1976. Une autre descente de ce versant a été effectuée par un couloir voisin : S. De Benedetti, 15 juillet 1979.

* Couloirs du versant NE de l'Aig. de l'Aigle et du Petit Mont Blanc, de droite à gauche : S. de Benedetti, 16 juin 1983; S. De Benedetti, 17 juillet 1979 (couloir central, 1100 m à 40°); J. Bessat, 1984 (haut du couloir à 55°).

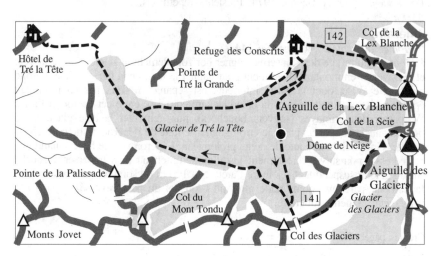

142. AIGUILLE DE LA LEX BLANCHE

versant nord-ouest

3697 m   bassin de Tré la Tête

Fiche technique

Accès routier, refuge : les Contamines, le Cugnon, ref. des Conscrits (course 144).
Carte : 3531 est (Saint-Gervais-les-Bains).
Période : avril-juillet. En début de saison , il reste trop de glace dans la pente.
Altitude départ : 1190 m.
Altitude refuge : 2730 m.
Altitude sommet : 3697 m. Improprement orthographié "Lée Blanche" sur IGN.
Dénivellation : 1000 m, dont 800 m depuis la base . Pour le refuge, 1600 m.
Orientation principale : WNW. C'est très abusivement que cette face est souvent
appelée "N", ce qui entraîne des jugements hâtifs sur les conditions d'enneigement.
Horaire global : aller-retour du refuge au sommet, 4 à 6 h. Pour le refuge, 5 h 30
de montée, 2 h de descente.
Difficultés : TD/TD+. Toute la partie supérieure est en S5 soutenu. Après un étranglement en S5 à mi-hauteur, la partie inférieure est en S4 soutenu. Risques de
plaques dans la partie supérieure, mais surtout de plaques de glace, parfois recou-
vertes d'une petite couche de neige, surtout en hiver et au début du printemps. La
variante par l'arête du col de la Lex Blanche est plus facile mais plus longue et pas
forcément en meilleures conditions. Rimaye en général facile au pied de la face.
Matériel : piolet, crampons, corde.
Pente : 50° sur 250 m; moyenne de la face à 40° sur 850 m.
1ère descente : Jacky Bessat, 1974. Plusieurs répétitions.

Itinéraire

* *Montée au refuge* : voir course 144.
* *Montée* : du refuge des Conscrits, gagner horizontalement le glacier de Tré la Tête
et le traverser en montant légèrement pour gagner la base de la face, limitée à droite
par l'arête W, et dont la partie inférieure est séparée en deux par un important
éperon rocheux. Attaquer dans la baie glaciaire comprise entre cet éperon et l'arête
W, passer deux rimayes (souvent bouchées), puis remonter la baie glaciaire en
tirant à gauche, et par un passage étroit gagner le faîte de l'éperon rocheux inférieur
précité. Gravir alors la pente de neige prolongeant l'éperon vers le haut. Quand elle
se redresse, poursuivre directement jusqu'au sommet; ou bien traverser à gauche
sur un glacier suspendu, et rejoindre l'arête N à 100 m du sommet qui s'atteint plus
facilement (parcours moins raide mais plus long et un peu crevassé).
* *Descente* : même itinéraire.

Croquis page 269.

143. AIGUILLES DE TRÉ LA TÊTE

versant nord-ouest de l'Aiguille nord

3892 m   bassin de Tré la Tête

Fiche technique

Accès routier, refuge : les Conta-
mines, le Cugnon, refuge des Cons-
crits (voir course 144).
Carte : 3531 est (Saint-Gervais).
Période : mars-juillet. Cependant,
en début de saison, la glace apparaît
dans les pentes supérieures.
Altitude départ : 1190 m.
Altitude refuge : 2730 m.
Altitude sommet : 3892 m.
Dénivellation : 1160 m depuis le
refuge; 1600 m pour le refuge.
Orientation principale : NW.
Horaire global : 6 h aller-retour du

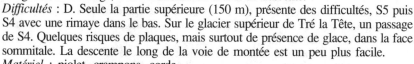

refuge. Pour le refuge, 5 h 30 de montée et 2 h de descente.
Difficultés : D. Seule la partie supérieure (150 m), présente des difficultés, S5 puis
S4 avec une rimaye dans le bas. Sur le glacier supérieur de Tré la Tête, un passage
de S4. Quelques risques de plaques, mais surtout de présence de glace, dans la face
sommitale. La descente le long de la voie de montée est un peu plus facile.
Matériel : piolet, crampons, corde.
Pente : 50° sur 150 m dans la ligne de plus grande pente, mais on peut profiter du
terrain pour atténuer cette pente, dans la partie supérieure.
1ère descente : A. Charlet et C. Devouassoux, 23 mai 1926, par la voie normale.

Itinéraire

* *Montée au refuge* : voir course 144.
* *Montée* : du ref. des Conscrits, suivre la voie normale des Dômes de Miage (voir
course 144) jusqu'au plateau du col Infranchissable. Aborder et remonter à droite
les pentes raides du glacier occupant le versant NW de l'Aiguille N de Tré la Tête,
en franchissant un petit ressaut et quelques crevasses. On atteint un plateau
(3600 m env.). Obliquer à gauche, passer une rimaye et gagner directement l'arête
N à mi-chemin entre le P. 3753 m et le sommet; par l'arête, assez raide et cornichée
à gauche, gagner le sommet.
* *Descente* : revenir un court moment le long de l'arête, puis descendre directement
la face sommitale, en appuyant à droite à la fin pour passer la rimaye. Ensuite,
même itinéraire.– On peut suivre l'itinéraire de montée depuis le sommet.

144. DÔMES DE MIAGE

voie normale du versant sud

3633 m   bassin de Tré la Tête

Fiche technique

Accès routier : les Contamines, à 8 km de Saint-Gervais. Traverser le village en restant rive droite, puis tourner à gauche pour gagner le hameau du Cugnon, à 1 km des Contamines. Parking tout en haut du hameau.

Refuge : refuge des Conscrits, 2730 m, CAF Saint-Gervais, 56 places, gardé en saison. Réservations chez le gardien, 50.54.62.51. Un nouveau refuge de 84 places est prévu pour 1993.

Carte : 3531 est (St-Gervais-les-Bains).

Période : mars-juin. En juin, toute la partie en forêt sera déneigée. La course peut se faire plus tôt en saison si les glaciers sont bien bouchés.

Altitude départ : 1190 m.

Altitude refuge : 2730 m.

Altitude sommet : 3633 m.

Dénivellations : 1600 m de montée le 1er jour, 900 m de montée et 2500 m de descente, le 2e jour, compte tenu de petites remontées.

Orientation principale : S dans le haut, W plus bas.

Horaire global : pour le refuge, 5 h 30 de montée et 2 h de descente. En aller-retour du refuge, 4 à 5 h pour la voie normale des Dômes de Miage. La course peut se faire d'une traite en partant de nuit.

Difficultés : PD. La course est longue. Le versant S du dôme 3633 m est en S3 assez soutenu sur 400 m. Le Mauvais Pas, entre l'hôtel de Tré la Tête et le glacier, est exposé mais peu difficile; il peut cependant devenir délicat, voire très délicat, par neige gelée ou au contraire ramollie. L'ensemble du parcours est peu crevassé, sauf aux abords du refuge des Conscrits certaines années.

Matériel : corde et piolet pour la sécurité.

Pente : 30° sur 300 m dans le versant S du Dôme 3633 m; courts passages à 35°.

1er parcours: probablement une équipe conduite par A. de Gennes, 24 mai 1926.

Itinéraire

* *Montée au refuge* : suivre le chemin de l'hôtel de Tré la Tête en forêt (panneaux), par les Plans; l'itinéraire s'avère délicat par neige abondante. Traverser la "Grande Combe", passer à nouveau en forêt puis s'élever en diagonale vers le S, et après une traversée délicate (coulées), monter en oblique à droite à l'hôtel de Tré la Tête. Poursuivre 100 m au-dessus puis traverser, d'abord horizontalement puis en légère descente, vers l'E, de façon à rejoindre la base de la langue terminale du glacier de

Croquis page 275.

Tré la Tête. C'est le passage du "Mauvais Pas". Remonter la langue terminale, puis le glacier en son centre, et se rapprocher de la rive droite sous la chute de séracs de Tré la Grande. Franchir ce passage du glacier le long de la rive droite. Au-dessus, revenir au centre du glacier. Le quitter lorsque l'on arrive en vue des Conscrits, et prendre une combe au-dessus de la rive droite, qui mène directement au refuge.

* *Montée* : du refuge des Conscrits, traverser vers le NE et rejoindre progressivement le glacier de Tré la Tête. Dépasser le pied de l'éperon issu du dôme 3633 m et, sans aller jusqu'au col Infranchissable, tourner à gauche dans une large combe (quelques crevasses) qui mène au col des Dômes (3564 m). Gagner à gauche le dôme 3633 m par l'arête.

* *Descente* : partir dans le versant S du dôme 3633 m, à proximité de l'arête séparant ce versant de la combe de montée, et descendre directement le long de cette arête, jusqu'au glacier de Tré la Tête où l'on retrouve l'itinéraire de montée.

Autres itinéraires

* Du col des Dômes, aller-retour à pied jusqu'au point culminant (3673 m).
* Du dôme 3633 m, traverser les arêtes à pied jusqu'au dôme 3670 m, puis descendre par le glacier d'Armancette (voir course 145). C'est la traversée des Dômes de Miage, classique en été, beaucoup moins au printemps à ski.
* Glacier d'Armancette : voir course 145.
* Itinéraires difficiles du versant NW : voir annexe course 146.
* Traversée vers l'Italie. Cet itinéraire emprunte le versant SE du col de Miage, après la descente délicate, à pied, de l'arête NE. Il est utilisé pour effectuer la grande traversée du massif, entreprise rarement réalisée (voir page 313). Itinéraire difficile, un passage raide et exposé au-dessus d'une haute barre rocheuse. On peut ainsi rejoindre le glacier du Miage et le refuge Gonella. Voir les traversées de la chaîne du Mont-Blanc, page 313.

La réserve naturelle des Contamines

Toute la rive droite du haut val Montjoie, jusqu'aux arêtes des Dômes de Miage, est classée en réserve naturelle. Heureuse décision de 1979, qui oblige les décideurs à intégrer la notion de protection de la montagne à leur programme de développement. Peut-on comparer les espaces naturels à une matière première comme le pétrole? N'est-il pas nécessaire, dans ce domaine de la "wilderness" comme dans celui des énergies, de savoir stocker, économiser, au profit des générations futures? Certes, les populations locales, les élus, peuvent ressentir comme une atteinte à leurs droits cette création d'un espace protégé par une instance centralisée. Outre qu'il n'existe aucune procédure de protection à l'échelon de la commune, n'est-il pas logique que les espaces de liberté dont profite la collectivité, dans son sens le plus large, soient sauvegardés par ceux qui ont la charge de cette collectivité?

145. DÔMES DE MIAGE

descente du glacier d'Armancette

3670 m   bassin de Tré la Tête / val Montjoie

Fiche technique

Accès routier, refuge : les Contamines, le Cugnon, ref. des Conscrits (course 144).
Retour et navette : la Frasse, au-dessus des Contamines et à 2,5 km du Cugnon.
Carte : 3531 est (St-Gervais-les-Bains).
Période : février-mai.
Altitude départ : 1190 m.
Altitude refuge : 2730 m.
Altitude sommets : 3425 m (Aiguille de la Bérangère), 3670 m (Dômes de Miage, sommet W).
Altitude fin de descente : 1263 m.
Dénivellations : 1600 m de montée le 1ᵉʳ jour; 1015 m de montée, 1400 m de descente le 2ᵉ jour.
Orientation principale : W, avec une section NW.
Horaire global : 5 h 30 le 1ᵉʳ jour, 6 h au total le 2ᵉ jour.
Difficultés : AD. La traversée de l'Aiguille de la Bérangère présente une arête qui peut devenir délicate par neige abondante. La descente du dôme occidental des Miages par le glacier d'Armancette comporte plusieurs courtes sections en S4, le reste étant soutenu en S3. Le bon itinéraire n'est pas toujours facile à déterminer en l'absence de traces, mais cette descente étant classique, le problème ne se pose généralement pas. En début de saison, le versant W des Miages est souvent glacé, et l'on devra dès lors se contenter de traverser la Bérangère. Risques de plaques dans la grande pente à la sortie du glacier d'Armancette, et de coulées dans la descente sur le lac d'Armancette.
Matériel : corde et piolet pour la sécurité.
Pente : 35° sur 150 m.
1ère descente : auteurs inconnus, probablement vers 1925.

Itinéraire

* *Montée au refuge* : voir course 144.
* *Montée* : partir en oblique ascendante à gauche (NW) et atteindre la base du glacier de la Bérangère dans sa partie gauche (W), en passant près du P. 2931 m. Remonter directement le glacier de la Bérangère, qui présente des ressauts raides. 50 m sous l'Aiguille de la Bérangère, prendre à gauche les rochers de l'arête SW, qui mènent au sommet. Descendre à pied par l'arête NE (délicat au début), et gagner le col de la Bérangère.— On peut aborder de ce point la descente du glacier d'Armancette.— Monter aux Dômes de Miage (dôme 3670 m) par son versant W, en restant à proximité de l'arête SW.

* *Descente* : revenir à proximité du col de la Bérangère par le même itinéraire. Descendre le glacier d'Armancette en son centre, et en se rapprochant rapidement de la rive droite. Une pente raide donne accès à un premier plateau (3000 m env.). Descendre obliquement à droite un autre ressaut raide et sortir du glacier sur la droite. Une belle pente soutenue orientée au N mène à un col sur l'arête de Covagnet (2650 m env.). Descendre la combe W dominée par l'arête de Covagnet, rive gauche puis rive droite; on en sort par un passage étroit donnant accès au lac d'Armancette (1673 m). Rester rive droite du torrent, où l'on trouve une route menant au N à la Frasse.

Variantes
* En partant de l'hôtel de Tré la Tête, quitter le glacier de Tré la Tête vers 2450 m et rejoindre directement l'itinéraire de montée à la Bérangère près du P. 2931 m.
* Descente du Dôme de Miage par la rive droite du versant W, plus raide, mais parfois glacée, et relativement crevassée.
* Il existe une descente plus directe depuis la partie inférieure du glacier d'Armancette sur la combe W de Covagnet; itinéraire délicat à trouver (barres).

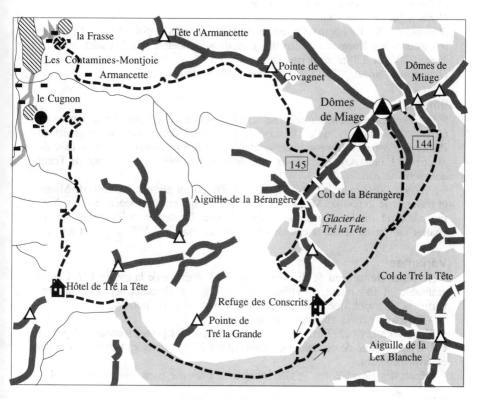

146. COL DE TRICOT

en traversée

2120 m   val Montjoie

Fiche technique

Accès routier : Saint-Gervais. Route D 902 des Contamines sur 5 km. Prendre à gauche deux fois de suite pour gagner par une petite route le hameau de la Villette (0,5 km). Si l'on dispose de deux véhicules, on peut en laisser un à Bionnassay (voir course 147), l'autre à la Gruvaz (buvette); 6 km de navette.

Carte : 3531 est (St-Gervais-les-Bains).

Période : décembre-mars.

Altitude départ : 1050 m.

Altitude sommet : 2120 m.

Dénivellation totale : 1150 m.

Orientation principale : SW (descente).

Horaire global : 6 à 7 h.

Difficultés : PD. La combe SW est en S3 soutenu, mais parfois étroite, et exposée aux avalanches. Risques d'avalanches aussi dans la montée, sous le chalet de l'Are.

Pente : 30° sur 250 m au départ de la combe SW.

Option avec navette : 770 m de montée, 1050 m de descente, 4 à 5 h.

Itinéraire

* *Montée* : suivre le chemin montant au Champel puis dominant la rive gauche du torrent de Bionnassay, qu'on traverse au pont des Places. Rejoindre le chalet du Planet et monter en traversée vers le chalet de l'Are (chemin). Gagner la base du glacier de Bionnassay, le traverser vers 1900 m, puis rejoindre la combe de Tricot qui mène au col.

* *Descente* : descendre la combe du versant SW du col jusqu'aux chalets de Miage, et traverser le torrent de Miage. Suivre une route qui remonte légèrement au NW, puis descend sur les chalets de Maison Neuve. Descendre obliquement sur les chalets du Chosal et sur la buvette de la Gruvaz, puis à la Villette par la route.

Variantes

* Au départ du hameau de Bionnassay, suivre l'itinéraire de la course 147. Course réalisable en aller-retour, en utilisant la belle variante de descente. On peut aussi partir du Champel, que l'on rejoint par une route depuis Bionnay.

* Aller-retour par les chalets de Miage. 1050 m, 5 h.

* Mont Vorassay (2299 m), sommet accessible par des pentes soutenues depuis le col. Il est possible de descendre directement sur Miage, mais les pentes sont raides et avalancheuses.

* Départ des Houches par le téléphérique de Bellevue (voir annexe course 147).

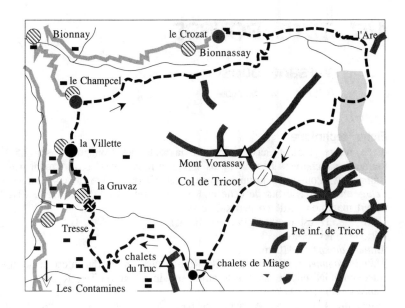

Les itinéraires difficiles du val Montjoie
* Aiguille des Lanchettes (3073 m) par le couloir N; J. Labonne, P. Marin-Lamellet, 14 mai 1982.
* Aiguille de la Lex Blanche par la face NW : voir course 142.
* Aiguille de Tré la Tête par le versant NW : voir course 143.
* Col de Miage (3342 m) par le versant W : deux couloirs caractérisent ce versant, 600 m à presque 45° de moyenne. 1ères descentes : J. Bessat (couloir N, 8 septembre 1972) et D. Chauchefoin (couloir S, mi-janvier 1976).
* Arête Mettrier (NW), issue d'une épaule à l'W du point culminant des Dômes de Miage; on utilise, dans la partie inférieure, un couloir N débouchant sur le glacier de Miage. Départ et arrivée aux chalets de Miage (voir course 146). Grande course, TD+. 1ère descente, P. Clément et A. Giraud, 22 juin 1968. Plusieurs répétitions.
* Versant NW du point culminant des Dômes de Miage. 1ère descente : P. Tardivel, 29 octobre 1988, enchaînée après une répétition de l'arête Mettrier.
* Couloir de Covagnet, issu de la dépression entre le dôme 3633 m et le dôme 3666 m, incliné à 50° sur 400 m, TD. L'itinéraire rejoint ensuite la descente par le glacier d'Armancette. 1ère descente : J. Bessat, 10 août 1973.
* Aig. de la Bérangère (3425 m) par le couloir W; origine vers 3200 m, débouché dans la combe d'Armancette. 700 m à 40°/45° : D. Chauchefoin, 20 mars 1983.
* Aiguille de Bionnassay (4052 m), par la face NW, le long de l'itinéraire classique, de plus en plus crevassé au fil des ans. Grande course TD, 50° au départ puis 40°/45°. 1ère descente : S. Saudan, 6 octobre 1969. Plusieurs répétitions.
* Pointe inférieure de Tricot (2830 m), par la face W intégrale : 900 m à 40°, passages à 45°. 1ère descente : D. Chauchefoin, 11 mars 1984.

147. TÊTE ROUSSE

versant ouest

3180 m   val Montjoie

Fiche technique

Accès routier : Saint-Gervais. Prendre la route des Contamines sur 2,5 km et tourner à gauche vers Bionnay, puis suivre la route étroite et fortement pentue de Bionnassay. Poursuivre jusqu'au hameau du Crozat. 3 km depuis Bionnay.

Refuge éventuel : le but de cette course est le refuge de Tête Rousse (3162 m), ouvert mais non gardé en période de ski.

Carte : 3531 est (Saint-Gervais-les-Bains).

Période : février-avril.

Altitude départ : 1410 m.

Altitude sommet : 3180 m. La Tête Rousse proprement dite n'est ni nommée ni cotée sur IGN, elle se situe juste au-dessus du refuge de Tête Rousse.

Dénivellation : 1800 m env.

Orientation principale : W, avec une partie N.

Horaire global : 8 à 9 h.

Difficultés : AD. Trois sections présentent des difficultés de ski : dans le haut de la descente, le glacier de Tête Rousse en S4, où il peut y avoir des risques de plaques; dans la partie médiane, à la montée comme à la descente, le court passage le long de la rive gauche du glacier de Bionnassay (S4); dans la partie inférieure de la descente proposée, la sortie sous le glacier de Bionnassay (S4).

Matériel : crampons, corde, baudrier, fortement conseillés pour le passage de la rive gauche du glacier.

Pente : 38° de moyenne sur plus de 200 m, sur le glacier de Tête Rousse.

Itinéraire

* *Montée* : du Crozat, rejoindre au-dessus le large chemin de l'Are (ligne électrique), et le suivre par le Planet jusqu'aux chalets de l'Are (le chemin est parfois raide et coupé par des coulées d'avalanches). On débouche sur un plateau, rive droite du vallon de Bionnassay. Le traverser en direction des contreforts de la Pointe inférieure de Tricot. Il faut utiliser un étroit passage entre les rochers de ces contreforts et la rive gauche du glacier de Bionnassay, le long des séracs du glacier (déchausser sur quelques mètres). Au-dessus, dès que l'on en voit la possibilité, traverser le glacier dans sa partie plate et le quitter. Monter par des pentes parfois soutenues en s'écartant d'abord du glacier, puis à partir de 2400 m revenir progressivement à droite pour retrouver la rive droite du glacier. On laisse sur sa gauche la base des contreforts de Tête Rousse. En arrivant vers le plateau supérieur du glacier, deux solutions : soit prendre vers 2950 m à gauche une variante de l'itinéraire d'été du refuge de Tête Rousse, soit poursuivre sur le glacier jusqu'au cirque supérieur, tourner progressivement à gauche et s'élever par une pente raide à l'arête sur laquelle est bâti le refuge (mât bien visible). Gagner le pointement dominant le refuge, qui est la Tête Rousse proprement dite.

* *Descente* : descendre un peu en oblique à droite le glacier de Tête Rousse, qui brusquement plonge à l'WNW. Descendre cette belle pente raide et continuer dans l'axe en terrain moins raide. Obliquer sur la gauche pour rejoindre l'itinéraire de montée. Suivre celui-ci jusqu'au-dessous du passage sur la rive gauche du glacier de Bionnassay. Lorsque l'enneigement le permet, il est plus joli de franchir la moraine rive gauche, et après un plateau de descendre par des pentes raides, d'abord tout droit puis sur la droite, pour aboutir au-dessus d'une passerelle (1600 m env.) située à l'aplomb de la langue inférieure du glacier. Après la passerelle, passer rive droite du torrent et descendre tout près de celui-ci pour rejoindre une route ramenant au Crozat. Si la neige fait défaut, de la passerelle, emprunter un sentier qui remonte légèrement et ramène sur le sentier du chalet de l'Are vers 1650 m.

Variantes
* Descente par l'itinéraire de montée. PD+.
* Accès depuis les Houches par le téléphérique de Bellevue : traverser en légère descente vers le SE pour rejoindre le chemin du chalet de l'Are au début de sa partie raide (1650 m).
* Accès depuis Bellevue par la ligne du Tramway du Mont Blanc et le Nid d'Aigle, itinéraire dangereux tant que la neige est abondante, déconseillé.
* Par l'itinéraire d'été du refuge de Tête Rousse, que l'on rejoint depuis l'altitude 2400 m en obliquant franchement à gauche vers l'arête des Rognes. Il faut rejoindre et remonter la branche W du glacier de Griaz, et par un couloir raide rejoindre l'arête rive droite du glacier de Tête Rousse. On aboutit immédiatement à Tête Rousse sur l'autre versant.

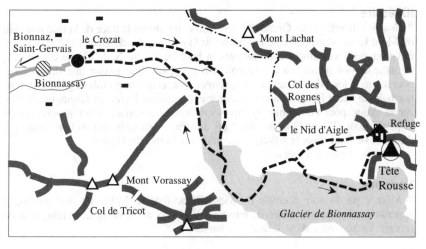

148. DÔME DU GOÛTER

arête nord
4304 m   vallée de l'Arve

Fiche technique

Accès routier, accès mécanique, refuge : Chamonix, Plan de l'Aiguille, refuge des Grands Mulets (voir course 149).

Carte : 3531 est (St-Gervais-les-Bains).

Période : mars-juillet.

Altitude départ : 2310 m.

Altitude refuge : 3051 m.

Altitude sommet : 4304 m.

Dénivellation : 1250 m entre le refuge et le sommet; 800 m effectifs entre le Plan de l'Aiguille et le refuge.

Orientation principale : N.

Horaire global : 6 h aller-retour depuis le refuge. Pour le refuge, voir course 149.

Difficultés : D. Pente soutenue en S4 sur 500 m, le long de l'arête N. Il peut y avoir des plaques de glace dans toute la partie raide, surtout au début du printemps. Quelques crevasses peuvent être gênantes, selon la saison ou l'année. Pour l'accès au refuge, voir course 149. On peut facilement s'échapper par la voie normale du Mont Blanc.

Matériel : piolet, crampons, corde et matériel de glacier.

Pente : 36° de moyenne sur 500 m, dont deux sections à 40°.

1ère descente : Émile Allais et Étienne Livacic, 1940.

Itinéraire

* *Montée* : du refuge des Grands Mulets, suivre un instant la trace de la voie normale du Mont Blanc. Quand elle se rapproche de la rive gauche du glacier (3200 m env.), traverser horizontalement à droite vers la base de l'arête N du Dôme du Goûter, arrondie et peu inclinée à cet endroit. Un peu plus haut, passer une rimaye puis poursuivre le long de l'arête qui va se rétrécissant, et qui surplombe à gauche la voie normale du Mont Blanc. L'arête se redresse, poursuivre à pied en faisant un crochet sur la droite pour contourner quelques crevasses. Continuer jusqu'au sommet de la partie raide (Pointe Bravais, 4057 m). L'arête, désormais peu inclinée, tourne à droite et se fond dans la calotte sommitale du Dôme du Goûter.

* *Descente* : même itinéraire.

Variante

* Montée par la voie normale du Mont Blanc (course 149); certaines années, il apparaît cependant nécessaire de remonter l'arête N avant de la descendre, afin de repérer les passages dans la zone crevassée.

Autres descentes dans le groupe du Goûter

* Dôme du Goûter par la "route des Aiguilles Grises" (voie normale du Mont Blanc par le versant italien). A la montée, depuis le refuge Gonella, remonter le glacier du Dôme, rejoindre le col des Aiguilles Grises et monter au Piton des Italiens (4002 m). Une arête assez raide et effilée, souvent glacée, permet de retrouver le versant français au Dôme du Goûter. Ensemble AD+, course très longue et engagée, dans un terrain souvent crevassé.

* Du Piton des Italiens, à la descente, on peut rejoindre le col de Bionnassay et descendre le versant S de ce col, par le glacier de Bionnassay italien (très crevassé).

* Dôme du Goûter par la face S. Presque 600 m à 40°. 1ère descente : Mme L. Urfer, F.-H. Firmenich, F. Urfer, avec J.-F. Charlet. Retour par le le refuge Gonella.

* Descente de l'Aiguille du Goûter sur le refuge des Grands Mulets, par le versant NW du Dôme du Goûter. Itinéraire crevassé et dangereux, exposé aux chutes de séracs, qui ne paraît pas avoir été repris depuis la première, déjà ancienne.

* Aiguille du Goûter (3863 m) par le Grand Couloir du versant W, traversé par la voie d'accès au refuge du Goûter. Soutenu, raide et dangereux. Le départ comporte une zone rocheuse difficilement skiable. 1ère descente, J. Bessat, 4 juin 1973.

* Aiguille du Goûter par le couloir NW : D. Chapuis, R. Gignoux, R. Renaud, 6 septembre 1971. Couloir raide et déversé, assez exposé.

* Aiguille du Goûter par la face N, depuis la partie supérieure de l'arête NNW. 1ère descente : S. Cachat-Rosset, 12 janvier 1973.

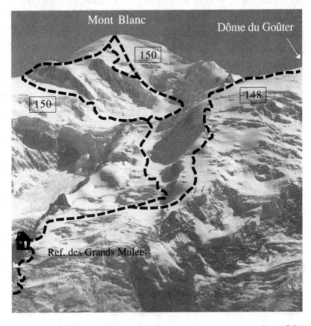

149. MONT BLANC

voie normale par les Grands Mulets

4807 m   vallée de l'Arve

Fiche technique

Accès routier : Chamonix. Gare de départ du téléphérique de l'Aiguille du Midi.
Accès mécanique : téléphérique Chamonix-Plan de l'Aiguille (première benne 8 h au printemps); en cas d'affluence, bennes numérotées avec numéro d'appel. Tél. 50.53.30.80.
Refuge : refuge des Grands Mulets, 3051 m, CAF, 70 places, gardé presque toute la saison de ski de printemps. Tél. 50.53.16.98 (réservation nécessaire).
Carte : 3630 ouest (Chamonix-Mont-Blanc).
Période : mars-début juillet. Il faut attendre que le glacier soit suffisamment bouché au niveau de la Jonction.
Altitude départ : 2310 m.
Altitude refuge : 3051 m.
Altitude sommet : 4807 m. Dépôt des skis au refuge Vallot, 4362 m.
Altitude fin de descente : 2310 m au Plan de l'Aiguille. En effet, la descente sur la plate-forme du tunnel est interdite du 1er novembre au 30 mai.
Dénivellations : 800 m de montée le 1er jour; 1310 m de montée à ski et 445 m à pied, le 2e jour; descente à ski de plus de 2100 m entre le refuge Vallot et le Plan de l'Aiguille, avec une courte remontée à la fin.
Orientation principale : N.
Horaire global : 3 h 30 à 4 h le 1er jour; 10 à 11 h au total le 2e jour, sommet compris, jusqu'au retour au Plan de l'Aiguille. On gagne 3 h en s'arrêtant à Vallot (mais on perd alors le sommet!). 1 h 30 à 2 h pour le retour du refuge au Plan de l'Aiguille.
Difficultés : AD. Les pentes les plus raides sont en S3. La difficulté tient davantage à l'altitude, à la recherche de l'itinéraire et au cheminement dans les crevasses de la Jonction (certaines de ces crevasses mesurent 80 m de profondeur) ou de la montée sous le refuge. Expérience d'alpiniste indispensable. Importants risques d'avalanches en traversant sous l'Aiguille du Midi, risques continus de chutes de séracs sur le Petit Plateau. L'arrivée du mauvais temps rend l'orientation difficile au niveau du col du Dôme et du Grand Plateau. La voie normale du Mont Blanc est l'une des courses de ski de haute montagne les plus fréquentées, mais aussi l'une des plus dangereuses.
Matériel : piolet, crampons, corde, matériel de glacier; boussole et altimètre indispensables. Au passage de la Jonction, il est souvent nécessaire de s'encorder, à la descente comme à la montée.
Pente : 33° sur 150 m dans les Grandes Montées.
1er parcours à ski : Ugo Mylius avec les guides oberlandais Tännler, Maurer et Zurflüh, 25 février 1904. Skis au sommet : le guide suisse Elias Julen, années 1930.

Itinéraire

* *Montée au refuge* : du Plan de l'Aiguille, traverser vers le glacier des Pèlerins et monter sous l'éperon N de l'Aiguille du Midi (2550 m). Traverser en légère descente sous le versant NW de l'Aiguille, au-dessus de la Gare des Glaciers, et gagner le glacier des Bossons (chutes de pierres). Traverser le glacier dans sa partie plate (Plan Glacier), en montant légèrement, et franchir la Jonction (nombreuses crevasses). Aborder la branche glaciaire située sous le refuge, et la remonter en allant tout droit, puis largement à gauche, enfin en revenant quelque peu sur la droite (crevasses). Laisser les skis à la base du ressaut rocheux soutenant le refuge; un câble facilite l'accès à celui-ci.

* *Montée* : du refuge, traverser en légère montée vers l'W, puis remonter la rive gauche du glacier, dominée par les séracs de l'arête N du Dôme du Goûter : Petites Montées, Petit Plateau (fort risque de chutes de séracs), Grandes Montées, Grand Plateau (quelques zones de crevasses). Du Grand Plateau, obliquer à droite et gagner le col du Dôme puis à gauche le refuge Vallot. Dépôt des skis. Suivre alors à pied l'arête des Bosses jusqu'au Mont Blanc (passages étroits).

* *Descente* : même itinéraire. Après le glacier, il faut remonter jusqu'à sous l'Aiguille du Midi en remettant les peaux (30 min).

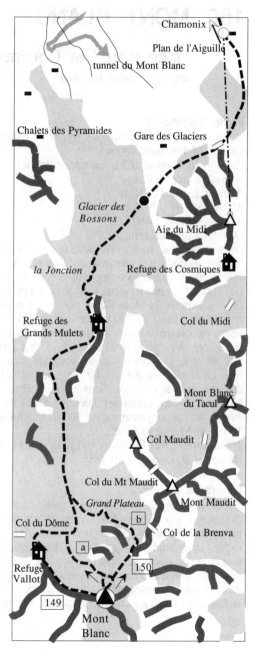

150. MONT BLANC

"face nord" et Corridor

4807 m   vallée de l'Arve

Fiche technique

Accès routier, accès mécanique, refuge : Chamonix, Plan de l'Aiguille, refuge des Grands Mulets (voir course 149).
Carte : 3630 ouest (Chamonix-Mont-Blanc).
Période : mars-juillet.
Altitude départ : 2310 m.
Altitude refuge : 3051 m.
Altitude sommet : 4807 m.
Dénivellation : du refuge, 1755 m.
Orientation principale : NW pour la face, N puis W pour le Corridor.
Horaire global : 9 h aller-retour du refuge des Grands Mulets, pour un itinéraire comme pour l'autre; pour le refuge, voir course 149.
Difficultés : D pour les deux itinéraires. La première difficulté consite à monter les skis au sommet du Mont Blanc, par la voie normale. La descente de la face N (en réalité NW), haute de 700 m, est soutenue en S4, et est très exposée aux chutes de séracs dans la partie inférieure; il existe des risques de plaques de glace dans le haut, et des crevasses peuvent dicter le choix de l'itinéraire. La descente par le Mur de la Côte et le Corridor est moins soutenue, mais comporte deux passages-clés : le Mur de la Côte en S5 sur 100 m (souvent gelé), et une zone de crevasses très délicate, dans le Corridor. Sous le Grand Plateau, voir la course 149.
Matériel : piolet, crampons, corde, matériel de glacier.
Pente : 40° de moyenne sur les 300 m les plus raides de la face NW. 45° env. sur 100 m au Mur de la Côte.
1ère descente : Bill Dunaway et Lionel Terray, 1953, pour la face N. En surf : T. Bernos et B. Gouvy, avril 1986.

Itinéraire

* *Montée au refuge et au sommet* : voir course 149 (voie normale).
* *Descente par la face NW* : partir directement du sommet si les conditions le permettent (crevasses), ou en descendant 100 m en direction du col de la Brenva (NNE) et en tournant à gauche aux Petits Mulets (îlots rocheux). Se porter sur la rive droite du glacier occupant la face NW, et descendre le long d'une côte glaciaire dominant une haute tranche de séracs ("Ancien Passage supérieur"). Dans le bas de cette côte, traverser obliquement à gauche sous d'énormes séracs, pour sortir de la face par la rive gauche. On rejoint la voie normale sur le Grand Plateau.

Croquis page 283.

* *Descente par le Mur de la Côte et le Corridor* : partir en direction NNE par les Petits Mulets, tourner à droite et traverser une cuvette; descendre en oblique le Mur de la Côte, qui domine le col de la Brenva. Sans aller au col, tourner à gauche le long des Rochers Rouges inférieurs. Après 200 m, franchir une zone de séracs et crevasses donnant accès au Grand Plateau (en général, on passe par une "ruelle" entre deux séracs). Traverser le Grand Plateau pour rejoindre la voie normale.– On peut descendre plus bas sous le col de la Brenva par la branche glaciaire N du Corridor, et rejoindre le Grand Plateau vers 3900 m. Plus ou moins crevassé selon les années.– On peut aussi prendre une pente raide et glacée, sous les Rochers Rouges.

Ski extrême au Mont Blanc (monographie)

* Descente intégrale du Mont Blanc au Fayet, par l'arête des Bosses, l'Aiguille du Goûter, le Grand Couloir du versant W, le glacier de Tête Rousse, le Nid d'Aigle et la voie ferrée du T.M.B, enfin les pistes jusqu'à Saint-Gervais, puis au Fayet. 1ère descente : J. Bessat, 11 mars 1984, déposé au sommet par hélicoptère.
* Col de la Brenva, versant E, 800 m à 50°/55° : P. Tardivel, 3 juillet 1988.
* Éperon de la Brenva, variante inférieure Güssfeldt. Pentes à 50°, séracs, 800 m. 1ère descente : Heini Holzer, 30 juin 1973 (montée à pied). Plusieurs répétitions.
* Voie de la Sentinelle Rouge, avec quelques "variantes neigeuses". 1ère descente : Jacky Bessat, 17 juin 1977, déposé au sommet par hélicoptère.
* Couloir central de la voie Major, très exposé aux séracs, 1300 m : Toni Valeruz, avril 1978, déposé au sommet par hélicoptère. La voie Major elle-même a été descendue avec 3 rappels : S. De Benedetti, 7 septembre 1979 (montée à pied).
* Grand Pilier d'Angle, voie Bonatti-Zapelli, l'une des descentes les plus difficiles du massif; 900 m de pentes très raides avec un passage dans des séracs, une section à 60°, et deux rappels dans une barrière rocheuse haute de 75 m. 1ère descente : Pierre Tardivel, 3 juillet 1988, déposé au Mt Blanc de Courmayeur par hélicoptère.
* Arête de Peuterey, en utilisant le couloir Eccles et le versant N du col de Peuterey. Remarquable descente de 1400 m aux difficultés continues. 1ère descente : A. Baud et P. Vallençant, 31 mai 1977. Le col de Peuterey avait été descendu auparavant par J.-M. Boivin et P. Gabarrou, 29 mai 1977. Au moins une répétition.
* Grand couloir de Frêney, depuis le "sommet" du couloir : M. Bernardi et S. De Benedetti, été 1981, déposés au col de Peuterey par hélicoptère; passages à 60°.
* Arête de l'Innominata, avec "variantes neigeuses"; très exposé, 800 m, passages étroits et très raides entre des rochers. 1ère descente : S. De Benedetti, 11 juin 1986.
* Face SW, voie Domenech-Jaccoux avec des variantes. Face de 1100 m très raide, suivie d'un glacier tourmenté. 1ère descente : D. Neuenschwander, 15 juin 1986.
* Face SW, couloir Gréloz-Roch. 1ère descente : S. De Benedetti, septembre 1980.
* Face SW, couloir de la Tournette, premier itinéraire de ski extrême réalisé au Mont Blanc, 1000 m de haut. 1ère descente : Sylvain Saudan, 25 juin 1973.
* Aiguille Blanche de Peuterey (4112 m), par la face N et par les deux itinéraires possibles : 700 m, 50°/55°. 1ères descentes : A. Baud et P. Vallençant, 29 mai 1977 (voie de droite); S. De Benedetti, 14 septembre 1980 (voie de gauche).
* Aiguille Blanche de Peuterey par la face E. Itinéraire très exposé dans une face rocheuse, 800 m. 1ère descente : S. De Benedetti, 14 juin 1984.

151. MONT BLANC

traversée des "trois Monts Blancs"

4807 m   vallée Blanche

Fiche technique

Accès routier, accès mécanique, retour : Chamonix, téléphérique de l'Aiguille du Midi, le Montenvers (voir course 154).

Refuge : un hôtel était en construction en 1990 sur l'emplacement de l'ancien refuge des Cosmiques (3613 m); il sera propriété de la Compagnie des Guides de Chamonix. Ouverture prévue courant 1991. Il est indispensable de passer la nuit aux abords du col du Midi (refuge ou bivouac) en prévision de la traversée des "trois Monts Blancs".

Carte : 3630 ouest (Chamonix-Mont-Blanc).

Période : mars-juillet.

Altitude départ réel : 3795 m (station de l'Aiguille du Midi).

Altitude refuge : 3613 m.

Altitude sommets : 4807 m (Mont Blanc), 4465 m (Mont Maudit), 4248 m (Mont Blanc du Tacul).

Altitude fin de descente : 1040 m à Chamonix ou 1913 m au Montenvers.

Dénivellation : entre le col du Midi et le Mont Blanc, au total, 1750 m de dénivellation, en gravissant les trois sommets; 1500 m en évitant les points culminants du Mont Maudit et du Mont Blanc du Tacul. Pour le reste, voir l'itinéraire de la Vallée Blanche (course 154).

Orientation principale : N.

Horaire global : 10 à 12 h au total, depuis les abords du col du Midi (refuge ou bivouac) au Montenvers ou à Chamonix. En évitant les points culminants du Mont Maudit et du Mont Blanc du Tacul, on économise 1 h à 1 h 30.

Difficultés : D à D+ selon que l'on emprunte les voies normales au plus court, ou que l'on descend la face N du Mont Maudit et le Mont Blanc du Tacul directement. Grande course complète en altitude, qui demande une très bonne technique, une solide expérience alpine et une condition physique parfaite. Les descentes sont en S4 avec passages de S5 (Mur de la Côte sur 100 m, face N du Mont Maudit sur 400 m, versant N direct du Mont Blanc du Tacul sur 200 m). Risques importants de plaques à vent dans la face N du Mont Blanc du Tacul.

Matériel : piolet, crampons, corde, matériel de glacier, éventuellement pieux pour le passage de deux hautes rimayes (ceux-ci peuvent être en place).

Pente : 45° sur 100 m au Mur de la Côte, 45° de moyenne sur 400 m dans la face N du Mont Maudit, 40° sur 200 m dans le versant N direct du Mont Blanc du Tacul.

1ère traversée à ski : auteurs et date inconnus. En hiver, avec l'aide des skis sur certaines sections : De Chaudens avec le guide Crettex, 20 mars 1927.

Itinéraire

* *Accès au refuge (bivouac)* : voir le départ de l'itinéraire de la Vallée Blanche (course 154).
* *Montée* : du col du Midi à l'épaule du Mont Blanc du Tacul, voir course 152. De l'épaule, descendre en traversée vers la cuvette du col Maudit. Remonter en diagonale sous la face N du Mont Maudit, pour sortir à pied par une pente raide au col du Mt Maudit (4345 m). Traverser vers le col de la Brenva (4303 m), dans le flanc W du Mont Maudit, en descendant à peine, et gagner le col. Droit au-dessus, remonter le Mur de la Côte, à pied, puis traverser une cuvette et monter directement au Mont Blanc par l'arête NNE arrondie.
* *Descente normale* : même itinéraire. S5 ou rappel sur pieu sous le col du Mont Maudit.
* *Descente intégrale* : même itinéraire jusqu'au col de la Brenva. Remonter au Mont Maudit le long de son arête S (SW en haut, rochers à la fin). De la base des rochers sommitaux, partir en face N et descendre directement la face N (crevasses en bas). Remonter à l'épaule, puis au sommet du Mont

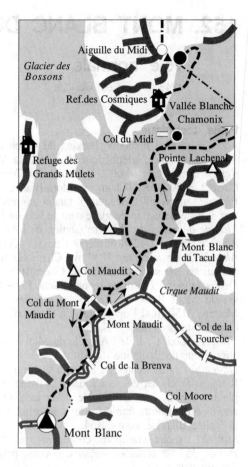

Blanc du Tacul. Partir en face N depuis l'arête faîtière, non loin du sommet, et descendre une pente raide et soutenue, en bas de laquelle on rejoint la voie normale.

Versant méridional du Mont Maudit (ski extrême)

* Couloir Bonnenfant (E); grosse corniche au sommet. 700 m à 45°/50°. 1ère descente : J.-M. Boivin, avril 1982. Répété par E. Darlix et C. Gauthier, 6 juin 1982.
* Voie diagonale dans la face E de l'épaule SW (voie Decorps). 600 m, passages à 55°. 1ère descente : S. De Benedetti, 11 juin 1983.
* Arête de la Tour Ronde (arête Kuffner), en contournant l'Androsace versant Brenva et en utilisant le couloir Mallory pour la jonction avec le Cirque Maudit. 1ère descente : J.-M. Boivin, 14 mars 1985, au cours d'un enchaînement à ski (montée par le couloir Albinoni-Gabarrou du Mont Blanc du Tacul, descente du versant S de ce sommet, montée puis descente de l'arête de la Tour Ronde au Mont Maudit).

152. MONT BLANC DU TACUL

voie normale

4248 m   vallée Blanche

Fiche technique

Accès routier : Chamonix. Parking du téléphérique de l'Aiguille du Midi.
Accès mécanique : téléphérique de l'Aig. du Midi (2 tronçons). Voir course 154.
Refuge éventuel ou bivouac : refuge des Cosmiques (voir course 151).
Carte : 3630 ouest (Chamonix-Mont-Blanc).
Période : mars-juillet; dès juin, il faudra remonter à l'Aig. du Midi; en début de saison, il reste beaucoup de glace dans le versant N et les rimayes sont plus difficiles.
Altitude départ réel : 3795 m (station de l'Aiguille du Midi).
Altitude sommet : 4248 m; dépôt des skis 4200 m env.
Altitude fin de descente : 1040 m à Chamonix (mais au printemps il faut en général déchausser à la sortie de la Mer de Glace, 1600 m env.), ou 1913 m au Montenvers.
Dénivellations : 715 m de montée (dont 50 m à pied); 2350 m env. de descente à ski du Mont Blanc du Tacul aux échelles du Montenvers, 2600 m jusqu'aux Mottets, 3150 m si l'on va jusqu'à Chamonix.
Orientation principale : N.
Horaire global : 7 h de l'Aiguille du Midi à la sortie de la Mer de Glace; 5 à 6 h aller-retour de l'Aiguille du Midi.
Difficultés : AD. Pentes en S3 avec plusieurs passages de S4, en principe courts. Risques de chutes de séracs dans la partie inférieure du versant N; risques de plaques à vent dans l'ensemble de la face. Quelques rimayes peuvent, selon les années ou la saison, être difficiles à franchir. Voir également les commentaires sur la Vallée Blanche, course 154.
Matériel : piolet, crampons, corde, matériel de glacier.
Pente : 35° sur certaines sections; la pente peut être plus raide au franchissement des rimayes.
1ère descente : A. Colossa et H. Muller, 1930.

Itinéraire

* *Montée* : de l'Aiguille du Midi, rejoindre le col du Midi (voir course 154). Remonter les pentes douces qui conduisent sous le versant N, à droite du triangle de rochers enneigés du Mont Blanc du Tacul. Attaquer le versant N dans sa partie gauche, sous des séracs, et s'élever en oblique à droite, en franchissant plusieurs ressauts et quelques rimayes qui peuvent être importantes; la direction générale est l'épaule neigeuse formant l'extrémité W de l'arête neigeuse couronnant le versant N. Rejoindre cette arête plus ou moins directement, et la suivre en direction du sommet. Celui-ci s'atteint à pied par quelques rochers faciles.
* *Descente* : même itinéraire, ou bien descendre plus directement (voir course 151).

Autres itinéraires du Mont Blanc du Tacul (ski extrême)

* Versant NW du col Maudit (accessible depuis l'épaule du Mont Blanc du Tacul) : descente exposée et raide, passages à 45°. 1ère descente : H. Delahaye, juillet 1977.
* Versant NW directement sur les Grands Mulets : itinéraire difficile à déterminer (mieux vaut l'avoir repéré à l'avance de l'Aiguille du Midi ou de la Jonction), crevasses, séracs et murs raides, rappels. 1ère descente : J.-M. Boivin et P.-O. Pellegrin, 11 juin 1983, enchaînant cette descente à la suite de la face N du Mont Maudit.
* Glacier du versant NE, bordant le "Triangle du Tacul" : cette descente semble problématique aujourd'hui à cause des séracs, ensemble à 45° avec des passages plus raides. 1ère descente : J.-M. Boivin et Y. Détry, 1977. Répétée en 1978.
* Couloir Jager en versant ENE : 600 m, étroit, 45°/50°. 1ère descente : J. Bessat, 7 mars 1977; plusieurs répétitions dont une en surf (E. Bellin, P. Bresse, C. Crétin, B. Gouvy, 6 janvier 1990).
* Couloir Gervasutti (voie classique) : magnifique couloir haut et très raide (700 m, 45° à 55°), avec des rigoles mais aussi des risques de chutes de séracs; régulièrement mais rarement parcouru, TD+. 1ère descente : S. Saudan, 16 octobre 1968.
* Couloir du Diable : couloir très raide et très exposé (étranglement rocheux dans le bas), 500 m à 50° avec passages à 55°. 1ère descente : D. Chauchefoin, 13 juin 1976, avec des rappels. Une répétition.
* Versant S : itinéraire très exposé (nombreux éperons rocheux) et raide, ensemble à 45°. 1ère descente : B. Chamoux et C. Gauthier, 30 mai 1982 (un rappel). Repris par J.-M. Boivin, 14 mars 1985, sans rappel.
* Col du Diable (3955 m), par le versant NE. 300 m à 50° puis 200 m à 40°. 1ère descente : D. Chauchefoin et P. Tardivel, 12 avril 1981.

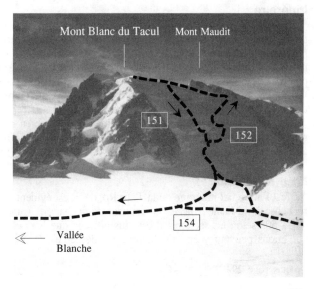

Mont Blanc du Tacul   Mont Maudit

151

152

154

Vallée
Blanche

153. LA TOUR RONDE

couloir Gervasutti

3792 m   vallée Blanche

Fiche technique

Accès routier : Chamonix. Parking du téléphérique de l'Aiguille du Midi.
Accès mécanique : téléphérique de l'Aiguille du Midi (voir course 154).
Carte : 3630 ouest (Chamonix-Mont-Blanc).
Période : mars-juin, ou plus tôt si le glacier du Géant est bien bouché.
Altitude départ réel : 3795 m (station de l'Aiguille du Midi).
Altitude sommet : 3792 m. Dépôt des skis 3737 m.
Altitude fin de descente : 1040 m à 1840 m (voir course 154).
Dénivellation : pour la partie originale entre l'endroit où l'on quitte la Vallée Blanche et le sommet, 615 m à ski et 55 m à pied. Pour le reste, voir la course 154.
Orientation principale : WSW dans le couloir bien encaissé.
Horaire global : 3 à 4 h pour la partie originale, plus la Vallée Blanche (3 h).
Difficultés : TD–. S5 soutenu, sur 250 m, dans le couloir, en dévers au-dessus d'une profonde goulotte. Descente exposée. La rimaye peut opposer un sérieux obstacle.
Matériel : piolet, crampons, corde.
Pente : 48° sur 250 m.
1ère descente : D. Faivre et J.-P. Mansart, 31 mars 1974.

Itinéraire

* *Montée* : descendre la Vallée Blanche jusqu'au pied de la Pyramide du Tacul, et gagner obliquement la base de la Pointe Adolphe Rey. Remonter sous cette pointe, puis aller à gauche sur le plateau supérieur du glacier du Géant. Contourner les ressauts rocheux de la Tour Ronde pour gagner une cuvette d'où l'on découvre le couloir Gervasutti, jusqu'alors invisible. Franchir la rimaye sur la droite et remonter la rive gauche du couloir, dont on sort à une épaule dominant la face N. Dépôt des skis. Pour gagner le sommet, traverser à gauche et rejoindre la voie normale.
* *Descente* : on chausse à l'épaule. Même itinéraire; bien rester rive gauche. Pour rejoindre la Vallée Blanche, traverser sous la face N de la Tour Ronde et retrouver au plus tôt les traces descendant de la Pointe Helbronner (voir course 154).

Face N

* C'est l'autre bel itinéraire de la Tour Ronde. Il est évident. Le passage de la bande rocheuse à mi-hauteur nécessite souvent de déchausser (rappel à la descente). TD, 45° à 50° selon les sections; il est plus difficile que le couloir Gervasutti, mais les conditions peuvent y être meilleures. 1ère descente : P. Vallençant, 27 juin 1971.

Croquis page 293.

154. AIGUILLE DU MIDI

Vallée Blanche et glacier de Toule

3795 m   vallée Blanche

Fiche technique

Accès routier : Chamonix. Gare de départ du téléphérique de l'Aiguille du Midi.
Retour près de la gare du Montenvers, à 1 km à pied.
Accès mécanique : téléphérique de l'Aiguille du Midi, en deux tronçons. Ouverture
8 h. En cas d'affluence (ce qui est la règle), bennes numérotées avec numéros
d'appel; il est vivement conseillé, pour réaliser le circuit complet, de partir avec
l'une des premières bennes (pour cela, venir 1 h avant l'ouverture); tél. 50.53.30.80.–
Au retour du glacier de Toule, téléphérique du Pavillon du Mont Fréty à la Pointe
Helbronner (deux tronçons).– En fin de saison, pour revenir à Chamonix, chemin
de fer du Montenvers (tél. 50.53.12.54). Au total, 200 F env.
Carte : 3630 ouest (Chamonix-Mont-Blanc).
Période : février-mai, la meilleure époque étant mars. En fin de saison, le chemin
de sortie de Vallée Blanche est déneigé assez haut. Le chemin de fer du Montenvers
est ouvert à partir du 15 mai en général, parfois plus tôt.
Altitude départ réel : 3795 m à la station de l'Aiguille du Midi, 3780 m à la sortie
du tunnel, 3700 m au point de départ de la descente à ski.
Altitude sommets intermédiaires : 3411 m (col E de Toule), 3462 m (Helbronner).
Altitude fin de descente : 1040 m à Chamonix, mais dès la mi-avril il faut déchausser à la sortie de la Mer de Glace, à l'épaule des Mottets (1638 m); en fin de saison,
1840 m env. au pied des échelles du Montenvers. La descente du glacier de Toule
s'achève à 2174 m (Pavillon du Mont Fréty).
Dénivellation : pour la Vallée Blanche seule, 2700 m jusqu'à Chamonix (dont
300 m à 600 m à pied dans le bas en fin de saison), 1900 m jusqu'aux échelles du
Montenvers. Avec le glacier de Toule : 260 m de montée et 1200 m de descente à
ski supplémentaires.
Orientation principale : circuit. Descente SE sur le glacier de Toule.
Horaire global : au départ de la benne de Chamonix après attente, 3 à 4 h pour la
Vallée Blanche seule, 6 à 8 h pour le circuit complet.
Difficultés : PD. La Vallée Blanche, très tracée, ne comporte que deux difficultés :
le départ à pied sur l'arête de l'Aiguille du Midi, aérien et parfois gelé, et le passage
des séracs du Géant, étroit et crevassé (S3); risques d'avalanches sur le chemin de
sortie de la Mer de Glace. Pour le glacier de Toule, après la descente à pied des
échelles, descente soutenue en S3 avec quelques crevasses isolées et un risque de
coulées par temps doux.
Matériel : crampons utiles au départ sur l'arête; matériel de glacier pour la sécurité.
Pente : courtes sections à 35° sur le glacier de Toule.
Première : A. Bonacossa et L. Hosquet, 4-5 janvier 1917 (Aiguille du Midi).

Itinéraire

* *Vallée Blanche* : descendre à pied l'arête NE de l'Aiguille du Midi (cordes fixes), puis suivre la piste de la Vallée Blanche qui descend en biais sous la face S de l'Aiguille du Midi, oblique à gauche avant le col du Midi, passe au col du Gros Rognon, tourne à droite pour passer au pied du couloir Gervasutti et de la Pyramide du Tacul (point de départ de la remontée vers le col de Toule). La piste descend la rive gauche du glacier du Géant, franchit une zone de crevasses le long des séracs du Géant, et avant d'atteindre le refuge du Requin descend à droite sur le plateau inférieur du glacier (la Salle à Manger). Passer un instant rive droite puis descendre plein centre le glacier du Tacul et la Mer de Glace. En fin de saison, si le train fonctionne, rejoindre les échelles d'accès au Montenvers, nettement en amont de la gare. Sinon, poursuivre par la Mer de Glace, dont on sort rive gauche vers 1600 m par un passage souvent glacé. Un chemin remonte à l'épaule des Mottets (1638 m). De là suivre le large chemin qui descend à Chamonix.

* *Traversée du col de Toule* : du pied de la Pyramide du Tacul, quitter la piste de la Vallée Blanche et remonter en direction de la Pointe Helbronner (ESE; téléski). Obliquer à droite à la fin pour gagner le col E de Toule. Versant S, descendre d'abord par des échelles, puis par le glacier de Toule dont on suit la rive gauche, parfois très près des rochers. Quitter le glacier vers 2750 m et traverser vers la gauche, pour descendre une combe et de petites croupes en direction SE jusqu'au Pavillon du Mont Fréty (station des téléphériques italiens).

* *Retour* : de la Pointe Helbronner (station supérieure), traverser au col des Flambeaux, passer à gauche sous les câbles de la télécabine de la Vallée Blanche. Descendre sur le glacier du Géant et rejoindre rive gauche la piste de la Vallée Blanche.

Variantes

* Le col E de Toule, par bonnes conditions, peut se descendre à ski (S5 exposé).
* Par enneigement abondant, descendre du Pavillon du Mont Fréty jusqu'à la Palud (départ du téléphérique); 800 m de dénivelation, 1 h supplémentaire.
* De la Pointe Helbronner, si le glacier du Géant est bien bouché, le descendre directement en passant à droite (E) de la Vierge; très belle descente.
* Au niveau du refuge du Requin, quitter la piste et prendre l'itinéraire de descente de l'Aiguille du Plan (course 156).
* Du "chemin de sortie de Vallée Blanche", à mi-chemin entre les Mottets et Chamonix, on trouve un couloir qui peut se descendre par bonnes conditions (couloir d'Ortha, arrivée près des Praz, pentes raides).

Autres itinéraires

* La "vraie" Vallée Blanche est une branche glaciaire qui se développe au N du Gros Rognon; elle est très crevassée, mais se descend de temps à autre; paysages magnifiques. Piolet, crampons, corde, matériel de glacier, broches à glace.
* Le col W de Toule, le col d'Entrèves (3527 m) et le fond du Cirque Maudit (3660 m) sont facilement accessibles après avoir traversé la partie supérieure du glacier du Géant. Au-dessus du Cirque Maudit, quelques pentes raides ont été skiées, en particulier celle du col du Trident et celle du col de la Fourche.

* Au-dessus du col d'Entrèves, possibilité d'aller au col Freshfield (3625 m), sur la voie normale de la Tour Ronde; ce sommet peut alors être rejoint à pied.
* La face N de l'Aiguille de Toule a été descendue à plusieurs reprises.
* Le versant S du col du Géant est descendu de temps à autre : raide, exposé, souvent mal enneigé (première probable par S. Saudan).

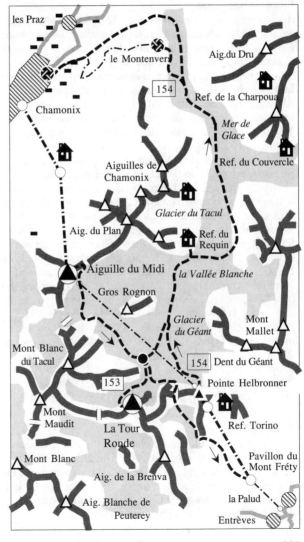

Chaîne du Mont-Blanc

155. AIGUILLE DU MIDI

couloir des Cosmiques et glacier Rond

3795 m   vallée de l'Arve

Fiche technique

Accès routier, accès mécanique : Chamonix et téléphérique de l'Aiguille du Midi (course 154). Retour au Plan de l'Aiguille (premier tronçon).

Carte : 3630 ouest (Chamonix-Mont-Blanc).

Période : mars-juin. Il faut que le glacier des Bossons soit bien bouché.

Altitude départ réel : 3795 m à la station; 3780 m à la sortie du tunnel de l'Aiguille. Départ à ski 3700 m si l'on n'utilise pas le couloir S.

Altitude fin de descente : 2310 m.

Dénivellation à ski : 1600 m de descente, avec quelques petites remontées (100 à 150 m au total). Le couloir des Cosmiques et le glacier Rond ont une dénivellation propre de 700 à 750 m.

Orientation principale : W pour les Cosmiques, NW puis SW pour le glacier Rond; SE dans le couloir de départ de l'Aiguille du Midi.

Horaire global : 3 à 5 h pour chaque itinéraire, de l'Aiguille du Midi au Plan de l'Aiguille. Par bonnes conditions, il est possible de les enchaîner dans la journée.

Difficultés : D+ pour le couloir des Cosmiques, en S5 au départ sur 100 m, puis S4 soutenu; risques de coulées (rigoles). TD– pour le glacier Rond, plus soutenu en S5; de la glace peut apparaître dans le haut du glacier Rond, principalement en hiver et au début du printemps. Terrain très crevassé après la rimaye, sur le glacier des Bossons. Au départ de l'Aiguille du Midi, le couloir SE est en S5 exposé.

Matériel : corde, matériel de glacier, piolet, crampons, broches à glace, tout cela pour la sécurité en prévision de la sortie sur le glacier des Bossons. Peaux de phoque utiles pour la remontée finale sous l'Aiguille du Midi.

Pente : couloir des Cosmiques, 45° au départ sur plus de 100 m, puis 40° de moyenne sur 600 m. 45° sur 250 m dans le glacier Rond, avec départ à plus de 50°; 40° de moyenne sur 500 m dans le couloir de la seconde partie. Couloir SE de l'Aiguille, plus de 45° sur 150 m.

1ères descentes : couloir des Cosmiques, B. Delafosse et J.-P. Mansart, 22 mai 1977; glacier Rond, D. Chauchefoin et Y. Détry, 17 mai 1977.

Itinéraires

* *Accès* : utiliser l'itinéraire classique de la Vallée Blanche ou bien, de la plate-forme de sortie des installations de l'Aiguille du Midi, prendre immédiatement au-dessous un couloir très raide et encaissé, pas souvent en bonnes conditions, qui débouche au pied de la face SE de l'Aiguille. Longer la base des rochers à droite et remonter au Passage du Col (3593 m) ou à l'épaule marquant le départ de l'arête des Cosmiques, selon l'itinéraire choisi.

* *Couloir des Cosmiques* : du Passage du Col, descendre à l'W entre des rochers pour aborder au mieux le couloir des Cosmiques. Le descendre en restant de préférence rive droite (on peut même passer dans un couloir affluent derrière la rive droite), jusqu'à une petite arête où le couloir se divise en deux. Prendre de préférence la branche de droite (N) dans laquelle débouche le couloir Walker (sortie du glacier Rond). Descendre le cône de déjection et franchir la rimaye par un saut.– On peut aussi descendre la branche de gauche (S), moins directe.

* *Glacier Rond* : de l'épaule au départ de l'arête des Cosmiques, descendre directement le glacier Rond, très raide au début sur quelques mètres, jusqu'au niveau du débouché du couloir de la Passerelle. Tourner à gauche vers un petit col et s'engager dans un couloir étroit au départ (couloir Walker), bien rectiligne et régulier, qui débouche sur le glacier des Bossons (rimaye, saut).

* *Retour au Plan de l'Aiguille* : si le glacier des Bossons est bien bouché, suivre sa rive droite en se faufilant entre de grosses crevasses et des séracs, avec un passage tout contre la rive (éventuellement utiliser le rocher sur 10 m); à la fin, obliquer à gauche pour rejoindre la trace des Grands Mulets.– Il vaut mieux remonter en direction de la rive gauche du glacier et par une pente de 50 m à pied rejoindre les Grands Mulets. Revenir au Plan de l'Aiguille par la voie normale du Mont Blanc.

Autres itinéraires difficiles de l'Aiguille du Midi

* Couloir de la Passerelle, accessible en rappel depuis la passerelle (public assuré) ou par le versant N. La partie supérieure est souvent mal enneigée. 1ère descente : auteur inconnu, 1978. Plusieurs répétitions.

* Face NW, couloir Eugster; 1100 m à 50°/55°, exposé, ED. 1ère descente : L. Giacomini, 30 mai 1977 (2 rappels).

* Face NW, voie dite de la face N, combinaison du couloir Mallory et de l'éperon Seigneur. 1100 m à 50°/55° et passage à 60°, écharpes exposées, un rappel, ED. 1ère descente, historique : Anselme Baud, Daniel Chauchefoin, Yves Détry, 22 mai 1977. Répétée plusieurs fois en 1977, puis en 1988 et 1990; descendue en surf (E. Bellin, C. Crétin, printemps 1989).

* Éperon Frendo. 1100 m avec des sections extrêmes. 1ère descente : J.-M. Boivin et L. Giacomini, 2 juillet 1977 (2 rappels).

* Éperon Tournier et éperon des Jumeaux, enchaînés le 23 mai 1986 par J.-M. Boivin. Même ordre de difficultés que le Frendo.

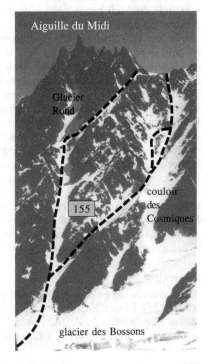

Aiguille du Midi

Glacier Rond

155

couloir des Cosmiques

glacier des Bossons

156. AIGUILLE DU PLAN

glacier d'Envers du Plan

3673 m   vallée Blanche

Fiche technique

Accès routier, accès mécanique : Chamonix, téléph. de l'Aig. du Midi (course154).
Refuge : refuge du Requin, 2516 m, CAF, gardé en "saison de Vallée Blanche", 80 places. Tél. 50.53.16.96.
Carte : 3630 ouest (Chamonix-Mont Blanc).
Période : mars-mai. Il faut que le glacier d'Envers du Plan soit bien bouché.
Altitude départ réel : 3795 m (station du téléphérique).
Altitude refuge : 2516 m.
Altitude sommet : 3673 m; dépôt des skis 3600 m env.
Altitude fin de descente : 1040 m à Chamonix, 1638 m aux Mottets ou 1840 m sous le Montenvers (voir course 154).
Dénivellations : 1200 m de descente le 1ᵉʳ jour; 1160 m de montée (dont 75 m à pied), 2600 m de descente jusqu'à Chamonix, le 2ᵉ jour. Pour la seule descente de l'Aiguille du Midi par le glacier d'Envers du Plan, 2700 m jusqu'à Chamonix.
Orientation principale : E pour la descente supérieure, SE sous le col supérieur du Plan, puis NE sous le refuge du Requin.
Horaire global : 2 h le 1ᵉʳ jour, 7 à 8 h le 2ᵉ jour; si l'on ne monte pas à l'Aiguille du Plan, 3 à 5 h de l'Aiguille du Midi jusqu'à Chamonix.
Difficultés : D pour l'ensemble, AD pour la descente simple depuis l'Aig. du Midi. La partie supérieure du glacier d'Envers du Plan est en S5 tout en haut, puis S3/S4. Dans la descente de l'Aiguille du Midi à la Mer de Glace, quelques sections en S4. Les difficultés proviennent davantage du terrain glaciaire, parfois très crevassé, jusqu'à proximité du refuge du Requin. La partie supérieure du glacier d'Envers du Plan peut être particulièrement complexe suivant la saison. Risques de plaques à vent au niveau du col du Plan. Risques de coulées sous le refuge du Requin. Passages rocheux de II dans le ressaut terminal de l'Aiguille du Plan.
Matériel : skis de piste pour la descente directe de l'Aiguille du Midi à Chamonix. Crampons, corde et matériel de glacier. Piolet, sangles pour l'Aiguille du Plan.
Pente : 45° sur 100 m au col supérieur du Plan. 40° sur plus de 100 m à la sortie du glacier; plus de 35° sur plusieurs autres sections de 100 m.
1ᵉʳᵉ descente : Armand Charlet et André Roch, avril 1925.

Itinéraire

* *Descente au refuge du Requin* : gagner à pied le départ de la Vallée Blanche (voir course 154). Descendre à ski le long de l'arête Midi-Plan, flanc S, et contourner par le S à l'horizontale le P. 3626 m de cette arête. Contourner une arête neigeuse secondaire E, traverser vers l'arête principale sans l'atteindre, et descendre dans la facette raide comprise entre ces deux arêtes jusqu'au niveau du col du Plan. Descendre le glacier d'abord rive droite puis en son centre, contourner par la droite une zone de crevasses et revenir à gauche, par une pente assez raide, sur un plateau vers 3200 m.– Dans cette section, l'itinéraire sera fonction de l'état du glacier.– Traverser vers la base de l'éperon SE du Rognon du Plan et passer sur la branche principale du glacier d'Envers du Plan, issue du col supérieur du Plan. La descendre en oblique à gauche, jusqu'à la base de l'arête du Chapeau à Cornes. Descendre la combe glaciaire raide située sous la Dent du Requin, rive droite de cette combe, et rejoindre le refuge du Requin, visible en-dessous.– On peut aussi, depuis les abords du col du Plan ou depuis les arêtes sommitales de l'Aig. du Midi, descendre plus directement pour passer au S du Petit Rognon et retrouver la piste de la Vallée Blanche avant le passage des séracs. Autres variantes possibles.

* *Aiguille du Plan* : remonter par le même itinéraire jusqu'au P. 3061 m. Rester sur la branche principale du glacier, aller à droite pour franchir un ressaut raide et crevassé, après 100 m faire un crochet à gauche puis remonter le glacier en principe en son centre.– Il faut adapter l'itinéraire à l'état du glacier, nombreuses crevasses.– Gagner le col supérieur du Plan par une pente raide. Continuer à s'élever le plus possible par la neige jusqu'à la base des rochers sommitaux (dépôt des skis). Escalader ces rochers jusqu'au sommet de l'Aiguille du Plan.

* *Descente* : même itinéraire jusqu'au refuge du Requin. On retrouve la piste de la Vallée Blanche, mais il est plus intéressant de poursuivre dans la large combe du Requin, en appuyant progressivement à gauche (nombreuses traces). Rejoindre la rive gauche du glacier du Tacul et la suivre jusqu'au centre de la Mer de Glace, où l'on retrouve la descente classique de la Vallée Blanche.

Descentes difficiles dans le groupe du Plan

* Col du Plan (3475 m) par le versant N. 650 m à 50° avec passage à 55°, rappels dans la goulotte. 1ère descente : Yves Détry, 25 avril 1977. Plusieurs répétitions.
* Face N de l'Aiguille du Plan : J.-M. Boivin et L. Giacomini, 3 juillet 1977 (4 rappels). Répétée à ski (J.-F. Charlet) et en surf (B. Gouvy et J. Ruby), 1er juin 1990.
* Face N du Pain de Sucre (3607 m) : 55° soutenu, grande exposition; 1ère descente : P. Tardivel, 1er juin 1990. Répétée à ski (P.-A. Rehm) et en surf (J. Ruby), 3 juin 1990.

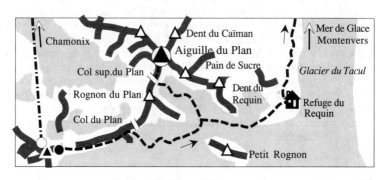

157. COL DE LA BÛCHE

en traversée

2785 m   vallée de l'Arve

Fiche technique

Accès routier : Chamonix. Gare de départ du téléphérique de l'Aiguille du Midi.
Retour près de la gare du Montenvers, à 1 km à pied.
Accès mécanique : téléphérique Chamonix-Plan de l'Aiguille. Éventuellement
retour par le chemin de fer du Montenvers.
Carte : 3630 ouest (Chamonix-Mont-Blanc).
Période : décembre-mai.
Altitude départ réel : 2310 m.
Altitude sommet : 2785 m.
Altitude fin de descente : 1040 m à Chamonix, 1638 m aux Mottets ou 1840 m sous
le Montenvers (voir course 154).
Dénivellation : 475 m de montée, 950 m à 1750 m de descente (avec petite
remontée).
Orientation principale : E dans la descente.
Horaire global : 4 h du Plan de l'Aiguille à Chamonix.
Difficultés : D. Le passage de la corniche de départ conditionne la difficulté
d'ensemble : S5 si la corniche est très formée. S4 soutenu dans le couloir E. Par
grosse neige, risques de coulées en traversant sous Blaitière et à la sortie du couloir;
séracs menaçants au glacier des Nantillons.
Matériel : piolet, crampons utiles à la montée.
Pente : 43° sur 200 m dans le couloir E.

Itinéraire

* *Montée* : partir obliquement vers l'E sous l'Aiguille du Peigne, contourner au-
dessus le lac du Plan de l'Aiguille et gagner la base du glacier de Blaitière.
Poursuivre obliquement en franchissant une moraine, puis passer presque
horizontalement une seconde moraine sous l'Aiguille de Blaitière, et gagner le
glacier des Nantillons que l'on traverse vers la base du couloir SW du col de la
Bûche. Remonter directement ce couloir jusqu'au col.
* *Descente* : partir à droite (contre les Petits Charmoz) si la corniche est formée,
et descendre directement le couloir E, qui en fin de saison présente une goulotte
centrale. Appuyer ensuite constamment à droite, sous un éperon puis sous le glacier
de la Thendia, pour rejoindre la Mer de Glace au niveau du départ du sentier du
refuge d'Envers des Aiguilles. Passer à gauche des échelles de ce sentier si
l'enneigement est suffisant, sinon à pied par les échelles. On retrouve la piste de
la Vallée Blanche.

Le cirque des Nantillons

* Descente du col de la Bûche par le couloir SW utilisé à la montée, AD+.
* Col des Nantillons, en remontant tout le glacier des Nantillons; un passage étroit contre les rochers du Rognon. Toute la partie inférieure est sous la menace des séracs du glacier des Nantillons. Très belle course dans un cadre sauvage, D. A la descente, revenir de préférence au Plan de l'Aiguille.
* Brèche de Blaitière (3449 m) par le couloir Spencer. Pente de 200 m à 51° de moyenne; approche par le glacier des Nantillons, ou par des pentes glaciaires situées sous l'arête NW de l'Aig. de Blaitière. TD. 1ère descente, historique : Sylvain Saudan, 26 septembre 1967. Plusieurs répétitions; descente en surf par Bruno Gouvy et en monoski par Véronique Périllat, le 13 juin 1989.
* Couloir Contamine, issu de l'échancrure 3420 m de l'arête NW de Blaitière; plus raide que le couloir Spencer auquel il est parallèle. 1ère descente : S. Cachat-Rosset, 10 juillet 1971.

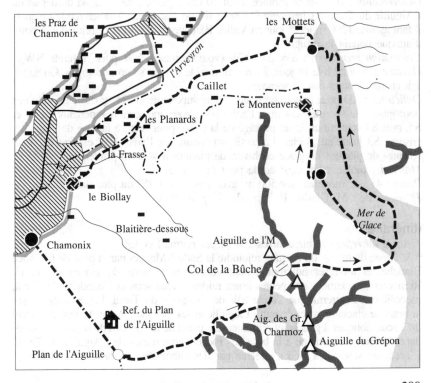

158. AIGUILLE DU TACUL

voie normale et arête nord-ouest

3444 m   vallée Blanche

Fiche technique

Accès routier, accès mécanique, retour : Chamonix, téléphérique de l'Aiguille du Midi, le Montenvers (voir course 154).

Refuge : ref. du Requin, 2516 m, CAF, gardé en saison, 80 places. Tél. 50.53.16.96.

Carte : 3630 ouest (Chamonix-Mont-Blanc).

Période : février-juin. Itinéraire praticable dès que la Vallée Blanche est en conditions; en hiver, on risque de trouver des plaques de glace le long de l'arête.

Altitude départ réel : 3795 m (station de l'Aiguille du Midi).

Altitude refuge : 2516 m.

Altitude sommet : 3444 m. Dépôt des skis 3350 m.

Altitude fin de descente : 1040 m ou 1840 m (voir course 154).

Dénivellation : 1025 m de montée (dont 100 m à pied); 2300 m à ski du départ de l'Aiguille du Tacul à Chamonix (1500 m si l'on s'arrête au Montenvers), auxquels il faut ajouter 1200 m le 1er jour en Vallée Blanche, et 100 m pour rejoindre le point d'attaque depuis le refuge.

Orientation principale : SW puis NW (voie normale); NW puis W (arête NW).

Horaire global : 2 h le 1er jour, 7 à 8 h au total le 2e jour, sommet compris. On gagne 1 h en ne montant pas au sommet.

Difficultés : AD pour la voie normale : pente supérieure en S4, et difficultés alpines pour gagner le sommet. D+ pour l'arête NW, avec une section supérieure en S4 et S5, puis S4 soutenu et S5 au passage de la rigole pour sortir à la base de l'aiguille; ensuite, S3 jusqu'au glacier. La partie supérieure sur l'arête NW est fort exposée. Risques de plaques de glace en hiver, de plaques à vent au printemps.

Matériel : piolet, crampons; corde pour la sécurité.

Pente : 41° de moyenne sur 500 m, avec passages à 45° ou plus dans le haut.

1ère descente : M. Gindre, F. Labande, 23 juin 1983.

Itinéraire

* *Accès au refuge* : voir courses 154 (accès normal) et 156.

* *Montée* : du refuge du Requin, rejoindre la Salle à Manger par la piste de la Vallée Blanche, et traverser horizontalement vers la rive droite du glacier du Tacul. Remonter directement des pentes assez raides jusque sous la Chandelle du Tacul, monolithe à l'extrémité de l'arête SW de l'Aiguille du Tacul. Passer à droite sur la branche glaciaire enserrée entre l'aiguille et les Périades. Avant la rimaye du col du Tacul, obliquer à gauche et remonter une pente de neige, tout droit puis en ascendance à droite; elle mène à la base des rochers sommitaux de l'Aiguille du Tacul. L'accès au sommet à pied s'effectue par des cheminées sur la gauche (délicat).

Descente par la voie normale : même itinéraire. Départ raide sur 200 m (40°).
Descente par l'arête NW : de la base des rochers sommitaux, descendre 50 m face aux Grands Charmoz pour découvrir l'arête NW, assez arrondie au départ, séparant peu distinctement dans le haut les deux facettes N et W de l'aiguille. Descendre l'arête par sa crête jusqu'à une petite épaule vers 3150 m, d'où part à gauche une large combe moins raide, que l'on suit sur 150 m. Franchir à gauche une rigole plus ou moins profonde pour gagner contre les parois rocheuses la pente inférieure de ce versant, assez raide, et descendre cette pente; la rimaye se franchit en général sur la rive droite. Appuyer alors à gauche et descendre une large combe soutenue face au refuge du Requin jusqu'au glacier du Tacul.

Autres itinéraires
* Par bonnes conditions d'enneigement, quitter la large combe vers 3000 m, traverser au N de larges pentes et un éperon pour découvrir le triangle de base de l'arête NW. Un passage étroit permet d'en sortir, descendre alors directement les pentes qui suivent jusqu'au glacier du Tacul, que l'on rejoint vers 2200 m.
* Traversée du col du Tacul : voir ci-dessous pour la montée. Versant NE, après un long rappel, descendre un couloir raide, qui débouche sur le glacier de Leschaux.

Le cirque des Périades
* Voie classique de l'Aiguille du Tacul. Suivre l'itinéraire décrit ici comme normal, mais gagner la rimaye du col du Tacul et remonter le couloir du col qui se dédouble. Si l'on désire monter à l'Aiguille, prendre la branche de gauche; sinon, remonter la branche de droite qui aboutit au col topographique (3337 m). Du col à l'aiguille par l'arête SE rocheuse et facile. Les couloirs du col sont à presque 45° sur 150 m. PD en laissant les skis à la rimaye, manière classique de procéder.
* Brèche Puiseux (3432 m), dans les Périades, par le couloir SW : plus de 45° sur 250 m, D+. 1ère descente : B. Delafosse, J.-P. Mansart, D. Potard, 6 mars 1977.
* Épaule du Mont Mallet (3769 m) par la face W, belle pente de presque 500 m à 45°/50°, TD. 1ère descente : J.-M. Boivin et P. Gabarrou, 17 juin 1977. L'approche par le glacier des Périades est assez crevassée.

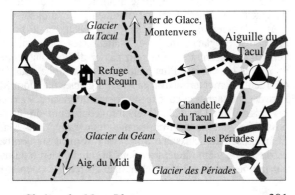

159. RIMAYE DU MONT MALLET

par le glacier du Mont Mallet

3800 m env.   vallée Blanche

Fiche technique

Accès routier, accès mécanique, retour : voir course 154 (Vallée Blanche).
Refuge : Refuge de Leschaux, CAF Paris, 2431 m, 15 places, non gardé.
Carte : 3630 ouest (Chamonix-Mont-Blanc).
Période : mars-juin.
Altitude départ réel : 3795 m (station de l'Aiguille du Midi).
Altitude refuge : 2431 m.
Altitude sommet : 3800 m env.
Altitude fin de descente : 1040 m ou 1840 m (voir course 154).
Dénivellations : 1550 m de descente à ski et 250 m de montée le 1ᵉʳ jour. 1425 m
de montée, 2800 m de descente jusqu'à Chamonix, le 2ᵉ jour.
Orientation principale : NE.
Horaire global : 3 h le 1ᵉʳ jour, 8 à 9 h au total le 2ᵉ jour, jusqu'à Chamonix.
Difficultés : PD+. Les difficultés sont d'ordre glaciaire, à cause des crevasses. Les
pentes les plus raides sont en S3/S4, sur une courte section dans le haut, et sur 400 m
(peu soutenus) pour rejoindre le glacier de Leschaux.
Matériel : corde et matériel de glacier.
Pente : 30° sur 400 m, avec des passages à 35°.
1ᵉʳ parcours : A. Armand et H. Fournier, 20 avril 1927.

Itinéraire

* *Montée au refuge* : descendre la Vallée Blanche jusqu'à la Salle à Manger.
Appuyer à droite pour quitter le glacier du Tacul, et descendre dans un creux
(ancien lac du Tacul). Prendre pied sur le glacier de Leschaux et le remonter en son
centre puis le quitter rive droite avant le niveau du refuge (visible 50 m au-dessus
du glacier). Gagner le refuge obliquement à droite (sentier souvent dégagé).
* *Montée* : rejoindre le glacier de Leschaux et le traverser en montant, vers la
branche N du glacier du Mont Mallet, assez raide, que l'on gravit à gauche d'une
petite chute de séracs.– On peut passer d'abord au centre du glacier (moins raide
mais plus crevassé).– Plus haut, appuyer à droite sous les contreforts du Capucin
du Tacul. Remonter la rive gauche du glacier du Mont Mallet, en passant sous les
Périades, et gagner la cuvette supérieure du glacier. Remonter les pentes supérieures
à l'aplomb du Doigt de Rochefort, appuyer à droite pour monter le plus haut
possible à la base de l'imposante rimaye du Mont Mallet. Celle-ci, une double
rimaye, est infranchissable à ski (mur vertical surplombant de 10 m).
* *Descente* : même itinéraire. Sous le refuge, bien remonter sur le glacier du Tacul
par la voie suivie à l'aller, et ne pas chercher à couper dans la moraine.

Itinéraires du chaînon Rochefort-Jorasses

* En venant des arêtes de Rochefort (à pied au départ du col du Géant), il faut un long rappel pour franchir la rimaye. Broches à glace ou piquets pour fixer le rappel.
* Col des Grandes Jorasses (3825 m), versant N : d'abord commun avec le glacier du Mont Mallet, distinct sur les derniers 300 m, plus difficile, D (pente finale raide et exposée, 100 m à 50°, souvent glacée). A. Colossa et G. Tonella, 1931.
* Versant S de la Dent du Géant, depuis l'épaule sous le sommet (3900 m env.), 800 m à 45°/50°. 1ère descente : D. Chauchefoin, 14 avril 1979.
* Voie normale des Grandes Jorasses (4208 m), avec quelques variantes glaciaires. Fantastique itinéraire, l'une des plus belles descentes des Alpes, complète et variée, TD. 1ère descente : S. Saudan, 10 avril 1971, déposé au sommet par hélicoptère. Il faut partir très tôt du refuge Boccalatte. Praticable de mars à juin.
* Col des Hirondelles (3480 m), par le versant italien et le refuge Gervasutti. Itinéraire long et complexe. 1ère descente : T. Gobbi et L. Santi, 19-20 mars 1944.
* Aiguille de l'Éboulement (3599 m), couloir SW, au fond du cirque de Leschaux; 500 m, 45°/50°. 1ère descente : B. Delafosse, D. Lauzier, J.-P. Mansart, juillet 1977.

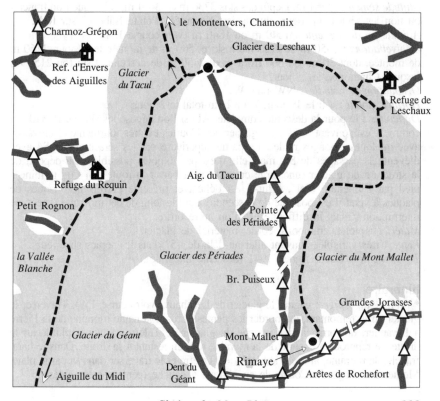

Chaîne du Mont-Blanc 303

160. POINTE ISABELLA

voie normale par le glacier des Courtes

3761 m   bassin de la Mer de Glace

Fiche technique

Accès routier, accès mécanique, retour : Chamonix, téléphérique de l'Aiguille du Midi, le Montenvers (voir course 154).

Refuge : refuge du Couvercle, CAF Paris, 2687 m, 30 places dans l'ancien refuge qui est toujours ouvert (ni matériel de cuisine ni téléphone). Le refuge d'été est ouvert et gardé de Pâques à Pentecôte (se renseigner); 137 places; 50.53.16.94.

Carte : 3630 ouest (Chamonix-Mont-Blanc). CNS Col de Balme.

Période : mars-juin.

Altitude départ réel : 3795 m (station de l'Aiguille du Midi).

Altitude refuge : 2687 m.

Altitude sommet : 3761 m. Dépôt des skis 3730 m ou 3401 m, selon que l'on franchit ou non les séracs supérieurs du glacier. Nommée "Pointe Isabelle" sur IGN.

Altitude fin de descente : 1040 m ou 1840 m (voir course 154).

Dénivellations : 1550 m de descente à ski et 500 m de montée le 1er jour. 1160 m de montée, dont 30 m (ou 360 m) à pied, 2450 m de descente à ski (ou 2150 m) jusqu'à Chamonix, le 2e jour.

Orientation principale : NW puis W.

Horaire global : 4 h le 1er jour, 7 à 8 h au total le 2e jour.

Difficultés : D pour la descente complète, AD si l'on dépose les skis au P. 3401 m comme c'est souvent le cas. Le glacier des Courtes est très tourmenté et crevassé, avec quelques passages raides. La partie supérieure par les séracs est en S4 avec d'éventuels passages de S5, mais elle n'est pas toujours possible, cela dépend de la structure du glacier (une large crevasse peut barrer la route). Si l'on termine à pied par l'itinéraire d'été, celui-ci est délicat et présente parfois des risques de plaques à vent; il est possible de descendre à ski le long de cet itinéraire (avec une interruption), mais la difficulté est d'un autre ordre.

Matériel : piolet, crampons, corde, matériel de glacier.

Pente : très variable, pouvant aller au-delà de 45° dans les séracs supérieurs.

1ère descente : Louis Agnel, 1941 (descente intégrale).

Itinéraire

* *Montée au refuge* : gagner le glacier de Leschaux (voir course 159). Traverser le glacier en le remontant, et aborder les pentes bordant la haute moraine de la Pierre à Béranger, qui orne la rive gauche du glacier de Talèfre. Attaquer plutôt sur la droite, se rapprocher ensuite de la moraine tout en restant à sa droite. Dans le haut, franchir la moraine, aborder le glacier de Talèfre et le traverser dans sa partie plate. Monter au refuge du Couvercle en oblique à gauche (pentes assez raides).

* *Montée* : revenir sur le glacier de Talèfre par l'itinéraire d'accès au refuge (délicat de nuit). Traverser le glacier vers l'E et remonter sa rive droite peu inclinée sous le Jardin de Talèfre. S'élever par les pentes glaciaires situées à l'aplomb des Courtes et du col des Cristaux, en se rapprochant de la base de la pente du col des Cristaux : on est alors sur le glacier des Courtes. Remonter la rive droite du glacier, et sous le col des Courtes obliquer à droite pour passer au centre du glacier (nombreuses crevasses, séracs). Sur le plateau qui suit cette zone, gagner la rive gauche et l'arête de neige qui la limite (P. 3401 m). De là, deux solutions .

a) si l'état du glacier le permet, s'élever légèrement en oblique à gauche, dans une zone de séracs (grosses crevasses) pour atteindre directement le Plateau de Triolet.

b) dans le cas contraire, remonter à pied (éventuellement en portant les skis pour les utiliser sur une partie de la descente) l'arête de neige et de rochers issue de la Pointe Isabella, dont on sort à gauche sur le Plateau de Triolet.

Du Plateau, remonter directement la pente de neige à l'aplomb de la Pointe Isabella, et terminer à pied par les rochers de l'arête NE.

* *Descente* : même itinéraire.

Autres itinéraires

* Il est possible de gravir la Pointe Isabella au départ du refuge de Leschaux.
* Du Plateau, monter au col de Triolet, et à pied aux Petites Aiguilles de Triolet.
* Si le chemin de fer du Montenvers est ouvert (vers la mi-mai), descendre à la Mer de Glace par les échelles situées en amont, et remonter la Mer de Glace pour retrouver l'itinéraire décrit comme normal. En fin de saison, on pourra utiliser l'itinéraire d'été du refuge du Couvercle si le passage des Égralets est bien déneigé.

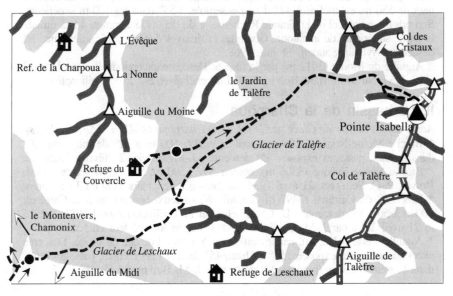

Trois hauts-lieux du ski extrême

I. Le bassin de Talèfre

Accès par le refuge du Couvercle (voir course 160).
* Pointe supérieure de Pierre Joseph (3472 m), par le couloir NNE; 350 m à 50°. 1ère descente : D. Chauchefoin, 19 juin 1977.
* Col de Talèfre (3544 m), par le versant W. Court couloir (200 m) à 45°; D.
* Les Courtes (3856 m), versant S par le grand couloir central. 700 m à 45°, passages à 50°, rappel en bas. 1ère descente : D. Chauchefoin et P. Tardivel, 4 mars 1979. Répétée par J.-M. Boivin et P.-O. Pellegrin, 21 avril 1984.
* Col de la Tour des Courtes (3720 m), par le couloir secondaire très étroit du versant S. 600 m à 40°/45°. 1ère descente : D. Chauchefoin, 20 juin 1977.
* Col des Droites (3733 m), versant S. Voir course 162.
* Les Droites, sommet W (3984 m), par la voie normale du versant SW, avec variantes. 550 m, 50°/55° exposé, passages à 60°. 1ère descente : D. Chauchefoin et P. Tardivel, 16 mai 1982.
* Col de l'Aiguille Verte (3796 m), par le couloir de droite du versant S (dépression E). 300 m à 40°, sortie à 50°.
* Col Armand Charlet (3998 m), versant S. Couloir de 500 m à 40° de moyenne, mais les contrepentes sont inclinées jusqu'à 55°, et les goulottes sont très difficiles à franchir. ED. 1ère descente : Anselme Baud, 6 juillet 1975. Une répétition.
* Aiguille Verte (4122 m) par le couloir Whymper. Très grande course, plusieurs fois répétée, qui demande des conditions de neige très favorables. TD+. Le couloir, haut de 550 m, est incliné à 47° dans l'ensemble, à 55° dans les 100 m supérieurs. Son origine est au col de la Grande Rocheuse; à ski depuis le sommet, il faut utiliser la partie supérieure de la calotte. Goulottes et rimayes dans la partie inférieure. 1ère descente : Sylvain Saudan, 11 juin 1968.
* Aiguille du Moine (3412 m) par la face S. Descente exceptionnelle réussie le 17 avril 1987 par Jean-Marc Boivin, lors d'un enchaînement avec l'hélicoptère.

II. Le bassin de la Charpoua

Accès depuis la Mer de Glace par le ref. de la Charpoua (2841 m, CAF, 12 places).
* Brèche Moine-Nonne (3198 m), couloir WSW. 500 m à 42° de moyenne, 50° dans le haut, passages exposés. 1ère descente : J.-M. Boivin, 21 février 1985.
* Brèche Nonne-Évêque (3306 m), couloir SW : 500 m, 55°. 1ère descente : J.-M. Boivin, P.-O. Pellegrin, 21 avril 1984, au cours d'un enchaînement de 3 descentes.
* Brèche S du Cardinal (3497 m), couloir W, sinueux, bordant au S le Cardinal. 400 m à 50°. 1ère descente : D. Chauchefoin et P. Tardivel, 19 avril 1981. Répété le 21 avril 1984 par J.-M. Boivin et P.-O. Pellegrin lors de leur enchaînement.
* Aiguille Verte (4122 m), par le couloir en Y (SW), branche de droite. Descente exceptionnelle, très exposée : 55° en haut, 45° dans le tiers médian, passages à 60° dans le mur inférieur (rappel). 1ère descente : J.-M. Boivin, 27 février 1985.

* Petit Dru (3733 m) par le couloir SW de la brèche des Drus. Descente spectaculaire comportant des rappels dans une partie rocheuse verticale, réussie le 17 avril 1987 par J.-M. Boivin, au cours d'un enchaînement réalisé à l'aide de l'hélicoptère. Les parties skiables présentent des passages à 60°. Hauteur du couloir, 450 m.

III. Les faces nord du bassin d'Argentière

Accès par les Grands Montets et le refuge d'Argentière (voir course 166).
* Petite Aiguille Verte (3512 m), par le couloir Chevalier. 500 m à 50°/55°, orientation ENE. TD+. 1ère descente : auteurs inconnus. Plusieurs répétitions.
* Pointe de Gigord (3531 m), couloir NE. Mêmes caractéristiques. 1ère descente : D. Neuenschwander.
* Aiguille Carrée (3716 m), couloir NE (issu d'une brèche au SE du sommet). 525 m à 50° de moyenne, très étroit. 1ère descente : D. Neuenschwander.
* Col du Nant Blanc (3776 m), par la branche de droite du couloir Cordier (NE). 600 m à 50°/55°. 1ère descente : D. Chauchefoin, 3 juin 1978.
* Aiguille Verte (4122 m), par le couloir Cordier (branche de gauche). 500 m à 55°, passages plus raides dans les séracs, et 450 m à 45°dans la calotte. 1ère descente : Y. Détry, mars 1977 (rappel). Plusieurs répétitions dont J.-M. Boivin sans rappel.
* Aiguille Verte par le couloir Couturier, l'une des plus belles descentes de ski extrême. 950 m dont 200 m à 51°, 300 m à 55° au milieu, et la calotte (450 m) à 45°. ED. Il faut savoir atendre des conditions de neige favorables. 1ère descente : Serge Cachat-Rosset, 1er août 1973, déposé au sommet par hélicoptère. Répété un certain nombre de fois, dont une en surf (B. Gouvy, 20 juin 1989).
* Col de l'Aiguille Verte (3796 m), par la grande pente NE de la dépression E. 800 m à 50°/55°. 1ère descente : D. Potard et J.-P. Williot, 10 avril 1977 (sauf les 50 m supérieurs en glace). Répété par D. Chauchefoin, puis P. Tardivel à ski depuis la dépression W du col, rejoignant le couloir par une traversée sous les Clochetons.
* Col des Droites (3733 m) par le couloir oblique, très raide, haut de 625 m. 1ère descente : E. Monnier, vers 1980.
* Les Courtes (3856 m), par la face N, voie des Autrichiens (départ par la voie des Suisses). L'une des descentes les plus difficiles jamais réalisées à ce jour, et non répétée. 850 m à 55°/60°, avec un passage à 65°(écharpe exposée) et deux rappels au milieu. 1ère descente : Daniel Chauchefoin, 3 juillet 1977.
* Les Courtes, par une combinaison Suisses-Autrichiens dans le haut, puis le long de l'éperon N. 1ère descente : P. Tardivel, 11 juin 1989.
* Les Courtes par le couloir Cordier (800 m, 50°/55°) : P. Tardivel, 1er juillet 1987.
* Les Courtes par la grande pente NE. Voir course 161.
* Col des Cristaux (3601 m) par le versant ENE, classique. 47° sur 500 m, TD−.
* Col des Courtes (3569 m), versant NE; 500 m à 45°/50°. 1ère descente : D. Chauchefoin et H. Delahaye, 15 mai 1976.
* Petites Aiguilles de Triolet (P. 3719 m) par l'arête W et le versant NNW. 100 m à 60° avec un passage à 65°, puis une grande pente à 50°. 1ère descente : D. Chauchefoin, revenant d'une tentative à la face N du Triolet.
* Col du Dolent (3490 m), versant N. 300 m à 55°. 1ère descente : D. Chauchefoin et Y. Détry, 17 avril 1977 (départ 50 m sous le col, 2 rappels).

161. LES COURTES

grande pente nord-est

3856 m   bassin d'Argentière

Fiche technique

Accès routier, accès mécanique, refuge :
Argentière, téléphérique des Grands Montets,
refuge d'Argentière (voir course 166).
Carte : CNS Col de Balme.
Période : mars-juillet (refuge et téléphériques
fermés du 15 mai à fin juin).
Altitude départ réel : 3233 m.
Altitude refuge : 2771 m.
Altitude sommet : 3856 m.
Altitude fin de descente : 1973 m ou 1230 m.
Dénivellation : depuis le refuge, 1100 m.
Pour le refuge, voir course 166.
Orientation principale : NE.
Horaire global : aller-retour du refuge, 6 à
7 h. Il est indispensable de partir très tôt
(arriver de nuit à la rimaye).

Les Courtes

161

Difficultés : TD. S5 soutenu sur l'ensemble
de la face, avec une section un peu moins dure au milieu. Les pentes sont larges.
La rimaye pose souvent des problèmes. Outre la pente, la principale difficulté vient
de l'évaluation des conditions et du respect de l'horaire : il faut être suffisamment
tôt au sommet afin de commencer la descente au moment où la neige commence
à ramollir. Au début du printemps, il reste fréquemment de la glace dans la partie
supérieure, parfois cachée par une couche de neige fraîche. Malgré son caractère
classique, il ne faut surtout pas sous-estimer les difficultés de cette grande course.
Matériel : piolet, crampons; corde pour la rimaye.
Pente : 48° dans les tiers inférieur et supérieur, 43,5° dans le tiers médian.
1ère descente : Serge Cachat-Rosset, avril 1971. Devenue très classique.

Itinéraire

* *Montée au refuge* : voir course 166.
* *Itinéraire*: du refuge, traverser vers le glacier d'Argentière. Le remonter, en
dépassant le large cône glaciaire situé sous la grande pente des Courtes. Remonter
ce cône dans sa partie gauche et franchir la rimaye, soit sur la droite si possible, soit
tout à gauche (délicat), puis remonter la grande pente jusqu'à l'éperon neigeux
couronnant la partie inférieure. La grande pente s'élargit, aller en légère diagonale
à droite pour déboucher juste à l'E du sommet. Descente par le même itinéraire.

162. COL DES DROITES

versant sud

3733 m   bassin de la Mer de Glace

Fiche technique

Accès routier, accès mécanique, retour, refuge : Chamonix, Aiguille du Midi, Montenvers, ref. du Couvercle. Voir course 160.
Carte : CNS Col de Balme.
Période : mars-juin.
Altitude départ réel : 3795 m (station de l'Aiguille du Midi).
Altitude refuge : 2687 m.
Altitude sommet : 3733 m.
Altitude fin de descente : 1040 m ou 1840 m (voir course 154).
Dénivellation : 1550 m de descente à ski, 500 m de montée le 1er jour. 1130 m de montée, 2700 m de descente jusqu'à Chamonix, le 2e jour.
Orientation principale : SSW.
Horaire global : 4 h le 1er jour, 7 à 8 h au total le 2e jour.
Difficultés : D. La pente du versant S du col des Droites, très régulière, est en S4 soutenu sur 400 m.
Matériel : piolet, crampons, corde et matériel de glacier.
Pente : 40° de moyenne sur 400 m.
1ère descente : Louis Lachenal et Maurice Lenoir, 21 avril 1946.

Aig. Verte — les Droites — Col des Droites
Le Cardinal
L'Évêque
Jardin de Talèfre
La Nonne
Aig. du Moine
Glacier de Talèfre
Refuge du Couvercle
Aiguille de Pierre Joseph
Mer de Glace

Itinéraire

* *Montée au refuge* : voir course 160.
* *Montée* : suivre au début l'itinéraire de la Pointe Isabella (course 160). Lorsque la pente du glacier cesse d'être horizontale, obliquer à gauche et monter vers la base de la grande pente du versant S du col des Droites. La remonter à peu près directement; vers la fin, il est préférable d'obliquer légèrement à droite pour sortir par une vague arête neigeuse.
* *Descente* : même itinéraire.

163. COL DES GRANDS MONTETS

Pas de Chèvres et couloir Rectiligne

3233 m   vallée de l'Arve

Fiche technique

Accès routier : Argentière. 1 km en aval du village, sur la rive gauche de l'Arve, une route conduit au parking des installations des Grands Montets.

Accès mécanique : téléphérique des Grands Montets (deux tronçons); forfait global et supplément pour chaque montée sur le second tronçon; ou montées simples, formule plus économique dans le cas des grandes descentes hors-piste. Tél. 50.54.00.82.

Retour et navette : l'arrivée se fait en principe à Chamonix, à 8 km du départ; navettes routières (Chamonix-Bus).

Carte : 3630 ouest (Chamonix-Mont Blanc).

Période : janvier-mi-mai (jusqu'à la fermeture des installations).

Altitude départ réel : 3233 m au col des Grands Montets.

Altitude sommet : 3295 m à la terrasse de l'Aiguille des Grands Montets. A noter que le Pas de Chèvres, non nommé sur IGN, est la brèche cotée 2691 m.

Altitude fin de descente : 1040 m à Chamonix.

Dénivellation : 2200 m.

Orientation principale : W et en partie SW pour le Pas de Chèvres. Le couloir Rectiligne est SW.

Horaire global : des Grands Montets à Chamonix par le Pas de Chèvres ou le couloir Rectiligne, 3 h.

Difficultés : AD. Ensemble en S3 avec une section en S4 au milieu et un court passage de S4 pour déboucher sur la Mer de Glace. Risques de coulées sur la rive gauche de la combe principale du Pas de Chèvres. La jonction avec la Mer de Glace peut être problématique par enneigement insuffisant; d'autre part, les passages possibles ne sont pas faciles à trouver en l'absence de traces fiables. Le couloir Rectiligne est D : S4 avec un passage de S5 au départ; couloir étroit sur toute sa hauteur, dangereux à cause des traces lorsqu'il est en neige dure.

Matériel : skis de piste; les itinéraires se déroulant en partie sur glacier, il ne sera pas ridicule d'emporter un minimum de matériel de secours.

Pente : 35° sur 300 m, avec un passage à 40° env., dans la combe principale du Pas de Chèvres. 42° sur 300 m dans le couloir Rectiligne.

Itinéraires

* *Pas de Chèvres* : du col des Grands Montets, partir à l'W sur le glacier des Grands Montets. Tirer à droite lorsque la pente s'accentue, et gagner le faîte d'une arête rocheuse qui partage en deux combes ce vaste versant. Prendre la combe de gauche, en restant bien rive droite de celle-ci. On passe à proximité d'une belle brèche (Pas de Chèvres, 2691 m), qui permet de revenir dans la combe de droite. En conditions habituelles, rester dans la combe de gauche et toujours sur sa rive droite. Franchir une zone de dalles par un passage étroit et raide, et parvenir en bas de la combe, toujours par la rive droite. Traverser alors à gauche, vers la langue terminale du glacier du Nant Blanc, que l'on descend en oblique, jusqu'à rejoindre la moraine du Rognon du Dru. Descendre dans l'axe de cette moraine, le long du torrent de Bayer, que l'on quitte rive gauche à la fin. On arrive 100 m au-dessus de la Mer de Glace, sous une ligne de barres. Deux passages sont possibles pour atteindre la Mer de Glace : un petit couloir étroit légèrement en aval du niveau de l'hôtel du Montenvers bien visible sur l'autre rive, et un couloir plus large situé plus en amont, que l'on atteint en remontant légèrement le plateau suspendu au-dessus de la Mer

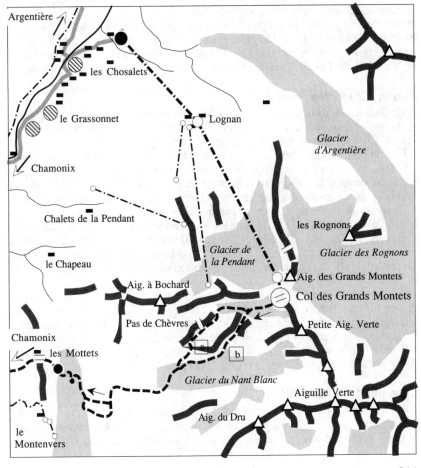

Chaîne du Mont-Blanc

311

de Glace. Traverser obliquement la Mer de Glace pour retrouver la piste de la Vallée Blanche, qui mène à Chamonix.
* *Couloir Rectiligne* : même approche, mais ne pas tirer à droite sur le glacier des Grands Montets. L'origine du couloir se situe rive gauche du glacier, vers 3000 m; il est bordé rive droite par l'éperon coté 3009 m. Le descendre intégralement et déboucher sur le glacier du Nant Blanc, qui peut être assez crevassé. Par la rive droite du glacier, retrouver l'itinéraire du Pas de Chèvres.

Variantes
* De l'arête rocheuse partageant en deux le versant W, prendre la combe de droite, qui présente un passage étroit et raide. Dès que la pente faiblit, traverser à gauche pour rejoindre l'itinéraire normal.
* Combinaison des deux combes (gauche puis droite), reliées entre elles par le Pas de Chèvres et une courte pente orientée NW.
* Du pied du couloir Rectiligne, traverser le glacier du Nant Blanc, passer au Rognon du Dru et descendre le glacier des Drus juste au pied de la face W. Il faut ensuite revenir à droite par une longue descente oblique afin de sortir par l'itinéraire normal du Pas de Chèvres. Plus détourné mais l'ambiance est magnifique.

Autres descentes hors-piste
* Couloir des Poubelles. Il a son origine près de l'arrivée du télésiège de Bochard (traverser vers un petit col rocheux), et débouche en bas de la combe de droite du Pas de Chèvres. Orientation SW, 250 m, 40° avec passages étroits.
* Couloir du Chapeau. Partir de l'arrivée du télésiège de Bochard, en longeant vers l'W la base N des arêtes de l'Aiguille à Bochard, jusqu'à un petit col derrière lequel, à gauche, démarre le couloir proprement dit (départ à pied). Après 300 m à 40°, on débouche au Chapeau (chalet à gauche), d'où un chemin mène au Lavancher.
* Descente de la Pendant. Prendre comme ci-dessus au départ, puis à droite, en évitant le secteur aménagé de la Pendant. Un chemin en forêt mène au Lavancher.
* Face N de l'Aiguille des Grands Montets. Descente raide et exposée au milieu des rochers, souvent en glace, mais courte. On débouche sur les pistes vers 3000 m. En partant du col des Grands Montets, un itinéraire souvent tracé contourne par l'W la partie mixte de la face N.
* Glaciers des Rognons. Entre les deux itinéraires, tracés, dont l'un rejoint le glacier d'Argentière (voir course 166), et l'autre rejoint le Point de Vue, il existe plusieurs possibilités de descendre sur la rive gauche du glacier d'Argentière. Pentes soutenues, parfois raides, en partie crevassées, avec des barres dans le bas.
* Petite Aiguille Verte (3512 m) par la face N, courte mais très raide (100 m à plus de 50°), souvent en glace, avec une rimaye qui peut être difficile à franchir (rappel).

Le versant du Nant Blanc
* Aiguille Verte (4122 m) par le versant du Nant Blanc, l'une des descentes les plus difficiles du massif. 1000 m, pente variant de 45° à 60°, rappels nécessaires dans la partie mixte médiane. 1ère descente : Jean-Marc Boivin, 12 juin 1989.

Traversées dans la chaîne du Mont-Blanc

Il n'existe aucune traversée classique de la chaîne du Mont-Blanc : des secteurs alpins difficiles, des glaciers transformés en pistes, ne facilitent pas les évolutions dans le cadre d'un raid. En 1903, l'équipe du docteur Payot franchissait les cols de la partie nord, et la jonction de Courmayeur à Chamonix date de l'époque héroïque. Il fallut attendre les équipes parisiennes de Pierre Merlin, 1977-1979, pour assister au premier parcours – fractionné – de la chaîne dans le sens longitudinal. Du 4 au 8 juin 1981, Jean-Pierre Bernard réalisait en solitaire une traversée beaucoup plus complète, empruntant des pentes raides hors de portée du skieur moyen. Peut-être le sens inédit du nord au sud fera-t-il découvrir le raid du Mont Blanc de l'an 2000.

Traversées S-N de type classique
Les deux combinaisons ci-dessous peuvent être panachées.
1. Au départ de France. AD. 5 jours.
Les Houches – Bellevue (télé) – Ref. de Tête Rousse (course 147 et annexe) – Mont Blanc par la voie normale d'été – Ref. des Grands Mulets (course 149) – Plan de l'Aiguille, Aig. du Midi (télé) – Vallée Blanche, Chamonix – Argentière (bus) – Grands Montets (télé) – Ref. d'Argentière – "les 3 cols", le Tour (course 168).
2. Au départ d'Italie. D. 7 jours.
Courmayeur – Refuge Gonella – Dôme du Goûter par les Aiguilles Grises(annexe course 148) – Refuge du Goûter – Mont Blanc, traversée des "3 Monts Blancs" (course 151) – Refuge du Requin – Pas de Chèvres, Grands Montets (inverse course 163) – Refuge d'Argentière – Col du Chardonnet – Cabane de Saleina – La Grande Lui – La Fouly – Petit col Ferret – Planpincieux, Courmayeur. Pour la partie située en Suisse, voir *Ski de randonnée, Valais central.*

Traversée S-N intégrale. TD. 6 à 8 jours.
Les Contamines – Ref. des Conscrits – Dômes de Miage (course 144) – Col de Miage, ref. Durier (à pied) – Versant S du col de Miage (45°), ref. Gonella – Traversée du Dôme du Goûter et des "3 Monts Blancs" (voir ci-dessus) – Ref. Torino – Arêtes de Rochefort (à pied) – Rimaye du Mont Mallet (rappel puis course 159) – Ref. de Leschaux – Col des Cristaux (descente 45°/50°) – Ref. d'Argentière – Col du Tour Noir (descente 45°/50°) – Fenêtre de Saleina – Champex (Haute Route).

Traversée N-S proposée (inédite). D. 6 jours.
Le Tour – Ref. Albert Iᵉʳ (course 170) – Les "3 cols" (inverse course 168) – Ref. d'Argentière – Grands Montets, le Pas de Chèvres (course 163) – Vallée Blanche, ref. du Requin – Traversée des "3 Monts Blancs" (course 151) – Ref. du Goûter – Dôme du Goûter, ref. Gonella (Aiguilles Grises, annexe course 148) – Ref. Elisabetta – Aiguille des Glaciers, les Contamines (course 141 et annexe).

164. COL D'ARGENTIÈRE

versant ouest

3552 m   bassin d'Argentière

Fiche technique

Accès routier, accès mécanique : Argentière, téléphérique des Grands Montets (voir course 166).

Cartes : 3630 ouest (Chamonix-Mont Blanc). CNS Col de Balme, Orsières.

Période : février-mai (téléphérique fermé à partir du 15 mai).

Altitude départ réel : 3233 m (col des Grands Montets).

Altitude sommet : 3552 m.

Altitude fin de descente : 1973 m (Lognan) ou 1230 m (Argentière).

Dénivellations : 980 m de montée, 2240 m ou 2985 m de descentes, en deux fois.

Orientation principale : W.

Horaire global : 6 à 7 h depuis les Grands Montets.

Difficultés : PD. Ce serait une course facile s'il n'y avait quelques problèmes de glacier : itinéraire à bien déterminer à cause des crevasses de la partie supérieure.

Matériel : corde et matériel de glacier pour la sécurité.

Pente : 30° sur 100 m dans la partie supérieure.

Itinéraire

* *Montée* : des Grands Montets, descendre sur le glacier d'Argentière et passer sous le refuge (voir course 166). Traverser vers l'E et aborder le glacier du Tour Noir. S'élever par ce glacier, d'abord rive droite puis rive gauche, et revenir au centre; on reste guidé par le système de crevasses. Gagner directement le col.

* *Descente* : même itinéraire.

Variante et autres itinéraires

* Départ du refuge d'Argentière (voir course 166 pour l'accès). Du refuge, traverser vers le SE en légère descente pour franchir la moraine des Améthystes et rejoindre l'itinéraire décrit plus haut sur le glacier d'Argentière, peu avant d'aborder le glacier du Tour Noir.

* A mi-hauteur du glacier du Tour Noir, on peut franchir une selle à l'E du Capucin des Rouges du Dolent, pour descendre le glacier des Rouges du Dolent, un peu plus crevassé que le glacier du Tour Noir.

* Couloir de l'Amône : ce couloir se creuse dans l'arête des Grandes Aiguilles Rouges du Dolent, à mi-chemin entre la Pointe de la Fouly et l'Aiguille de l'Amône. Il est orienté SSW et n'est pas visible du glacier d'Argentière; 300 m à un bon 45°, départ à 50°. 1ère descente : Y. Détry, 1977.

Croquis page 315.

165. COL DU TOUR NOIR

versant ouest

3535 m   bassin d'Argentière

Fiche technique

Accès routier, accès mécanique : Argentière, Grands Montets (voir course 166).
Carte : 3630 ouest (Chamonix-Mont Blanc). CNS Col de Balme, Orsières.
Période : janvier-mai (téléphérique fermé à partir du 15 mai).
Altitude départ réel : 3233 m (col des Grands Montets).
Altitude sommet : 3535 m.
Altitude fin de descente : 1973 m (Lognan) ou 1230 m (Argentière).
Dénivellations : 965 m de montée, 2225 m ou 2970 m de descentes, en deux fois.
Orientation principale : W.
Horaire global : 6 à 7 h depuis les Grands Montets.
Difficultés : F. Cependant la course se déroule en terrain glaciaire et il y a lieu de se méfier des crevasses, principalement au retour par le glacier d'Argentière.
Matériel : corde et matériel de glacier pour la sécurité.
Pente : 25° au-dessus du refuge.

Itinéraire

* *Montée* : du refuge d'Argentière (voir course 166), monter en direction E, entre les contreforts de l'arête du Jardin de l'Aiguille d'Argentière et la moraine rive droite du glacier des Améthystes. Aborder ce glacier vers 2800 m et le remonter, toujours près de sa rive droite, puis plus près de son centre à partir de 3000 m. Gagner directement le col du Tour Noir par une pente un peu plus raide.
* *Descente* : même itinéraire.

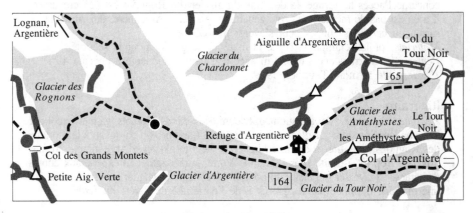

166. AIGUILLE D'ARGENTIÈRE

voie normale par le glacier du Milieu

3900 m   bassin d'Argentière

Fiche technique

Accès routier : Argentière. 1 km en aval du village, sur la rive gauche de l'Arve, une route conduit au parking des installations des Grands Montets.

Accès mécanique : téléphérique des Grands Montets (deux tronçons). Ouvert de décembre à la mi-mai ou à la fin mai selon l'enneigement, réouvert fin juin. Tél. 50.54.00.82.

Refuge : refuge d'Argentière, 2771 m, CAF, 140 places, gardé de mars à l'été, avec une interruption pendant la période de fermeture du téléphérique des Grands Montets. Réservation nécessaire. Tél. 50.53.16.92.

Carte : 3630 ouest (Chamonix-Mont-Blanc). CNS Col de Balme.

Période : mars-juillet.

Altitude départ réel : 3233 m.

Altitude refuge : 2771 m.

Altitude sommet : 3900 m.

Altitude fin de descente : 1973 m (Lognan) ou 1230 m (Argentière).

Dénivellations : 665 m de descente et 200 m de montée le 1er jour; 1150 m de montée, 1925 m ou 2670 m de descente le 2e jour.

Orientation principale : SW.

Horaire global : 1 h 30 le 1er jour, 6 à 7 h au total le 2e jour.

Difficultés : D. Sous le sommet, 350 m en S4 avec départ frisant le S5, mais les pentes sont larges. Par conditions de neige transformée, il faut attendre que la pente supérieure soit bien dégelée, et il est donc inutile de partir trop tôt du refuge. Dans la partie médiane, le glacier du Milieu est moyennement crevassé. En ce qui concerne l'accès au refuge, la descente du glacier des Rognons est peu crevassée; il n'en est pas de même de la rive gauche du glacier d'Argentière, qui en début de saison ou certaines années peut s'avérer très délicate.

Matériel : piolet, crampons; corde et matériel de glacier pour la sécurité.

Pente : 40° de moyenne sur 350 m avec une partie supérieure à presque 45°.

1ère descente : André Tournier, 1939.

Itinéraire

* *Montée au refuge* : de la station supérieure des Grands Montets, gagner le col par les échelles. Descendre le glacier des Rognons à l'aplomb du col jusqu'à la moraine des Rognons, puis tirer à droite en traversée vers le glacier d'Argentière.– Ne pas traverser trop tôt à droite sous l'Aiguille Verte, le passage étant exposé aux chutes de séracs.– Traverser le glacier en oblique ascendante et gagner le refuge, situé sur une moraine dominée par les parois S de l'extrémité de l'arête du Jardin.

* *Itinéraire* : revenir un peu en arrière sur l'itinéraire d'accès au refuge, et aborder des pentes de neige que l'on remonte en oblique sous le glacier du Milieu, puis des pentes plus raides à gauche menant à la rive droite du glacier. Remonter le glacier par sa rive droite, jusque vers 3350 m. Passer alors au centre du glacier jusqu'à la rimaye à la base de la raide pente supérieure (3500 m env.). La rimaye est souvent bouchée. Remonter la pente directement pour gagner la crête sommitale à une selle entre le sommet W et le point culminant. Descente par le même itinéraire.

* *Descente sur Argentière* : du refuge ou de la fin de la descente du glacier du Milieu, revenir sur le glacier d'Argentière, passer sur sa rive gauche et suivre cette rive; un passage sous la moraine des Rognons peut être très crevassé, normalement on le franchit à une certaine distance de la rive, mais on peut être obligé de rester juste contre cette rive à cause des crevasses. Quitter le glacier et passer derrière la moraine au niveau du Point de Vue (2338 m). Aller ensuite en oblique vers Lognan (pistes). Rallier Argentière par le téléphérique ou par les pistes. En fin de saison, pour descendre le plus bas possible à ski, prendre le couloir des Bûcherons, 50 m après le départ de la piste normale.

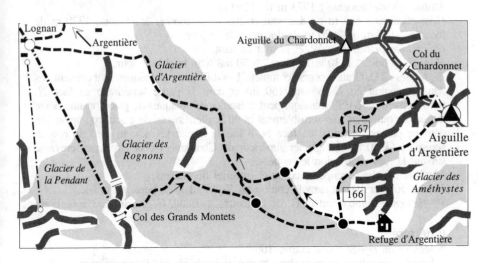

Le versant suisse de la chaîne du Mont-Blanc

Les limites géographiques de ce livre étant assez strictement celles de la Haute-Savoie, on se reportera, pour les itinéraires du versant suisse de la chaîne du Mont-Blanc, à *Ski de randonnée, Valais central* (F. Labande, éd. Olizane, 1989), dans lequel sont décrits, entre autres : l'Aiguille du Tour avec la descente sur Trient, l'étape Argentière-Champex de la Haute Route, les couloirs N de la Pointe d'Orny, la face N du Portalet, la voie normale de la Grande Lui, la voie normale et l'arête Gallet au Mont Dolent, et la traversée des "5 cols" de la Fouly à Champex. On y trouvera également une nomenclature des itinéraires praticables dans cette partie de la chaîne, en particulier pour le ski extrême.

167. AIGUILLE D'ARGENTIÈRE

voie Whymper (versants ouest et nord)

3900 m   bassin d'Argentière

Fiche technique

Accès routier, accès mécanique, refuge : Argentière, téléphérique des Grands Montets, refuge d'Argentière (voir course 166).
Carte : 3630 ouest (Chamonix-Mont-Blanc). CNS Col de Balme.
Période : mars-juillet (refuge et téléphérique fermés du 15 mai à fin juin).
Altitude départ réel : 3233 m (col des Grands Montets).
Altitude refuge : 2771 m.
Altitude sommet : 3900 m.
Altitude fin de descente : 1973 m ou 1230 m.
Dénivellations : 665 m de descente et 200 m de montée le 1er jour; 1330 m de montée, 2125 m ou 2870 m de descentes le 2e jour.
Orientation principale : W, et N tout en haut.
Horaire global : 1 h 30 le 1er jour, 7 h 30 à 8 h au total le 2e jour.
Difficultés : TD. Grande course complète. Les difficultés techniques sont concentrées dans le couloir en X (S5 sur 150 m) et dans la partie supérieure en face N, normalement en S4/S5 mais qui peut présenter des plaques de glace ou une neige durcie, ce qui augmente sensiblement la difficulté. En cas de glace trop apparente dans ce passage terminal en face N, il faudra laisser les skis au pied du ressaut sommital (3780 m). Le glacier supérieur du Chardonnet peut être assez crevassé suivant la saison ou selon les années.
Matériel : piolet, crampons, corde et matériel de glacier.
Pente : 50° sur 100 m dans le couloir en X; 45° dans la pente terminale.
1ère descente : probablement G. de Bagneux, A. Baud, G. Bédarida, 3 août 1980.

Itinéraire

* *Montée au refuge* : voir course 166.
* *Montée* : du refuge, redescendre à la rive droite du glacier d'Argentière et la suivre jusqu'à la base de la moraine rive gauche du glacier du Chardonnet. Suivre alors la trace de la Haute Route et des Trois Cols (voir course 168), jusqu'à l'endroit où le glacier du Chardonnet devient presque plat (3050 m env.). Obliquer à droite pour remonter la branche S du glacier, souvent appelée "glacier supérieur du Chardonnet". Monter d'abord rive droite, traverser vers la rive gauche puis revenir rive droite afin d'éviter quelques zones crevassées. Longer ainsi la rive droite jusqu'à la base du "couloir en X", bien reconnaissable de loin; ce couloir haut de 150 m donne accès à l'arête NW. Remonter la branche inférieure droite de l'X (un étranglement au départ) puis sa branche supérieure droite (en fait, il y a continuité dans ce couloir). Aux abords de l'arête faîtière NW (3730 m), poursuivre dans le flanc droit de

l'arête et la rejoindre à la base du ressaut terminal de l'Aiguille d'Argentière (3780 m). Passer alors dans le versant N en remontant une large pente de neige raide; s'il y a trop de glace, laisser les skis à la base de cette pente. Gagner ainsi le sommet W de l'Aiguille. On peut de là traverser au point culminant situé 1 m plus haut (10 min aller-retour).

* Descente : même itinéraire jusque sur le glacier d'Argentière, que l'on traverse ensuite pour retrouver la descente sur Lognan et Argentière (voir course 166).

Variantes

* Il est possible d'utiliser un couloir étroit situé à droite (S) du couloir en X; la partie supérieure parsemée de rochers peut poser des problèmes.

* Au même titre que la voie normale par le glacier du Milieu, la course est réalisable dans la journée au départ des Grands Montets, mais il faut être rapide au printemps.

Autres itinéraires difficiles de l'Aiguille d'Argentière

* Couloir en Y, situé dans le versant S. 450 m à 45°, soutenu, exposé et étroit (quelle que soit la branche : celles-ci ont toutes deux été skiées et sont d'une difficulté équivalente); un rappel dans le bas (piton en place). 1ère descente : Marie-José et Patrick Vallençant, 7 juillet 1972. TD. Plusieurs répétitions.

* Face N. Cette face a été descendue au moins deux fois, probablement plus, et par deux itinéraires différents. Elle est souvent en glace et présente de sérieuses difficultés d'itinéraire, à cause des nombreuses barres de séracs; elle n'est donc pas souvent praticable à ski. Inclinaison moyenne 50° mais pente variable de 45° à 55°. 1ères descentes : Heini Holzer, 16 juin 1974 (partie droite); Daniel Chauchefoin, 11 mars 1978 (partie gauche).

* Face E, couloir Barbey. L'itinéraire à ski est différent de celui d'été, il emprunte sur toute sa hauteur le couloir principal de la face E. Celui-ci est haut, raide et soutenu (47° de moyenne sur 400 m); l'exposition est forte; il est nécessaire de partir très tôt, étant donné l'orientation de la face. 1ère descente : D. Chauchefoin, 28 mai 1978.

* Deux couloirs du versant N du Plateau d'Argentière (brèche 3159 m) ont été descendus le 7 avril 1977 par D. Chauchefoin : 200 m, 45°/50°; 250 m, 40°/45°.

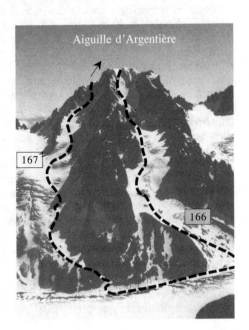

Aiguille d'Argentière

167

166

Croquis page 317.

168. COL DU CHARDONNET

circuit classique des "trois cols"

3323 m   bassin d'Argentière / vallée de l'Arve

Fiche technique

Accès routier, accès mécanique, refuge : Argentière, téléphérique des Grands Montets, refuge d'Argentière (voir course 166).

Retour : le Tour. 4 km de navette.

Carte : 3630 ouest (Chamonix-Mont-Blanc). CNS Col de Balme et Orsières.

Période : février-mi-mai. Jusqu'à la mi-mars, le refuge d'Argentière n'est pas gardé, mais il est alors possible de réaliser la course en journée, la neige se réchauffant moins vite en cours de journée.

Altitude départ réel : 3233 m.

Altitude refuge : 2771 m.

Altitude des trois cols : 3323 m (col du Chardonnet), 3267 m (Fenêtre de Saleina), 3282 m (col du Tour).

Altitude fin de descente : 1453 m.

Dénivellations totales : 665 m de descente et 200 m de montée le 1er jour; 1050 m de montées, 2370 m de descentes, le 2e jour.

Orientation principale : circuit; descente E au Chardonnet, descente finale NW.

Horaire global : 1 h 30 le 1er jour, 6 h 30 à 7 h au total le 2e jour.

Difficultés : PD+. La descente du col du Chardonnet est courte mais raide (S4), et on l'effectue parfois à pied ou à l'aide d'une main courante. La descente de la rive gauche du glacier du Tour est soutenue en S3 si l'on passe le long du glacier, où l'itinéraire reste un moment exposé aux séracs; elle est plus difficile si l'on suit l'itinéraire décrit pour la descente du Passon (course 169). L'ensemble du parcours n'est pas trop crevassé.

Matériel : crampons utiles, corde et matériel de glacier pour la sécurité.

Pente : 40°/45° sur une courte distance au col du Chardonnet; 35° sur 200 m près du Bec Rouge inférieur du Passon.

Remarque : cette course peut se réaliser dans la journée au départ des Grands Montets, à condition de partir avec la première benne. Se renseigner sur l'heure d'ouverture, tél. 50.54.00.82. 1050 m de montées, 2830 m de descentes, 7 h.

1ère traversée : le docteur Payot avec J. Couttet, J. Ravanel «le Rouge», A. Simond et 3 porteurs (col du Chardonnet, Fenêtre de Saleina), janvier 1903.

Itinéraire

* *Montée au refuge* : voir course 166.

* *Montée au col du Chardonnet* : du refuge, redescendre à la rive droite du glacier d'Argentière et la suivre jusqu'à la base de la moraine rive gauche du glacier du Chardonnet. Remonter une pente raide en bordure de cette moraine, sur la droite,

puis gagner le glacier et le remonter, toujours plutôt par sa rive gauche. Lorsque la pente s'adoucit, revenir en son centre et gagner facilement le col du Chardonnet.
* *Du col du Chardonnet au col du Tour* : descendre la raide pente E du col (rimaye), puis traverser rive gauche du glacier de Saleina sans trop perdre d'altitude, en passant au ras des rochers de la Grande Fourche; remonter ensuite le versant S de la Fenêtre de Saleina, raide à la fin (à pied éventuellement). Sur le versant N, traverser à gauche en descendant légèrement pour contourner la base de la Tête Blanche, et remonter immédiatement au col du Tour.
* *Descente* : partir du col légèrement au N pour éviter une cassure, puis traverser immédiatement le glacier du Tour pour se porter sur sa rive gauche, à l'aplomb de la face N de l'Aiguille du Chardonnet. Longer la base des Aiguilles du Passon et suivre la rive gauche jusque près du Bec Rouge inférieur du Passon. Descendre une belle combe assez soutenue et poursuivre dans l'axe, rive droite du ruisseau des Plagnards. Vers 1950 m, traverser à droite entre deux barres, franchir un ravin dominé par les séracs du glacier du Tour, puis rejoindre le vallon inférieur qui mène à gauche vers le village du Tour.

Échelle 1/ 100 000

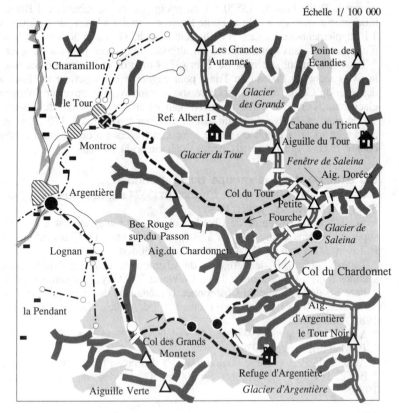

Chaîne du Mont-Blanc 321

Variantes et traversées voisines

* Si l'on part directement des Grands Montets, traverser le glacier d'Argentière immédiatement après la descente du glacier des Rognons, vers la base de la moraine rive gauche du glacier du Chardonnet.

* A la descente par la rive gauche du glacier du Tour, utiliser l'itinéraire dit des arêtes du Passon, un peu plus difficile mais moins exposé aux séracs du glacier du Tour (AD, voir course 169). Ou bien, près du ruisseau des Plagnards, traverser longuement à gauche sous le Bec de la Cluy pour rejoindre plus bas cet itinéraire (classique mais traversée fastidieuse).

* Traversée de la Fenêtre du Tour (3336 m). C'est une importante variante du circuit des trois cols (qui n'en compte ainsi plus que deux). Quand on atteint la rive gauche du glacier de Saleina, après être passé sous l'éperon W de l'Aiguille du Chardonnet, remonter au N en oblique vers la Fenêtre du Tour bien visible. On l'atteint par une dernière pente redressée. Versant N, on retrouve 150 m plus bas l'itinéraire venant du col du Tour. Ce circuit est un peu plus court : 6 h à 6 h 30 des Grands Montets au Tour, 935 m de montées, 2715 m de descentes.

* Du col du Tour, il est conseillé de faire le crochet par la Tête Blanche (3429 m) ou par la Petite Fourche (3520 m), en rejoignant au préalable le col Blanc par un mouvement tournant à l'W; la Petite Fourche s'atteint à la fin par quelques rochers. 1 h supplémentaire. La face N de la Tête Blanche (170 m à 50°) est un bon terrain d'entraînement aux pentes raides en altitude (fréquentes plaques de glace).

* Traversée du col supérieur du Tour (3289 m) : de la Fenêtre de Saleina, longer la rive gauche du Plateau du Trient pour gagner le col supérieur du Tour, au-delà des Aig. du Col du Tour. Descendre son versant W, puis traverser obliquement le glacier du Tour pour retrouver la rive gauche au niveau du col du Passon.

* Descente par la rive droite du glacier du Tour : voir course 170. On peut aussi descendre toute la moraine sous le refuge, et traverser à droite jusqu'à trouver un couloir exposé qui mène aux pentes inférieures du Picheu.

Ski extrême dans le groupe du Chardonnet

* Voie normale de l'Aiguille du Chardonnet (3824 m), en versant W. 1ère descente : Serge Cachat-Rosset, juillet 1974.

* Versant W de l'Aiguille du Chardonnet, descente intégrale par le couloir du col supérieur Adams Reilly (600 m à 50°). 1ère descente : D. Chauchefoin, Quellien, P. Tardivel, 23 mai 1981. Au moins une répétition.

* Face NE (dite N) de l'Aiguille du Chardonnet, itinéraire extrêmement raide, sections à 60°. 1ère descente : J.-M. Boivin et Y. Détry, 7 septembre 1977.

* Face SE de l'Aiguille du Chardonnet, combinaison des deux principaux couloirs de la face, 500 m à 55°, exposé en haut. 1ère descente : D. Chauchefoin, 22 avril 1982. Une répétition.

* Aiguille du Passon (3389 m) par le couloir NE. 1ère descente : P. Galan, P. Garde, J.-P. Mansart, 4 mars 1979.

* Aiguille du Passon par le couloir SW. 1ère descente : Marc Ravanel, 7 avril 1984.

* Bec de la Cluy (2334 m), face E : 500 m, 50°. 1ère descente : M. Félisaz, 21 avril 1984.

169. COL DU PASSON

traversée des arêtes du Passon

3028 m   vallée de l'Arve

Fiche technique

Accès routier, accès mécanique : Argentière, téléphérique des Grands Montets (voir course 166). Retour par le Tour. 4 km de navette.
Cartes : 3630 ouest (Chamonix-Mont-Blanc). CNS Col de Balme.
Période : janvier-mi-mai.
Altitude départ réel : 3233 m.
Altitude sommet : 3028 m.
Altitude fin de descente : 1453 m.
Dénivellations : 620 m de montée, 2400 m de descentes (en deux fois).
Orientation principale : E au départ, NW pour la grande descente du Passon.
Horaire global : 5 h des Grands Montets au Tour.
Difficultés : AD. Le couloir de montée au col du Passon est raide (45°) mais court. Descente très soutenue en S3 avec plusieurs sections en S4 (en prenant très directement dans le bas, passages de S5). Risques de coulées sous le Bec de Lachat, mais aussi de plaques à vent en plusieurs points.
Matériel : piolet, crampons pour la montée; corde pour la sécurité.
Pente : un peu plus de 40° sur deux sections de 150 m.

Itinéraire

* *Montée* : des Grands Montets, rejoindre le glacier d'Argentière par le glacier des Rognons (voir course 166). Soit traverser immédiatement le glacier d'Argentière et longer sa rive droite jusqu'à l'aplomb de l'éperon W de l'Aiguille du Chardonnet, soit descendre la rive gauche du glacier d'Argentière sur 100 m et le traverser sous sa zone crevassée. De là, s'élever au N, en oblique, sous les contreforts W du Chardonnet et de l'Aiguille A. Reilly, pour gagner une cuvette que l'on traverse toujours dans la même direction. On arrive au pied d'un double couloir, dont la branche de droite mène au col du Passon. Remonter le couloir jusqu'au col (rochers possibles dans le haut). De là on peut aller à gauche au Bec Rouge supérieur (3051 m).
* *Descente* : du col, filer rive gauche du glacier du Tour, près des arêtes du Passon; descendre une combe à l'aplomb du Bec Rouge inférieur, et quand la pente diminue traverser franchement à gauche pour franchir la crête NW du P. 2572 m, à l'altitude 2450 m env. Descendre la combe NW située sous le Bec de Lachat; raide au début, elle s'adoucit et s'élargit. Tirer à droite dans le bas vers une forêt de mélèzes (viser le village du Tour). Descendre directement en forêt et en sortir à droite pour rejoindre le Tour.– Voir aussi la descente du col du Tour, course 168.

Croquis page 325.

170. AIGUILLE DU TOUR

couloir de la Table

3542 m   vallée de l'Arve

Fiche technique

Accès routier : le Tour, à 3 km au-dessus d'Argentière.
Accès mécanique : télécabine de Charamillon, ouvert en saison; tél. 50.54.00.58.
Refuge : refuge Albert Ier, 2702 m, CAF, 130 places, gardé au printemps; tél. 50.54.06.20. L'ancien refuge sert de refuge d'hiver (30 places, peu confortable).
Cartes : CNS Col de Balme.
Période : février-juin.
Altitude départ réel : 1850 m à Charamillon, 1453 m au Tour.
Altitude refuge : 2702 m.
Altitude sommet : 3540 m. L'origine du couloir se situe à 3450 m env.
Altitude fin de descente : 1453 m.
Dénivellations : 850 m ou 1250 m de montée le 1er jour; 750 m de montée et 2000 m de descente à ski, le 2e jour.
Orientation principale : S dans le couloir.
Horaire global : 3 à 4 h pour la montée au refuge; 7 h au total le 2e jour; si l'on ne monte pas au point culminant à pied, on gagne 1 h.
Difficultés : D+. Le couloir est en S4/S5 sur presque 200 m. En fin de saison, une grande rigole raye le couloir et devient très gênante. L'arête sommitale est facile si elle n'est pas trop enneigée. L'accès au refuge depuis Charamillon comporte une traversée dangereuse par neige molle.
Matériel : piolet, crampons; corde pour l'arête sommitale.
Pente : 45° sur 200 m, avec départ à presque 50°.
1ère descente : Serge Cachat-Rosset et Daniel Semblanet, 30 juillet 1974. Le couloir de la Table a été descendu "schuss" par J.-P. Lassalle et D. Potard, début mai 1979.

Itinéraire

* *Montée au refuge* : de Charamillon, rejoindre le lac de Charamillon, puis traverser en montant vers le S pour contourner l'éperon du Bec du Picheu. Continuer à traverser vers l'E en montant, pour rejoindre la moraine rive droite du glacier du Tour, qui mène au refuge.– Autre accès en traversant le col du Passon (course 169).
* *Montée*: suivre la rive droite du glacier, en passant au N du signal Reilly, et gagner à gauche la combe à la base du versant SW de l'Aiguille du Tour. La remonter en tirant à gauche vers le pied du couloir de la Table. Assez large, légèrement oblique sur la droite, il est issu d'un col de l'arête W. Le remonter jusqu'au col. De là, on peut monter au sommet à pied par l'arête, en contournant quelques petits gendarmes.
* *Descente* : même itinéraire jusqu'au refuge.Pour descendre au Tour, traverser de préférence le glacier pour rejoindre la rive gauche (voir courses 168 et 169).

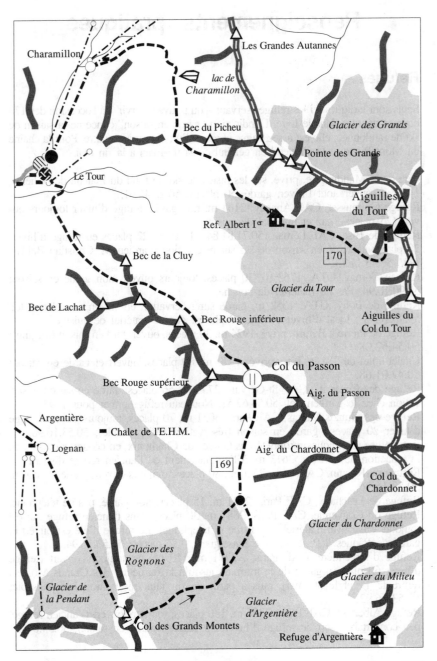

Charamillon

Les Grandes Autannes

*lac de
Charamillon*

Bec du Picheu

Glacier des Grands

Pointe des Grands

Le Tour

Aiguilles
du Tour

Ref. Albert Iᵉʳ

170

Bec de la Cluy

Bec de Lachat

Glacier du Tour

Bec Rouge inférieur

Aiguilles du
Col du Tour

Col du Passon

Bec Rouge supérieur

II

Aig. du Passon

Argentière

Chalet de l'E.H.M.

Lognan

Aig. du Chardonnet

169

Col du
Chardonnet

Glacier du Chardonnet

*Glacier des
Rognons*

Glacier du Milieu

*Glacier de
la Pendant*

*Glacier
d'Argentière*

Col des Grands Montets

Refuge d'Argentière

Renseignements pratiques

Refuges

Seuls sont indiqués ici les refuges servant – ou pouvant servir – à l'occasion des 170 courses décrites dans le livre. L'indication "gardé en saison" concerne la saison de ski de randonnée; elle est assez vague et varie d'un massif à un autre. Pour la chaîne du Mont-Blanc, cela s'entend en général de la mi-mars à la fin mai.

Gîte de la Mandrolière, privé, sur les pistes de ski de fond du Plateau des Glières, 1430 m, ouvert tout l'hiver, gardé, 50 places. 50.22.45.61.

Refuge Gramusset, CAF Annecy, 2164 m, non gardé, refuge d'hiver toujours ouvert (25 places), gaz et matériel de cuisine.

Refuge de Bise, CAF Léman (50.71.81.84), 1502 m, 22 places en refuge d'hiver; 70 places et gardé en saison de ski sur réservation (gardien M. Christian Bailly). Tél. 50.73.11.73.

Refuge Tornay, GTA, 1763 m, 30 places, toujours ouvert, non gardé en saison; 50.90.10.94. Pas de matériel de cuisine.

Refuge de Folly, GTA, 1558 m, gardé sur réservation en saison (70 places, tél. 50.90.10.91); local d'hiver ouvert, 30 places, gaz et matériel de cuisine.

Refuge de Pierre à Bérard, privé, 1924 m, 30 places, ouvert tard en saison (mi-juin); 50.54.62.08.

Chalet-hôtel de Tré la Tête, privé, 1970 m, 80 places, ouvert et gardé en saison; 50.47.01.68.

Refuge des Conscrits, CAF St-Gervais, 2730 m, 56 places, gardé en saison; réservation chez le gardien, tél. 50.54.62.51. Nouveau refuge prévu pour 1993.

Refuge des Grands Mulets, CAF Paris, 3051 m, 70 places, toujours ouvert (refuge d'hiver 20 places), gardé en saison (réservation indispensable); 50.53.16.98.

Refuge des Cosmiques, propriété des Guides de Chamonix, en construction lors de la rédaction de ce livre, 3613 m, à l'emplacement de l'ancien refuge disparu.

Refuge du Requin, CAF Paris, 2516 m, 80 places, toujours ouvert, gardé en saison; 50.53.16.96.

Refuge de Leschaux, CAF Paris, 2431 m, 15 places, non gardé, pas de téléphone.

Refuge du Couvercle, CAF Paris, 2687 m, 30 places dans l'ancien refuge qui est toujours ouvert (ni matériel de cuisine ni téléphone). Le refuge d'été est ouvert et gardé de Pâques à Pentecôte (se renseigner); 137 places; 50.53.16.94.

Refuge d'Argentière, CAF Paris, , 2771 m, 140 places, toujours ouvert (refuge d'hiver 60 places), gardé de la mi-mars jusqu'à la fermeture des Grands Montets (entre le 15 et le 30 mai), puis à partir de fin juin; réservation indispensable; 50.53.16.92.

Refuge Albert Ier, CAF Paris, 2706 m, 130 places, toujours ouvert (l'ancien refuge, peu confortable, sert de refuge d'hiver, 30 places), gardé en saison; 50.54.06.20.

Hébergements de fond de vallée

Dans les vallées, les gîtes d'étape possèdent des dortoirs qu'ils louent aux alpinistes et randonneurs, ou des chambres à des prix modérés. Ils peuvent être utilisés comme base de départ pour rayonner dans une vallée. Ils ne sont pas tous ouverts toute l'année, on se renseignera directement. Certains hôtels peuvent également assurer un service équivalent, on se renseignera dans les offices de tourisme.

Samoëns : gîte d'étape des Moulins. 50.34.95.69.
Servoz : gîte d'étape «Home Saint-Maurice». 50.47.20.99.
Les Contamines : chalet du CAF, 50.47.00.88.
Les Houches, Taconnaz : gîte d'étape du Glacier. 50.54.47.14.
Chamonix : refuge des Amis de la Montagne (au Biollay). 50.53.17.83.
Chamonix : gîte d'étape «le Chamoniard Volant» (à la Frasse). 50.53.14.09.
Chamonix : gîte d'étape GTA «la Montagne» (Bois du Bouchet). 50.53.11.60.
Les Tines : gîte d'étape «la Poya». 50.55.95.30.
Argentière, gîte d'étape et C.V.M. le Nouveau Grassonnet. 50.54.01.87.
Vallorcine, gîte d'étape et C.V.M. Mermoud (le Morzay). 50.54.60.03.

Renseignements divers

Les offices du tourisme et les syndicats d'initiative possèdent des informations sur l'ensemble des structures touristiques. En particulier, ils pourront donner des listes d'hôtels louant des dortoirs ou des chambres à prix réduits, ainsi que les adresses des gîtes d'étape ou refuges privés. En outre, ils donneront éventuellement des précisions sur l'état des routes de montagne (déneigement, praticabilité). Ils pourront également indiquer si les remontées mécaniques éventuelles sont ouvertes ou non.

Office de la Haute Montagne à Chamonix : 50.23.22.08. Cet organisme fournit une information complète sur les conditions de la montagne et l'ouverture des refuges. Peloton de Gendarmerie de Haute Montagne (P.G.H.M.) à Chamonix (secours en montagne) : 50.53.16.89.

Remontées mécaniques

Certaines courses décrites utilisent des moyens de remontées mécaniques, dont les horaires et les périodes de fonctionnement peuvent varier.

La Clusaz, combe des Juments (secteur de l'Aiguille) : 50.02.47.36.
La Clusaz, télécabine de la Balme : 50.02.43.15.
La Clusaz (ensemble des installations) : 50.02.45.64.
Manigod, téléskis de la Croix Fry : 50.44.90.70.
Le Grand Bornand, le Chinaillon : 50.02.33.59.

Mont-Saxonnex, Télémont (Morsullaz) : 50.96.94.30.
Le Praz de Lys et Sommant : 50.34.24.32.
Saint-Jean-d'Aulps, la Grande Terche : 50.79.61.24.
Les Gets, le Mont Chéry : 50.79.75.76.
Abondance, secteur de Richebourg : 50.73.03.09.
Châtel, Pré la Joux : 50.73.22.86.
Châtel, télécabine du Linga : 50.73.20.44.
Avoriaz, téléphérique (les Prodains) : 50.79.15.98.
Avoriaz, téléphérique (station) : 50.74.09.44.
Morzine, Nyon-Chamossière : 50.79.13.23.
Sixt, télésiège des Vagnys : 50.34.45.53.
Chamonix, téléphérique du Brévent : 50.53.13.18.
Flaine, téléphérique des Platières : 50.90.81.72.
Samoëns, le Grand Massif : 50.34.44.61.
Les Praz, téléphérique de la Flégère : 50.53.18.58.
Megève, le Mont d'Arbois : 50.21.22.07.
Les Contamines, Roselette : 50.47.02.05 / 50.47.00.14.
Chamonix, téléphérique de l'Aiguille du Midi : 50.53.30.80.
Chamonix, chemin de fer du Montenvers : 50.53.12.54.
Argentière, téléphérique des Grands Montets : 50.54.00.82.
Le Tour, télécabine de Charamillon : 50.54.00.58.
La Palud (Italie), "Funivie del Monte Bianco" : (0165).89.925.

Guides et clubs

Bureau des guides d'Argentière : 50.54.00.12.
Stages Patrick Vallençant, Argentière (hors-piste et couloirs) : 50.54.05.11.
Association Indépendante des Guides du Mont Blanc, Chamonix : 50.53.27.05.
Compagnie des Guides de Chamonix Mont-Blanc : 50.53.00.88.
École Nationale de Ski et d'Alpinisme (ENSA), Chamonix : 50.53.04.44.
Bureau des guides des Contamines : 50.47.10.08.
Bureau des guides de Saint-Gervais : 50.78.35.37.
Bureau des guides de Samoëns : 50.34.43.12.
Stages Yves Détry, les Carroz d'Arâches (hors-piste) : 50.90.35.06.

Club Alpin Français, section d'Annecy : 50.45.52.76.
Club Alpin Français, section de Chamonix : 50.53.16.03.
Club Alpin Français, section Léman : 50.71.81.84.
Club Alpin Français, section du Salève (Annemasse) : 50.37.73.32.
Club Alpin Français, section de Thônes-Aravis : 50.02.08.59.

Mountain Wilderness, «les alpinistes du monde entier prennent la défense de la montagne», association internationale dont le but est la sauvegarde des espaces de la haute montagne et de la moyenne montagne. Pour la section française, secrétariat et contacts : Margencel (chef-lieu), 74200 Thonon-les-Bains, tél. 50.70.47.97.

Classement des courses par difficultés

Bien évidemment, ce classement se rapporte aux courses *telles qu'elles sont décrites ici*, avec la descente proposée dans son intégralité. Parfois, la même course peut donner lieu à deux appéciations différentes, suivant l'option choisie. Pour la définition des difficultés, on se reportera à l'avertissement en début de livre. Les courses de même niveau ont été classées entre elles, à quelques exceptions près, en fonction de leur longueur.

F (hors-piste)
Les Grandes Platières (n° 128)
Pointe de Chésery (n° 97)

F (courtes)
Pointe du Haut Fleury (n° 55)
Pointe d'Andey (n° 51)
Montagne de Sulens, v.n. (n° 11)
Croix de l'Écuelle, v.n. (n° 70)
Pointe de Sur Cou (n° 20)
Rochers de Leschaux (n° 50)
Pointe de la Gay (n° 65)
La Berte (n° 102)
Pointe de la Golèse (n° 103)
Tête du Parmelan (n° 22)
Montagne de Sous-Dine (n° 21)

F (moyennes)
Arête des Follys (n° 58)
Aiguilles Crochues N (n° 131)
Dent du Cruet (n° 4)
Monts Jovet (n° 139)
Col du Tour Noir (n° 165)

PD–
Mont Ouzon (n° 69)
Le Môle, v.n. (n° 52)
Aiguille Verte (n° 42)
Croisse Baulet (n° 30)

PD (hors-piste)
La Roualle (n° 24)
Vallée Blanche (n° 154)

PD (courtes)
Le Brévent-Aiguillettes (n° 134)
Montagne de Sulens, combe N (n° 11)
Pointe d'Uble (n° 60)
Le Petit Bargy (n° 49)
Pointe de Chavasse (n° 56)
Pointe d'Autigny, traversée (n° 83)
Pointe d'Ireuse, traversée (n° 66)
Roc de Tavaneuse, v.n. (n° 74)
Pointe de Bénévent (n° 89)
Pic de la Corne, v.n. (n° 72)
Tête de la Combaz (n° 136)
Pointes de la Blonnière, v.n. (n° 15)
Tête Pelouse, v.n. (n° 25)

PD (moyennes)
Vallée Blanche/glacier de Toule (n° 154)
Pointe d'Entre Deux Pertuis (n° 77)
Pointe des Fires (n° 90)
Pointe de Ressassat (n° 112)
Roc de Tavaneuse, circuit SW (n° 75)
Pointe d'Areu NW, v.n. (n° 40)
Pointe de Mandallaz, v.n. (n° 13)
Tête de Bossetan, v.n. (n° 104)
La Tournette, v.n. (n° 5)
Les Grandes Lanches (n° 3)
Combe des Verts, du col (n° 34)
Pointe d'Anterne (n° 123)
Tête de Moëde (n° 119)
Col de Tricot, traversée (n° 146)
Les Dessous de l'Arcalod (n° 2)
Col d'Argentière (n° 164)
Les Quatre Têtes, v.n. (n° 38)

329

PD (longues)

Passage de la Grande Forclaz, traversée (n° 28)
Pointe Rousse de Criou (n° 111)
Mont Buet, v.n. (n° 115)
Frêtes de Villy (n° 118)
Dômes de Miage, v.n. (n° 144)

PD+ (courtes)

Pointe du Haut Fleury, directe (n° 55)
Col des Aig. Crochues, traversée (n° 132)
Pointe de Chalune, face SE (n° 59)
La Goenne (n° 12)
Tardevant (n° 27)

PD+ (longues)

Mont Charvet, Petite Miaz (n° 31)
Combe des Verts, intégrale (n° 34)
Les Avoudrues (n° 110)
Col du Chardonnet, les 3 cols (n° 168)
Rimaye du Mont Mallet (n° 159)

AD– (courtes)

Tête du Colonney, Monthieu (n° 126)
Pointe du Replan (n° 62)
Pointe de Merdasier (n° 17)
Pointe de Borée, circuit W (n° 96)
Pointe de Lachau, Bise-Ubine (n° 88)

AD– (longues)

Pointe d'Areu, traversée (n° 39)
Le Cheval Blanc, Tré les Eaux (n° 113)

AD (hors-piste)

Les Grands Vans, versant E (n° 128)
Les Hauts Forts, couloir NE (n° 100)
Pointe de Chésery, face N (n° 97)
Mont Joly, versant W (n° 135)
Grands Montets, Pas de Chèvres (n° 163)
Glacier d'Envers du Plan (n° 156)
Aiguille de Borderan (n° 23)
Porte des Aravis (n° 23)

AD (courtes)

Pointe de Marcelly, versant NE (n° 54)
Le Môle, face E (n° 53)
Croix de l'Écuelle, face NE (n° 71)
L'Aiguille, versant E (n° 8)
Pointe des Mattes, traversée (n° 82)

Pointe de Vorlaz, combe N (n° 98)

Aiguille de la Glière, traversée (n° 133)
Pointe de Borée, circuit SE (n° 95)
Mont Billiat, pentes S (n° 67)
Mont Lachat, couloir E (n° 18)
Haute Pointe, tour complet (n° 57)
Pointe de Ressachaux, face S (n° 101)
Mont de Grange, arête de Belair (n° 80)
Tête de Paccaly, face NW (n° 26)
Le Grand Bargy, versant SE (n° 48)
Col du Passon, traversée (n° 169)

AD (moyennes)

Roc du Château d'Oche (n° 92)
Mont de Grange, v.n. SW (n° 79)
Col du Rasoir, tour du Jallouvre (n° 43)
Pointe de Chombas, v.n. (n° 33)
Pointe Rati, tour du Roc d'Enfer (n° 63)
L'Étale, v.n. (n° 14)
Pointe de Nantaux, tour (n° 76)
Pointe de la Carmélite, NW (n° 36)
Mont Blanc du Tacul, v.n. (n° 152)
Col de Beugeant, traversée (n° 129)
Col d'Anterne, Chamonix-Sixt (n° 120)
Tête Pelouse/ Trou de la Mouche (n° 25)
Roc de Rianda, tour Dent d'Oche (n° 93)
Les Hauts Forts, v.n. (n° 99)
Traversée Tavaneuse-Ardens (n° 74)
Pointe de Salles, Pas de Salles (n° 122)

AD (longues)

Cornettes de Bise, tour intégral (n° 86)
Aiguille du Tacul, v.n. (n° 158)
Mont Tondu, v.n. directe (n° 140)
Dents Blanches, v.n. (n° 106)
Pointe de Bellegarde, Salvadon (n° 109)
Tête N des Fours, versant NW (n° 138)
La Miaz, grand tour (n° 29)
Dômes de Miage, Armancette (n° 145)
Mont Buet, versant SE direct (n° 115)
Tête Rousse, descente directe (n° 147)
Pointe Isabella, v.n. (n° 160)
Québlette-Parnal, trav. Glières (n° 19)
Aiguille des Glaciers (n° 141)
Mont Blanc, voie normale (n° 149)

AD+ (hors-piste)

Pointe d'Angolon, face N (n° 105)

AD+ (courtes)
Aiguilles du Mont (n° 9)
Mont Charvin, v.n. (n° 10)

AD+ (moyennes)
Pointe d'Areu, couloir de Brion (n° 40)
Pointe du Midi, traversée (n° 46)
Pte Noire de Pormenaz, la Chorde (n° 121)
Pointe de Bella Cha, versant W (n° 37)
Pointe de la Terrasse, face N

D– (courtes)
Les Hauts Forts, Nant d'Ankerne (n° 100)
Aup de Véran (n° 127)
Col des Chasseurs, traversée (n° 137)
Mont Charvin, versant W direct (n° 10)

D– (moyennes)
Pointe de Mandallaz, couloir NW (n° 13)
Col du Belvédère, traversée (n° 130)
Croix d'Almet, circuit (n° 41)
Mont Trélod, v.n. (n° 1)

D– (longue)
Tondu, traversée versant W (n° 140)

D (hors-piste)
Grands Montets, Rectiligne (n° 163)

D (courtes)
Col de la Bûche, traversée (n° 157)
Ptes de la Blonnière, couloir N (n° 16)
Passage du Dérochoir, S (n° 124)
Pte de la Chavache, Fen. d'Ardens (n° 78)
Roc d'Enfer, face S (n° 61)
Pointe Blanche, face S (n° 44)
Tête de Charousse, ravin des Nez (n° 92)
Mont Chauffé, v.n. (n° 84)
Pointe de la Bajulaz, pente SW (n° 7)
Mont Chauffé, Chevenne (n° 85)

D (moyennes)
Épaule du Varo, versant W (n° 6)
Tête de Bossetan, couloir N (n° 104)
Pointe de Balafrasse, NW (n° 45)
Dent d'Oche, v.n. (n° 94)
Mont de Grange, face E (n° 81)

Mont Billiat, couloir N (n° 68)
Mont Charvet, face W (n° 32)
Cornettes de Bise, Saix Roquin (n° 87)
Le Grand Bargy, versant N (n° 47)
Les Quatre Têtes, face N (n° 38)
Frêtes du Grenier, face NW (n° 117)
Aiguille de Varan, couloir S (n° 125)

D (longues)
Aiguille d'Argentière, v.n. (n° 166)
Aiguille du Plan, v.n. (n° 156)
Dôme du Goûter, arête N (n° 148)
Mont Blanc, traversée normale (n° 151)
Col des Droites, versant S (n° 162)
Pointe Isabella, intégrale (n° 160)
Mont Buet, les Beaux Prés (n° 116)
Aiguille N de Tré la Tête, NW (n° 143)
Pointe Rousse des Chambres et Dent de
    Barme (n° 107-108)
Mont Blanc, face N (n° 150)
Mont Blanc, par le Corridor (n° 150)

D+ (moyennes)
Aig. du Midi, coul. Cosmiques (n° 155)
Mont de Grange, coul. Pertuis (n° 80)
L'Étale, couloir Chauchefoin (n° 14)

D+ (longues)
Aiguille du Tacul, arête NW (n° 158)
Aiguille du Tour, coul. Table (n° 170)
Mont Blanc, trav. intégrale (n° 151)

TD– (moyennes)
Aiguille du Midi, glacier Rond (n° 155)
Pic de la Corne, couloir NW (n° 73)
La Tour Ronde, coul. Gervasutti (n° 153)

TD (moyennes)
Roc d'Enfer (sommet N), face N (n° 64)
Pointe Percée, voie normale (n° 35)

TD (longues)
Les Courtes, pente NE (n° 161)
Aig. d'Argentière, Whymper (n° 167)

TD/TD+ (longue)
Aig. de la Lex Blanche, face NW (n° 142)

Index alphabétique

Table des matières

du même auteur, dans la même collection

SKI DE RANDONNÉE
142 ITINÉRAIRES DE SKI-ALPINISME
OUEST-SUISSE
UN GUIDE ARTOU PAR FRANÇOIS LABANDE / ÉDITIONS OLIZANE

SKI DE RANDONNÉE
118 ITINÉRAIRES DE SKI-ALPINISME DONT LA HAUTE ROUTE
VALAIS CENTRAL
UN GUIDE ARTOU PAR FRANÇOIS LABANDE / ÉDITIONS OLIZANE

Chablais, Hautes Alpes calcaires, Alpes et Préalpes vaudoises, Préalpes fribourgeoises et bernoises, Alpes bernoises occidentales.

Des sommets faits pour le skieur : Cornettes de Bise, Haute Cime des Dents du Midi, Sommet des Diablerets, Tornette, Vanil Noir, Gantrisch, Wildhorn, Wildstrubel...

142 itinéraires de ski-alpinisme de tous les niveaux.

Du val Ferret au val d'Anniviers, toute la partie francophone des Alpes Pennines et la bordure suisse de la chaîne du Mont-Blanc, avec en supplément la célèbre Haute Route Chamonix-Zermatt.

Des sommets prestigieux, les grandes classiques du ski de haute montagne : Dolent, Grand Combin, Rosablanche, Mont Blanc de Cheilon, Pigne d'Arolla, ... De nombreux itinéraires inédits, les classiques de l'an 2000.

118 itinéraires de ski-alpinisme pour tous les niveaux.

En vente en librairie, ou directement auprès des Éditions Olizane.